오월의 문화정치

오월의 문화정치

1980년 광주민중항쟁 '현장'의 문화투쟁

천유철 지음

오월의봄

차례

80년 5월 광주의 재구성

이 책은 광주민중항쟁 당시 '현장'에서 시민과 운동 세력이 국가권력에 대항해 전개한 '문화적 실천'의 규명을 목표로 한다. 광주민중항쟁은 세계사에서 유례를 찾아보기 힘든 사건이었다. 엄청난 규모의 잔학한 폭력이 백주 도심에서 시민들에게 가해졌다. 불과 인구 80만 명의 도시에 무려 3개 여단 3,000명에 가까운 국군 최정예 공수특전단이 들이닥쳤고, 시민들은 이들에 맞서 싸웠다. 그들의 피와 눈물이 맺힌 광주에는 한마음으로 융화된 공동체가 있었고, 승리의 환호가 있었으며, 자기 고장과 그들의 가치를 위해 죽음을 선택한 수많은 '칼레의 시민'들이 있었다.[1]

그뿐만 아니라 광주민중항쟁은 한반도 분단체제와 한국 정치의 폭력적 탄압의 실상을 여실히 보여주며, 역사 속에서 종결된 사건이 아니라 그것이 제기한 문제의식의 재생산 과정을 통해 여전히 한국 사회의 다양한 영역에 영향을 미치고 있다. 그것은 민주정부의 실패로 인권과 민주주의가 근저로부터 위협받고, 사회운동의 위축으로 주체마저 해체되어가는 상황과 무관하지

---

[1]   최정운, 《오월의 사회과학》, 오월의봄, 2012, 35쪽.

않다.[2] 즉 광주민중항쟁은 민중주권의 경험이자 국가폭력에 전면으로 저항한 역사로서 다시 평가될 소지가 있는 것이다.

한국 사회는 '80년 5월' 이후에도 수많은 변동을 겪어왔지만, 그마저 광주민중항쟁을 시효가 지난 사건으로 만들지는 못했다. 오히려 그 변동 속에 살아오는 영원한 '저항의 징표'로 또렷하게 기억되어 다른 세대, 주체, 매체에 의해 계승되었다. 한 세대가 지나는 동안, 변함없이 유지된 기억의 재현이 있는가 하면 기존의 해석을 다양한 시각으로 제시한 연구들도 등장했다. 항쟁의 기억과 상처의 재현을 넘어, 객관적으로 광주민중항쟁을 조망한 연구들이 그렇다. 이미 지나간 일회적인 사건이 아닌 한국 정치와 시민사회의 심층부에 자리한, '사건' 자체에 가려졌던 근본적이고 혁명적인 사유로서의 가능성을 내포하여 '살아 움직이는 역사'라는 의미에서 연구가 진행되는 것이다.

그러나 광주민중항쟁은 여전히 '광주'만의 것이라는 인상을 지우기 어렵다. 그동안 정치학적, 사회학적 틀에서 한정된 자료를 토대로 진행되어온 광주민중항쟁 연구는 '진정한 민주주의'에 대해 생각해볼 여지를 남겼지만, 한편에서는 '혁명적인 사건'을 '지역적인 사건' 차원으로 축소하고 고정할 문제도 안고 있었다. 즉 '광주민중항쟁'이라는 주제가 지역적인 독점성을 지니게된 것이다.

이 책은 이러한 한계를 뛰어넘어 광주민중항쟁의 문화적 심층을 되짚고 '광주'가 불러일으킨 효과를 냉철하게 살펴보고자, 크게 세 가지에 초점을 맞추었다.

---

2   천정환, 〈일베와 종편의 '쓰레기장'에서 '광주'를 구하는 법!〉, 프레시안 2013. 8. 9.

첫째, 광주민중항쟁 시기에 생산된 자료를 토대로 80년 5월의 광주 '현장'을 재구성했다. 당시 시민과 운동 세력이 국가권력에 대항하여 전개한 문화정치의 전략들을 '현장'의 기록물을 토대로 복원한 것이다. 기존 연구들이 거시적으로 접근하여 상대적으로 미흡했던 분석을 보완하는 한편 시민들이 공통으로 지니고 있던 의식과 정체성 등에 주목했다. 예컨대 시민들이 항쟁에 참여한 이유와 투쟁 방법을 살펴보면서 공동체를 구축해나간 과정을 담아냈다.

둘째, 기존 광주민중항쟁 연구의 주류적인 흐름이 담지 못한 주제를 문화론적 관점에서 조망했다. 항쟁 기간 시민들은 시, 노래·노가바, 유인물, 구호·표어, 음향 등의 문화적 실천을 전개하며 정치적인 지향을 드러냈다. 이러한 활동에는 시민들의 경험, 공통감각, 의식, 가치가 내재하여 있는데, 국가권력이 투여된 매체와는 반대방향에서 당대 미디어의 테크놀로지와 매체성을 보여주었다. 그러나 아직 항쟁 '현장'에서 전개된 '문화'를 주목한 연구는 전무한 실정이다. 말하자면 기존 연구들은 '항쟁 사후'에 이룩한 성과에 주목하여 '당시'의 문화적 성과를 공백으로 남겨놓았다. 이는 한동안 광주민중항쟁에 관한 언급마저 통제의 대상이 되고 자료 수집마저 원활하지 못하게 되어 광주민중항쟁의 문화적 성과를 '항쟁 사후의 것'으로 보는 좁은 시각을 구축한 것과도 무관하지 않다. 따라서 이 책에서는 새롭게 발굴하고 수집한 자료를 토대로 그동안 연구되지 못한 항쟁 '현장'의 문화적 전환과 언어와 미디어의 발전이 응축되는 광주민중항쟁의 문화정치를 규명하고, 그 문화적 심층 구조를 확장했다.

셋째, 광주민중항쟁에 참여한 운동 세력을 구체적으로 드러내어 다양한 운동 방식을 살펴보았다. 광주민중항쟁의 사회운동을 다룬 선행 연구들은 주로 '시민군' '수습대책위원회' '항쟁지도부'를 핵심적인 운동 세력으로 분석했다. 이는 권위주의적인 정치구조 속에서 광주민중항쟁의 맥을 잇는 '민중운동'으로서의 자리매김을 시도한 연구였다. 이러한 이해방식은 한국 사회의 운동을 연구하는 일반적 분석체계이기는 하다. 그러나 구체적인 정치적 상황에서 민주화운동이 계급운동과 연동됐음을 참작할 때, 광주민중항쟁에서 드러난 다양한 운동 양상을 설명할 수 없다는 한계를 지닌다. 따라서 이 책에서는 광주민중항쟁에 참여한 운동 세력의 미시적, 문화적 요건을 분석하고, 이들이 시민들과 구조적, 문화적으로 통합을 이루어나간 과정을 규명했다.

이상의 몇 가지 사항을 재검토하여, 광주민중항쟁의 전개과정과 '현장'의 문화적 투쟁을 체계적으로 재구성한 이 책은 총 3부로 구성되었다.

제1부는 광주민중항쟁 직전에 전개된 정치투쟁, 문화투쟁이라는 주제로 기술했다. 여기서는 1980년 초의 정치 상황과 총학생회 부활에 따른 학생시위, 학내민주화투쟁이 사회투쟁, 정치투쟁으로 변모하던 상황이 주요하게 고려되었다. 즉 신군부의 등장과 함께 전국 대학가에서 펼쳐지던 전국적인 민주화운동에 대해, 그리고 항쟁의 무대였던 '광주'에서 시민들에 의해 펼쳐진 정치투쟁, 문화투쟁을 집중적으로 살펴보았다.

제2부는 광주민중항쟁 '현장'에서 전개된 문화적 실천을 규명했다. 크게 다섯 가지 시각에서 접근했는데, 시, 구호, 표어, 노래, 노가바, 유인물, 음향 등이 그것이다. 여기서는 항쟁 '현장'에서 생산된 자료를 발굴하여 광주민중항쟁에 대한 새로운 해석을 시도했다.

제3부는 광주민중항쟁에서 운동 세력과 시민들이 연대해나

간 과정에 추적하며 '해방구로서의 나눔'을 실천했던 '공동체' 측면에 주목했다. 신군부의 5·17조치와 예비검속으로 광주·전남지역 민주인사들이 구속된 상황에서 항쟁을 주도한 운동 세력을 살펴보고, 이들이 시민들과 연대해나간 과정을 담았다. 또한 투쟁과정에서 주요했던 '해방광주', '거리'와 '집회' 등의 상징성을 토대로 시민공동체가 이룩한 '직접민주주의' 재현에 초점을 두었다.

최종적으로 광주민중항쟁 '현장'에서 전개된 문화적 실천이 갖는 정치적, 문화적 의의와 역사적 함의를 밝히는 것이 이 책의 주요한 기획 이유라고 할 수 있다.

감사의 말

이 책에 실린 글의 상당 부분은 석사학위 논문 〈5·18 광주민중항쟁 '현장'의 문화 연구〉(성균관대, 2013)에 썼던 것을 고치고 보완한 것이다. 논문을 집필하며 가졌던 문제의식을 심화하고 확충한 글도 있지만, 새롭게 받은 자극을 담은 글도 적지 않다. '항쟁'과 '문화'에 대해 공부하고 글을 쓰고 있지만, 여러 부분에서 부족한 나는 참고문헌만큼이나 많은 사람으로부터 지적 경제적 인간적 도움을 받아 책을 낼 수 있었다.

먼저, 이 책의 시작과 끝을 함께 해주신 김준태, 정우택, 천정환, 황호덕 선생님께 깊은 감사의 말을 바치고 싶다. 내가 광주민중항쟁에 관심을 두게 된 계기는 학부 시절 스승 김준태 선생님과의 만남이다. 선생님께서는 광주민중항쟁의 공동체정신과 계승에 대한 생각을 끊임없이 형성해주셨다.

대학원에 진학해서는 정우택 선생님께서 광주민중항쟁 '현장'에 관심을 두도록 자극해주시며, 광주민중항쟁 연구자가 갖춰야 할 자세와 진정한 연구 목적을 생각하도록 이끌어주셨다.

천정환 선생님께서는 광주민중항쟁 '현장'에서 시민들이 전개한 '문화적 실천'의 중요함과 영향력을 이해할 수 있도록 가르침을 주셨다. 나는 얕은 깜냥으로 감당할 수 없었던 이 책의 다양한 영역과 분야를 선생님께 의지할 수밖에 없었다. 선생님께선 광주민중항쟁의 전체상과 현장 '문화'에 대한 설득력 있는 주장을 제시할 수 있도록 지도해주셨다.

황호덕 선생님께선 논문 심사 과정에서, 내가 간과했던 부분을 지적하고 세부적인 내용을 논평해주셨다. 이 자리를 빌려 '지적 자극제'가 되어주신 선생님들께 머리 숙여 감사드린다.

그동안 광주민중항쟁에 관한 연구는 양적, 질적으로 많은 성과를 거두었지만, 여전히 공백으로 남아 있는 부분도 많다. 특히 광주민중항쟁 '현장'을 주목하거나 '문화'를 다룬 연구는 최근에야 미개척 상태를 벗어나고 있다.

나는 김정한, 신진욱, 유경남, 최정운 등의 선행 연구에 영향을 받아 논의를 진전시킬 수 있었다. 특히 이 책의 바탕이 된 본인의 석사논문을 준비하면서 유경남의 연구에서 많은 영감을 받았다. 그의 〈광주항쟁시기 '광주'지역의 표상(表象)과 광주민주시민의 형성〉은 항쟁 시기 광주 안팎에서 항쟁의 공간인 '광주'를 표상하는 경쟁, 지역민을 호명(呼名)하는 방식을 통해 광주항쟁 시기 저항의 주체인 '광주 시민'의 정체성 형성 과정에 주목했다. 이를 위해 그의 연구는 항쟁 시기 신문, 유인물 등에 대한 텍스트 분석과 앰프·스피커 피탈 현황, 선무방송 등의 선전활동 사례들을 당시의 자료를 통해 살펴보았다.[1]

유경남의 연구는 광주민중항쟁 당시 시민들이 제작, 유포한 자료를 통해 '항쟁 현장의 구성성'에 대한 역사 연구로, 이 책에서 다루는 '현장'의 문화를 규명하기 위한 자료 수집과 연구방법론에 실마리를 제공했다. 특히 항쟁 시기의 시민들의 의식과 동기를 설명해줄 수 있는 각종 선전선동 활동의 중요성과 자료 해석의 방법을 참고할 수 있었다. 이에 따라 필자는 선행 연구에 의지하여 항쟁 시기에 산출된 자료를 활용하여 '항쟁' 현장을 재구성하되, 항쟁 이후의 자료를 폭넓게 보완하여 문화론적 접근을 시도했다.

이외에도 전문적 지식을 바탕으로 한 배항섭 선생님의 강의는 서구중심주의 시각을 견지하며 진행되어온 다양한 민중운동사 연구 경향의 문제점을 지적하여, 내 거친 생각을 명료하게 다듬는 데 큰 공헌을 해주셨다.

이 책이 출간되기까지에는 일일이 거명하지 못할 만큼 많은 선생님과 선후배의 격려, 때로는 애정 어린 질타가 있었다. 책의 기초가 된 논문을 읽고 유익한 제안과 날카로운 비판을 해준 성균관대 김남희 김민정 김요섭 노지연 박형진 오지윤 이재은 이주현 장지영 정한글 정혜진 조필제 지정민 최은환 최진석 허민 허요한 홍현영, 서울대 정기인 정새벽, 연세대 정지민, 중앙대 김수현, 동국대 강승정, 동아대 김서린 남윤희 허정윤, 인하대 황지우, 조선대 김은지 유승범 윤성주 이수진 임중현 정다인에게 감사의 마음을 전한다.

책의 초고 작업이 진행된 후에는 본문에서 다루는 몇몇 주제와 관련된 발표 기회를 얻을 수 있었다. 2015년 5월, 전남대에서 개최한 '광주민주화운동 35주년 기념 학술대회'와 11~12월 성

1 유경남(현, 5·18민주화운동기록관 학예연구사, 전남대 사학과 박사수료) 유경남, 〈광주항쟁 시기 '광주'지역의 표상(表象)과 광주민주시민의 형성〉, 전남대 사학과 석사논문, 2008. ; 유경남, 〈광주5월항쟁 시기 '광주'의 표상(表象)과 '광주민주시민'의 형성」, 《역사학연구》 35, 호남사학회, 2009. ; 유경남(공저), 《5·18왜곡의 기원과 진실》, 5·18기념재단, 2012. ; 유경남, 〈1970~80년대 무등산 개발사업과 그 내파(內破)〉, 《지방사와 지방문화》 16-1, 역사문화학회, 2003.

균관대대학원 국문학과 수업 및 세미나 등이 그것이다. 자리마다 동학들이 1980년대 문학과 문화정치에 대해 느끼고 말한 바들은 책의 상당 부분 논의를 펼치는 데 많은 영감을 주었다. 또한 소리의 문화사를 탐구하는 임태훈 선생님의 강연은 '사운드스케이프'에 대한 사유의 지평을 확장할 수 있는 발판을 마련해주었다. 이러한 발표 기회를 얻을 수 있었던 것은 전남대 최정기 선생님과 5·18연구소, 성균관대 심선옥 선생님의 배려 덕택이었다.

이 책에 실린 자료의 실증적인 측면에서는 나종영 이승철 조진태 시인의 증언이 없었다면 책의 몇 부분은 쓰지 못했을 것이다. 또한 광주민중항쟁 연구 이후의 방향에 대해 조언해주신 나희덕 선생님과 논문투를 덜어내고 문장을 다듬는 과정에서 격려해주신 이국환 선생님의 관심은 나에게 큰 힘과 채찍이 되었다.

가끔 광주에 들를 때마다 적극적인 자료 지원과 격려를 해준 5·18기념재단 권혁민 선생님과 정신적 물질적 지원을 아끼지 않았던 한국방송통신대 김동건 박종옥 오소령 이상주 장병극 장현경 조광휘 조은아 홍민기 선생님이 없었다면 나의 연구는 많은 어려움을 겪었을 것이다. 또 책을 쓰는 동안 아이디어를 보태준 김경미 안정아 이창호 이호현 전두성 조준영 최미섭에게는 늘 감사한 마음을 갖고 있다. 명저 《전쟁과 사회》《대한민국 잔혹사》등을 통해 공식화된 한국 현대사에 대한 비판과 재해석을 일궈내신 김동춘 선생님의 추천사는 너무나 큰 영광이 아닐 수 없다. 이 책을 오월의봄에서 출간하게 된 것은 행운이다. 어려운 여건에도 흔쾌히 출간을 수락해주신 박재영 대표님과 관계자분들께도 마음 깊이 감사의 인사를 전한다. 마지막으로 힘든 시간을 함께 견뎌준 J. 그녀는 가장 가까운 거리에서 따뜻한 격려와 다독거림으로 마음의 위안을 주었다. 고맙고 미안한 마음을 담아 이

책을 바친다.

2016년 5월의 봄

천유철

제1부

광주민주항쟁 전야

1.

서울역 회군 그리고 광주

1979년 10월 26일 유신 정권이 무너진 후 1980년에 접어들며 민주화의 서곡을 알리는 '서울의 봄'이 찾아왔다. 전국의 대학가에서는 학원자율화운동이 일어나고 직접선거를 통한 총학생회의 부활과 함께 민주화의 일정을 요구하는 학생시위가 벌어졌다. 오랜 기간 유신독재에 항거해온 운동권의 민주화에 대한 열망이 폭발적인 상승을 일으킨 것이다.

그러나 이 땅에서 '서울의 봄'은 꽃을 피우기도 전에 너무도 짧게 끝나버리고 독재의 그늘이 다시 밀려들었다. 유신잔재 세력과 결탁한 군부 세력이 민주화의 열망과 군사독재에 울분을 쏟아내던 재야 세력과 민주화운동 세력을 한꺼번에 몰살시킬 준비에 돌입한 것이다.

18년간 정권을 유지해온 박정희가 중앙정보부장 김재규에 의해 살해되자 대한민국의 통치권은 공백 상태에 놓이게 되었다. 이는 우리 사회에 엄청난 충격을 주었고 국내정세는 긴박한 상황을 맞았다. 그 과정에서 군부를 점령한 '하나회'의 보안사령관 전두환은 박정희 살해 사건(10·26사태)을 수사하는 합동수사본부장을 맡으며 정국을 주도할 기회를 거머쥘 수 있었다. 요컨대 10·26사태가 발생한 지 두 달도 지나지 않은 12월 12일. 전두환 보안사령관을 위시한 군내 강경파가 반란을 감행하며 정승화 계엄사령관을 체포하고 군 내부의 권력을 장악했다. 12·12쿠데타는 군부 내 하나회가 중심이 되어 일으킨 한국 현대사 최대 반란이자 폭력적 탄압의 전형이었다.

1964년에 결성된 하나회는 '하나로 뭉치고 단결한다'는 뜻과 '태양(대통령)을 위하고 조국을 위하는 하나 같은 마음'이란 뜻으로, 전두환이 정규 육사 동창회인 북극성회를 장악하는 걸 돕기 위해 만든 조직이었다.[1] 1963년 2월 18일 박정희가 민정불참 선언을 하고 원대복귀를 하려는 것을 만류하고자 전두환, 노태우, 권익현, 손영길, 박갑룡 등이 의장공관을 찾아갔을 때, 박정희는 그들에게 자신을 도울 조직 하나회의 결성을 지시했다. 박정희는 5·16쿠데타 당시에 대위였던 전두환이 육사생도 지지데모를 이끈 것을 높이 평가하여 그를 비롯해 5·16쿠데타를 지지한 영남 출신들을 의도적으로 키워나갔다.[2] 영남 출신 육사 11기부터 20기를 비롯해 전두환, 노태우, 최세창 등 총 281명의 장교가 가입한 불법적인 군사집단 하나회는 이렇게 탄생하게 되었다.

---

1   "하나회는 ① 정규 육사 출신을 매 기별로 정원제를 유지하여 가입시키되, 약 5% 수준인 10여 명 내외로 하고 ② 회원의 다수는 영남 출신이 점하고, 여타 지역 출신은 상징적으로 가입시키며 ③ 비밀 점조직 방식으로 조직하되, 가입할 때 조직에 신명을 바쳐 충성할 것을 맹세케 하고 ④ 고위층으로부터 활동비를 받거나 재벌로부터 자금을 수령하며 ⑤ 회원이 누릴 수 있는 가장 큰 혜택은 진급 및 보직상의 특혜라고 하는데, 당시 육군에는 인사 적체가 심화하여 정규 육사 출신들은 의무복무 기간 5년이 끝나고 장기복무에 들어가게 되면 매 기별 현역 총원의 1/2씩만 상위 계급으로 승진할 수 있었기 때문에 하나회 가입은 군부 내에서의 출세가 보장된 것이나 다름없었다."
한용원,《한국의 군부정치》, 대왕사, 1993, 321쪽.
2   박보균,《청와대 비서실 3》, 중앙일보사, 1994, 22쪽.

12·12쿠데타로 정권을 장악한 신군부는 정치투쟁으로 대중화하던 민주화운동, 노동운동, 농민운동 세력의 생존권마저 호시탐탐 짓밟을 기회를 엿보고 있었다. 한마디로 10·26사태는 유신잔재 세력에게 연명과 재기의 기회였다. 신군부의 출현은 사회 불안과 경제적 혼란을 더했고, 그럴수록 부마항쟁의 경험으로 자기성숙을 겪은 민중의 민주화 열망은 점점 증폭되었다. 사회 각 부문과 계층에서 민주화에 대한 요구가 분출했고, 정권은

〈표 1〉 하나회 주요 인물과 12·12쿠데타 주도 인물[3]

기수	하나회 주요 인물	12·12 당시 경복궁 쿠데타 지휘부
11기 이전	(고문, 후견인 그룹) 윤필용, 박종규, 서종철 진종채, 차규헌, 유학성, 황영시	차규헌: 수도군단장 유학성: 국방부 군수차관보 황영시: 제1군단장
11기	전두환, 노태우, 백운택, 정호용, 최성택, 손영길, 김복동, 권익현, 안교덕 등	전두환: 보안사령관 및 합동수사 본부장 노태우: 9사단장 백운택: 71방위사단장
12기	박희도, 박세직, 박준병, 정동철 등	박희도: 1공수여단장 박준병: 20사단장 장기오: 5공수여단장
13기	최세창, 정동호 등	최세창: 3공수여단장
14기	이춘구, 배명국, 박정기, 안무혁, 우경윤 등	
15기	고명승 등	
16기	장세동, 정순덕 등	장세동: 수경사 30경비단장
17기	허화평, 허삼수, 김진영, 안현태, 이형우, 성환옥, 김용갑 등	김진영: 수경사 33경비단장
18기	이학봉 등	이학봉: 보안사 대공처장 겸 합동수사본부 수사국장

무력탄압으로 대중의 요구와 민주화 열기를 잠재워 정권을 장악하려는 야욕을 품고 있었다.

최규하 정부도 헌법 개정이나 민주화 요구에 소극적인 자세를 취하며 각계각층의 민주화 요구를 억압하는 데 일조했다. 사회의 위기감이 더해질수록 민주화 세력들은 유신독재 청산과 민주화 쟁취를 위해 여러 형태의 시위로 정국 긴장에 대처했다.

계절이 지날수록 대학생들의 민주화운동 열기는 고조되었다. 1979년 11월부터 전국의 대학생들은 학생회 부활에 관한 논의를 시작했으며, 주요 내용은 학내민주화에 대한 요구였다. 특히 11월 22일, 서울대를 선봉으로 주요 대학에서는 '해직교수 복직' '어용교수 추방' '제적 및 구속학생 복학조치' 등 학원민주화를 요구했다. 학생운동은 이전의 학내 문제를 민주회복이라는 정치운동으로 발전시키며 전국적으로 확산했다.

1980년 3월에는 서울대 총학생회가 출범했고, 4월 초순에는 전국의 주요 대학이 뒤를 따랐다. 당시 문교부의 발표로는 1980년 4월 19일 현재 19개 교가 휴강 중이었고 24개 교에서는 농성이 계속되고 있었다. 이를 이슈별로 보면 총학장 퇴진 요구가 21건, 어용·폭력·무능 교수 퇴진 요구가 24건, 이사장과 재단의 비리 문제가 12건, 시설 확충 요구가 11건, 학생회 부활 및 학내 언론자율화 요구가 20건[4] 등이었다. 이처럼 당시 학생운동의 초점은 학내민주화로 맞춰져 있었다. 각 대학에서 병영집체훈련 거부투쟁이 이어지자 신군부는 언론매체를 통해 학생들의 안보의식 결여를 비난하는 교내시위를 집중적으로 보도했다.

3   정상용 외, 《광주민중항쟁》, 돌베개, 1990, 63~70쪽.
4   《동아일보》, 1989. 4. 19.

신군부와 대학생들의 전초전이 오가는 가운데 5월 1일에는 서울대가 입영훈련 거부투쟁 철회를 결정했고 다음날부터는 '계엄 해제' '유신잔당 퇴진' '노동 삼권 보장' 등의 정치투쟁을 전개했다. 이를 계기로 학생운동도 본격적인 정치노선으로 돌입했다. 1980년 3~4월경의 '총학생회 부활' '유신잔당 청산' '어용재단 척결' '어용교수 문제' '병영집체훈련 거부투쟁' 등의 민주화운동이 5월에 접어들면서 '이원집정제 거부' '민주적 권리 쟁취' '계엄 해제' 등으로 전환한 것이다. 특히 주목할 만한 사건은 1980년 5월 2일 서울대의 '민주화대총회'였다. 각 대학의 운동권 학생 1만여 명이 모여 운동의 발전을 도모하고 민주화 논의를 전국으로 확산하고자 '민주화 대행진' 기간을 선포하며 학생운동권의 저력을 보여주었다. 그러나 전국적 연계의 계획 및 조정에는 10여 일이 소요되었고, 이때는 유신잔당 세력과 결탁한 신군부가 자체 정비를 완료해가던 시점이었다.

5월 12일에는 서울 곳곳에서 산발적인 가두시위가 일어났고, 13일부터는 6개 대학 2,500여 명의 학생이 광화문 일대에서 가두시위를 벌이며 민주화운동에 집중했다. 다음날인 14일에는 전국 37개 대학의 학생들이 한목소리로 '계엄 해제'를 부르짖으며 민주화 요구를 내건 시위를 펼쳤고, 15일에 이르면 서울역으로 무려 10만여 명의 대학생이 집결하는 진풍경을 연출했다. 이날 전국적으로 24개 대학 학생들은 유신/군부독재 종식을 위한 투쟁을 전개했고, 전면화한 시위로 서울 시내는 완전한 마비상태가 되었다.

전국적인 민주화 대행진은 남녘의 광주 땅까지 번지고 있었다. 다른 지역보다 산업기반이 취약했던 광주는 당시 학생운동이 민주화운동의 가장 기본적인 역량이었다. 당시 광주에서 학생운동의 중심적인 역량은 전남대 학생운동 세력이었고, 조선대에서는 학원민주화투쟁이 진행되었다.[5] 특히 3~4월 무렵, 전남대 학생운동의 핵심적인 사안은 '어용교수 퇴진'이었고, 10·26 사태와 12·12쿠데타로 말미암아 전남대에서는 반민주 세력 및 반민주적 요소의 청산을 위한 운동이 전개되었다.

학원민주화를 위해 처음 조직된 기구는 '전남대학교 학원자율화추진위원회'였다. 이 기구는 학원민주화 추진 과정에서 학도호국단을 대신할 학생자치기구를 건설하고자 4월 9일에 학생회 구성을 위한 총선거를 시행했다. 이 선거를 통해 박관현(법학과 3학년)이 총학생회장에 당선되었다. 그는 광천동에서 노동자를 대상으로 한 들불야학의 강학으로서 치열하게 사회운동을 하던 인물이었다. 그가 학생회장 출마를 결심한 것은 들불야학에서 활동하던 윤상원의 권유 때문이었다. 윤상원은 박관현에게 총학생회의 역할을 다음과 같이 피력했다.

적어도 요즘같이 불투명한 상태에서는 학원 및 사회 민주화투쟁의 일사불란한 체계를 가질 수 있느냐 없느냐는 것은 특히 학생회장에게 달려 있다고 볼 수 있다. 더구나 이 지역에서는 다른 분야에서의 민주화운동의 수준을 냉철히 고려해볼 때 학생회의 역할은 상대적으로 더 크다고 생각되고······[6]

박관현이 총학생회장 후보가 될 수 있었던 것은 들불야학 활

---

5   조선대는 1인 집권체제로 대학 총장이 30여 년간 유지되어, 교수 및
      학생들의 저항은 1980년에 이르러서야 분출되었다. 5·18사료편찬위원회,
      《5·18민주화운동》, 대상프로세스, 2012, 70쪽.
6   임낙평, 《광주의 넋: 박관현》, 사계절, 1987, 83~84쪽.

동으로 보여준 투철함과 '제2차 공청회' 때 많은 청중에게 지도력을 인정받았기 때문이다. 그의 연설은 많은 학생의 이목을 집중시켰고 날이 갈수록 관심과 인기를 끌어 총학생회 선거에서 64퍼센트라는 지지를 받아 당선되었다.

신군부의 급부상으로 정국이 급하게 돌아가자 전남대 학생회에서는 5월 초를 분기점으로 운동의 방향을 전환했다. 유신 세력의 복귀와 신군부의 정권 찬탈에 관한 소문에 대응코자 학생운동이 '학내민주화투쟁'에서 한국 사회의 민주화를 위한 '정치투쟁'으로 변모한 것이다. 이러한 방향 전환은 당시 5월 6일 '전남대 비상학생총회'에서 시작되었다. 이날 전남대 도서관 앞 광장에 모인 2,000여 명의 학생들 앞에서 총학생회는 사회민주화투쟁을 위한 비상학생총회를 열었다. 이 자리에서 총학생회는 다음과 같은 성명서를 낭독했다.

> 민족정기를 해치며 반민족/반민주로 복귀하려는 반동 세력의 철저한 추방이 우리에게 주어진 민족사적 소명임을 통감하고 참다운 사회정의 구현을 위해 총력을 경주할 것을 다짐한다. 또한 조국에 대한 외세의 간섭을 절대 배격하고 민족자존의 정의로운 사회를 건설하기 위해 총매진한다. 유신잔재는 민족과 민중 앞에 겸허한 자세로 심판을 받을 것이며 보수야당 세력은 수권을 빙자해 선명한 민족정기를 해치는 언동을 조심할 것이며 재야민주 세력 등은 참다운 민족민주 세력이 주체가 되는 데 저해되지 않는 모든 세력과 단결, 투쟁할 것을 촉구한다.[7]

7   임낙평, 같은 책, 98쪽.

총학생회는 5월 8일부터 14일까지 '민족민주화성회'를 개최할 것을 결의했다. 일주일 동안 과별, 대학별, 학생회별로 '이원집정제' '계엄 해제' '유신잔당 청산' '구속된 민주인사 석방' '민주 권리 쟁취' 등의 현안을 놓고 토론과 시위를 벌이기로 계획한 것이다. 전국에서 집회는 다양하게 진행됐으나 민족민주화성회라는 이름을 내건 대규모 시국성토대회는 광주가 유일했다.

　　5월 8일부터 시작된 민족민주화성회는 평화적인 학내 집회/시위를 원칙으로 삼고, 유신잔재 세력의 음모를 폭로하는 한편 학생들에게 민주화의 필요성을 알리는 데 목표를 두었다. 이에 따라 첫날인 5월 8일, 총학생회는 조선대민주투쟁위원회와 공동명의로 작성한 〈제1 시국선언문〉을 낭독했다.

> 이 중대한 역사적 시점에서 우리 전(全) 대학인이 걸어야 할 길은 무엇보다도 구조적 수탈의 배후에 도사리고 있는 탐욕의 무리들을 정확하게 파헤치고, 이들이 어떻게 외세매판자본과 결탁하여 반민족적 작태를 멈추지 않는가를 직시하여 이 땅의 완전한 민주주의와 평등사회의 도래를 위해 다 같이 헌신하여 민족정기를 진작시키는 데 앞장서는 길이어야 할 것이다. (……) 현 과도정부는 민족사적 정통성을 갖지 못한데도 개헌의 정부 주도를 주장하는가 하면 노동자, 농민의 피땀에 의한 허구적인 성장정책을 계속 고수해가고 있으며 군부와 결탁하여 자유를 질식시켰던 안보라는 이론을 다시 들춰내어 명분 없는 비상계엄을 유지시키려 하고 있다……[8]

8　　임낙평, 같은 책, 99쪽.

이 선언문의 골자는 정부에게 '5월 14일까지 비상계엄을 해제할 것'을 요구하고 '만일 휴교령이 내릴 경우에는 휴교령을 거부할 것', 그리고 '교수들의 동참을 호소하는 것'이었다. 〈제1 시국선언문〉에 이어 국민연합의 〈민주화 촉진 국민선언〉이 낭독되었고, 대의원 총회에서도 '헌법 개정 논의' '비상계엄' '학원 사태' '과도정부의 발언' '언론' '노동자, 농민 문제' 등 6개의 사항을 다루며, 이원집정제와 군부의 개입을 반대하는 〈현 시국에 관한 우리의 견해〉를 발표했다. 이는 민주적, 합법적 절차를 통해 당대의 현안을 제기하는 시국선언에 다름없었다.

한편 총학생회장 박관현은 산발적으로 쏟아지던 학생들의 의견을 하나로 수렴해야 할 필요성을 절감했다. 민족민주화성회는 교내시위를 원칙으로 진행되었지만, 민주화의 열망을 학교 울타리에만 가두어둘 수 없음을 느낀 것이다. 그러나 시위를 시내로 확장하는 것은 여러 문제가 발생할 가능성이 있었다. 따라서 13일 밤에는 전남대 총학생회가 모여 14일까지로 계획했던 민족민주화성회를 15일까지 연장하는 사안을 검토하는 자리를 가졌다. 여기서 총학생회는 15일에 교내시위를 가두로 확대, 진출하기로 합의했고 이와 관련해 발생할 문제와 진행에 필요한 세부적인 내용을 토론하고 합의했다. 이 과정에서 산하에 지도부를 꾸리고 15일에 펼칠 시위를 '제2차 민족민주화성회'로 명명하며 시내 진출을 도모했다. 또 가두시위로 총학생회 임원이 연행될 때를 대비해 '제2의 지도부'도 구성했다.

2.

민족민주화성회, 깨어 있는 목소리를 내다

1980년 5월 14일 오전 10시경, 전남대 운동장에는 6,000여 명의 학생이 모인 가운데 민족민주화성회가 단과대학별로 진행되었다. 총학생회를 비롯한 많은 학생이 민족민주화성회를 이끌었고, 대회가 끝날 무렵인 오후 1시에는 교정 가득 '계엄 해제' '유신 철폐' 등의 구호를 외치는 시위 행렬이 줄지어 섰다. 민족민주화성회는 교내시위를 원칙으로 했지만, 학생들의 시위가 전면화할 것에 대비해 기동경찰들이 정문에서 대기하고 있었다.

공식적인 가두시위 일정은 다음날인 15일이었지만, 불타오르던 민주화의 열기에 심취한 몇몇 학생은 총학생회 사무실을 방문해 가두시위를 즉각 감행할 것을 제안했다. 이들의 제안에 박관현은 총학생회 운영위원회와 집행위원회를 소집한 후, 일정을 앞당겨 즉시 가두시위를 결행하기를 촉구했다. 갑작스러운 제안이었지만, 당장 가두시위에 돌입해도 준비에는 차질이 없다는 걸 확인한 총학생회는 박관현의 의견을 받아들였다. 이에 따라 박관현은 단과대학 학생회장들을 소집하여 각 소속 학생들을 통솔할 것을 지시하고, 시위 경로를 숙지시켰다. 그리고 학생들이 집결한 종합운동장으로 나가 가두시위 결행을 공표했다.

학생 여러분의 뜻에 따라 내일로 계획된 시위를 앞당겼습니다. 우리는 오늘 도청 앞 광장에서 시민대중들과 함께 민족민주화성회를 갖도록 하겠습니다. 각 대학별로 교문을 돌파하여 가두시위를 벌인 다음 도청 앞 광장에서 만날 것을 약속합니다. 우리의 목적지는 도청 앞입니다. 도청 앞 광장에서 만납시다.[9]

학생들의 함성이 교내를 가득 메웠다. 순식간에 단과대학별로 대열을 이룬 학생들은 정문, 후문, 담장을 돌파하며 도청 방향으로 질주했다. 대치하던 기동경찰들은 몰려드는 학생들에게 최루탄과 곤봉 세례를 퍼부었지만, 봇물 터지듯 밀어닥치는 학생의 물결을 저지하기엔 역부족이었다. 기동경찰의 저지선이 뚫리자 학생들은 걷잡을 수 없는 파도처럼 시내로 쏟아져나왔다. 어느새 행렬을 이룬 학생들은 "비상계엄 해제하라" "유신 잔당 물러가라" "민주회복" 등의 플래카드를 들고 구호를 외치며 행진했고, 〈투사의 노래〉 〈아리랑〉 〈홀라송〉 〈우리의 소원은 통일〉 등의 노래를 부르며 사기를 북돋웠다.

시민들은 시내로 진출하는 시위 행렬을 보며 손뼉을 쳤고, 일부는 행렬을 따라 대열을 잇기도 했다. 시내버스를 몰던 운전기사들은 안전사고에 대비해 버스를 멈추었고, 시내에 늘어선 건물 안에서도 많은 시민이 손을 흔들며 대열을 격려했다. 시민들의 호응에 힘입어 기동경찰들마저 시위 저지를 포기하고, 사고가 발생하지 않도록 차도와 인도를 주시할 따름이었다.

학생들이 교문을 나선 지 한 시간쯤 지난 오후 3시에는 선두 대열이 도청 광장으로 진입했다. 선두 대열은 분수대를 중심으

---

9   임낙평, 같은 책, 101쪽.

로 광장을 빽빽하게 채웠고, 후발 대열이 속속 도착하면서 금남
로의 교통은 마비되었다. 최종적으로 도청 광장에 집결한 인원
은 전남대생 1만여 명에 광주의 대학생들과 시민 등이 합세해 약
2만여 명이 넘었다. 이들은 '민주화'라는 슬로건으로 하나가 되
어 금남로를 장악했다. 집결이 완료되자, 박관현은 도청 광장 분
수대에 올라 확성기에 대고 제1차 민족민주화성회의 개회를 선
언했다.

> 지금부터 애국적인 학생들과 교수님들 그리고 시민 여러분들과
> 함께 도청 앞 민족민주화성회를 시작하겠습니다. (……) 헌법에
> 보장된 자유가 있고, 평등이 있는 이 나라에서 정의로운 주장을
> 한다고 이 튼튼한 두 다리를 지닌 제가 마음대로 다닐 수 없어서
> 야 되겠습니까. 이 같은 어려운 시대를 과감히 뛰어넘어 민주화
> 의 새 시대를 이룩하기 위해 우리는 도청 앞에 모였습니다. 우리
> 는 유신잔당의 국민주권 찬탈 음모를 분쇄하고자 우리 대학인의
> 민주 역량을 총동원하여 반민족, 반민주 세력과의 성전을 엄숙히
> 선포합니다.[10]

곧이어 전남대 총학생회는 다음날의 가두시위에 대비해 준
비했던 전남대, 조선대 등 광주지역 6개 대학과 목포대학, 여수·
여천지역 2개 대학의 학생대표가 공동서명한 〈제2 시국선언문〉
을 낭독했다. 그동안 교내 민족민주화성회에서 낭독한 선언문은
주로 전남대와 조선대 등 광주지역 대학생의 의견을 반영한 것
이었다. 그러나 이날의 시국선언문은 광주·전남지역의 대학을

---

10   임낙평, 같은 책, 103쪽.

포괄하여 각 지역 대학생의 종합적인 입장을 공표했다.

제2 시국선언문[11]

개천 이래 4313년, 우리 민족은 엄청난 시련기에 놓여 있다.

일제의 쇠사슬에서 벗어난 뒤에도 계속되어진 제국주의 열강의 조국 침탈은 민족혼의 말살까지 강요해온바, 온 산하를 척박한 폐허로 만들어서 민족의 신음소리는 날이 갈수록 높아져 결국 우리로 하여금 오늘의 이 비장한 결단을 내리게 했다.

4·19의 좌절을 체험해온 세대에 의해 이룩된 면면한 민중투쟁의 의로운 봉기는 10·26이라는 민족사의 결정적 계기를 마련해놓았으나, 안이한 환상과 어리석은 난관 속에서 조국은 다시 질곡에 빠지게 되었다. 이에 우리는 유신잔당의 국민주권 찬탈 음모를 분쇄하고자, 우리 대학인의 민주 역량을 총집결하여 반민주, 반민족 세력과의 성전을 엄숙히 선포한다.

우리가 흘린 이 젊은 피가 통일 민주조국으로 가는 조정에 핏빛 진달래로 피어오르길 바란다!

농촌 문제

민족경제의 근간인 농촌경제의 파탄은 더 이상 우리가 좌시할 수 없는바, 이의 개혁을 위한 투쟁을 선언한다. 농촌과 도시의 격차 심화와 농업채산성의 악화로 급격히 증가되는 이농 등의 농업기피 현상에 대한 근본적 해결책을 아래와 같이 제시한다.

---

11 광주광역시 5·18사료편찬위원회,《5·18민주화운동 자료총서 1》, 1997, 725~726쪽.

강령 ① 농촌기생지주제와 그에 따른 소작 형태의 방지를 위해 혁신적인 농지개혁이 실시되어야 한다. 특히 도시 주변의 농지를 재벌이 집중 매입한바, 이는 즉각 환수, 재분배되어야 한다.

강령 ② 이중곡가제 등에 의해 위장, 노동자/농민의 구조적 수탈 정책인 저농산물 가격정책은 철회되어야 하며, 생산물의 중간 착취의 근본적 배제를 위한 농산물 유통질서는 새로이 확립되어야 한다.

강령 ③ 독점자본의 농민 수탈의 통로 역할을 한 강제 영농의 하수인이던 농협은 즉각 해체, 직선에 의한 새로운 농촌민의기구가 창립되어야 한다. 아울러 자농, 기농 등 자생적 농민단체는 보호, 육성되어야 한다.

강령 ④ 농민의 경제적 지위 향상을 위해선 정치적 지위 향상은 필수 불가결한바, 자생적 농민단체의 정치 참여는 반드시 보장되어야 한다.

노동자 문제

외세 매판과 독점자본의 희생물인 800만 노동자의 생존권은 곧 민족의 생존과 직결되는바, 노동자의 생존권 수호 및 권리 진작을 위해 그들과 더불어 투쟁할 것을 밝히며 해방 이후 최대의 경제 파국인 오늘을 진단, 개혁책을 제시한다.

강령 ⑤ 국가보안법 등에 의해 묶여 있는 노동 3권은 절대 보장되어야 하며, 노동법에 명시된 노조의 정치 참여 금지 조항을 삭제, 올바른 정책 수립에 노동자의 의견이 반영되도록 하기 위해 노동자의 이익 정당은 반드시 출현되어야 한다. 아울러 형식적으로 명문화된 최저임금제도는 실질적으로 시행되어야 한다.

강령 ⑥ 노조의 어용화 방지를 위해서 노조 간부의 직접선거 등

제반 제도가 강구되어야 하며, 원만한 노사협조체계를 위해 노동자의 경영 참여는 보장되어야 한다.

강령 ⑦ 가노청, 산업선교 등에 대한 탄압 공작은 즉각 중지되어야 하며, 투쟁 노동자에 대한 구속, 해직은 더 큰 불행한 사태를 몰고 올 것이 분명한바, 이들은 즉각 석방, 복직되어야 한다.

학원 문제

우리 대학인은 자유와 평등이 구가되는 참다운 민주사회의 도래 없이는 학문의 자유와 학원의 자율이 절대 불가능하다는 전제하에, 민족의 선봉에 서서 양심의 의로운 선언과 민주에의 힘찬 행동을 결의하며 이를 저지하는 유신잔당 및 그 추종 집단과의 투쟁을 선언한다.

강령 ⑧ 휴교령을 내려 대학인의 민주 의사를 봉쇄할 일체의 기도는 즉각 중지되어야 한다.

강령 ⑨ 학문 연구의 목적에는 반공법의 적용 범위를 재고, 수정하여 참다운 민족통일 논의가 활발히 진행될 수 있게 되어야 한다.

강령 ⑩ 민주화투쟁 과정에서 구속, 수배, 연금 중인 민주학생에 대한 불법적인 탄압을 즉각 중지, 자유로운 민주활동은 보장되어야 한다.

계엄령

강령 ⑪ 계엄령 자체가 원인무효인바, 이 불법적인 비상계엄령은 즉각 해제되어야 하며, 민주화 일정에 방해가 되는 이를 지속시키려는 유신잔당을 최후까지 분쇄할 것을 선언한다.

군, 경찰

강령 ⑫ 군과 경찰은 국토방위와 치안 유지라는 본연의 임무로 복귀해 반민족적, 반민주적 세력에 이용됨이 없게 민족의 민주화 대열에 적극 동참해야 한다. 특히 전두환 보안사령관은 모든 공직에서 물러나, 실추된 군의 명예와 정치적 중립이 지켜져야 한다.

과도정부

강령 ⑬ 민족사적 정통성을 갖지 못하는 현(現) 과도정부에 의한 개헌 주도는 즉각 중지되어야 하며 개헌심의기구에 참여하는 학자, 언론인, 정치인들의 사퇴는 즉각 이루어져야 한다.

강령 ⑭ 과도정부는 모든 정치 일정을 소상히 밝혀 국민의 의혹을 씻어야 하며, 위기관리 정부로서의 분에 넘친 정책 결정은 자제되어야 한다.

언론

강령 ⑮ 민족을 배반하고 민중을 억압한 구체제의 언론인은 반성해야 하며, 시류에 편승, 기회주의적 보도 태도를 일삼는 작태를 즉각 중지, 민주 역사 창조에 적극 동참, 자유언론투쟁을 전개해야 한다.

민중이 역사의 주인 노릇을 하는 위대한 민중의 시대, 민족 통일의 벅찬 시대가 열릴 때까지 모든 민주, 민족 세력은 온몸으로 투쟁해나아갈 것이며, 이 거대한 민족의 대열에 우리 대학인도 적극 동참, 민족의 민주 제단에 희생물이 되기를 바라면서 아래와 같은 행동강령을 결의한다.

행동강령 1. 평화적이고 질서 있는 행동통일을 결의한다.

행동강령 2. 이러한 우리의 노력이 저지될 때는, 온몸으로 투쟁할 것을 결의한다.

행동강령 3. 우리는 민족의 지성으로서 부끄러움이 없는 행동을
최후까지 견지할 것을 결의한다.

———   1980. 5. 15.

동신실업전문대학 학생회

목포공업전문대학 자율화 추진 위원회

목포대학 학생회

성인경상전문대학 학생회

전남대학교 총학생회

조선대학교 민주투쟁위원회

조선대학교 공업전문대학

〈시국선언문〉의 15개 강령은 민주화투쟁을 전개하던 학생
들의 열망과 한국 사회가 이룩해내야 할 과제를 담고 있었다. 박
관현이 강령을 낭독하자 학생과 시민들이 제창했고, 뒤이어 국
민연합의 〈민주화촉진 국민선언〉, 전대교수협의회의 〈시국선언
문〉, 전남대학원생의 〈시국선언문〉이 낭독되면서 민족민주화성
회의 열기가 더해졌다. 성명서가 낭독되는 동안, 거리로 몰려든
시민들도 총학생회의 발표에 갈채를 보내며 호응했다. 민족민주
화성회가 끝날 무렵에는 비가 내리기 시작했지만, 자리를 뜨는
사람은 없었다. 박관현은 쏟아지는 비를 맞으며 민족민주화성회
를 마무리 짓기 위해 다시 분수대에 올라 즉흥 연설을 했다.

우리는 평화적이고 질서 있는 시위를 했습니다. 우리의 지성적인
행동과 주장에 시민들도 함께했습니다. 우리는 앞으로도 계속 평

34

화로운 행동과 주장을 하게 될 것입니다. 방금 전 김태진 학생처장님과 안용섭 교수평의회 의장님께서도 경찰국장을 만나 귀교하는 데 평화롭고 질서 있게 행동한다면 오늘의 모든 책임은 묻지 않겠다는 내용의 다짐도 받았습니다. 내일의 행동에 대해서는 귀교 후 여러분과 다시 약속하게 될 것입니다. 그러나 만약 오늘 저녁에 휴교령이나 휴업령이 내려지면 이미 총학생회에서 공고했듯이 교문이나 후문 앞에서 오늘과 같은 시위를 벌일 것입니다. 만약에 이것이 불가능하다면 12시 정오에 도청 앞에 집결하여 오늘과 같은 시위를 벌일 것을 여러분과 함께 약속합니다.

오후 6시 30분, 박관현의 연설을 끝으로 교외에서 치러진 제1차 민족민주화성회가 마무리되었다. 학생 대부분은 다음날의 시위를 위해 귀가했고, 총학생회 임원들은 귀교하여 휴교령에 대

1980년 5월 15일 오후, 민족민주화성회에 참여하기 위해 도청 분수대로 모여드는 학생들.
(사진 출처: 5·18연구소, 5·18기록관 DB)

비한 밤샘농성과 제2차 민족민주화성회 개최 작업에 착수했다. 애초 15일로 계획한 가두시위에는 조선대, 동신실업전문대, 목포공업전문대, 목포대, 성인경상전문대 등 다른 대학과 연대한 투쟁이 준비되어 있었다. 따라서 총학생회는 연대투쟁의 준비사항과 프로그램을 점검했다.

5월 15일 오후 1시경, 전남대 도서관 앞 광장에는 1만여 명의 학생들이 제2차 민족민주화성회에 참석하고자 운집했다. 여기에는 전남대 학생뿐만 아니라 조선대, 광주교대 등의 학생도 참여하여 시국성토대회를 마치고 도청으로 출발했다. 어제와 달리 경찰은 교문을 통과하는 학생들에게 아무런 제지도 하지 않았다. 이미 전국적으로 학생시위가 확산됐던 만큼 경찰들은 시위를 저지하기보다는 학생들에게 질서를 지키고 평화적으로 시위할 것을 당부했다. 전남대 시위대는 도청 근처에서 후발대로 편성된 조선대, 광주교육대 등의 시위대와 합류했고, 전날과 마찬가지로 도청 광장 분수대를 중심으로 연좌했다.

그 시각, 광주와 달리 다른 지역에서는 대학생들의 시위가 경찰과 맞서며 격렬하게 전개되고 있었다. 특히 서울의 시위에는 35개 대학 10만 명의 학생이 서울역으로 향했다.[12] 이는 10·26사태 이후 최대 규모의 학생시위였다. 서울 시내에 집결한 학생들은 대치하던 경찰과 일촉즉발의 충돌이 예상되었다. 그러나 경찰은 학생들의 시위를 방관하는 태도로 일관했고 오히려 시위진압용 버스가 경찰과의 대치선으로 돌진해 전경대원 1명이 사망하고 5명의 부상자가 발생했다.

---

12 1980년 5월 16일 자 《동아일보》는 이날의 인원을 7만 명, 《조선일보》는 5만 명으로 보도했다. 그러나 공식기록인 서울지방검찰청의 〈5·18공소장〉은 10만 명으로 기록했다.

서울에서는 시민들이 학생의 시위 대열에 참여하거나 지지하는 경우도 적어서 '학생'과 '경찰'만이 대치한 형상이 펼쳐졌다. 이에 반해 광주 시민들은 시위에 적극적으로 가담하는 모습을 보였다. 그들 상당수는 시위에 직접 참여하며 시위 대열에 힘을 싣기도 했다.

오후 3시경, 도청 광장에 전남대를 비롯한 여러 대학의 학생, 교수, 시민 등 수만 명이 집결해 '계엄 해제'를 촉구했다. 이어 금남로를 거쳐온 대형 태극기가 시위대에 의해 분수대 위로 게양되었고, 총학생회는 교수들에게 민주투쟁에 가담한다는 의미가 담긴 리본을 달아주었다. 그리고 30분 후에는 박관현의 개회선언을 시작으로 제2차 민족민주화성회가 개최되었다. 전날과 달리 이날은 전남대생 단독으로 열린 시위가 아닌 광주 시내 전체 대학생이 참여한 자리였다. 광주에서는 숱한 시위가 전개되었지만, 광주 시내 대학생들이 한자리에 모여 시국성토를 벌인 것은 이날이 처음이었다. 이날 제2차 민족민주화성회는 전남대 총학생회의 〈시국선언문〉[13] 낭독으로 시작되었다.

> 질곡의 18년간 살을 찢기우는 고통을 감내했던 우리 전남대인은 움터오는 민주의 싹을 군화에 짓밟히지 않기 위해 일대 결전을 눈앞에 두고 있다. 이러한 엄숙한 시점에서 우리는 10·26 이후의 우리 자세를 반성하고 우리의 최대의 적인 유신망령의 정체를 파헤침과 아울러 그들을 타도하기 위한 우리의 결의를 다지고자 한다. 10·26 이후 우리를 포함한 민주 세력은 근거 없는 낙관론으로 말뿐인 민주화에 기대가 부풀었고 하찮은 일들에 대한 승리감에 도

---

13   김영택, 《10일간의 취재수첩》, 사계절, 1988, 34~35쪽.

취하여 실질적인 민주화를 소홀히 한 것이 사실이다. 다시 말해서 학내 민주화나 병영집체 거부 등의 사소한 민주화의 전리품에 정신이 팔려 선결되어야 할 정국의 민주화는 멀리 뒷전으로 물러나고 그 주도권마저도 유신잔당에게 빼앗겨버리는 어리석음을 범하고 말았다.

그동안 유신잔당은 기득권 세력이 근간이 되어 그들의 적극적인 자구책을 강구해서 이제는 민주화에 들뜬 민주 세력에 반격을 가하기 시작하면서 민중을 우롱하고 있으니 어찌 통탄스럽지 아니한가!

전두환을 중심으로 하는 일부 경북 출신 장성과 윤필용, 박종규, 정일권, 신현확, 구 김성곤계 일당으로 구성된 지도부와 한태연, 갈봉근, 이건계(이상 법률 담당), 황선필(전 문공부 보도국장, 현 총리 비서실장-언론 통제 담당), 이후락(자금 담당) 등의 참모진으로 구성된 유신 주축 세력을 위시한 추종자들의 집단인 유신잔당은, 박정권하의 긴급조치와 전혀 다를 바 없으며 그들의 방파제 역할을 하고 있는 비상계엄을 장기화하면서 온통 정국을 안개 속으로 휘몰아넣고 있다. 그 잔당 세력은 그동안 10·26 이후 쑥밭이 되었던 정보부를 재건하고, 유신체제의 사생아요, 국민주권 찬탈의 상징인 유정회와 통대조직을 활성화 혹은 지역별로 강화하면서 소위 기성 정치인인 3K(3김)의 고립을 시도하여 왔다.

다시 말해서 4월 3일 자 뉴스워크지 기사를 8일 뒤인 11일 자 국내 일간지에 3K의 비리를 보도케 한 것은 3K를 고립시킨 뒤 그네들 신당의 부상을 피하려는 망동으로 볼 수밖에 없는 것이다. 그들은 국민여론의 무마를 위해 구체제의 김종필을 속죄양으로 삼아 이후락과 오유방, 박종규 등을 시켜 공격하게 만들어 쑥밭이 되면 그 공화당을 정일권으로 하여금 접수하게 한 뒤 신당의 발판을 구축하려는 음모를 꾸몄고, 유신 세력으로부터 거액을 수수한 김영삼을 매장함과 아울러, 김대중 씨를 좌익으로 몰아붙이려는 책동을 벌여왔다.

헌법 개정의 문제에서도 그들은 민주화라는 대명제에 내외의 여론을 무마하면서 그들 나름대로 그들의 자구책을 강구해왔다. '이원적 집정부제' '중대 선거구제'의 구상이 바로 그것으로 유신 잔당의 주축인 군부를 정치권에서 독립시킨 후, 중대 선거구제를 실시하여 국회에서 단일정당이 과반수를 차지하지 못하는 정당의 난립(亂立)으로 내각이 불안정하게 되면 독립된 군부가 정권을 탈취하려는 형태의 '이원적 집정부제'를 꾸미고 있는 것이다.

그들의 음모가 어찌 이뿐이리요마는, 아직도 유신체제가 국가의 위기상 어쩔 수 없었던 위기관리 체제였다는 망발을 거듭하고 있는 이런 시점에서 우리는 우리의 민주화운동을 적극 지지하는 민주 애국시민들과 함께 유신잔당의 '음모와 책동을' 철저히 분쇄하고, 척결하는 투쟁을 적극 펼쳐나아가야 할 것이다.

이에 우리는 우선 '비상계엄의 해제' '구속된 민주인사의 석방과 복직, 복권'을 강력히 요구하며 더불어 일제 때 황민화 교육의 선봉자였고, 3·15부정선거의 원흉이었으며 유신체제의 받침돌이었던 신현확과 이승만 박정희 정권하에서 외무부 요직과 정부 요직을 두루 맡으면서 민주 세력 억압의 주역을 담당했으며 아직도 전두환의 손아귀에서 벗어나지 못하는 허수아비 최규하 그리고 반민주 반민족 세력의 주동 인물인 전두환 등 3명이 모든 공직에서 즉각 퇴진할 것을 민주학생과 민족의 이름으로 강력히 촉구한다.

우리는 우리의 선배들이 그러했듯이 민중이 승리하는 그날까지 우리의 뜨거운 피를 이 산하에 뿌릴 것을 분명히 밝혀두면서 우리의 나아갈 길은 영원히 오직 민족을 위한 투쟁임을 재천명하는 바이다.

———————   1980. 5. 15.
전남대학교 총학생회

〈시국선언문〉은 '결전에 임하는 우리의 결의'라는 제목 아래, 1,500자에 이르는 장문으로 기술되었다. 주요 내용은 유신잔재 세력의 음모를 규탄하고 민주화가 이룩될 때까지 투쟁을 이어갈 것을 천명한 것이었다. 이어 조선대민주투쟁위원회, 광주교대학 생회에서 시국선언을 했고 전남대 '대학의 소리'의 〈대학의 소리-그 첫 번째〉, 전남대와 조선대 자유언론투쟁위원회의 〈언제까지 눈뜬 봉사처럼 소리 죽이고 참아야 하나?〉, 광주교대생 대표의 〈시민에게 드리는 글〉이 낭독되었다. 각종 선언문이 낭독될 때마다 수많은 플래카드와 피켓이 물결쳤고, 시민들의 박수와 함성이 광주를 뒤흔들었다.[14]

각 단체와 학교의 선언문 낭독이 끝난 뒤에는 자발적으로 연단에 오른 시민들의 즉흥 연설이 이어졌다. 한 여학생은 분수대에 올라 "스승님이여, 우리 학생들과 함께 고난스런 투쟁의 대열에 서주십시오. 스승님들의 가르침에 거역하지 않는 길은 민주화투쟁의 길입니다"[15]라고 천명하는가 하면 또 다른 시민은 학생들의 민주화투쟁을 독려했다.

점심까지 거르면서 민주회복을 위해 투쟁하는 학생들에게 뜨거운 성원을 보냅니다. 저는 조그만 전파사를 경영하는 한 시민입

---

14   전문은 광주광역시 5·18사료편찬위원회, 《5·18민주화운동 자료총서 1》, 1997, 727~734쪽.
15   임낙평, 《광주의 넋: 박관현》, 사계절, 1987, 106쪽.

니다. 여러분들의 외침을 듣고 있을 수만 없어서 저도 한마디 하고자 이렇게 올라왔습니다. 현 정권 물러가라, 신현확 물러가라, 유신잔재 물러가라, 정치 일정 공개하라. 이 같은 학생들의 주장을 도백이시어! 서울로 무전을 치시오. 무전을 쳐서 전하시오! 이렇게 수많은 학생들과 시민들이 외치는 소리를 도백이나 경찰국장은 서울로 무전을 쳐서 전하란 말이오. 그리고 일찌감치 정부는 학생들과 시민들의 뜻을 거역하지 말고 따르시오……[16]

시민들이 주로 주장하던 요구사항도 '유신잔당 청산' '계엄 해제' '정치 일정 공개' 등이었다. 이처럼 광주에서는 여러 대학의 학생들과 시민까지 연합해 시위를 전개하기 시작했다. 이때부터 도청 앞 분수대는 대학생뿐만 아니라 비정치적 주체였던 시민들에게도 제도언론의 허위를 폭로하고 독재항거 정신을 분출하는 항쟁의 성지로 자리매김했다. 시민들의 연설이 계속되는 가운데 박관현은 제2차 민족민주화성회의 마무리 연설을 위해 연단에 올라섰다. 그는 이 자리에서 다음날에 펼쳐질 '횃불대행진'을 예고했다.

암흑의 시대, 칠흑 같은 질곡의 역사를 정말로 우리 민주화의 횃불로 밝히기 위해 모든 전남지역 대학생들의 이름으로 내일 오후 3시에 이곳 도청 앞에 모여 횃불시위를 거행하겠습니다. 내일의 민족민주화 횃불대행진에 동참해주시기 바랍니다.[17]

16   임낙평, 같은 책, 106~107쪽.
17   임낙평, 같은 책, 107쪽.

    5월 14일부터 진행된 두 차례의 민족민주화성회를 통해 학생과 시민들은 "내일 도청 앞에서 만납시다"라는 약속의 의미를 깨닫고 있었다. 그것은 어떠한 상황에서도 민주화가 이룩될 때까지 계속 시위를 이어가자는 다짐이자 투쟁의 시작을 알리는 점화와도 같은 것이었다.

    오후 6시 30분경, 민족민주화성회가 끝나자 각 대학의 학생들은 일제히 대열을 형성하여 귀교길에 올랐다. 대학별 학생대표 6명이 대형 태극기를 넓게 펴고 행진했고, 그 뒤로 교수진 50여 명이 뒤따랐으며 후발 대열은 열을 지어 따라붙었다. 이처럼 교수, 학생이 한마음으로 금남로 행진을 연출한 것은 4·19 이후처음 있는 풍경이었다. 전남대생들은 충장로→금남로→광주고속터미널 방향과 양동시장→무등경기장→공용터미널→시청→전남대로 진로를 잡고 행진했다. 시위대가 양동시장을 지날 때는 상인들이 박수로 환영했고, 방직공장을 지날 때는 노동자들이, 도심에서는 회사원들이 함성으로 이들을 맞았다. 시위대는 광주 시민의 지지와 신뢰를 받으며 공감대를 형성해나갔다. 교정에 모인 전남대생들은 "비상조치나 휴교령이 내리면 다음날 오전 9시 30분에 교문 앞에 모여 시위를 시작하되 경찰의 저지가 있을 경우엔 오후 12시에 도청 광장으로 모이기로 약속"한 후에 헤어졌고, 일부 학생은 학교에 남아 다음날 민족민주화성회에서 진행할 5·16 화형식 및 횃불시위를 준비했다.

3.

혁명의 시, 민주의 행진

1980년 5월 16일, 유신독재의 시발인 5·16쿠데타로부터 19주년
되는 날이었다. 서울을 비롯한 전국 각 대학이 시위를 중단한 것
과 달리 광주에서는 오후 2시부터 전남대, 조선대, 광주교대, 조
대공전, 성인경상대학, 동신전문대학, 송원전문대학, 서강정보
대학, 광주보건전문대학 등 광주·전남지역 10개 대학의 학생 3
만여 명이 제3차 민족민주화성회에 참석했다. 더불어 전남대에
서부터 도청 광장까지 대형 태극기를 앞세운 전남대 교수들의
'집단 가두시위'도 펼쳐졌다.

　이는 1960년 4·19 당시 서울지역 교수들이 이승만의 독재를
규탄하며 경무대로 행진한 이후 처음 있는 일이었다. 태극기는
한국의 현대사에서 국권을 빼앗기던 시기, 식민지로 전락해 제
국주의의 지배에 놓였을 때, 분단과정 등에서 중요한 상징으로
등장했지만, 이날 광주에서의 태극기는 의미가 달랐다. 전남대
학생을 주축으로 개최되었던 민족민주화성회는 광주 시민의 민
주화 열망을 드러내려던 기획이자 사회적 억압에 저항하는 투쟁
의 상징이었다. 서울과 달리 광주에서는 태극기가 '민주주의 회
복'의 상징이나 '인권 신장, 차별 철폐' 같은 민주화 요구에서 동

1980년 5월 16일, 민족민주화성회 개최를 위해 금남로로 향하는 전남대 교수와 학생들.
(사진 출처: 5·18기념재단 5·18기록관 DB)

1980년 5월 16일, 전남도청 광장에서 열린 민족민주화성회.
(사진 출처: 5·18기념재단 5·18기록관 DB)

반되는 경우가 빈번했다. 이들이 보여준 태극기는 국민에 의해 정부의 권한이 제한될 수 있고 또 제한되어야 하며, 일정한 법적 제도적 제한에 따를 때에만 정당성을 얻을 수 있다는 의미를 함축했다. 즉 군사독재와 탄압에 맞서는 인권과 헌정주의에 대한 갈망의 움직임이 가두라는 열린 공간에 노출되어 억압된 집단의 욕망이 해소되는 스펙터클을 보여주었다.

이날, 시위 진압을 위해 출동한 전투경찰들은 방독마스크를 착용하고 경찰봉을 들었지만, 집회 참여자들과 특별한 공방전을 벌이지는 않았다. 분수대를 중심으로 학생이 모여들었고, 금남로 주변을 지나던 시민과 청년은 물론 버스기사, 택시기사들도 차량을 길가에 주차하고 시위 대열에 참여했다. 또한 노점에서 장사하던 사람들도 일손을 멈추고 합류했고 나중에는 시위군중이 도청 앞과 노동청 앞, 금남로 1·2·3·4·5가를 가득 메웠다. 5·16 기념일이었던 이날, 19년간 이어졌던 유신독재의 그늘을 횃불로 밝힌다는 취지 아래, '광주 최대의 시위'라는 장엄한 파노라마가 펼쳐지고 있었다.

오후 3시 30분경, 약 5만여 명의 시위군중이 운집한 가운데 박관현의 개회선언으로 제3차 민족민주화성회의 막이 올랐다. 지난 14일에 낭독했던 15개 항의 강령을 담은 〈제2 시국선언문〉을 정동년(전남대 4년)이 다시 낭독했고, 각 대학의 대표가 잇달아 분수대 위로 등단하여 선언문을 차례로 발표했다. 이 자리에서 전남고등학교 대표 학생은 "이 나라의 참된 민주주의를 위해서는 몸과 마음을 바칠 것"이라고 선언하며 군중의 박수를 끌어냈다. 이어 서울과 부산에서 찾아온 운동권 학생들은 전국에서 벌어지던 민주화투쟁에 관한 소식을 전했고, 시민 누구나 연단에 올라 자유롭게 발언하는 시간이 이어졌다.

한 여학생은 분수대 위로 올라 〈국군장병에게 보내는 메시지〉〈경찰관들께 드리는 글〉을 낭독하면서 "우리 학생들은 정말 국가비상사태가 온다면 언제라도 전선으로 뛰어가겠으며 여학생들도 전선의 간호사가 되어 내 나라를 지키는 데 앞장설 것"임을 선언했다.[18] 이를 지켜보던 전투경찰들도 방패만 들었을 뿐, 별다른 제지 없이 흥미진진한 표정으로 대회를 지켜보았다. 성회가 진행되는 동안에도 시위대가 속속 도착해 합류했고, 열기가 고조되자 한 학생이 분수대에 올랐다. 그는 자신을 '민주시민'으로 소개하고 곧바로 시 〈민주의 나라〉를 낭독했다.

> 남도의 하늘은 아름다웠다
> 천사가 나팔을 부는 것도
> 날으는 꽃마차 위의 일곱색 나비들이
> 꽃 이파리를 뿌려주는 것도 아니었건만
> 남도의 하늘은 참으로 아름다웠다
>
> 빨강, 파랑, 노랑색으로 춤추던 물줄기는 멈추고
> 향기 없던 조화가 시들던 날
> 너와 나는 한 걸음씩 다가갔다
>
> 페퍼포그가 멈추고
> 최루탄이 사라지던 날
> 무진벌의 백성들이 모여들었다

---

18   전문은 광주광역시 5·18사료편찬위원회, 《5·18민주화운동 자료총서 1》, 1997, 735쪽.

지식인이면 어떠냐
노동자면 어떠냐
농민이면 어떠냐
우리는 민주시민이다

가까이 가면 벌받는다고 무서워하던
도청 앞 분수대
가만히 만져보고
부둥켜 안아보고
그대와 나 마주보고 웃는 모양 얼마나 좋으냐

어느 세상 이보다 아름다운 노래 있으리
모두가 한 입 되어 외쳐 부르는 민주의 노래
서기 천구백팔십년 오월 십육일
우리는 여기 도청 앞 광장을 민주의 광장이라 명명했다

그리고 영원한 민주의 행진을 위해 횃불을 들었다
한 걸음 뗄 때마다 가슴 깊이 다짐한다
다시는
백성을 핍박하는 눈물 개스를 위한 세금을 납입치 말자고
다시는
백성을 팔아 삼십육년 식민지 설움을 당하지 말자고
다시는
백성의 착함을 개인의 욕심으로 욕되게 말자고
다시는 외세로 인해 허리가 잘리거나 대리전쟁을 치르지 말자고

우리의 소원은 통일

꿈에도 소원은 통일

횃불이여

역사의 그날까지 활활 타올라라

백성의 나라를 위해

백성의 나라를 위해

영원히

영원히

빛나거라

————   작자 미상, 〈민주의 나라〉 전문[19]

　　이 시는 광주의 최대 인파가 모인 '현장'에서 현장성/직접성
을 두루 수렴/발휘하며 낭독되었고, 당대 상황과 맞물린 내용을
담아 시민들의 공감을 불러일으키며 상당한 반향을 일으켰다.
민족민주화성회는 외부적으로 전국적인 80년 봄의 민주화 열기
를 이어받으며, 내부적으로는 유신체제 기간 정부에게 받았던
지역 불균등에 따른 차별, 농민/노동 현장의 생존권 문제, 정치
탄압 등의 누적되어온 민중적 열망이 표출된 자리였다. 〈민주의
나라〉는 그러한 서사를 담아내며 시민들에게 강렬한 인상으로
새겨졌다.

19　　문익환·고은 외,《마침내 오고야 말 우리들의 세상》, 한마당, 1990,
　　　159~161쪽.

지금 저의 뇌리에 스치는 시가 한 편 있습니다. 도청 앞 광장에서 열렸던 시민궐기대회에서, 이름도 성도 밝히지 않고 민주시민이라며 단상에 올라가 낭송했던 시입니다. 시민들의 가슴을 뜨겁게 달구었던 그 시를 보면 오빠 생각이 납니다. 제목도 〈민주의 나라〉였어요.[20]

날마다 계속되던 민족민주화성회의 현장은 "환희와 감격"[21]으로 술렁거렸고, 민주화투쟁의 일환으로 발표되었던 〈민주의 나라〉는 시위 주체의 의식을 대변했다. 유신체제 이전 시기의 아름다웠던 "남도의 하늘"을 회상하는 것으로 시작하여 "조화"마저 시들게 할 만큼 숨 막혔던 군부독재의 집권 시기를 서술하고, 시위 현장에서 사용되는 "페퍼포그" "최루탄" 등의 무기들이 "사라지던 날"이라는 서술로 군부독재의 종결을 암시했다. 또 그 과정을 '과거-현재-미래지향'의 서사를 구축하며, 민주화의 열망은 과거에 억압받고 차별받던 "노동자" "농민" 계층이 "지식인"과 한데 어우러져 "민주시민"으로 거듭날 수 있다는 희망적 메시지를 전했다.

그리고 시는 현재의 시점에서 "도청"을 지명한다. 전술했듯 민족민주화성회는 전남대 학생들이 '도청'으로 집결해 개최한 집회였다. 광주에서 전남대는 도시 내 가로망을 통해 도청으로 쉽게 이동할 수 있는 곳에 있다. 광주 중심지인 도청은 시위 규모의 팽창 및 항쟁을 확산시키는 데 지리적으로 중요한 위치에 있고, 실제로 항쟁 초기에 시위가 이루어졌던 충장로, 금남로, 계

20   이금희, 〈한 줌 흙과 나뭇잎, 풀벌레 울음소리도 이 땅에서는 모두 오빠와 한몸입니다〉, 《5·18광주민중항쟁증언록 I》, 광주, 1987, 44쪽.
21   이금희, 같은 글, 43쪽.

림동, 산수동, 학동은 도청 인근에 있다. 그리고 이 시위는 광주
민중항쟁의 틀을 형성하는 데 중요한 기능을 했다. 따라서 〈민주
의 나라〉는 민주화를 위해 모인 시민이 서로 "만지고" "안아보고"
"마주보고 웃는" 장소를 "도청"으로 지명하고 "민주시민"으로 거
듭난 이들이 "민주의 노래"를 부르며 모여들었던 도청 광장을
"민주의 광장"으로 명명한 것이다.

> 우리는 도청 앞 광장을 '민주의 광장'이라 명명했어요. 민주의 광
> 장에 민주시민이 모여 민주의 노래를 부르던 80년 5월, 그날은 하
> 늘에 최루탄마저 사라져 참 청청하게도 맑았습니다. 빼앗기고 짓
> 밟혀 헐벗었던 인간성을 회복하기 위해 사선을 넘었고 총과 칼부
> 림의 오욕에 찬 시대를 넘어 민주주의를 온몸으로 실천해보려는
> 몸부림의 나날이 계속되었습니다.[22]

'과거-현재'의 상황을 토대로 형성된 "민주의 광장"에서 "백
성"들은 과거의 수동적인 모습에서 벗어나 좀더 능동적으로 의
지를 드러내었다. "개스를 위한 세금" "식민지 설움" "개인의 욕
심" 등의 부패를 넘어 함께 "민주의 노래"를 부르며 직접민주주
의를 재현한 것이다.

이 시에서 "우리의 소원은 통일/ 꿈에도 소원은 통일"을 외친
것은 유신체제의 근원을 '남북 분단'[23]으로 상정했기 때문이다.
즉 박정희의 유신체제를 이승만의 권위주의체제의 연장선으로
평가할 때, 분단의 상황은 군사독재 정권을 야기한 원인이었다.
따라서 10·26사태로 유신체제가 종결로 치닫는 때, "백성"들이

---

22   이금희, 같은 글, 145쪽.

한자리에 모여 "횃불"을 밝히는 행동은 독재의 암흑을 걷어내고 민주화를 소망하기 위한 적극적인 활동이었던 것이다.

---

23   이외에도 유신체제가 종결된 후, 새로 집권한 신군부는 당시의 혼란스러운
      국내실정을 주로 북한과 연결해 '안보'의 논리로 민중의 진출을 억압하며
      광주민중항쟁 역시 '고첩의 소행'으로 몰아갔다. 하지만 〈민주의 나라〉는
      항쟁 이전에 개최된 민족민주화성회를 의식하고 창작되었음을 고려할 때,
      시에 삽입된 구절은 지난 독재의 근원을 드러내기 위함이었다.

4.

마침내 횃불을 들다

민족민주화성회가 막바지로 치닫던 5월 16일 오후 6시 30분, 시위군중은 〈투사의 노래〉 〈정의가〉 등의 노래를 부르며 대규모의 횃불시위를 준비했다. 시민들은 흥미진진한 구경거리를 기대하며 자리를 뜨지 않았다. 오히려 퇴근시간과 각 학교의 하교시간이 맞물리면서 도청 인근의 인파는 눈덩이처럼 불어났다. 노래 제창을 끝으로 민족민주화성회는 막을 내렸고, 주위에 어둠이 깔리자 박관현은 도청 광장 분수대에 올라 횃불대행진의 의의를 설명했다.

제가 전남대학교 총학생회장 박관현이올시다. 이 우레와 같은 박수와 여러분들의 함성이 전 국토와 민족에게 다 들릴 수 있도록 다시 한번 큰 목소리로 외쳐봅시다. 우리가 민족민주화 횃불대행진을 하는 것은 이 나라 민주주의의 꽃을 피우고 이 횃불과 같은 열기를 우리 가슴속에 간직하면서 우리 민족의 함성을 수습하여 남북통일을 이룩하자는 뜻이며, 꺼지지 않는 횃불같이 우리 민족의 열정을 온누리에 밝히자는 뜻입니다. 이런 뜻에서 우리 광주시민, 아니 전남 도민, 아니 우리 민족 모두가 온누리에, 이 횃불

을 밝히기 위해서 이 자리에 모인 것입니다.[24]

박관현의 호소는 시위군중의 가슴에 뜨거운 불길을 당겼다. 그의 호소에 감격한 시민들은 자발적으로 횃불시위에 참여할 의사를 내비쳤다. 총학생회는 준비해둔 400여 개의 횃불 뭉치와 기름통을 일사불란하게 운반했고 학생들은 '횃불시위조' '기름 공급조' '거리 질서조' '횃불 수거조' 등의 조도 편성했다. 이로써 3일간 치러진 민족민주화성회의 피날레로 계획한 횃불시위의 준비를 마쳤다. 혹시 모를 경찰의 제지와 안전 차원에서 박관현은 사전에 전라남도 경찰국장 안병하와 '질서 있고 평화적'으로 횃불시위를 전개하며 경찰은 학생을 호위할 것을 합의했고, 양측은 이를 충실히 이행했다.

이날 밤, 어둠 속에서 홀연 빛이 켜지기 시작했다. 캄캄한 어둠을 밝히는 불꽃이 타올랐고 학생들은 손에 저마다 횃불을 쥐고 있었다. 이내 광주는 횃불의 바다가 되었다. '횃불'은 더 나은 사회를 위한 열망이자 그런 열망을 가진 존재들이 '서로주체'가 되는 일이었다. 즉 직접행동 민주주의를 표방하면서, 억압적인 권력에 맞선 "인권에 대한 갈망이 깔린"[25] 저항의 움직임을 거리에서 창출한 것이다.

광주 전역을 밝힐 횃불시위는 두 개 조가 두 개의 코스를 행진하는 것으로 계획되었다. 먼저 전남대생으로 편성된 조는 도청 광장에서 출발하여 노동청 → 광주MBC 앞 → 광주고등학교 앞 → 무등산장 입구 → 산수오거리 → 법원 입구 → 동명로를

---

24 임낙평,《광주의 넋: 박관현》, 사계절, 1987, 109쪽.
25 조효제,〈프롤로그〉,《인권의 풍경》, 교양인, 2008.

1980년 5월 16일 오후 8시, 횃불 가두시위 모습.
(사진 출처: 5·18연구소, 5·18기록관 DB)

거쳐 다시 노동청 → 도청 앞으로 돌아오고, 조선대 외 기타 대
학생 팀과 전남고교생 등은 금남로 → 유동삼거리 → 광주천 도
로 → 금남로를 통해 도청 앞으로 돌아오기로 했다.

　오후 8시부터 대열을 이룬 시위대는 두 방향으로 나뉘어 어
둠을 가르며 행진했다. 광주 전역은 수백 개의 횃불로 마치 백야
가 펼쳐진 것만 같았다. 지정된 코스를 따라 행진하던 시위대는
각종 구호를 외치고 노래를 부르며 민주화의 염원과 희망을 울
렸다. 횃불시위에 나선 시위대의 입에서는 "우리들은 정의파다
홀라 홀라"로 이어지는 〈홀라송〉이 흘러나왔고, 1980년대 대학
가를 풍미한 '노가바'(노래 가사 바꾸어 부르기)가 흘러나왔다. 여기
에 "전두환은 물러가라/ 좋아 좋다!/ 전두환은 물러가라/ 좋다
좋다!" 등의 노가바풍의 노래는 시위 진압에 지친 경찰의 흥마저
돋웠다.[26]

이와 같은 거리시위는 "2008년의 촛불시위나 1987년 6월항쟁, 그리고 모든 해방의 순간과 거기에 처한"[27] 상황과 매우 흡사하다. 매 순간, 불의 물결 속에 녹아 있던 시민들의 목소리는 다양했고, 8·15 해방 직후에도 그랬듯 거리집회는 "오랜 세월 동안 강요된 침묵과 폐쇄성, 억눌림을 깨고" 일어서는 "대중 집회의 민주주의"를 드러냈다.[28] 이는 횃불을 밝히는 행위가 실질적 민주주의를 위한 기도이자 변화의 초석임을 방증한다. 즉 횃불시위는 민주적 의사표출 과정 전체가 민주주의를 지향하는 의지가 발현된 것으로 볼 수 있다. 그렇다면 횃불시위에 참여한 학생과 시민들의 지향은 분명하다. 유신잔당과 신군부에 대한 거부, 그에 대한 저항으로 진정한 '민주주의'를 열망한 것이다.

소설가 송기숙은 횃불시위를 다음과 같이 표현했다. "거리마다 쏟아져나온 시민들은 박수를 치며 환호했고, 터질 듯한 감격과 지지를 고함으로 내질렀다. 학생과 시민이 한덩어리로 어우러지는 가슴 벅찬 공감의 한마당이었다."[29] 즉 거리집회는 지배적인 사회체제와 규범을 부정, 거부하고 아래로부터 생산하는 문화를 창출했다. 덧붙여 시민들에게는 민주화에 대한 의지를 각인시키며 '공동체'를 실감하게 하는 계기도 되었다.

시민들은 "학생들의 시위 대열에는 참여하지 않았지만, 부분적으로 함성과 박수를 통해 관심과 동의를 보여주"[30]었다. 총학

26   김준태,《명노근 평전》, 심미안, 2009, 197~198쪽.
27   천정환,〈해방기 거리의 정치와 표상의 생산〉,《상허학보》제26집, 상허학회, 2009, 78쪽.
28   파냐 이사악꼬브나 샤브쉬나,《1945년 남한에서: 어느 러시아 지성이 쓴 역사현장기록》, 김명호 옮김, 한울, 1996, 78쪽.
29   송기숙 증언, 한국현대사사료연구소,《광주 5월민중항쟁 사료전집》, 풀빛, 1990, 155쪽.

생회는 이날의 시위만큼은 14일과 15일의 시위와는 달리 학생시위라는 초기의 취지를 살려 시민들이 대열에 참여하는 것을 사양했다. 따라서 이날 시민들은 행렬을 따라 양쪽 보도를 걸으면서 서서히 학생들과 연대감을 맺었다.[31]

이날 밤 교수, 대학생, 시민, 고교생은 "계엄 해제" "유신잔당 물러가라" 등의 구호와 〈투사의 노래〉〈우리의 소원은 통일〉〈아리랑〉 등의 노래로 광주를 채워나갔다. 이들의 합창은 당장에라도 독재를 물리치고 민주화를 이룩할 만한 기백을 담고 있었다. 만약의 사태를 대비해 경찰은 시위 대열의 뒤를 따랐고 시민들은 횃불시위를 구경하거나 노래와 구호를 따라 했다. 횃불시위는 경찰들의 보호와 협조로 질서 있고 평화롭게 진행되었고, 밤 10시경에는 모든 시위대가 도청 광장에 다시 모이면서 역사적인 횃불시위는 끝이 났다.

그리고 이날 민족민주화성회의 하이라이트로 계획한 '5·16 쿠데타 화형식'이 거행되었다. 박정희와 전두환의 허수아비가 분수대 앞에 내걸리자 이내 횃불이 허수아비를 태웠고 곧 허수아비는 잿더미가 되었다. 그 장면을 지켜보던 시위군중은 일제히 함성을 지르며 울분을 토했다. 그사이 박관현은 시위군중의 우레와 같은 박수를 받으며 다시 연단에 올랐다.

연일 계속된 성회 기간 동안 이 나라 민주주의와 조국의 통일을 염원하는 우리 학생들과 시민들의 시대적 요구가 평화롭고 질서 있게 진행된 데 대해 여러분들에게 깊은 감사를 드립니다. 또한

30   임종명, 〈5월항쟁의 대중적 참여와 그 계기 및 의식성〉,《역사학연구》
      제32집, 호남사학회, 2008, 190쪽.
31   황석영,《죽음을 넘어 시대의 어둠을 넘어》, 풀빛, 1985, 28쪽.

수고하시는 경찰관님들에게도 전체 학생을 대표해 감사드립니다. 그동안 수업을 팽개치고 행했던 학내외의 집회와 시위, 특히 연 3일 동안 진행된 시가지 시위와 도청 앞 집회에서 우리는 충분히 우리들의 뜻이 전달되었으리라 믿습니다. 우리들의 열화와 같은 요구가 금명간 받아들여져야 할 것입니다. 그러나 이와 같은 우리들의 성스런 요구를 묵살할 때는 또다시 수업을 중지하고 투쟁할 것입니다. 휴교령이 발동되면 즉시 투쟁할 것을 약속합니다. 학생, 시민 여러분! 민주화를 성취하기까지는 아직도 머나먼 길이 놓여져 있습니다. 우리는 이제 겨우 출발선상에 서 있는지도 모릅니다. 여하튼 민주화의 성스런 횃불이 꺼졌다 할지라도 그것은 영원히 꺼진 것이 아니라 우리 마음속에 활활 타오르고 있어야 할 것입니다. 그동안 함께 수고한 학생 여러분 그리고 존경하는 교수님 또 시민 여러분께 다시 한번 감사드립니다.[32]

그는 쩌렁쩌렁한 목소리로 마지막 연설을 했다. 다음과 같은 말도 잊지 않았다. "최규하 대통령이 곧 귀국하시면 정부에선 정치 일정을 소상히 밝히어, 우리의 민주회복운동에 부응하는 반응을 즉각 보여주시리라 믿습니다. 이에 희망을 걸고, 민주학생 여러분과 애국시민 여러분은 굳게 기다려봅시다. 그러나 만약의 경우 납득이 안 가는 결과가 생길 것에 대비해, 대학생 여러분은 19일(월)에 일단 도청 앞 광장으로 나와주실 것을 빌어 마지않습니다."[33] 박관현의 연설을 끝으로 이날 시위도 막을 내렸다. 이로써 3일간 열린 민족민주화성회도 시민들의 호응을 받으며 끝이

32   임낙평,《광주의 넋: 박관현》, 사계절, 1987, 111~112쪽.
33   임낙평, 같은 책, 111~112쪽.

났다.

학생들은 계속된 시위로 누적된 피로를 풀고 정세를 관망할 겸, 휴식을 취하고 월요일에 모여 다시 성토대회를 열기로 했다. 혹여 휴식 중에라도 휴교령이 내리면 '다음날 오전 9시 30분에 전남대 교문 앞에서 모이기로 했던 전날의 약속'을 재확인하고 해산했다. 학생들은 귀가하면서 거리에 버려진 각종 유인물과 쓰레기를 정리했고, 다음날 새벽에도 거리에 나와 횃불시위로 더러워진 거리를 청소했다. 민족민주화성회는 참여 인원이나 규모, 질서의식 면에서 전국의 어떤 시위보다 모범적이었고 '민주화의 의지'를 극대화한 '민중봉기'의 전범으로 기록될 만하다.

제 2 부

광주민주항쟁 '현장'의 문화투쟁

1.

시의 폭발, 봉기의 언어화

전남대 시위와 화려한 휴가

1980년 3월부터 비상계엄 전국 확대 조치를 준비하던 신군부는
한미연합군사령부의 동의하에 5월 8일부터 17일에 걸쳐 공수부
대, 해병대, 제20사단을 전국에 배치했다. 전북 익산에 주둔하던
제7공수여단은 5월 10일 오후 2시 56분에 '학원소요에 대한 증
원 계획지시'를 받았는데, 이는 공수부대 배치 지역을 상세히 명
시했다. 예컨대 전북대(전주)에는 제7공수여단 제31대대, 충남
대(대전)에는 제32대대, 전남대와 광주교대(광주)에는 제33대대,
조선대와 전남대 의대(광주)에는 제35대대가 출동을 준비하라는
것이었다.[1] 따라서 5월 15일부터는 제3관구사령부(대전)와 제35
사단은 각각 19대와 18대의 차량을 제7공수여단에 지원하면서
광주로 계엄군 출동 준비를 완료했고, '비상계엄 확대 선포 안'이
의결되자마자 서울, 부산, 대구, 광주 등 전국 대도시에 군을 투

---

1   국방부과거사진상규명위원회 편, 《12·12, 5·17, 5·18사건 조사결과보고서》,
     국방부, 2007, 63쪽.

1980년 5월 18일 오전, 전남대 정문 앞에 공수부대가 배치되어 있는 모습.
(사진 출처: 5·18기념재단 5·18기록관 DB)

입했다.[2] 이들의 주요 공격 목표 지역은 서울과 광주였다. 5월 17
일, 서울에는 제1·3·5·9·11·13 공수여단, 광주의 전남대와 조
선대 교정에는 제7공수여단 제33대대와 제35대대를 투입했다.
투입된 병력은 686명이었다. 전쟁이나 국가비상사태도 아닌데
도 박달나무 곤봉과 총칼로 무장한 군인을 투입한 것이다. 이른
바 충정작전, '화려한 휴가'가 광주에서 드디어 펼쳐진 것이다.

5월 18일 오전, 전남대로 모여든 학생들은 '휴교령이 내릴 경
우 그 다음날 오전 9시 30분에 교문 앞에서 모이자'던 구호를 기
억하고 있던 학생들이었다. 정문 앞에는 공수부대원들이 아침
일찍 등교한 학생들의 옷을 벗기고 속옷만 입힌 채, 손을 들게 하

---

2   시국수습 방안 작성을 끝낸 신군부는 한미연합사의 동의하에 5월 8일부터
     17일 사이에 공수부대, 해병대, 제20사단을 전국에 다시 배치했다.
     국방부과거사진상규명위원회, 같은 책, 63쪽.

고 무릎을 꿇려 놓았다. 학교에 들어가겠다고 요구한 학생들과 휴교령에 따라 교내 출입이 불가하다는 군의 방침이 충돌하자, 항의하는 학생들을 붙잡아 수모를 준 것이다. 이를 목격한 학생들은 더 많은 사람이 모이기를 기다리며 상황을 타결할 방안을 모색했다.

오전 10시경이었다. "돌격! 앞으로"라는 명령과 함께 전남대 정문에 대기 중이던 공수부대원들이 학생들에게 달려들었다. 그들은 쇠심이 박힌 살상용 곤봉으로 학생들을 가차 없이 후려치기 시작했다. 무방비 상태에 놓여 있던 학생들은 손쓸 틈 없이 구타당했고, 몇몇 학생들은 투석으로 응수했다. 일순간 교문 앞은 공수부대가 쏜 최루탄 연기에 휩싸였고, 그 속에서 사방을 휘젓는 공수부대원들과 학생들이 뒤엉켜 아수라장이 되었다. 그러나 학생들은 물러서지 않고, 크고 작은 돌멩이를 투석하며 공수부대를 저지했다. 학생들의 맹렬한 투석에 공수부대원들은 한때 교문 밖으로 퇴각했지만, 다시 숨을 고른 후에는 더욱 과감하게 달려들었다. 당시 공수부대원의 만행을 목격한 이들은 "투쟁에 참여하지 않고는 견딜 수 없을 정도로 인간 이하의 모멸감을 느낄 정도"[3]라고 폭로했는데, 이는 다음의 증언에서 더욱 선명하게 드러난다.

> 부상자들이 대부분은 20대 혹은 30대 초반에 집중되어 있었고, 학생 이외의 사람들이 많았다. 이 점은 공수대원들이 젊은 사람들이면 무조건 만행의 대상으로 삼았던 것을 말해준다.[4]

3 광주광역시 5·18사료편찬위원회, 《5·18 광주민주화운동 자료총서 2》, 1997, 123쪽.
4 정상용 외, 《광주민중항쟁》, 돌베개, 1990, 203쪽.

공수대원들의 구타는 단순 폭행이 아니었다. 진압봉으로 머리부터 발끝까지 구타하고 쓰러지면 군홧발로 짓밟아버렸다. 이들의 살인적 구타에 못 이겨 정신을 잃고 쓰러지면 마치 개 끌듯이 끌어서 트럭에 싣고 연행해갔다.[5]

'폭동 진압훈련'과 '게릴라 특수훈련'을 받은 공수부대는 돌이 날아와도 피하지 않았다. 심지어 목표로 정한 사람은 끝까지 쫓아가 곤봉으로 머리를 때리고 실신하면 질질 끌고 가 다시 폭행을 일삼았다. 약 30분가량 공수부대와 학생들은 '투석'과 '돌격'을 반복하며 밀고 밀리는 공방전을 계속했다. 피를 흘리고 땅에 나뒹구는 학생들, 그 위로 쏟아지는 곤봉세례와 발길질, 비명과 함성, 머리채를 붙들려 끌려가는 학생들……

흥분한 학생들은 무엇이든 손에 잡히는 대로 공수부대원에게 던졌지만, 열세는 점점 뚜렷해졌다. 학생들은 시내로 나가 시민들에게 상황을 전해야 한다고 생각했다. 학생들은 잠시 해산했다가 광주역에서 재집결할 것을 결의하고, 이리저리 흩어져 광주역 광장으로 향했다. 광주역에 모인 학생들은 전열을 가다듬고 한시라도 빨리 시민들에게 "공수부대의 만행을 폭로하여 신군부의 음모를 막아야 한다"고 의견을 모았다. 이에 따라 오전 10시 30분경 광주역 앞에 모인 400여 명의 학생은 시외버스공용터미널을 거쳐 도청 광장 근처인 가톨릭센터 앞까지 진출할 것을 결의하고 행진했다.

오전 11시경, 금남로에는 병력을 실은 군용 트럭이 오가고 있었다. 신군부가 제11공수여단 258명을 추가로 투입한 것이었

---

5   정상용 외, 같은 책, 203쪽.

다. 광주의 병력 투입 상황을 잠시 살피면, 5월 19일 자정에 광주에 1,146명을 증파한 것도 모자라 20일 새벽에는 특전사 제3공수여단 병력을 증파하며, 총 3,405명의 병력을 진주시켰다. 여기에다 제20사단 병력이 열차와 군용기로 공수되어 병력 현황은 장교 284명, 사병 4,482명으로 총 4,766명이었다. 더욱이 이 군인들은 완전무장을 하고 있었다. 최종적으로 제7·11·3 공수여단의 부대원 8,171명과 20사단의 4,766명이 추가된 1만 2,937명, 여기에 광주에 주둔하던 31향토사단 병력과 경찰 10개 중대 1,925명을 합하면 약 2만여 명의 병력이 열흘간 광주에 투입되었다. 당시 광주 인구가 80만 명이었음을 고려할 때, 인구 40명당 한 명꼴로 전투병력이 배치된 셈이었다.

그런데도 학생들은 한 치도 물러서지 않았다. 오히려 200~300명씩 무리 지어 다니면서 제봉로, 금남로, 충장로, 광주역 부근에서 "계엄 해제하라" "전두환 물러가라" 등을 더 크게 외쳤다. 공수부대는 학생이든 시민이든 가리지 않고 닥치는 대로 갈기고, 찌르고, 연행했다. 이때부터 이미 폭력의 차원을 넘어선 학살을 자행하고 있었다.

그러나 이것은 시작에 불과했다. 5월 19일에는 공수부대 장교의 발포로 고교생이 총상을 당하는가 하면 폭행을 당해 사망자까지 발생했다. 그런데도 그날 언론은 광주의 상황을 일절 보도하지 않았고, 광주 지역신문 《전남일보》《전남매일신문》의 사회면에는 5월 18일에 벌어진 시위와 공수부대의 과격진압에 대한 언급 없이 통금 연장과 계엄분소장의 〈담화문〉을 머리기사로 실을 따름이었다. 심지어 라디오, 텔레비전, 신문마저 끊기고 오후 6시부터는 시외버스와 기차마저 멈춰버렸다.

공수부대의 진압은 단 이틀 만에 광주를 아수라장으로 만들만큼 폭력적이었다. 만약 그 상태로 광주의 상황이 종결되었다면, 광주민중항쟁은 1979년 10월에 있었던 부마항쟁과 매한가지였을 것이다. 그러나 여기에서 끝나지 않았다. "역사적 시간이나 장소적 공간"[6]의 시공을 자각했던 시민들은 공수부대의 진압에 주저앉기보다는 오히려 응전을 시작했다.

5월 20일에는 광주 시민 모두가 공수부대에 맞서 최대의 봉기를 일으켰다. 이날은 4·19 때처럼 중·고등학생까지 시위에 가담하면 사태가 걷잡을 수 없이 커질 것을 우려하여 전남도교육위원회가 37개 고등학교에 휴교령을 내렸다. 그러나 오전부터 진행된 시위에는 상당수 어린 학생이 섞여 있었다. 장갑차를 앞세워 대거 병력을 투입한 공수부대에 맞서 200여 대의 버스와 택시가 금남로를 가득 메우는 '차량시위'도 전개했다. 시위군중은 기사들을 박수와 환호로 격려했고 젊은이들은 너나 할 것 없이 차에 올랐다. 트럭 위로 수십 명의 청년이 올라서서 태극기를 흔들고, 연도의 군중은 기사들의 시위를 반기며 차 안으로 돌과 각목 등을 싣고 동승했다. 또 학생 몇몇은 시위 통제를 위해 즉석에서 40만 원을 모금하여 구매한 대형 스피커를 타이탄 트럭에 매달았다. 천군만마를 얻은 기분에 심취한 시위군중은 공수부대의 앞까지 나아가 만행을 규탄하겠다는 의지가 충만했다. 시위자와 비시위자도 따로 존재하지 않았다. 광주 시민 누구나 일심동체가 되어 있었다. 차량을 앞세운 시위군중은 순식간에 금남로를 가득 메웠고, 그야말로 육탄으로 밀어붙일 작정이었다.[7]

이뿐만 아니라 시민들이 광주MBC에 요구했던 '참상 보도'

---

6   김영택, 《10일간의 취재수첩》, 사계절, 1988, 59쪽.
7   이 과정에 대해서는 황석영의 《죽음을 넘어 시대의 어둠을 넘어》(풀빛, 1985)를 참조.

가 거절되자 시위대는 방송국에 불을 질렀고, 파출소에 화염병을 투척했다. 학동, 산수동, 계림동, 양동 등 대부분의 파출소가 이날 밤, 파손되고 방화로 손실이 되었다.[8] 오후 8시 30분부터 광주MBC, 광주세무서, 전남도청 차고, 시내 16개 파출소, 노동청, 광주KBS 등이 모두 파괴되거나 불타버리고, 외부와의 모든 연락도 단절되어 늦은 밤부터는 소강상태가 펼쳐졌다. 황석영은 5월 20일 밤의 '광주'를 다음과 같이 묘사했다.

> 중심가는 완전히 폐허가 된 것 같았다. 차량의 잔해와 찌그러진 바리케이드, 아스팔트 위에 우박처럼 널린 보도블록 조각들, 화염병의 파편들, 그 사이로 곳곳에 고여서 찐득하게 굳어가고 있는 핏자국들, 그리고 아직도 타다 남은 건물에서 검은 연기가 올라가고 있었다.[9]

광주 최대의 봉기가 발생한 상황에서 통금시간은 소용없었다. 오히려 시간이 지날수록 시위군중은 늘어났고, 군 저지선도 압축되고 있었다. 밤늦도록 공수부대는 시위군중에게 최루탄을 연신 쏟아부었다. 시위에 가담한 차량 대부분이 부서지고, 도청 일대는 불길과 연기로 가득 찼다. 시위군중 일부는 불길을 잡기 위해 소방서로 달려가 대형 트럭으로 소방서 문을 부수고, 소방차를 몰고 금남로에 도착했다. 그러나 이미 도로변에 설치된 급수시설이 작동되지 않았고, 수도 스위치마저 고장 난 상태였다.

밤 10시를 지나던 시간이었다. 금남로는 가로등마저 꺼져 있

---

8   황석영, 같은 책, 92쪽.
9   황석영, 같은 책, 104쪽.

었다. 어둠 속에서도 사람들은 떠날 줄 몰랐다. 이때 헤드라이트를 켠 대형버스 대여섯 대를 선두로 100여 대의 택시가 시위군중 사이를 환하게 비추며 전진했다. 시위군중은 흥분, 용기, 감격 등의 복합적인 감정에 휩싸여 울부짖었다. 또 〈애국가〉 〈봉선화〉 〈선구자〉 따위의 노래를 부르며 서로를 위안했다. 군중은 함성을 질렀고, 나중에는 목이 쉬어 나오지도 않았다. 보다 못한 시민들은 너나 할 것 없이 김밥과 주먹밥을 싸고 음료수를 날랐다. 동별로 아주머니들이 먹을 것을 장만했고 한 주유소 주인은 손수 기름을 차에 가득 넣어주었다. 그 무엇도 아까운 것이 없었다. 미처 먹을 것을 준비하지 못한 아주머니들은 물통을 들고 와서 시위자의 얼굴을 닦아주고 입에 물을 대어주었다. 질주하는 차량과 쏟아지는 총탄, 최루탄, 페퍼포그 속에서 하나같이 목숨을 걸고 싸우는, 그야말로 사랑의 투쟁이었다.

광주민중항쟁 '현장' 최초의 시

공수부대의 총칼 앞에 함께 쓰러져 죽으면서도, 함께 일어나 살고야 마는 상황을 목격하고 옮겨 적은 이가 있었다. 1969년 《시인》지로 등단한 김준태는 아름다운 서정과 패기 넘치는 언표로 문단의 주목을 받던 시인이었다. 그에게 시는 삶의 진실을 발화하는 것이었다. 따라서 역사와 현실을 외면하고 말의 수사에 분주한 시를 배격하며, 민중의 고통을 외면하고 국가 발전을 내세우는 권력과 자본을 풍자, 비판하는 시를 써왔다. 10여 년의 세월동안 민중의 삶 속에서 축적된 동력을 육화해오던 그에게 번뜩, 광주민중항쟁이라는 '역사의 극점'이 펼쳐졌다.

당시 김준태는 전남고등학교에서 독일어 교사로 재직하고 있었다. 19일 밤부터 그는 매일 시내로 나가 광주에서 벌어지는 일들과 참상을 직접 목격하거나 시민들로부터 전해 들으면서 이를 메모하거나 일기를 썼다.[10] 그는 모름지기 시인이라면 역사의 현장을 멀리해선 안 된다는 사명감을 품고 금남로로 걸어나온 것이다.[11] 불길과 연기가 어둠 속으로 스며들던 5월 20일, 그는 시민들이 계엄군의 탱크와 총칼에 밀고 밀리던 금남로 한복판에서 목불인견의 참상을 시로 기록했다.

어둠 속에 불기둥이 솟고 있었다
끝없는 아우성 소리 밤바람 소리
더욱 참혹하게 일어서 달리는
사랑과 평화와 자유의 갈증들
아아, 밤이었다 불 꺼진 밤 10시
텅 비어 있는 죽음과 죽음 속에
가득히 담겨 소용돌이치고야 마는
저 역사에 대한 명백한 진리의
어둠 속에 부서진 라디오와
눈덩이처럼 얼어붙은 별빛이 뒹굴고
그러나 사람들은 결코 비겁하지 않았다

———   김준태, 〈밤 10시〉 전문[12]

10   이승철, 〈광주의 문학정신과 그 뿌리를 찾아서 4〉, 《문학들》 통권 36호, 문학들·심미안, 2014, 113쪽.
11   표광소, 〈김준태 대담〉, 《언어세계》 봄호, 언어세계, 1996, 69쪽.
12   김준태, 《5월과 문학》, 남풍, 1988, 61쪽.

모두 11행으로 구성된 시는 현장의 상황을 그림 그리듯 고스란히 담아냈다. 시에 등장하는 "어둠" "불기둥" "아우성 소리" "밤바람 소리" "부서진 라디오" 등의 부정적인 뉘앙스의 시어는 환유(換喩)로 처참한 '광주, 금남로'의 분위기를 상기시킨다. 이 시어들은 암울한 상황을 비유한 것이 아닌 실상의 진술이었다. 이는 계엄당국에 의해 '광주'가 끊임없이 침묵, 왜곡되던 상황에서 현실 묘사의 밀도를 높여 실상을 소리 높여 이야기한 것이다. 따라서 시어들은 '금남로'의 실상을 생생하게 드러냈고, "밤 10시"라는 시각을 제시하여 광주민중항쟁의 시공간성을 확보했다. 그러나 김준태가 "어둠 속"에서 포착한 것은 광주의 처참한 풍경만은 아니었다. 최소한의 소식을 접하는 라디오마저 부서진 상황에서, 그가 새롭게 발견한 것은 "사람들"이었다. 죽음의 공포 속에서 저항하고, 몸서리치고, 느끼고 그러나 서로 함께 어우러지며 살아갈 세상을 꿈꾸며 공동선을 추구하던 사람들, 바로 '광주시민들'이었다. 그는 공수부대의 폭력에 짓밟히면서도 '나눔과 베풂'을 실천하고 아침부터 늦은 밤까지 고통을 함께하려는 시민들의 '공동운명체문화'를 본 것이다. 그래서 "사람들"을 현실적 패배와 죽음, 그 속에서 민중의 넋을 위무하는 동시에 불의에 맞서 사랑, 평화, 정의를 쟁취하고자 저항하는 '비겁하지 않은 존재'로 호명했다.

그러나 그가 다음날에 창작한 시에서는 특정 대상에 초점을 두고 화자의 감정이 투사되는 양상이 발견된다. 이는 5월 20일의 시위가 전면화하여 '죽임'을 당한 사람의 수가 급격히 늘어나고, 상황이 점철되자 알레고리(allegory)를 통해 '다중을 구체화'한 것이다. 투쟁이 이어지던 5월 21일, 공수부대와 시위군중의 공방 속에서 도청을 향해 밀려드는 시민들, 피에 얼룩진 태극기, 처참한 살육에 쓰러지는 어린 학생들. 김준태의 눈에 비친 광주는 그 야말로 생지옥이었다.

> 하느님은 도대체 어디에 계시길래, 이렇게 처참한 인간살육을 방 관하고만 있단 말인가. 나는 이 세상에 하느님은 없다는 것을 비 로소 알았다. 하느님이 어딘가에 계신다면 이토록 모른 척하고 있을 것만은 아니었기 때문이다. 아아, 나도 이미 내가 아니었다. 혼백을, 영혼을 빼앗긴 사람처럼 내 몸이 어디가 아픈지조차 알 지 못했다. 가슴에, 옆구리에, 머리에, 다리에, 어깨에 총탄을 맞 은 사람들![13]

하느님의 존재마저도 부정되는 현실이 눈앞에 펼쳐졌다. 도 청 앞에 늘어선 공수부대에게 시위군중이 밀리고 페퍼포그와 최 루탄에 휩싸인 차량은 박살이 나고 아우성과 비명은 밤하늘에까 지 닿고 있었다. 그때, 김준태의 눈에는 두 여인이 포착되었다. 불길과 연기와 아우성 속에서 두 손을 잡고 탱크를 향해 걸어가 던 두 여인. 권력에 굴종할 것을 강요하는 압제와 독재 속에서 자 유와 해방의 걸음에 나선 그녀들, 그러나 두 여인은 다시 돌아오 지 않았다.

김준태는 금남로를 빠져나와 집에 도착하자마자 실신하여 죽은 듯이 잠에 빠져들었다. 이윽고, 그는 꿈속에서 흰옷 입은 수 천 명의 어머니가 울부짖는 것을 보았다. "아득한 옛날부터 이 땅 을 지켜왔던 그 한 많은 백의민족의 어머니들!"[14]

---

13   김준태, 같은 책, 63쪽.
14   김준태, 같은 책, 64쪽.

그대가 그리웠다

불속으로 가버린 여자

그대가 천지에 가득 와서

나는 강변으로 달려갔다

가슴이 부풀어 올라

갑자기 노래를 부르고 싶었다

강변엔 갈대꽃이 흔들리고

어디선가 밤새들이 날고 있었다

불속으로 가버린 여자여

이마 위에 부서진 돌을 얹고

가슴 위에 노오란 꽃잎을 받으며

멀리 달과 함께 떠오르는 여자여

그대를 좇는 그리움을 참지 못해

오늘밤 나는 다른 여자를 보듬었다

그대가 아닌 다른 여자의 몸속에

오늘밤 나는 사랑과 평화의 씨를 뿌렸다.

———   김준태, 〈달이 뜨면 그대가 그리웠다〉 전문[15]

잠에서 깬 김준태는 독재정권의 폭압에 맞서 분노와 저항을
실천했던 두 여인을 떠올리며 시를 썼다. 여자는 '총, 탱크'를 은
유한 '불' 속으로 떠났고, 그녀의 죽음을 예견한 듯 밤새가 날아
오르는 음습한 분위기를 묘사했다. 더불어 "천지에 가득" 왔다는
표현으로 피해자를 복수(複數)로 증언했다. 그런데 이 시의 성취

---

15   김준태, 같은 책, 64쪽.

는 여자의 죽음을 드러낸 것이 아니다.

오히려 공수부대의 폭압을 뚫고자 온몸과 온 넋을 다해 치열하게 시위하던 금남로를 '강변' '갈대꽃' 등으로 표현하여, 적마저도 그 속으로 끌어와 무화(無火)시켜버린 것이 핵심이다. 이는 도시와 자연을 이분법적으로 놓고 자연의 생명을 찬양하던 김준태 시의 관점이다. 즉 시어의 성질에 따라 '식물성→동물성, 광물성/동물성→식물성, 광물성/광물성→식물성, 동물성'으로 은유하는 방식이다. '불' '부서진 돌' '노오란 꽃잎'은 참혹한 현실을 직시하지만, 그 가장자리에는 달과 함께 떠오르는 '부활'의 의지를 맞물려놓으며 피와 죽음을 넘어서는 생명 부활의 힘을 끌어내었다. 한마디로 김준태에게 금남로는 계엄군의 학살에 짓뭉개진 거리 혹은 시민들이 목숨을 잃던 죽음의 공간이 아니라 사람과 사람이 어우러져 갱생과 쇄신을 펼칠 '하나의 자연'이었던 것이다.

눈앞에서 '죽음'을 목격한 시인이 할 수 있는 것은 울부짖는 것뿐이었다. 이 절규는 노래가 되어 희생자의 넋을 달램과 동시에 부정적 현실을 표출하는 수단이었다. 여기서 우리는 희생, 저항의 가치가 '생명'과 '인간의 존엄'임을 깨닫게 되고 김준태가 지닌 '죽음'에 대한 인식을 포착하게 된다. 그에게 죽음은 '피의 대가'를 요구하거나 '궐기해야 할 이유'가 아닌 고립된 광주를 해빙하고 '부활'하게 하는 것이었다. 즉 그가 금남로에서 착목한 것은 폭력, 피해, 굴종 같은 피해가 아닌 '죽음을 통한 해방'이었다.

일반적으로 항쟁 사후에 광주민중항쟁을 형상화한 시는 사회적 약자인 여성을 피해자로 부각하면서 비극을 심화하는 데 주력한다. 광주의 참상을 클로즈업하기 위해 '젖가슴이 잘린 여학생' '대검에 찔려 죽은 만삭의 임산부' '헌혈 후에 귀가하다 총상을 당한 여학생의 모습' 등의 훼손된 여성의 신체를 통해 살상의 장면을 극대화하는 데 초점을 두는 것이다. 예컨대 이도윤은 〈오월이 살아〉(《하늘》, 65~66쪽)에서 "옥례의 스무살 젖가슴에 꽂힌 대검의 오월"이 "이리도 모질게 살아", "굳센 주먹이 되고 단단한 돌멩이가 되고 이 땅의 함성이 됐다"는 사실을 지적했고, 신경림은 〈씻김굿〉(《누가》, 225~256쪽)에서 "꺾인 목 잘린 팔다리로는 나는 못 가, 피멍든 두 눈 고이는 못 감아,/ 못 잡아, 이 찢긴 손으로는 못 잡아,/ 피 묻은 저 손을 나는 못 잡아.// 되돌아왔네, 피멍든 눈 부릅뜨고 되돌아왔네,/ 꺾인 목 잘린 팔다리 끌고 안고"라는 시절로 표현했다. 그러나 '현장'에서 김준태가 창작한 두 편의 시는 '학살' 장면에 대한 클로즈업은커녕 오히려 은유를 통해 '현장성'을 소거했다.

또 짧은 운문으로 최대한 말을 아끼며 비유, 은유, 제유 등의 수사법을 최대한 활용한 것으로 보아 신문과 잡지를 강제 폐간시키던 '계엄사'의 검열을 염두에 둔 것으로 추측된다. 그러나 검열을 의식했든 하지 않았든 간에 김준태의 시들은 '언어 혹은 서사의 부재'를 통해 다른 수단들을 형성했다. 이를테면 항쟁을 직접 말하지 않으면서 도리어 항쟁을 충분히 드러냈다. 침묵 속에서 더욱 선명해지고 감추는 것과 숨기는 것 혹은 숨김의 이미지가 표현하는 것 등이 하나의 사건을 연결하는 질서를 이루며, 역설적으로 '현장성'이 소거된 두 편의 시는 무자비한 항쟁과 언론 탄압의 실상을 보여주었다.

하나 더 보태자면, 두 시는 모두 '죽음'을 거론했다. 이때 '죽음'이 드러내는 것은 '현장'의 공포와 슬픔, 시민들의 분노나 비탄이 아닌 '살아남은 자'로서의 윤리적 자괴감이었다. 이는 광주를 이어받을 자들에게 죽은 자가 말하게 하여 '잠들 수 없는' '묻을 수 없는' 진실을 환기시킨다. 즉 국가폭력과 야만성, 그에 대항한 공동체의 정신을 '일회성'이 아닌 살아 움직이는 역사로 담아낸 것이다.

'해방광주'의 민주시

5월 21일은 음력 사월 초파일이었다. 광주에는 부처님의 자비 대신 피와 눈물, 비명과 함성만 쏟아졌다. 신분과 계층, 나이와 직업을 불문하고 광주 시민의 절반을 넘어서는 40만 명 이상이 계엄군의 총칼에 맞서 싸우며 무장항쟁까지 감행했다. 오후 1시, 도청 앞 공수부대의 집단발포로 숨진 인원만 54명이었고 부상자는 500여 명을 넘어선 것으로 확인되었다. 이 사실을 두 눈으로 목격한 학생과 시민들은 시민군을 편성하고 수천 정의 M1소총, 카빈총, 수백 발의 다이너마이트를 탈취해 '무장항쟁'에 돌입했다. 아스팔트 위에 흥건한 학생들의 피, 아직 치우지 못해 길바닥에 나뒹구는 시신들, 곳곳에서 빛을 발하는 총탄과 일체의 방송이 중단된 암흑의 도시. 그러나 시민들은 물러서지 않았다. 그 결과 제3·7·11 공수여단과 제20사단 병력은 광주 외곽으로 밀려났다. 예상치 못한 시민들의 저항에 계엄사령부가 시 외곽으로 철수를 지시한 것이다.

　광주민중항쟁에 대한 기록들은 대개 5월 22일에 특별한 의미를 부여한다. 공수부대가 철수하면서 펼쳐진 치안 공백 상태, 즉 '해방광주' '광주공화국' 등의 표현이 그렇다. 이날부터는 시민군을 주축으로 광주의 치안과 질서운동이 벌어졌으며, 사태 해결을 위한 시민수습대책위원회가 조직되었고, 전남도청 앞 광장에서는 매일 시민궐기대회가 개최되었다. 이뿐만 아니라 도청 내부에 상황실을 설치, 운영하며 군의 재진입에 대비한 최소한의 시내 방위도 갖추었다. 그러나 시 외곽에서 간헐적으로 들려오는 총성에 시민들은 하루도 마음 놓고 잠을 이룰 수 없었다. 수시로 밤하늘에서 예광탄이 쏟아졌고 시 외곽에서는 공수부대의 총에 사살당하는 시민들도 속출했다. 어디서 총알이 날아올지 모르는 상황이다 보니 시민들은 이불로 창문을 가려놓고서야 겨우 잠자리에 들 수 있었다.

5월 23일에는 생필품이 바닥난 상황 속에서도 시민들은 서로 돕고 양보하며, 공동체의식을 통한 지방자치를 실현했다. 수습대책위원뿐만 아니라 학생과 시민이 직접 나서 총기 회수, 장례식, 상부상조 등의 제반사항을 강조하며 민중이 중심이 되는 자치 형태를 구현한 것이었다. 시민궐기대회에는 노동자, 농민, 시민, 학생, 교사, 주부 등 각계각층의 사람들이 차례로 연단에 올라 신분을 밝히고 사태에 대한 의견과 개인적인 억울함을 토로했다. 국가의 공권력이 붕괴한 상황에서 시민궐기대회는 당면한 문제와 대책을 토론할 폭넓은 장을 제공하며 시민들의 집합의지를 표현할 수 있는 최적의 방법이었다.

또한 이날 오후에는 《월간중앙》의 한천수 기자가 김준태에게 원고를 청탁하고자 수차례 검문을 받으며 광주로 내려오기도 했다.

> 1980년 5월 23일 오후 무렵, 당시 《월간중앙》의 기자였던 한천수 씨와의 만남으로 하여 씌어진 일기다. (……) 그는 교통도 두절된 광주를 들어오기 위하여 서울→전주→영광으로 차편을 이용한 후, 영광에서 광주까지 걸어서 왔다는 것이었다. (……) 당시 한

기자는 필자더러 "들은 소문은 쓰지 말고, 김선생이 보고 체험했던 것만을 쓰십시오"라고 했다.[16]

기자는 김준태와 대면한 자리에서 원고의 발표 지면이 공식 매체라는 점에서 와전될 경우가 허다한 "들은 소문"은 배제하고 실제 목격하거나 체험한 사실만을 기록하라고 요청했다. 이에 김준태는 항쟁 시기에 틈틈이 메모해둔 내용을 토대로 일기 형식의 원고를 작성했고, 항쟁 직후인 1980년 6월 4일에 광주시 유동에 있는 《중앙일보》 광주지사를 통해 서울 본사 《월간중앙》으로 송고했다. 그러나 1980년 6월 직후, 정부의 언론, 잡지 탄압과 폐간 조치로 《월간중앙》이 문을 닫자 청탁받아 쓴 원고도 8년간 묻혀 있었다. 전술한 두 편의 시도 일기에 들어 있는 시였다.

5월 24일에 열린 시민궐기대회에서는 각종 선언문과 결의문이 발표되었고, '전두환 화형식'이 펼쳐졌으며, '민주시'가 낭독되었다. 이는 투쟁의 방향을 '평화적 타결'이 아닌 '무장투쟁'으로 이끌고자 했던 주최 측의 의도를 개진하여 꾸린 프로그램이었다. 앳된 얼굴의 여고생은 분수대 위로 올라 "민주화여!라는 시를 낭독하겠습니다"라고 서두를 꺼내고 다부진 목소리로 다음의 시를 낭독했다.

> 민주화여, 영원한 우리 민족의 소망이여!
> 피와 땀이 아니곤 거둘 수 없는 거룩한 열매여!
> 그 이름 부르기에 목마른 젊음이었기에
> 우리는 총칼에 부딪치며 여기 왔노라!

---

16   김준태, 같은 책, 49쪽.

우리는 끝까지 싸우노라!

우리는 마침내 쟁취하리라!

날아라 민중아! 민주의 벌판을

뛰어라 역사여! 희망의 내일을

언론자유 동냥 말고 피땀으로 열매 맺자.

권력안보 동냥 말고 총력안보 지지하자.

유신잔당 뿌리 뽑고 김일성도 격퇴하자.

전두환의 사병 아닌 삼천만의 국군 되자

전두환이 살인마냐! 광주 시민 폭도냐!

삼천만을 수호하고 전두환을 배격한다!

폭군정부 격퇴하고 민주정부 건설하자.

방위세가 둔갑하여 최루탄과 총알이냐.

대통령이 앵무새냐 시킨 대로 잘도 한다.

민주정당 자처 말고 민주주의 거름되자.

표 달라고 아부 말고 대변하고 투쟁하라.

앞장서면 지도자! 뒤로 빼면 비겁자!

4·19는 환호한다 녹두장군 지켜준다.

지 맘대로 대통령 지 맘대로 국무총리

지 맘대로 국무위원 지 맘대로 사령관

맹견들을 풀어놓고 민주학생 끌어가고

미친개들 풀어놓고 민주시민 물어가네.

민주시민 합세하여 미친개를 쫓아내니

간첩깡패 운운하며 똥뀐 놈이 성내더라

미친개에 지놈 한번 물려보면

요리 뛰고 저리 뛰며 도망갈 곳 찾느라고

다른 사람 물린 것도 안중에 없을 텐데

우리 민주시민! 정신 차려 용케도 막았구나!

어허! 이게 웬 날벼락인고

표창받을 민주시민 폭도로 몰았구나.

지가 앉은 총리 대신 혼자 취해 그날부터

만끽하고 하는 말이 걸작이라

무서워서 못 내리고 상공에서 보았더니

질서는 조금 있고 폭도는 많드라.

저놈들만 쓰는 라디오와 TV로

먹여줄게 항복하라

항복하면 살려주고 자유하면 죽일란다.

민주시민들아! 미친개가 포위했다.

위협주고 달래주고 울리고 젖먹이고

죽 끓이고 팥 끓이고 명분 찾고 생색내고

고향 팔고 외입 나가 돼지같이 혼자 먹고

소같이 말 잘 듣는 해바라기 유신잔당

앞세워서 고향 타령 매향 타령

북 치고 장구 치고 금의환향 기대하며

고향 생각 잠겼구나

안 속는다! 안 속아!

속다보니 많이도 속았드라!

자유당 때 속았고 유신에 속았다

그러나 이젠, 이젠, 이젠

안 속는다! 안 속아!

너무도 속았드라!

안 속는다! 안 속아!

절대로 안 속는다!

1

이 시는 송백회의 이윤정이 짓고, 임영희와 최인선이 번갈아 가며 낭독한 것으로 차후에 밝혀졌다.[18] 현장에서 산출된 시는 대부분 '일회성' 낭독으로 끝나기 일쑤였다. 그러나 이 시는 재낭독 요청이 쇄도할 만큼 호응을 받아 집회에서 수차례 읽혔다. 오죽하면 이날 시민궐기대회에 참석한 시민들은 비를 맞으면서도 열광적으로 호응했다. 그만큼 이 시는 시민들의 의사를 제대로 반영했다.

> 시민들 중에서 따라 읽는 소리가 들렸다. 여기저기서 "한 번 더 읽읍시다"라는 소리가 터져나왔다. 이번에는 여학생이 처음부터 한 구절씩 천천히 구호처럼 읽어내려갔다. 시민들이 따라 읽었다. 아니 외쳤다. 갑자기 도청 광장에 있는 모든 사람이 하나가 되어 우렁찬 합창으로 변했다.[19]

개인의 낭독으로 시작되어 앙코르 요청을 받은 시는 재낭독되었다. 시민들은 시를 재창하며 항쟁의 공통감각을 형성, 전유했고, 이는 선동과 정치적 임무를 동시에 떠안아야 했던 '현장'의 상황을 고스란히 담아낸 방식이었다. '현장성'을 수렴한 시는 "현 존재로서의 자신을 성찰하는 효율적 수단인 동시에 더 나은

17 문익환·고은 외,《마침내 오고야 말 우리들의 세상》, 한마당, 1990, 166~169쪽.
18 전남사회문제연구소 편,《5·18광주민중항쟁 자료집》, 광주, 1988, 131~132쪽.
19 김영택,《5월 18일, 광주》, 역사공간, 2010, 503~504쪽.

현재와 미래를 정립하기 위해 유토피아를 갈망하는 속성"[20]을 지니며 분출했고, 투쟁의식을 고취하는 계기로 작용했다.

그런데 이 시의 구성과 성분은 주목해볼 필요가 있다. 시라기보다는 구호·표어, 판소리, 노래 등이 시의 형태를 이루고, 내용은 시민들이 느끼던 불안과 극복의지를 형상화하여 '현장성'이라는 독특한 미적 효과를 창출하고 있기 때문이다. 이는 '현장'에 모인 시민의 취향과 욕망을 두루 수렴하여 항쟁의 의의와 방향을 리듬감에 맞춰 시에 개진했을 가능성을 보여준다. 또한 항쟁 기간에 등장한 구호와 표어를 활용해 투쟁으로 쟁취할 가치를 '민주화'로 상정하고, 시 전반에 걸쳐 "유신잔당" "전두환"을 배격하고 이에 대항할 것을 청유하여 '현장'의 분위기를 끌어올렸다. 여기에 "날아라 민중아! 민주의 벌판을/ 뛰어라 역사여! 희망의 내일을" 같은 동요적인 구절을 통해 흥을 돋우고 희망찬 분위기를 연출했다. 그러나 이 시의 강점은 항쟁을 총체적으로 드러냈다는 데 있다. 전반부에서 언급한 "언론자유" "권력안보" "유신잔당" "폭군정부" 등은 항쟁의 원인과 상황을 환기해주며, 그 극복 방안으로 "민주정부"의 설립 및 "민주주의"라는 가치 지향을 드러낸다. 이렇듯 시는 사회 형성의 역사와 관계를 맺으며 삶이 제기하는 문제나 화자의 위치와도 관계를 맺는다. 즉 '현장'에서 시는 하나의 부차적인 실재로서, 정치적 혁명성을 담보로 작동하여 국가권력의 테두리에서 "우리"를 "민주시민"으로 주체화하는 '혁명성'을 표출했다.

시는 여기서 멈추지 않는다. 계엄군과 전두환을 비유한 "맹

---

20   조동길, 〈격동기 사회(1980)의 문학적 대응〉, 《어문연구》 제64권,
       어문연구학회, 2010, 348쪽

견" "미친개"들이 "민주학생" "민주시민"을 끌어내고 물어갔다는 표현을 통해 당대의 시민들이 느꼈던 위기의식을 전하며, 분노를 자극하고 선동을 극대화한다. 심지어 후반부의 "위협주고 달래주고 울리고 젖 먹이고/ 죽 끓이고 팥 끓이고 명분 찾고 생색내고/ 고향 팔고 외입 나가 돼지같이 혼자 먹고/ 소같이 말 잘 듣는 해바라기 유신잔당/ 앞세워서 고향 타령 매향 타령/ 북 치고 장구 치고 금의환향 기대하며/ 고향 생각 잠겼구나"라는 부분은 판소리의 요소도 가미되었다. 시, 극, 노래, 이야기가 섞이고, 서정과 서사의 혼융이 가능하고 극적 요소와 서사시적 요소를 떠받쳐주는 판소리의 기능을 접목하여 극적 서사를 구축한 것이다. 이로써 시민들은 흥겹게 시를 재창하며 국가권력에 대항하는 문화투쟁에 참여했고 이 과정에서 '비정치적 주체'였던 시민들은 '정치적 주체'로 거듭나게 되었다.

일시적이나마 '해방광주'의 평화적인 분위기 속에서 시민들은 일상생활로 복귀했지만, 공수부대의 재진입에 대한 시민들의 불안은 여전했다. 이에 투쟁의 열기를 끌어올리고자 절규에 가까운 호소로 낭독된 시는 죽음 앞에 선 자들의 가늠할 수 없는 열망들을 한꺼번에 분출하며 '봉기의 현장'을 언어화했다. 다음날인 5월 25일에 열린 민주수호 범시민궐기대회에 운집한 시민은 대회 시작 전에 주최 측의 권유로 항쟁에 대한 자신들의 생각을 종이에 적었다. 이에 여러 시민이 참여하면서 적어내려간 글귀는 곧 한 편의 시로 완성되었다.

계엄군은 가짜 애국, 광주 시민 진짜 애국

계엄군은 진짜 폭도, 광주 시민 민주의거

계엄군은 정권 강도, 광주 시민 민주항쟁

계엄군은 국토 분열, 광주 시민 국민총화

계엄군은 가짜 보도, 시민 진짜 보도

계엄군은 유언비어, 민주 시민 양심선언

계엄군은 이성 잃고, 광주 시민 질서 유지

계엄군은 독재 유지, 광주 시민 민주투쟁

계엄군은 철면피고, 광주 시민 끓는 피네

계엄군은 저주받고, 광주 시민 환호받네

계엄군은 미친개고, 광주 시민 선량하네

계엄군은 로보트고, 민주 시민 자유롭네

계엄군은 다급하고, 민주 시민 여유 있네

계엄군은 강도 정부, 민주 시민 인정 많네

———   〈계엄군과 광주 시민〉 전문[21]

　　이 시에서 눈에 띄는 대목은 이분화한 계엄군과 시민의 정체
성을 '진짜'와 '가짜'로 구획한 점이다. '해방광주'에서 시민들은
'기쁨, 불안함, 분노, 안도' 등 다양한 감정을 느끼고 있었는데,
'폭도, 불순분자' 등으로 자신들을 호명하던 계엄당국의 행위는
시민들의 '정체성'마저 왜곡하는 것이었다. 그래서 시민들은 '애
국'과 '폭도'를 대비시켜 '정부'와 '시민' 사이의 '정체성 투쟁'을
반영하는 내용을 첨가했다. 또한 자신들을 "민주시민"으로 명명
하고 "질서" "민주" "자유" "여유" "인정"과 같은 수사를 붙여 성격
을 표현했다. 여기서 "민주시민"은 윤리적이며 보편타당한 행위
를 하는 사람으로서, 그러한 자부심은 왜곡된 상황을 역전시키

21　　문익환·고은 외, 《마침내 오고야 말 우리들의 세상》, 한마당, 1990, 171쪽.

는 인물로 상정되었다. 이 지점에서 시민들은 국가권력을 해체하고 '민주화'라는 실천적 목적을 드러내는 '시의 정치학'을 드러냈다.

항쟁 시기, 시에 부여된 임무는 민족/민중 주체를 구성하고 국가권력에 대항하는 이념의 초석을 마련하는 것이다. 따라서 '현장'에서 산출된 시는 주관적 감상주의나 미적 완결성의 결여를 뛰어넘어 이념적 성격으로부터 도출된 결과라고 할 수 있다. 즉 국가권력에 대항하는 시민들은 시적 이념을 통해 '민주시민'이라는 주체로 호출되었고 구체화되었다. 억압적인 국가권력에 맞서 시민들 스스로 직접민주주의를 재현하듯 '민주' '애국' 같은 상징적인 구획선들을 작동시킨 것이다. 그렇다면 당대의 대립은 적어도 공적 담론과 의식의 수준에서 '신군부'와 '시민'과의 충돌이자 기존의 국가기구에 균열을 가하는 것이었고, 언어 운용방식은 '시'를 통해 '주체'를 구성하여 국가권력에 대항했다고 볼 수 있다. 이렇듯 항쟁의 '현장'에서 생산되고 낭독된 시들은 계엄군의 폭력과 광주 시민의 희생을 묘사하며 투쟁의식을 고취하거나 증언과 고발을 통해 의미를 정립했다.

'죽음과 죽임'의 싸움 속에서 시가 투영한 현실은 정치에 종속되어 나타나는 '권력화한 문화'가 아닌 정치현장이나 일상공간에서 시민들이 느낀 것을 자유롭게 표현함으로써, 당대 정치현실을 초월하는 모습으로 권력을 지닐 수 있었다. 즉 시민들의 경험, 공통감각, 의식, 가치를 내재하며 "당대의 자본, 권력, 테크놀로지가 투여된 매체와는 정반대 방향"[22]에서 시민에 의해 대항

---

22   천정환, 〈소문(所聞)·방문(訪問)·신문(新聞)·격문(檄文): 3·1운동 시기의
      미디어와 주체성〉,《한국문학연구》제36집, 동국대학교 한국문학연구소,
      2009, 136쪽.

미디어로 운용되었다. 그 과정에서 국가권력에 저항하는 시민들은 시적 이념을 토대로 '민주시민'이라는 주체로 호명되었고, 주체로 거듭난 이들은 독재와 압제 속에서 '민주시민'의 성격을 구체화했다. 결론적으로 '현장'에서 산출된 시는 단순히 장르적 관점에서의 시라기보다는 항쟁의 정신을 다양한 방식으로 시화하고, 때로는 정치적 실천까지 불사하며 주체를 이룩한 '낭만적 환기(Romantic invocation)'이자 전 시민의 집단의식이 표출된 '민주의 언어'였던 것이다.

〈아아, 光州여 우리나라의 十字架여!〉

5월 27일 새벽 4시경, 전남도청을 완전히 포위한 제3공수여단은 무지막지한 총성과 폭음을 터뜨리며 작전에 돌입했다. 공수부대에 비하면 오합지졸이었던 시민군의 저항은 한계가 선명해 보였다. 불과 1시간 30분 만에 전남도청 함락작전이 끝나버렸다. 이날 새벽 도청에 투입된 병력은 제3·7·11 공수여단 등 3개 여단과 특공부대 병력 376명, 보병 2개 사단 병력 5,036명, 봉쇄부대 병력 769명 등 무려 6,172명이었다. 여기에 외곽 병력까지 합하면 무려 2만여 명이었고 헬기와 폭격기까지 띄워졌음을 참작하면 공군 병력도 대량 투입된 셈이었다.

'광주'를 점령한 신군부는 언론을 통해 상황을 차단하고 왜곡하며 광주를 고립시켰다. 이로써 상황의 심각성은 은폐되었고 그 피해는 온전히 광주 시민의 몫으로 한정될 수밖에 없었다. 광주민중항쟁이 끝난 후 외국 언론기관을 통해 광주의 사건을 접한 해외 동포와 외국인들은 그 참상에 경악을 금치 못했다. 당연한 결과로 시인, 화가, 소설가, 작곡가, 운동권 학생들과 노래패들은 사건의 비통함을 알리는 작품을 형상화하기 시작했다.[23] 그 중 광주민중항쟁을 접한 시인들은 선두에 서서 발 빠르게 앞장섰다.

알려진바, 항쟁 사후에 최초로 광주민중항쟁을 문학적으로 형상화한 시는 1980년 6월 2일 자 《전남매일신문》에 발표된 김준태의 〈아아, 光州여 우리나라의 十字架여!〉이다. 자칫 발표되지 못할 뻔했던 이 시는 항쟁의 현장을 취재한 《전남매일신문》 편집국 기자들에 의해 발표될 수 있었다. 이날 오전 8시 30분, 전남매일신문사에서는 광주에서 벌어진 참상을 보도할 첫 신문 제작회의가 열렸다. 다음은 한상운 부사장의 증언이다.

2일 아침 9시, 사장실에서 사장과 나 그리고 편집국장과 상무가 모였다. 신문의 제작 방향을 논의하기 위해서였다. (……) 제작 방향을 결정하는 데에는 긴 시간이 필요치 않았다. 20일부터 외근 기자들이 사실보도를 주장하면서 신문 제작을 거부했던 일, 그리고 사태 중에서 우리 신문사는 괜찮았지만 모든 언론기관이 어용이라 해서 시위대원들로부터 심한 핍박을 받은 일들을 얘기한 끝에 계엄사의 검열도 있고 하니 이날만큼은 기자들이 쓰는 대로 맡겨두자는 데 의견의 일치를 보았다. 사설도 마찬가지였다.[24]

6월 2일 자, 《전남매일신문》은 속간으로 4면만 제작되었다.

23   정유하, 〈5·18항쟁의 형상화에 사용된 음악표현 양식〉, 《음악과 민족》
      제26호, 민족음악학회, 2003, 193쪽.
24   손정연·박화강, 〈1980년 전남매일신문사 기자들의 언론자유 운동〉,
      《5·18민주화운동과 언론투쟁》, 5·18기념재단, 2014, 61쪽 재인용.

문순태 부국장이 '상징적 시'를 다루기로 생각한 것은 항쟁 기간 도청 앞에서 만난 송수권 시인이 "분노와 격정을 못 이겨 밤새워 시를 썼다"라고 한 얘기가 떠올랐기 때문이었다.

석간이었던 전남매일신문은 5월 18일부터 신문 발행을 중단해오 다가 6월 2일 자부터 재발행했다. 2일 아침 편집회의 때, 문순태 부국장이 추천한 모 시인의 시를 놓고 토론을 벌였다. 그러나 대 부분 참석자들은 "내용은 좋으나 너무 밋밋하고 5·18 참상을 제 대로 표현하지 않은 것 같다"면서 곧바로 다른 시인을 찾았다. 문 부국장이 두 번째로 추천한 사람이 전남고 교사였던 김준태 시인 이었다.[25]

1980년 6월 2일, 오전 10시경에 김준태는 《전남매일신문》의 편집국장이었던 문순태의 전화를 받았다. 내용인즉슨, 그날 오 전까지 항쟁을 형상화한 시를 써서 신문사로 직접 들고 오라는 것이었다. 갑작스러운 청탁이었음에도 김준태는 단번에 청탁을 수락했다. 그런데 원고청탁 전화가 걸려온 순간에 마침 전남고 동료교사가 김준태 시인을 찾아왔다. 학교가 휴교 중이었던지라 일부러 찾아온 사람을 쫓아낼 수는 없는 노릇이다보니 김준태는 그와 30분 정도 대화를 나누게 되었다. 그가 떠난 후, 단칸 셋방 의 방바닥에 엎드린 김준태는 창문으로 무등산을 바라보며 정신 을 집중했다. 그리고 곧 신들린 사람처럼 시의 첫 줄을 쓰더니 불 과 50분 만에 시를 완성했다.

25   임영상,《부끄러운 탈출》, 푸른미디어, 2009, 257~258쪽.

아아, 광주여 무등산이여
죽음과 죽음 사이에
피눈물을 흘리는
우리들의 영원한 청춘의 도시여

우리들의 아버지는 어디로 갔나
우리들의 어머니는 어디서 쓰러졌나
우리들의 아들은
어디에서 죽어 어디에 파묻혔나
우리들의 귀여운 딸은
또 어디에서 입을 벌린 채 누워 있나
우리들의 혼백은 또 어디에서
찢어져 산산이 조각나버렸나

하느님도 새떼들도
떠나가버린 광주여
그러나 사람다운 사람들만이
아침저녁으로 살아남아
쓰러지고, 엎어지고, 다시 일어서는
우리들의 피투성이 도시여
죽음으로써 죽음을 물리치고
죽음으로써 삶을 찾으려 했던
아아, 통곡뿐인 남도의
불사조여 불사조여 不死鳥여

해와 달이 곤두박질치고

이 시대의 모든 산맥들이
엉터리로 우뚝 솟아 있을 때
그러나 그 누구도 찢을 수 없고
빼앗을 수 없는
아아, 자유의 깃발이여
살과 뼈로 응어리진 깃발이여

아아, 우리들의 도시
우리들의 노래와 꿈과 사랑이
때로는 파도처럼 밀리고
때로는 무덤을 뒤집어쓸지언정
아아, 광주여 광주여
이 나라의 십자가를 짊어지고
무등산을 넘어
골고다 언덕을 넘어가는
아아, 온몸에 상처뿐인
죽음뿐인 하느님의 아들이여

정말 우리는 죽어버렸나
더 이상 이 나라를 사랑할 수 없이
더 이상 우리들의 아이들을
사랑할 수 없이 죽어버렸나
정말 우리들은 아주 죽어버렸나

충장로에서 금남로에서
화정동에서 산수동에서 용봉동에서

지원동에서 양동에서 계림동에서
그리고 그리고 그리고……
아아, 우리들의 피와 살덩이를
삼키고 불어오는 바람이여
속절 없는 세월의 흐름이여

아아, 살아남은 사람들은
모두가 죄인처럼 고개를 숙이고 있구나
살아남은 사람들은 모두가
넋을 잃고 밥그릇조차 대하기
어렵구나 무섭구나
무서워 어쩌지도 못하는구나

(여보, 당신을 기다리다가
문밖에 나가 당신을 기다리다가
나는 죽었어요…… 그들은
왜 나의 목숨을 빼앗아갔을까요
아니 당신의 전부를 빼앗아갔을까요
셋방살이 신세였지만
얼마나 우린 행복했어요
난 당신에게 잘해주고 싶었어요
아아, 여보!
그런데 난 아이를 밴 몸으로
이렇게 죽은 거예요 여보!
미안해요, 여보!
나에게서 나의 목숨을 빼앗아가고

나는 또 당신의 전부를
당신의 젊음 당신의 사랑
당신의 아들 당신의
아아, 여보! 내가 결국
당신을 죽인 것인가요?)

아아, 광주여 무등산이여
죽음과 죽음을 뚫고 나가
백의의 옷자락을 펄럭이는
우리들의 영원한 청춘의 도시여
불사조여 불사조여 불사조여
이 나라의 십자가를 짊어지고
골고다 언덕을 다시 넘어오는
이 나라의 하느님 아들이여

예수는 한번 죽고
한번 부활하여
오늘까지 아니 언제까지 산다던가
그러나 우리들은 몇 백 번을 죽고도
몇 백 번을 부활할 우리들의 참사랑이여
우리들의 빛이여, 영광이여, 아픔이여
지금 우리들은 더욱 살아나는구나
지금 우리들은 더욱 튼튼하구나
지금 우리들은 더욱
아아, 지금 우리들은
어깨와 어깨 뼈와 뼈를 맞대고

이 나라의 무등산을 오르는구나

아아, 미치도록 푸르른 하늘을 올라

해와 달을 입맞추는구나

광주여 무등산이여

아아, 우리들의 영원한 깃발이여

꿈이여 십자가여

세월이 흐르면 흐를수록

더욱 젊어져갈 청춘의 도시여

지금 우리들은 확실히

굳게 뭉쳐 있다 확실히

굳게 손잡고 일어선다.

———   김준태, 〈아아, 光州여 우리나라의 十字架여!〉 전문[26]

그것은 광주의 파국을 지켜보던 시인의 언어 폭발이었다. 광
주의 참상과 죽음으로써 죽음을 물리치고 죽음으로써 삶을 찾으
려 했던 광주 시민들의 불사조와 같은 공동체정신 등 항쟁의 전
과정을 압축적으로 형상화한 109행의 장시로 분출했다. 김준태
특유의 강한 남성 톤과 항쟁의 열기가 고스란히 스며들어 숨 가
쁜 호흡에도 단숨에 읽게 하는, 그야말로 당시의 절박함과 절실
함이 시심으로 승화한 것이다.

12연으로 구성된 시의 전반부에서는 '광주'가 감당한 사건
을 개관했다. 즉 광주, 무등산이 겪은 패배와 그 패배를 부정하고

---

26   고은 외,《하늘이여 땅이여 아아, 광주여》, 황토, 1990, 70~73쪽.

"영원한 청춘의 도시"로 광주를 호명하며 죽음과 죽음 사이에 피눈물을 흘리는 민중의 넋을 위로했다. 곧 이어지는 2연은 우리들의 아버지, 어머니, 아들딸의 죽음과 같은 시민들의 실제적인 피해를 드러낸다. 3연에 이르면 하느님도 새떼들도 폐허의 광주를 떠나가버린다. 그러나 시인은 포기하지 않고 역설한다. 피투성이 도시는 죽음으로써 죽음을 물리치고 죽음으로써 삶을 찾으려 했던 불사조의 땅이 되었음을. 그러나 다시 중반부에서 이어지는 골고다 언덕을 넘어가는 예수의 죽음과 투쟁, 광주 시내 전체가 비극으로 점철되는 상황에 시인은 언어도단에 빠지고 숨마저 막혀버린다. 이 지점에서 김준태는 죽음의 의미를 임신한 여인의 목소리로 전언한다. 그에게 여인의 혼령이 접신한 것이다. 셋방살이 신세였지만, 행복했던 여인. 또 한 생명의 어머니가 될 그녀조차도 학살의 그늘을 벗어나지 못했다. 여인의 진술은 시 전체의 의미를 집약하면서 삶과 죽음의 비극을 웅변했다. 이제 구체적으로 드러난 죽음을 뚫고 시인은 다시 의미를 새긴다. 백의의 옷자락을 펄럭이는 청춘의 도시 광주를.

　그가 항쟁 시기에 창작했던 시와 마찬가지로 〈아아, 光州여 우리나라의 十字架여!〉에서도 집중적으로 모색하는 것은 '죽음'과 '부활'이다. 사라져버린 가족들을 찾으며 "정말 우리는 죽어버렸나"라는 자문을 통해 시인이 본 것은 골고다를 넘어가는 예수의 모습이었다. 그것은 죽음으로 삶을 찾는 불사조의 이미지와 접합하여 드러난다. 즉 광주의 죽음에서 부활을 보며, 그것에 근거를 둔 광주는 "영원한 청춘의 도시"로 탄생했다. 이는 광주 민중항쟁의 패배와 좌절을 넘어서는 '부활'의 이미지를 부여하며, 압제와 죽음에 절망하지 않고 새 희망을 놓지 않으려는 의지를 통해 시대적 의미를 획득한 것이다.

그는 시를 쓰던 순간을 "그 어떤 거대한 음악이 들려오는 소리를 들었다. 눈물과 그리고 지금은 말할 수 없는 그 무엇이 나의 온몸을 쥐어짜는 느낌이었다. 정말 나도 모를 일이었다. 창문을 뚫고 내게 달려오는 저 무등산을 나는 온몸에 받으며 109행이나 되는 꽤 긴 시를 써버린 것이다"라고 말했다.[27] 그리고 다음과 같이 시의 탄생 비화를 증언했다.

나의 당시 심정 상태는 정신이 여전히 반쯤 나간 상태였다. 항쟁 기간 두 가지 사건이 나를 정신적으로 큰 충격 속에 빠뜨렸다. 하나는 5월 21일 오후 1시 도청 앞 집단발포 당시 가톨릭센터 앞, 시위대와 함께 있던 내 눈앞에서 15명 정도가 총에 맞아 거꾸러지는 것을 보았다. 월남전에 참전했던 나였지만 가슴에 정통으로 총을 맞아 피가 솟구치는 시민을 붙안고 다급한 나머지 인근 송산부인과로 뛰던 당시 상황은 나에겐 엄청난 충격이었다.

몇 시간 후 전남고등학교 동료 교사로부터 역시 동료 교사인 김 ○○ 선생 부인이 계엄군 총에 맞아 사망했다는 끔찍한 소식을 들었다. 전남대 정문 앞 인근에 살면서 임신 8개월째 몸으로 남편이 오는 것을 기다리던 중, 이날 정오 무렵 머리 관통상으로 비명에 간 최미애 씨. 저녁에 집으로 찾아갔을 때 남편 김교사는 "내 처, 머리가 없다"며 실신 상태로 울고 있었다. 장모로부터 숨진 딸을 집으로 데려올 때까지 뱃속 태아가 깊은 숨을 쉬듯 불쑥불쑥 뛰어 태아라도 살리고자 여러 군데 병원으로 연락했으나 가망이 없었다는 얘기를 듣고서는 미치지 않을 수 없었다.

27 은우근, 〈김준태 그의 인간과 문학〉, 《시인은 독수리처럼》, 한마당, 1986, 13쪽.

이 두 가지 충격이 내재된, 상처받은 나의 마음속 또 다른 내가 시를 써내려간 것이었다. 평소라면 도저히 그런 짧은 시간에 쓸 수 없는 장시였다.[28]

시가 완성되자마자 김준태는 임박한 마감시간에 맞추고자 직접 택시를 타고 편집국장실로 향했다. 그곳엔 문순태 편집부국장과 신용호 편집국장 등 편집국 간부들이 기다리고 있었다. 그들은 김준태의 시를 보고 몇 군데 빨간 줄을 그으며 양해를 구하고 곧바로 공무국의 문선팀으로 넘겼다.

> 김선생이 시를 편집국에 전달하자, 신용호 국장과 김원욱 사회부장을 비롯한 편집국 간부들은 시를 읽어보고 "바로 이것이다. 5·18을 제대로 표현한 작품이다"면서 흡족해했다. 그런데 문제는 시가 너무 적나라하게 표현되어 있어 계엄당국의 사전검열을 무사히 통과할 수 있을 것인가였다. (······) 김부장은 "많은 시민들이 죽은 마당에 시 하나 싣는 게 뭐가 문제냐"면서 우겼다. 마침내 편집회의에서 시를 게재키로 최종 결정됐다. 계엄군의 사전검열에 따라 시 전문은 게재되지 못하고 33행으로 줄었다.[29]

김준태의 원고는 문선되어 조판에 올려졌다. 그러나 조판된 지형은 도청 안의 계엄사에서 검열을 받아야 인쇄될 수 있는 상황이었다. 도청 안에는 보안사에서 파견 나온 언론검열반이 있었는데, 이들은 김준태의 시를 검열하는 과정에서 제목 〈아아, 光

---

28   손정연·박화강, 〈1980년 전남매일신문사 기자들의 언론자유 운동〉, 《5·18민주화운동과 언론투쟁》, 5·18기념재단, 2014, 62쪽.
29   임영상, 《부끄러운 탈출》, 푸른미디어, 2009, 268쪽.

州여 우리나라의 十字架여!〉를 〈아아, 光州여!〉로 수정하고, 시 본문의 3분의 2를 삭제하고 33행만을 허용했다. 그들은 시 대부분에 빨간색 펜으로 '삭'이라는 표시를 해놓았다. 시 절반이 넘는 분량이 삭제당하면 시의 원형, 흐름, 문맥이 훼손되는 것은 불 보듯 뻔했다. 그러나 다행히 김준태는 시를 쓸 때, 검열로 시 일부가 삭제되더라도 독자가 시적 문맥을 파악할 수 있도록 시적 기교를 발휘했다.

계엄사에서 삭제한 검열본은 6월 2일 자《전남매일신문》좌측 중앙에 실렸다. 좌측 상단엔 시의 배경이 되는 무등산과 광주의 전경을 담은 사진이 실렸고, 그 밑으로 시가 게재되었다. 상당 부분의 내용이 삭제된 채 발행되었지만, 신문을 본 시민들의 반응은 폭발적이었다. 또 시의 전문은 윤전기에 돌리기 전인 식자 상태에서 미리 10만 부 이상 찍어 외신 등을 통해 퍼져나갔고, 원문은 시민의 손에서 손으로 전달되어 큰 파문을 일으켰다.[30]

《전남매일신문》에 시가 발표되자 계엄사의 군인들은 편집국을 급습했다. 김준태의 시를 게재한 편집국 간부와 이하 기자를 보안사로 연행하려고 들이닥친 것이다. 그 와중에 신문사 간부에게 "빨리 도망가는 게 좋겠다"는 말을 들은 김준태는 곧장 잠행의 길을 떠났다. 젊은 아내와 어린 두 아들을 뒤로한 발걸음은 천근만근이었다.

그는 80년 6월 초경 〈아아, 光州여 우리나라의 十字架여!〉라는 시 때문에 한동안 숨어다녀야 했는데 우리 집 내 방에서 나와 3

---

30   김태현,〈광주민중항쟁과 문학〉,《5·18민중항쟁과 문학·예술》,
       5·18기념재단, 2006, 350쪽.

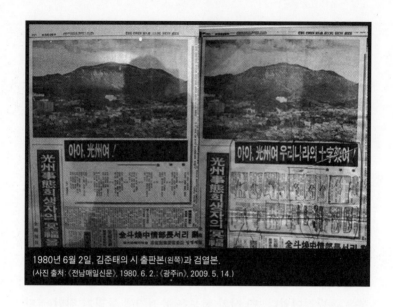
1980년 6월 2일, 김준태의 시 출판본(왼쪽)과 검열본.
(사진 출처: 《전남매일신문》, 1980. 6. 2.: 《광주in》, 2009. 5. 14.)

일간을 함께 지냈다. 당시 그는 자신이 체포되고 시 원문을 빼앗
길 경우에 대비하여 내 방에서 꾹꾹(전라도 말로 따북따북) 눌러쓴
그 특유의 필체로 詩 全文을 달력 뒷장에 베껴주었던 적이 있다.
(……) 그는 나에게 그것을 전해주면서 "우근아, 혹시 내가 뭔일
이 있을지 모릉께 니가 잘 가지고 있어라잉" 했다.[31]

선후배의 집을 떠돌며 잠행하던 김준태의 마음에는 하루도
빠짐없이 두고온 처자식이 아른거렸다. 참다 못 견딘 그는 마침
내 돌아가기로 결단했다. 잠행을 시작한 지 꼭 23일째 되던 날이
었다.

31   은우근, 〈김준태 그의 인간과 문학〉, 《시인은 독수리처럼》, 한마당, 1986,
13쪽.

수많은 사람들이 죽었는데, 더 이상 숨어 다닐 수 없다. 죽은 사람
도 있는데 구속되더라고 학교로 가자.[32]

6월 25일 오후, 김준태는 긴 잠행을 마치고 곧장 전남고로 돌
아왔다. 그는 학교에서 10여 분 머물다가 곧 자택으로 발을 옮겼
다. 그런데 집에 도착하자마자 불과 5분도 안 되어 수사요원이
들이닥쳤고, 김준태는 그들의 지프에 실려 화정동 505보안대로
연행되었다. 그곳에는 이미 수많은 사람이 붙잡혀 있었다. 김준
태는 보안대 옥상으로 끌려가 보안사 수사요원들에게 밤새 문초
를 당했고, 20일간 조사받고 사표를 강요받은 후에야 풀려날 수
있었다. 사표는 이미 수리된 상태였다.

김남주의 〈학살〉과 《5월시》

광주민중항쟁의 종결과 함께 시작된 1980년대의 문학은 역시 민
주화운동의 일환으로 전개되었다. 항쟁의 현장이었던 '광주'는
이전까지의 지역적 의미를 넘어 우선적인 항쟁문학의 근거지이
자 문학적 본산의 정서로 호명되었다. 더불어 광주민중항쟁과
때를 같이하여 구속된 문인도 많이 늘어났다. 고은, 조태일, 신경
림, 송기원, 문병란, 송기숙, 채광석 등이 그들이다. 또 김남주는
옥중에서 '80년 5월'을 고발하는 다음의 시를 창작하기도 했다.

32   이승철, 〈광주의 문학정신과 그 뿌리를 찾아서 4〉, 《문학들》 통권 36호,
       문학들·심미안, 2014, 117쪽.

오월 어느 날이었다
80년 오월 어느 날이었다
광주 80년 오월 어느 날 밤이었다

밤 12시 나는 보았다
경찰이 전투경찰로 교체되는 것을
밤 12시 나는 보았다
전투경찰이 군인으로 대체되는 것을
밤 12시 나는 보았다
미국 민간인들이 도시를 빠져나가는 것을
밤 12시 나는 보았다
도시로 들어오는 모든 차량들이 차단되는 것을

아 얼마나 음산한 밤 12시였던가
아 얼마나 계획적인 밤 12시였던가

오월 어느 날이었다
1980년 오월 어느 날이었다
광주 1980년 오월 어느 날 낮이었다

낮 12시 나는 보았다
총검으로 무장한 일단의 군인들을
낮 12시 나는 보았다
이 민족의 침략과도 같은 일단의 군인들을
낮 12시 나는 보았다
민족의 약탈과도 같은 일군의 군인들을

낮 12시 나는 보았다
악마의 화신과도 같은 일단의 군인들을

아 얼마나 무서운 낮 12시였던가
아 얼마나 노골적인 낮 12시였던가

오월 어느 날이었다
1980년 오월 어느 날이었다
광주 1980년 오월 어느 날 밤이었다

밤 12시
도시는 벌집처럼 쑤셔놓은 심장이었다
밤 12시
거리는 용암처럼 흐르는 피의 강이었다
밤 12시
바람은 살해된 처녀의 피 묻은 머리카락을 날리고
밤 12시
밤은 총알처럼 튀어나온 아이의 눈동자를 파먹고
밤 12시
학살자들은 끊임없이 어디론가 시체의 산을 옮기고 있었다

아 얼마나 끔찍한 밤 12시였던가
아 얼마나 조직적인 학살의 밤 12시였던가

오월 어느 날이었다
1980년 오월 어느 날이었다

광주 1980년 오월 어느 날 낮이었다

낮 12시
하늘은 핏빛의 붉은 천이었다
낮 12시
거리는 한 집 건너 울지 않는 집이 없었다
무등산은 그 옷자락을 말아올려 얼굴을 가려버렸다
낮 12시
영산강은 그 호흡을 멈추고 숨을 거둬버렸다

아 게르니카의 학살도 이리 처참하지는 않았으리
아 악마의 음모도 이리 치밀하지는 않았으리

——————   김남주, 〈학살·2〉 전문[33]

    김준태와 김남주의 시는 '80년 5월 광주'에서 사람이 사람됨
을 실천하고, 피비린내 나는 학살의 현장과 그 속에서 행해진 생
존투쟁의 몸부림을 보여주었다. 주지하다시피 광주민중항쟁은
사회운동의 혁신을 초래함과 아울러 예술 개념의 변혁을 일으켰
다. 광주민중항쟁을 (재)해석하고 계승하는 과정을 통해 사회운
동에는 민중성이 부여되었고, 예술 개념에는 운동성이 도입되었
다. 즉 광주를 내포함으로써 예술은 운동의 수단이자 대안문화
로 전위했다.[34] 그리고 문학, 특히 시 장르는 이런 변화의 중심에

33   김남주,《조국은 하나다》, 남풍, 1988, 290~291쪽.
34   정근식·민형배,〈영상기록으로 본 왜곡과 진실〉,《역사비평》통권 51호,
      2000, 269~270쪽.

있었다. 문학은 외따로 존재하는 것이 아니라 항상 정보, 언론, 교육, 정치 등의 기능과 더불어 존재하기 마련인데, 역사적 혼란이 가중될 때 문학의 경우 그러한 기능은 그중 하나가 특화되어 드러날 수밖에 없다.[35] 광주민중항쟁은 고립의 산물이었고, 그러한 고립을 벗어나기 위해 '시'는 독재권력의 부당함을 고발하는 한편 희생자들의 정당성을 알려야만 했다. 김현은 "광주 체험은 그러나 너무도 압도적이어서 그것을 시화시키는 데 시인들은 큰 고통을 겪는다. 광주를 노래하는 순간, 그 노래는 체험의 절실함을 잃고, 자꾸만 수사가 되려 한다. 성실한 시인들의 고뇌는 거기에서 나온다. 광주에 대해 눈을 감을 수는 없다. 그렇다고 절실하게 느껴지지 않는 시를 시라고 발표할 수도 없다"[36]고 말한 바 있다. 즉 분노, 절망, 침묵으로 점철되었던 광주는 어떤 형태로든 시인들에게 외쳐져야 했던 '대상'이자 외침이 터져나와야 했던 부채의식의 소산이었다. 그래서 가장 기본적인 표현 욕구마저 검열, 통제당하여 정기간행물이 폐간되고, 출판물들이 빈틈없이 조절되는 상황에서도 시의 발표는 팽창했다.

흔히 1980년대를 '시의 시대'라고 일컫는 것은 단순히 소설의 침체로 말미암은 결과라기보다는 채광석의 지적처럼 '능동적인 문화전략' 개념으로 이해하는 것이 마땅하다. 당시 시인들은 소설보다 짧고 서정을 농축한 시의 형식이 시대를 표명하는 데 훨씬 유효, 적절하다고 판단한 것이다. 그래서 이 땅의 시인들에게는 '5월 광주'의 울부짖음 속에서도 서로 나눠 먹고, 나눠 울던 공동운명의식, 집단적 휴머니즘, 공동체정신, 생명정신이 광주를

35   이은봉, 〈오월시, 원죄의 몸부림들〉, 《진실의 시학》, 태학사, 1998, 91~92쪽.
36   김현, 《분석과 해석 · 보이는 심연과 안 보이는 역사 전망》, 문학과지성사, 1992, 294~295쪽.

더욱 많이 노래하게 만드는 촉매제가 되었다. 예컨대 1960~1970년대 이후 소위 운동권 출신의 상당수가 문단에 얼굴을 내밀며 '문학의 운동화'를 주창했다. 그 몇 가닥으로 5월 항쟁문학·분단극복·통일지향문학·교사운동문학·농촌현장문학·노동현장문학 등이 등장했고, 이러한 문학운동은 대중성 확보 차원에서 노래시운동, 판화시운동, 마당굿운동, 장르확산운동으로 이어졌다.

1980년 가을부터는 곽재구, 김진경, 나해철, 나종영, 박상태(박몽구), 박주관, 이영진 등 광주를 중심으로 활동하던 시인들이 '5월시' 동인을 결성하여 '5월 광주'를 시로 증언하며, 그것을 민족사의 흐름 속에 넣기 시작했다. 즉 1980년 5월 직후, 견딜 수 없었던 '죄책감'과 문학에 대한 '본질적 물음'에 빠진 시인들의 반성 속에서 '5월시'가 탄생했다. 1981년 6월, 5월시 동인은 제1집 《이 땅에 태어나서》(시 52편 수록, 500권 한정판)출간[37]하고 1982년 3월에 제2집 《그 산 그 하늘이 그립거든》, 1983년 1월에 제3집 《땅들아 하늘아 많은 사람아》, 1984년 3월 제4집 《다시는 절망을 노래할 수 없다》, 1985년 4월 제5집 《5월》에 이르기까지 광주민중항쟁을 집중적으로 시화하며, 광주 시민의 한을 위무하고 항쟁을 알리는 문학적 성과를 이룩했다.

'5월시'는 '살아남은 자'들의 죄책감과 가해자에 대한 분노를 주된 정조로 표출하며, 80년대의 시대적 모순을 시적 형상화를 통해 민중운동으로 승화시키는 작업에 앞장섰다. 또한 중앙정부 혹은 지배계층의 정보 통제와 독점, 정보의 중앙집권화에 저항

---

37   '5월시' 동인 이영진에 의하면 당시 5월시 제1집은 당국의 출판 제작 금지로 인해 그대로 사장될 뻔했으나 간신히 얼마간의 책을 빼내 문단의 일각에서 돌려 읽을 수 있었다고 한다. 이에 대해서는 이영진, 〈문학회 소개-오월시〉, 《문예중앙》, 1985 참조.

하고자 정보유통의 민주화를 담보하는 소형매체를 동인지 형태로 지역에서 창간하기도 했다. 이들은 크게 두 가지 방향에서 문학적 실천을 전개했다. 첫째, 그들은 한국 근현대사의 역사적 맥락 위에 5월 광주의 비극적 정서를 올려놓고자 했다. 특히 항쟁을 민족분단의 문제와 결합하며 광주의 비극적 정서를 역사적 지평으로 확대하고자 했다. 여기서 광주의 정서는 분단극복 및 반외세라는 정치적 이념적 지평과 만나고, 시적 조류는 5월 문학을 구성하는 경향으로 자리하게 했다. 둘째, 장르의 종합과 확산을 주도했다. 시 장르에 서사 장르를 도입하여 새로운 장르를 개발하려는 시도와 함께 장시(長詩) 혹은 연작시의 형태를 창출했다. 이것은 이야기의 효과적 전달과 대중성을 고조시키며 서정시의 한계를 극복하기 위해 고안된 것이었다.[38] 더불어 '5월시' 동인은 판화와 시를 접목한 '판화시'라는 예술 장르를 출현시키기도 했다. 요컨대 문학의 내용뿐 아니라 형식마저 혁명성을 획득한 것이다. 이렇듯 광주민중항쟁은 다른 예술 장르와 접합, 상호보완하며 시대적, 민족적 연대의식을 확보해나가는 계기가 되었다.

---

[38]   배종민·정명중, 〈5월항쟁과 문화운동〉, 《5·18 그리고 역사》, 길, 2008, 252~253쪽.

고 김남주 시인과 김준태 시인. (김준태 제공)

2.

광주민중항쟁 '현장'의 구호·표어

구호·표어는 '주의, 주장, 강령 따위를 간결하게 나타낸 짧은 어구'를 의미한다. 그뿐만 아니라 어떠한 행위를 유도하는 수행적 기능까지 맡고 있다. 따라서 긍정적, 부정적 의미를 막론하고 사회 여러 방면에서 활용되고 영향을 미치는 공공 커뮤니케이션이라고 할 수 있다. 즉 구호·표어는 단순한 '말' 이상의 함축을 지닌 언어현상이다.[39]

우리나라에서는 동학농민항쟁 때부터 주문이나 가사 등의 주술적 메시지가 선전 기능으로서 구호·표어의 역할을 했다. 그러나 구호·표어는 "1862년의 기록으로 추론해보면, 그 이전부터 사용"[40]되었고, 근대적인 매체가 등장하기 전부터 전파력이 강하고 설득력이 있는 의사소통수단이었던 것으로 보인다.

---

39   강태완, 〈공공기관 표어의 언화행위(speechk-act)에 관한 연구〉,
       《한국언론학보》제46-2호, 한국언론학회, 2002, 5~6쪽.
40   권순희, 〈표어의 긍정·부정적 표현을 통한 표현 교육 방향〉,
       《국어교육학연구》제32집, 국어교육학회, 2008, 130쪽.

4·19 시기의 구호와 표어

한국 현대사에서 구호·표어의 막강한 힘이 발휘된 사례는 쉽게 찾아볼 수 있다. 예컨대 4·19 항쟁 직후의 경우를 보자. 1956년 5월 대통령선거를 앞두고 이승만이 사사오입[41]이라는 희한한 방법으로 헌법을 바꾸자 이를 비판한 신익희의 열변이 그랬다.

이 정치하에서는 사바사바가 없으면 아무것도 못해! 하다못해 호적 초본 한 장을 떼려 해도 양담배 한 갑 들이밀고 사바사바해야 하는 세상이에요! 이러니 선량하고 정직한 국민이 어찌 살아가냔 말이에요! 못살겠다는 얘기는 우리 민주당만의 구호가 아닙니다. 전 국민의 구호요, 갈아보자는 생각 또한 전 국민의 생각이 되는 이유가 거기에 있는 것이에요.[42]

당시 "못살겠다"는 말은 시민들의 공통 구호·표어였다. "못살겠다. 갈아보자!" 겨우 여덟 자로 된 구호·표어가 민심을 사로잡는 무기였던 셈이다. 이에 자유당은 "갈아봤자 별수 없다"라는 구호·표어로 맞섰지만, 그야말로 별수 없었다. 민주당의 "못살겠다. 갈아보자!"는 풀뿌리 죽으로 끼니를 해결하던 민중의 생활상을 반영한 것이었던 만큼 가슴에 꽂힐 수밖에 없었다. 구호·표어가 민중의 삶 속으로 천착하여 현실을 인식하게 하고 보편적

<hr>

41   본래는 반올림을 뜻하는 수학 용어. 이승만 정권 시절, 헌법상 대통령이 3선을 할 수 없는 제한을 없애고자 자유당이 사사오입 논리를 적용해서 정족수 미달의 헌법 개정안을 불법 통과시킨 사건을 '사사오입 개헌'이라고 부른다.

42   윤석연, 《4·19혁명》, 한겨레틴틴, 2010, 38쪽.

정서와 감응하며 육화된 언어로 작용한 것이다. 즉 발화되는 상황 속에서 청중과의 교류를 창출하며 "알려지는 대상과 밀접하고도 감정이입적이며 공유적인 일체화"[43]를 재현하는 기능이 그 사회나 조직의 현재와 미래를 보여주고 나아갈 방향성을 제시한 것이다.

여기서 구호·표어는 단순히 눈에 보이는 의미를 벗어나 표현 속에 숨은 의미까지 보여준다는 것을 알 수 있다. 언어 이면에 감춰진 의미와 새로 생겨나는 의미가 무의식적으로 마음속에 환기되고 이해되게 함으로써, 구호·표어를 만들어낸 이의 의도 — 메시지를 효과적으로 전달하여 보고 듣는 이에게 '신체화'하게 하는 것 — 가 실현되는 것이다. 즉 표현된 의미 이외에 함축적인 의미를 설명하지 않아도 그에 준하거나 능가하는 설명력, 설득력을 확보하여 숨은 의미를 이해하게 한다는 의미이다.

숱한 항쟁의 현장에서 구호·표어는 주로 혁명의 서곡을 알리는 외침이었다. 특정한 이데올로기, 생활양식, 계몽적인 생각을 독려하고 그 생각을 전파하여 대중의 사고와 행동에 영향을 주는 목적에서 활용되었다. 예컨대 1960년 2월 28일 자유당의 횡포에 맞선 경북고등학교 학생 800여 명이 참여한 가두시위에서는 다음과 같은 구호·표어가 등장했다.

몽둥이에 두들겨 맞고 때마침 추적추적 내리는 비까지 맞아가며 학생들은 힘차게 구호를 외쳤다. "부정선거 배격하자!" "장면 박사 다시 뽑아 민주 발판 지켜가자!" "썩은 정치 갈아보자!" "학생

---

43   월터 J. 옹, 《구술문화와 문자문화》, 이기우·임명진 옮김, 문예출판사, 1995, 68쪽.

들은 총궐기하라" 그동안 가슴속에 묻어두었던 분노의 씨가 이
제 봄비를 맞으며 막 개화하여 싹터 오는 것 같았다.[44]

2·28 대구학생시위는 규모가 크지 않았으나 그 의의는 실로
막중했다. 이승만 정권 10여 년 동안 해마다 수십 차례씩 "절대
지지" "절대 반대"만을 외치던 학생들이 처음으로 자신들의 주장
을 내세운 사건이었기 때문이다. 이어서 3월 5일 민주당 광주선
거 강연 때는 민주당 부통령 후보의 정견 발표에 참석했던 학생
1,000여 명이 시위를 전개했다. 이날 학생들은 "부정선거를 배격
하자" "장박사를 다시 부통령으로 뽑자" "썩은 정치 갈아보자" 같
은 구호를 외쳤다. 선거 전야에는 전국의 학생이 "살인선거 물러
가라" "대한민국은 민주공화국이다"라는 표어를 노트에 적어 살
포하며 데모하는가 하면 부산에서는 "3월 14일 부산상고, 동래고
교, 항도고교, 데레사여고 등 남녀 학생 약 600여 명이 "우리 선배
는 썩었다" "우리가 민주제단을 지키자" "학도여 일어나라. 우리
의 피를 보이자" "학도는 살아 있다. 민주국가 세우자" 등의 구호
를 외치며 데모했다."[45]

이처럼 2·28 대구학생시위로 촉발된 학생들의 운동에서는
'학원의 정치도구화 반대' '학원의 자유라는 구호부터 부정선거
배격 및 정권교체를 이룩하여 민주국가를 수립'하라는 구호·표
어가 등장했다. 부정선거 배격을 비롯한 정권교체를 요구하는
국민의 누적되어온 불만과 새로운 것을 갈망하던 의지가 구호·
표어로 봇물처럼 터져나온 것이었다. 3·15 부정선거 이래 산발

44   안동일, 《새로운 4·19》, 예지, 2010, 46쪽.
45   김행선, 〈선언문과 구호로 보는 4·19〉, 《내일을 여는 역사》 제23호, 내일을
       여는 역사, 2006, 233쪽.

적으로 전개된 학생 데모는 대학생들의 시위운동으로 발전했고, 4월 18일을 기해 전국적으로 확대되었다. 그리고 4월 19일에는 서울대학교 문리대에 집합한 2,000여 명의 학생이 학원의 자유를 부르짖으며 가두시위에 나섰다. 이에 동참한 서울 시내 각 대학의 학생 수는 무려 10만 명에 육박했고, 서울대학교 문리대를 주축으로 연세대, 이화여대, 성균관대, 건국대, 동국대, 중앙대, 홍익대 그리고 대광고교, 동성고교 학생을 비롯한 수만 명이 합세하며, 갖가지 구호와 슬로건으로 삼은 표어를 쏟아냈다.

> 성균관대생들은 "부정선거 다시 하라" "정부는 마산사건 책임져라" "학원의 자유를 달라"는 구호를 외쳤으며, 연대생들은 "민주주의 반역자를 극형에 처하라" "경찰은 학원 내의 일을 간섭하지 말라" "국민의사에 반대한 개헌의 주모자를 처치하자" "사상 최악의 3·15 선거를 다시 하라" "위정자여 양심이 있는가?" "학원의 자유를 달라" "3·15 부정선거 규탄한다" "경찰국가 반대한다" "학도는 살아 있다" 등의 구호를 외쳤으며, 동국대생들은 "파시즘의 독재자는 물러가라" "우리는 세계의 여론에 호소한다" "자유가 아니면 죽음을 달라"는 등의 슬로건을 내걸었다. 건국대생은 "경찰은 정의의 불을 끄지 말라" "3·15 선거 무효 판결하라"는 등의 슬로건을 내걸고 구호를 외쳤다.[46]

학생들이 내세운 구호·표어는 '3·15 부정선거 배격' '독재타도' '학원의 자유 보장'을 주장하며 민주주의와 자유를 수호하려는 의지를 선포하는 것이었다. 그 기본정신은 자유, 진리, 민주

---

46   김행선, 같은 글, 238쪽.

등이었으며, 이를 지키고자 학생들은 이승만 독재 전제주의의 현실에 저항하고 나섰다. 이렇듯 구호·표어는 시대상을 반영하며 학내외 소식을 신속히 전파하는 동시에 민중의 의사를 표현하는 수단으로 활용되었다. 즉 당대에 통용되는 내용과 방식으로 재현, 운용되면서 민중의 갈망과 숨겨진 사건을 세상에 드러냈다. 그때마다 막으려는 자와 알리려는 자의 실랑이 속에서 구호·표어는 가슴속에 솟구치는 울분을, 마음에서 우러나온 외침을 토해낸 것이었다.

광주민중항쟁 '현장'의 구호와 표어

광주민중항쟁에서는 4·19정신의 부활로서, 불의에 저항하는 구호·표어가 등장했다. 광주민중항쟁 전후로 가장 빈번하게 눈에 띈 구호·표어가 '민주회복' '유신 철폐' 등의 '민주화' 관련 내용이었던 것도 그러한 사례였다. 즉 구호·표어는 지켜야 할 혹은 지켜져야 할 진리로서 기능을 발휘했다. 이외의 달리 방법이 없다는 민중의 경고이자 마지막 결론으로 설정되어 지켜야 할 잣대로 기능한 것이다. 1980년에는 '서울의 봄'을 맞아 직접선거를 통한 '총학생회 부활', 대학가의 '학원자율화운동' 등 민주화 촉구시위가 벌어졌고, 시위 현장에서 쏟아진 구호·표어도 당대의 열망을 담고 있었다.

> (1980년 5월 14일) 학생들은 스크럼을 짜고 '현정권 물러가라' '비상계엄 해제하라' '유신잔재 쳐부수자' '노동 삼권 보장하라' '민주 일정 공개하라' '민주인사 석방하라' 등의 구호를 외쳤다.[47]

(1980년 5월 16일) 용봉동 정문을 빠져나온 300여 명 가량의 전남대 교수들은 대형 태극기를 앞세우고 질서정연하게 전남도청까지 행진한다. 물론 뒤에는 '민주회복' '더 이상 농민을 울리지 말자' 등의 플래카드를 치켜든 학생들이 구호를 외치며 뒤를 따른다.[48]

당시의 구호·표어는 10·26사태로 훼손된 민주화를 열망하는 내용, 유신잔재 세력과 신군부의 집권에 반대하는 내용이었다. 이 또한 민중의 지향가치를 드러내는 시대정신(spirit of the times)이 반영되어 공감대를 형성하면서 전폭적인 지지를 받을 수 있었다. 이렇듯 구호·표어는 "공중의 마음을 변화시키고 통제하는 문화적 기표이자 설득을 위한 효율적인 커뮤니케이션 수단으로 작용"[49]하면서 메시지적 특징으로는 간결하고 세련된 어휘를 동원하여 많은 사람의 의식에 영향을 미치는 대중 커뮤니케이션이었다.[50] 반면 같은 내용의 구호·표어가 꾸준히 등장했다는 것은 현실적 개선이 미미했고, 유신체제를 이어받은 신군부가 건재함을 방증하는 것이기도 했다.

광주민중항쟁이 시작되면서부터 여러 형태의 구호·표어가 등장했다. 광주민중항쟁의 도화선이 된 5월 18일 전남대 교문 앞 시위에서 많이 등장한 구호·표어는 전남대 도서관에서 철야

47   임낙평,《광주의 넋: 박관현》, 사계절, 1987, 102쪽.
48   김준태,《명노근 평전》, 심미안, 2009, 197쪽.
49   Lu,X, An Ideological/Cultural Analysis of Political Slogans in Communist China, Discourse& Society, 10(4), 1999, p.490.
50   박영환,〈표어의 형태와 의미〉,《어문논집》제24·25호, 안암어문학회, 1984, 174쪽.

하던 학생들이 만든 "전두환 물러가라"와 "김대중 석방하라" 등
이 대표적이었다.[51] 처음에 이러한 구호·표어를 보고 들은 시민
들은 의아했다. 당시까지는 전두환이 대중적으로 알려진 인물도
아니었고, 김대중의 연행 소식도 처음 접했기 때문이었다. 즉 고
급 정보를 바탕으로 '압축화된 투쟁 구호'를 만들어낸 이들은 상
당히 '의식화된 학생'들이었다. 이들은 특정한 메시지를 쉽게 전
달, 전파할 목적으로 사람들에게 많이 기억될 수 있도록 간결하
고 쉬운 구호·표어를 만들어낸 것이다.

학생들은 교문을 지키고 있는 공수부대원들을 향해 "왜 우리 학
교에 못 들어가게 하느냐"며 돌을 던지고 '계엄령을 철폐하라'
'김대중 석방하라' '전두환 물러가라'는 구호를 외치기 시작했
다.[52]

시민들은 다시 모여 구호를 외치며 시위를 했다. "비상계엄 해제
하라!" "김대중을 석방하라!" "전두환은 물러가라!" 나는 함께 구
호를 외치면서도 '전두환'에 대해서는 전혀 모르고 있었다. 궁금
한 나는 시민들에게 물었고 시민들의 설명을 들은 나는 더욱 목
소리를 높여가며 구호를 외쳤다.[53]

시외버스 공용터미널을 거쳐서 금남로의 가톨릭센터 앞까지 행

51   광주광역시 5·18사료편찬위원회 편,《5·18민주화운동》, 5·18문화재단,
      2012, 11~14쪽.
52   김영택,《10일간의 취재수첩》, 사계절, 1988, 31쪽.
53   이세영,〈이 땅에 목발을 짚고 서서〉,《5·18광주민중항쟁증언록 I》, 광주,
      1987, 178쪽.

진해 나아갔다. 학생 전위대는 계속해서 '비상계엄 해제하라!' '김대중 씨 석방하라!' '휴교령 철회하라!' 'ㅇㅇㅇ 물러가라!' '계엄군 물러가라!'는 구호를 외치며 아직까지도 김대중 씨 등 재야인사들이 체포된 사실을 모르고 있던 시민들에게 목청껏 알리려고 애썼다.[54]

5·17조치와 함께 교정으로 들이닥친 공수부대를 향해 학생들이 외친 구호·표어는 거의 천편일률적으로 같았다. 그만큼 보편적으로 사용된 구호·표어의 간단하고 쉬운 형식이 시민들에게 익숙해지면서, 무의식적 혹은 무조건적으로 그들에게 받아들여진 것이다.

더불어 아직 공식발표가 있기 전이라 김대중이 체포된 사실을 모르던 시민들은 "김대중 석방하라"는 학생들의 구호에 자연스레 관심을 두게 되었다. 학생들은 5·17조치 이후, 서울로부터 김대중 체포 사실을 들은 터라 "김대중 석방하라"를 외친 것인데, 그에게 절대적 지지를 보내고 있던 시민들에겐 충격적인 소식이었다.[55] 구호·표어는 표상하려는 메시지를 전달하는 효과적인 방법이자, 그 메시지가 시민들의 사고방식이나 이데올로기에 영향을 줄 수 있다는 장점으로 인해 항쟁 초기에 나타난 구호·표어가 항쟁 전 기간에 걸쳐 등장했다.

54   황석영,《죽음을 넘어 시대의 어둠을 넘어》, 풀빛, 1985, 37쪽.
55   김영택,《10일간의 취재수첩》, 사계절, 1988, 31~32쪽.

구호·표어를 통한 '언어시위'

항쟁 이틀째부터는 구호·표어의 형태가 조금씩 변화하기 시작했다. 요컨대 당시 시위대의 구호는 대표적으로 "전두환 물러가라!" "김대중 씨 석방하라!" "끝까지 싸우자!"가 주종이었고 투쟁이 격화되면서 "전두환 찢어 죽여라!" "공수부대 다 때려 죽여라!"는 식으로 전면화했다. 3일간에 걸쳐 자행된 공수부대의 진압행위는 시위 진압 차원이 아닌 학살극으로 불러야 할 만큼 무자비했다. 시민들은 그 장면을 보고 "광주 사람 다 죽인다"고 생각했다. 의학적으로는 사망이 아닐망정, 진압봉에 맞아 피를 흘리면서 쓰러지고, 물건처럼 끌려가 트럭 위로 던져지는 광경은 이미 인간으로 취급되지 않는다는 의미였다.[56] 따라서 시민들은 공수부대에 적대감을 표출하는 '언어시위'를 펼쳐나갔다.

공용터미널 앞으로 후퇴한 시민들은 눈을 치켜뜨고, "인간백정들 올 테면 와라!" "죽은 시민, 학생의 피를 보상하라!" "살인마 ○○○은 물러가라!"는 등의 구호를 외치며 격렬한 시위를 계속해나갔다."[57]

각목으로 차체를 두들기며 온 시가지를 누비고 다니는 시민군들의 의기양양한 모습은 전날과 크게 다를 바 없었고, 가스차에도 버스에도 트럭에도 '김대중 석방하라' '전두환을 찢어 죽이자' 등의 구호가 적힌 플래카드가 나붙어 있었다.[58]

56   최정기, 〈5·18과 양민학살〉, 《5·18민중항쟁과 정치·역사·사회 3》,
      5·18기념재단, 2007, 98쪽.
57   김양오, 《光州보고서》, 청음, 1988, 46~47쪽.

이것은 구호·표어의 표현 수위가 격화한 것만을 의미하지 않는다. 항쟁 초기의 "물러가라!" 같은 통상적 구호·표어의 형태가 전두환을 향한 것이라면 "찢어 죽여라!" "때려죽여라!"는 참여자들에게 행위를 독려하는 말이었다.[59] 사회적 상징으로서 갖는 구호·표어의 궁극적인 목적은 제시하는 의도대로 사회나 개인의 행위를 유발하며, "행위를 위한 상징적 정당화"[60]의 작업으로서, 행위를 위한 다리의 역할을 하거나 사회적 행위에 직접 간여하는 데 있다.[61] 진압의 폭력이 충격적이었던 터라 언어 역시 체계적이지 못하고 극도의 감정적인 구호·표어가 초기 '항쟁의 거리'에 많이 내걸렸다.

항쟁 시기 한 시민이 "살인마 전두환을 때려죽이자"라고 적힌 팻말을 들고 있다.
(사진 출처: '518광주민중항쟁 30주년 기념 사진영상전', 5·18민중항쟁기념행사위원회)

　　피를 본 학생들과 시민들의 가슴은 분노와 저주로 흥분의 극을 이루었고 시내의 모든 기사들은 저마다 차를 몰고 나와 시위군중을 태우고 카퍼레이드를 벌이기 시작한다. (……) 차량마다 피로

58　　나의갑, 〈5·18의 전개과정〉, 《5·18민중항쟁사》, 광주광역시 5·18사료편찬위원회, 2001, 244쪽.

59　　최정운, 《오월의 사회과학》, 오월의봄, 2012, 47쪽.

60　　강태완, 〈공공기관 표어의 언화행위(speechk-act)에 관한 연구〉, 《한국언론학보》 제46-2호, 한국언론학회, 2002, 7쪽.

61　　Denton, R. E. Jr, The Rhetorical Functions of Slogans:Classifications and Characteristics, Communication Quarterly, 28(3), 1980, p.12.

쓴 플래카드와 덜 마른 선혈이 흘러내리는 차체의 구호가 시민들의 가슴을 흔들었다. "살인마, 전두환을 때려죽이자" "최규하, 신현확을 추방하라" "김대중 씨를 석방하라" "계엄을 철폐하라"는 선혈로 갈겨쓴 휘호와 함께 우리의 국기는 그들의 손에서 그들의 차에서 찬란하게 펄럭이고 있었다.[62]

구호·표어의 형태는 그 상대가 제한되고 때려죽이는 행위의 대상은 동의를 구하는 언어의 상대에서 제외되었다. 또한 이전에 찾아볼 수 없었던 억센 단어와 욕설 등의 언어 형태는 시민들에게 가해진 폭력과 그에 따른 분노를 직접 드러낸 대목이다. 그러나 공수부대의 집단발포로 사상자가 대거 발생하면서 시민들의 구호·표어는 "우리 다 같이 죽읍시다!" "내 아들 살려내라!" "차라리 나를 죽여라"라는 식의 절규로 변하는 양상을 보였다. 시민들은 서로가 서로에게 목숨을 담보 잡히며 투쟁에 나선 것이다.

누군가 큰 소리로 외쳤다. "우리 가신 님들을 따라 다 같이 죽읍시다!" 이제 시위대의 구호는 '전두환 찢어 죽이자!'는 식의 적대적인 구호로부터 누군가에 의해 '우리를 다 죽여라!' '우리 다 같이 죽읍시다!' 등의 오히려 내면적인 비장한 구호로 바뀌었다.[63]

구호·표어에는 보편적 언어로 감당하기 어려운 구체적 체험

62   5·18광주의거청년동지회 편, 《5·18광주민중항쟁증언록 I》, 광주, 1987, 288쪽.

63   최정운, 〈폭력과 사랑의 변증법: 5·18민중항쟁과 절대공동체의 등장〉, 《5·18민중항쟁과 정치·역사·사회 3》, 5·18기념재단, 2007, 262쪽.

시민군들이 차량에 "전두환 찢어 죽여라!"라는 표어를 붙이고 이동하고 있다.
(사진 출처: '518광주민중항쟁 30주년 기념 사진영상전', 5·18민중항쟁기념행사위원회)

의 단편을 옮긴 말들이 선택되었다. 광주의 지배적 현실을 논리적인 언어로 이해하고 설명하기보단 서로가 느낀 감각을 상징어로 드러냈다. 공수부대가 시민들을 '개 패듯 패고' '개처럼 질질 끌어가고', 시민들은 '개죽음하기 십상'이라고 표현했다. 나중에는 '핏값을 보상받아야' 같은 상징이 사용되었다. 즉 긴장 속에서 의미를 고도로 함축한 상징이 발현된 것이다.

'반공'과 '노동'의 구호·표어

정부는 광주민중항쟁을 북한 공산집단의 대남적화책동으로 규정하면서 광주 시민들의 반공, 안보 논리를 자극했다. 이희성 계엄사령관은 5월 23일에 경고문을 발표하면서 "소요는 고정간첩,

불순분자, 깡패에 의해 조종되고 있습니다"라고 주장했다. 또 계엄군들에게는 광주민중항쟁을 북한의 남침계획과 연결하여 "북한 공산집단이거나 그들에 동조하는 좌익세력들로서 이들은 대한민국을 위해 반드시 분쇄"[64]해야 한다고 교육했다. 계엄군이 주입받은 반공주의는 실상 공산주의에 대한 반대가 아닌 질서, 기강, 안정, 안보, 단결, 번영, 힘에 대한 내용이자 혼란, 위기, 무질서, 분열에 대한 대항 정서를 만들어내는 것이었다. 이러한 교육을 받은 계엄군들은 시위에 가담한 학생과 시민들을 간첩으로 간주했다.

물론 계엄군의 폭력을 반공주의로만 해석할 수는 없다. 항쟁 초기 저항을 분쇄하려 했던 군부의 사주, 사회질서를 도모한다는 사명의식, 충정훈련 등에서 받은 스트레스, 직업군인들의 대학생들에 대한 질시와 계급의식, 그리고 시위과정에서 동료들이 부상당한 것에 대한 보복의식 등 다양한 요인이 발동했을 것이다.[65] 그러나 비인간적 폭력이 정당화될 수 있었던 가장 큰 이유는 반공주의의 위력이라고 할 수 있다. 여기서 간과할 수 없는 것은 반공의식이 계엄군에게만 적용된 것은 아니라는 점이다. 오히려 이들보다는 종종 반공 논리의 희생양으로 지목되었던 민주화 세력에 더 크게 영향을 미쳤다. 유신체제하에서 계엄령 선포의 빌미였던 반공 논리는 민주화운동가들에게 적용된 사례가 허다했다. 이는 한국의 특수한 정치 상황, 즉 남북이 대치한 상황에서 민주화운동가들은 자신들의 저항이 반국가, 반체제로 몰

---

64   최영태, 〈극우 반공주의와 5·18광주항쟁〉, 《5·18민중항쟁과
      정치·역사·사회 2》, 5·18기념재단, 2007, 74쪽.
65   최정운, 〈폭력과 사랑의 변증법: 5·18민중항쟁과 절대공동체의 등장〉,
      《5·18민중항쟁과 정치·역사·사회 3》, 5·18기념재단, 2007, 251~256쪽.

릴 것을 의식할 수밖에 없었다. 항쟁 현장에서 "김일성은 오판 말라" 같은 구호가 이따끔 등장한 것도 그 때문이다. 민주화를 요구하던 학생, 청년, 민주화운동가들은 자신들의 시위를 정부와 계엄군이 반체제로 몰아가는 것을 방지하고자 그런 구호를 외쳤던 것이다.

이와 관련해 5월 13일 전남대 교수협의회가 채택했던 선언문에서도 "북괴는 국민의 철통 같은 안보태세를 오판하지 말라"는 경고를 포함하는 등의 조심성을 보였다.[66] 한국의 내부적인 문제를 이용해 북한이 군사적인 작전을 펼친다거나 개입하는 것을 반대함과 동시에 한국 정부에 북한을 이용해 민주화투쟁인 광주민중항쟁을 왜곡하지 말라는 뜻에서 사용된 것이다.

한편 표면적으로는 항쟁과 관련이 적어 보이는 구호/표어도 등장했다. 예컨대 "노동 삼권 보장하라" "어용노조 물러가라" 등의 노동자 목소리를 담은 경우가 그것이었다. 이는 호남전기의 사원이자 노사협의위원이었던 이정희[67]가 주도하여 외친 것이었다. 한국의 노동계급운동 역시 민중운동과 같이 사회운동의 진전에 크게 도움을 받아왔다. 1970년대 중반에 불붙은 민중운동은 재야지식인과 학생들에 의해 주도되었고, 권위주의 정권과 경제적 불평등에 반대하는 노동자, 농민, 도시빈민, 진보적인 지식인 사이의 계급동맹을 목적으로 했다. 정치적, 사회적, 문화적

---

66   전남대, 《전남대학교 50년사: 1982~2002》, 전남대출판부, 2002, 506~507쪽.
67   이정희는 항쟁 이전부터 광주에서 최저임금을 제공하던 호남전기에 입사해 임금 인상 투쟁의 선두에 섰다. 스무 살 무렵 호남전기에 취직해 여성노동운동을 하던 JOC(가톨릭 노동청년회)의 김성애를 만난 것이 계기였다. 이후 중흥동 성당 지하에서 JOC모임에 가담해 교육을 받으면서 조합원들의 의식과 권리의 중요함을 깨닫고 노동운동을 시작했다.

운동으로서 민주주의, 분배적 정의, 민족문화의 정체성, 역사에서의 민중의 역할을 강조했다. 민중운동은 민중의 관점에서 한국 역사를 재해석하고자 했으며, 이를 위해 새로운 정치언어와 문화활동을 도입했다. 그 과정에서 노동자들의 정치의식을 높이고 그들에게 사회와 역사와의 관계 속에서 노동자의 역할을 보게 함으로써 긍정적인 노동자 정체성을 형성했다.[68] 특히 민주화를 위한 학생운동은 1970년대 중반부터 산업영역으로 퍼져나갔고, 점차 많은 학생이 노동자들의 의식을 제고(提高)하며 독립적인 노조의 조직화를 돕고자 공장으로 들어갔다. 학생 출신의 노동자들은 노동쟁의에 관여하며 노사갈등을 정치화하고 노동자들의 정치의식을 상승시켰다.

> 그 교육을 받기 전에는 저도 평범한 여성이었잖아요. 그 교육을 받고 나서 '여성이라고 해서 무조건 약하지만은 않다. 나도 내 권리를 주장해야 되고, 여성으로서 내가 할 일이 많다'는 것을 알고 그때부터 저는 독신도 생각을 했어요. '죽을 때까지 독신으로 나는 노동운동을 할 것이다. 사회운동, 노동운동을 할 것이다' 이렇게 생각을 하고 저도 의식화가 됐죠.[69]

당시 여성노동자들은 노동자가 되는 시점에서 성별 분업에 근거한 전통적 여성상, 전근대적인 남녀관, 가족 이데올로기를 갖고 있었다. 여성이 하루 10~16시간의 노동으로 가족 생계를 책임져도 노동자, 생계부양자라는 의식을 갖기는 어려웠다.[70] 즉

---

68   구해근, 《한국 노동계급의 형성》, 신광영 옮김, 창비, 2002, 43쪽.
69   이정희, 〈왜 때리는지 이유나 알고 맞자〉, 《광주, 여성》, 후마니타스, 2012, 127쪽.

여성노동자는 전통적인 남녀관, 고정화된 성 역할 체계로 남녀 차별을 수긍하는 정체성을 지니고 있었다. 전통적인 정체성을 지닌 이들은 강도 높은 노동과 낮은 임금, 사회적 천시를 경험했다. 그러한 환경 속에서 여성노동자들은 야학 교육을 통해 자신들의 사회적 위치, 인권, 권리를 깨달으며 노동자로서 정체성을 발전시켜나갔다.

> 나는 나의 직업 밝히기를 무척 꺼려했다. 어느 누가 직업이 무엇이냐고 물으면 우선 자신이 부끄러워졌고 얼굴이 붉어졌다. (……) 나는 학당 생활을 했다. 하면서 자꾸 일에 부닥치고 배우면서 나의 직업에 대해 조금씩 자신을 갖기 시작했다. 강학과 학생들이 옆에서 자꾸 채찍질해주고 내가 내 자신을 자꾸 다져가면서……[71]

대다수 여성노동자는 신분 상승의 열망으로 야간학교나 교회가 후원하는 소모임 활동에 참여했다. 이런 활동은 점차 노동자 의식화의 기능을 수행했다. 그녀들의 강한 이탈(exit) 성향은 그녀들을 노동자들의 요구를 주창하는 전위대가 되게 했고, 결과적으로 1980년 민주운동의 발판을 마련했다. 특히 광주 호남전기의 여성노동자 이정희는 교육을 통해 조합원의 노동의식과 권리를 신장시키고자 1979년 노조 지부장이 되어 임금인상 투쟁과 같은 노동운동을 주도했다. 이는 노동자로서 계급 정체성 여

70   강남식, 〈70년대 여성노동자의 정체성 형성과 노동운동〉, 《1960-70년대 노동자의 작업장 문화와 정체성》, 한울, 2006, 58쪽.
71   오원희·한윤수 편, 《비바람 속에 피어난 꽃 — 10대 근로자들의 일기와 생활담》, 청년사, 1980, 102쪽.

성 정체성이 갈등하지 않고 상호 발전적인 정체성 형성에 상승 작용했다. 1970년대 말에 노동조합이 발전할 수 있었던 것도 결혼 퇴직, 임신·출산 퇴직의 관행을 깨며 평등노동권을 주장하는 운동의 성과라고 할 수 있다. 교육을 통해 노동자로서 정체성을 획득한 여성노동자들은 가난을 이유로 받았던 차별, 부당함을 극복하고자 조합활동을 하며 주체적인 자아의식을 획득하고 작업 환경 개선, 동일임금 요구, 인권침해 고발, 생리휴가 요구, 결혼퇴직 철폐, 산전산후 휴가 정착 등의 이슈를 제기하기 시작했다.

이때 이정희는 어용노조에 불만을 품었던 여성들을 대변하고자 노사협의위원회에 가입하고 위원장 자리에 올랐다.

> 임금 인상 투쟁에 들어갔는데 회사하고 단체협상이 계속 결렬돼요. 일단 제 나이가 어리니까 저를 무시한 거예요. 그리고 '여자가 뭘 하겠느냐'는 식으로 저를 계속 무시하고요. (……) 79년에 임금 인상 투쟁을 할 때 당시 임금이 2만 8천 얼마였어요. 하루에 열 시간 근로하면 다른 회사들은 보통 5만 원 되고 이랬거든요. 말하자면 너무 착취를 당한 거예요. 그래가지고 인자 하후상박 이런 식으로 임금 인상 투쟁에 들어가면서 단식 들어가고 농성 들어가고 파업 들어가고 할 건 다 했죠.[72]

이정희를 주축으로 한 노동운동은 여성 조합원들의 임금을 100퍼센트가량 올리는 성과를 거두었다. 그러나 그들은 꾸준히 월급을 받는 정규직 여성이 아닌 언제든 해고가 가능한 계약직

---

72   이정희, 〈왜 때리는지 이유나 알고 맞자〉, 《광주, 여성》, 후마니타스, 2012, 128쪽.

이라는 게 문제였다. 임금 인상은 일회적인 성격에 가까운 것이었다. 반면 정규직이었던 남성 조합원들의 월급은 변동이 없었던 것으로 보아 회사는 '눈 가리고 아웅'하는 식으로 대처한 것이다. 당시의 노동운동을 여성들이 주도한 것은 노동운동을 주도할 남성 중심의 노동운동단체나 조직, 남성노동운동가가 존재하지 않았기 때문이다. 즉 남성 주도의 노동조직이 발전하지 않은 상태에서 여성노동자들의 생존권과 삶의 질을 위한 몸부림이 1980년 봄에 노동운동으로 분출한 것이었다. 불평등한 상황에 분노한 이정희와 조합원들은 1980년 5월 16일부터 조합원들의 단체 농성을 계획했다.

> 회사에서 간식으로 나오는 빵하고 우유가 있었어요. 이런 걸 안 먹고 그날 전부 거뒀어요. 우리 조합원이 숫자가 많으니까, 이걸 박스에 담아가지고 전대를 갔어요. 16일이나 됐겠네요. 그 학생들한테 가서 "호남전기 로케트 조합원들이 도와줄 게 아무것도 없다. 같이 힘이 되자" 이렇게 하면서 같이 시내 시위하고, 그러다가 5·18이 터진 거예요.[73]

5월 16일부터 전개된 노조시위에는 노동현장에 취업한 대학생들도 가담하고 있었다. 그리고 노조시위가 연일 계속되는 가운데 광주민중항쟁이 발발했다. 이에 따라 5월 18일 전남대 교문 앞에서 비롯된 학생시위에 자연스레 호남전기 여성노동자들도 합류하게 되었다. 그들은 야학 교육을 통해 회사의 불합리한 노동환경 개선과 노동자의 가난, 성차별 등이 개인적인 문제가 아

---

73   이정희, 같은 글, 129쪽.

닌 사회구조적 문제임을 깨닫고, 불법적인 사회구조에 맞선 학생시위에 동참한 것이다.

1980년 5월 1일 노동자의 날을 맞아 이정희는 여성 노조위원장의 자격으로 "노동 삼권 보장하라"는 구호를 외치게 되었고, 이때부터 항쟁 전 기간에 걸쳐 이 구호가 등장했다. 다음은 광주민중항쟁이 종결된 후, 군인에게 강제연행되어 기무사로 끌려간 이정희의 증언이다.

> 조서를 어떤 식으로 꾸미냐면, '김대중 내란 음모죄' 이걸로 저를 끌고 가는 거예요. 그래서 제가 이랬어요. "김대중 씨를 존경은 했으나 아직 만나보지도 못했다. (……) 4일간 잠을 안 재우고 계속 종용하길래" 내가 한 건 했다 하고 안 한 건 안 했다 해야지, 무조건 했다고 하면 나는 인정할 수 없다 그랬어요. 인정을 하게 되면 바로 구속되겠드라고요. 그래서 더 우겼죠. 그랬더니 내 가방 속에 있는 사진을 꺼내더라고요. '광주, 전남에서 젊은 처녀로서 여성 노조위원장이 된 건 처음이다' 해가지고, 그때 노동자의 날인가 거기서 저보고 구호를 외치라고 했어요. 그래서 단상에 올라가서 그때 주는 구호 몇 가지를, 제가 "노동 삼권 보장하라"를 외쳤던 요런 사진이 저한테 있었어요.[74]

여성들이 주도한 노동운동의 주요 관심사는 경제적 생존권, 정치적 민주노조 확보투쟁, 그리고 노동자의 인간다운 생활을 보장하는 기본권리였고, 이것이 "노동 삼권 보장하라"는 구호·표어로 연결된 것이었다.

---

74   이정희, 같은 글, 132쪽.

항쟁 시기에 등장한 구호·표어는 각계각층 시민의 정서를 반영하고, 추상적이고 상징적인 언어가 아닌 직설적이고 구체적인 내용을 담아냈다. 당시 대표적인 구호·표어는 정부의 직접 행동에 구체적으로 호소하는 내용이었다. 예컨대 "계엄령을 철폐하라" "노동 삼권 보장하라" "김대중 석방하라" "전두환 물러가라" 등 감정에 호소하여 직접 행동을 촉구하는 내용이 두드러졌다. 이는 '민주화를 갈망하는 집단적 의지'를 표출하여, '정부'의 인지적, 행동적 정향(定向)을 변화시킬 수 있다는 기대 때문이었다. 한마디로 '현장'의 구호·표어는 염원하던 메시지를 담아내고 전달하는 최적의 '언어책략'이었다.

〈표 2〉 광주민중항쟁에서 사용된 구호·표어 목록

시기	내용	장소 1	장소 2	종류
5월 18· 19일	계엄령을 해제하라	전남대	교문 앞	구호·표어
	김대중을 석방하라	전남대	교문 앞	구호·표어
	전두환 물러가라	전남대	교문 앞	구호·표어
	비상계엄 해제하라	공용버스 터미널	가두행진	구호
	휴교령 철폐하라	공용버스 터미널	가두행진	구호·표어
	민주주의가 말살됐다	금남로, 충장로	가두행진	구호
5월 20일	군은 휴전선으로 복귀하라	도청	거리시위	구호
	우리 모두 이 자리에서 먼저 가신 님들과 같이 죽읍시다	한국은행	시위 대열	구호
	모이자, 모이자	한국은행	시위 대열	구호
	군은 3·8선으로 복귀하라	충장로	광주은행 대도호텔	구호
	전두환을 몰아냅시다	금남로	가두방송 (전옥주)	구호
	끝까지 물러서지 맙시다	금남로	가두방송 (전옥주)	구호
	도청으로, 도청으로!	금남로	가두방송	구호
5월 21일	찍어 죽이자, 전두환	금남로	차량	그래피티
	노동 3권 보장하라	광주 시내	벽보	표어
	광주 시민의 피를 보상하라	금남로	벽보	표어
	구속 학생·시민을 석방하라	금남로	벽보	표어
	우리는 죽음으로 광주를 사수한다	도청, 금남로	벽보	표어

시기	내용	장소 1	장소 2	종류
	김대중 석방하라	도청, 금남로	현수막	표어
	끝까지 광주를 지키자	금남로	한국은행 광주지점 앞	구호
	쳐돼지 물러나라	금남로	충장지하 상가	구호
	전두환 죽여, 광주 시민 만세	동구청	차량시위	구호·표어
	전남인은 궐기하라	광주 시내	대자보	표어
	내 자식 내놓아라	광주 시내	차량	표어
	너와 나는 한 형제, 칼부림이 웬말이냐 지방색이 웬 말이냐	가톨릭 센터 옆	담벼락	표어
5월 22일	계엄철폐, 전두환 처단(혈서)	광주 시내	차량	구호 플래카드
	굴욕적인 협상반대	도청	협상보고대회	구호
	공수부대 다 때려죽여라!	도청	가두시위	구호
	살인마 전두환 처단하라	도청 광장	피켓, 벽보	표어
	노동 3권 보장하라	도청 광장	현수막·차량	표어 그래피티
	어용노조 물러가라	도청 광장	현수막·차량	표어 그래피티
5월 23· 24· 25일	농협관료 물러가라	도청 광장	담벼락·차량	표어 그래피티
	끝까지 싸워 이기자	도청 광장	벽보	표어
	승리의 그날까지	도청	담벼락, 차량	표어 그래피티
	유신잔당 물러가라	도청 광장	벽보, 플래카드	표어

시기	내용	장소 1	장소 2	종류
5월 26일	계엄해제, 구속자 석방	시민궐기대회	머리띠	구호·표어
	우리는 싸움을 포기할 수 없다	도청 광장	시민궐기대회	구호
	무기 반납은 결사반대한다	도청 광장	시민궐기대회	구호
	예비군은 총궐기하자	도청 광장	시민궐기대회	구호
	살인마 전두환을 찢어 죽여라	도청 광장	시민궐기대회	구호
	광주를 지키자 우리는 끝까지 싸운다	한전 앞	계엄군대치 지역	구호

민중의 노래, 투쟁의 노래

1975년 박정희 정권은 '긴급조치 9호'를 선포하면서 공연예술 심의를 강화했다. '국가안보와 국민총화에 악영향을 줄 수 있는 것' '외래 풍조의 무분별한 도입과 모방, 패배·자학·비탄적인 작품' '선정적이고 퇴폐적인 내용' 등을 기준으로 국내가요 222곡 외국곡 261곡을 금지했다. 이는 "일제강점기 조선총독부가 자발 적 시위나 집회를 단속하기 위한 방편으로 내세웠던 검열을 그 대로 본뜬 것"[75]으로, 그 목적은 주로 유신체제를 비판하는 정서

---

[75] 식민 시기에는 '레코드 취체규칙'에 따라 치안 방해라는 명목으로 많은 곡이 금지되었고, 대표적인 예로는 〈황성 옛터〉 〈아리랑〉 등이다. 1960년대 〈동백 아가씨〉는 왜색풍이라는 이유로 금지되었고, 1975년 공연윤리위원회의 전신이었던 한국예술문화윤리위원회가 만든 대중가요 재심의 및 금지곡 선정으로 당시 '대중가요 재심의 원칙과 방향'이라는 표제 아래에 제시되었다. 당시 금지곡의 심의 기준은 ① 국가안보와 국민총화에 악영향을 줄 수 있는 것 ② 외래 풍조의 무분별한 도입과 모방 ③ 패배, 자학, 비탄적인 작품 ④ 선정적, 퇴폐적인 것 등이다. 이러한 심의 기준으로 1975년 한 해에만 88곡이 금지되었다. 대표적인 금지곡으로는 김민기의 〈아침이슬〉, 송창식의 〈고래사냥〉, 이장희 〈그건 너〉, 신중현의 〈거짓말 이야기〉 등이 있다. 〈MB정권, '빨간딱지' 좋아하다 시민이 ㅃ·ㄹ간딱지 붙인다〉, 오마이뉴스, 2011. 8. 23.

를 담은 노래를 사장하는 것이었다.

대중가요의 위축은 곧 가요의 획일화와 상업주의로 치달아 현실을 반영하고 비판하는 대중가요의 저항적 요소는 기대할 수 없게 되었다. 이러한 상황에서 대학가는 새로운 노래문화를 형성하기 시작했다. 상업주의에 물든 대중가요를 비판하고 일어서며 이른바 '민중가요'를 창작하여 부른 것이다. 예컨대 대학노래패들[76]은 시종일관 사회문제에 관심을 기울인 노래를 만들어 불렀고, 김민기의 〈아침이슬〉〈친구〉 등을 담은 노래책을 유포하거나 민중가요를 창작, 연주하면서 유신체제의 폭압에 대항해나갔다. 그리고 이러한 흐름 속에서 광주민중항쟁의 서막이 열리고 있었다.

1980년대에는 다른 어떤 시기보다 많은 투쟁, 집회, 시위가 벌어졌다. 그때마다 곳곳에선 민중가요가 수없이 불렸다. 독재정권하에서 탄압받던 출판, 연극, 미술 등은 소통마저 힘들었지만, 노래는 이른바 '문화유격전'의 선도적 매체로 간주되었고 '거리정치(street politics)'에서 "기동성과 집단성이 노래의 매체적 강점"[77]으로 강조되어 운동의 전위대적인 역할을 맡게 되었다. 이렇듯 노래는 정부의 간섭을 피해 계엄하에서 다른 매체보다 빠르게 번지며, 민중의 입에서 입으로 옮겨다니는 무기가 되어

---

76   1977년 서울대 '메아리'를 필두로 이화여대 '한소리', 고려대 '식화회',
      성균관대 '소리사랑', 연세대 '울림터', 부산대 '소리터', 숙명여대
      '한가람' 등이 만들어졌다. 이들은 추상적이고 현실도피적인 낭만성에
      편향된 대학가요제의 경향에서 벗어나 사회문제에 관심을 기울였다.
      배종민·정명중, 〈5월항쟁과 문화운동〉,《5·18 그리고 역사》, 길, 2008,
      267쪽.
77   김창남, 〈노래운동의 전개와 전망〉,《삶의 문화, 희망의 노래》, 한울, 1991,
      133쪽.

1980년대를 '노래의 시대'로 규정하게 했다.[78]

1980년 봄부터 전개된 학내자율화투쟁에서 대학생들은 토론, 시위, 각종 문화행사를 벌이며 반민주 세력의 음모를 폭로하고 투쟁 열기를 조직해나갔다. '이원집정제 반대' '계엄령 해제' '유신잔재 청산' '미석방, 미복원 인사의 복권', '민중의 민주 권리 쟁취'를 슬로건으로 내걸며, 자신들의 열망을 담은 구호를 외치고 노래를 불렀다.

광주민중항쟁 '현장'의 노래

광주민중항쟁 '현장'에서 노래는 시민들의 투쟁 열기를 고조시키고 자기의식을 대변했던 문화행위 중 단연 으뜸이었다. 그런데 항쟁 초기 시위에 가담한 학생들에게 민중가요는 친숙한 노래가 아니었다. 따라서 그들은 누구나 쉽게 부를 수 있는 〈애국가〉〈아리랑〉〈우리의 소원은 통일〉〈농민가〉〈선구자〉 등의 노래를 불렀다. 계층, 나이, 성별에 상관없이 누구나 부를 수 있는 노래는 의례용인 〈애국가〉와 〈아리랑〉이었고, 도청 광장에서 수십만의 시민이 합창했던 노가바 〈투사의 노래〉〈늙은 군인의 노래〉〈홀라송〉 등은 또 다른 흥과 비장감을 지니고 있었다.

항쟁 기간에 대학생들은 〈전우가〉〈늙은 군인의 노래〉를 개사한 〈투사의 노래〉〈늙은 투사의 노래〉〈홀라송〉 등을 많이 불렀지만, 초기부터 모두가 함께 부르기엔 대중성이 약했다.[79] 그러

---

78   채광석, 〈시를 생각한다〉, 《시인2》, 시인사, 1984, 164쪽.
79   김선출, 《5월의 문화예술》, 샘물, 2001, 92쪽.

나 항쟁이 전면화하자 시민궐기대회를 지휘한 운동 조직은 시민 모두가 부를 수 있는 노래, 이른바 '민중의 노래'가 필요함을 인식했다. 이 과정에서 대중성을 기반으로 〈애국가〉〈아리랑〉 그리고 〈사나이로〉〈전우가〉 등을 개사한 군가도 등장했다.

학생들은 스크럼을 짜고 '현 정권 물러가라' '비상계엄 해제하라' '유신잔재 처부수자' '노동 삼권 보장하라' '민주 일정 공개하라' '민주인사 석방하라' 등의 구호를 외쳤다. 〈투사의 노래〉〈통일의 노래〉〈농민가〉〈아리랑〉〈홀라송〉 등의 노래도 힘차게 불려졌다.[80]

왜 학생과 시민들은 군가나 〈애국가〉〈아리랑〉 같은 노래를 불렀을까? 그것은 제대로 된 '그들의 노래'를 지니지 못한 탓에 "봉기라는 행위의 성격과 목숨을 걸고 싸우는 대중의 심성을 대변하는 쉽고도 함축적인 노래들"[81]을 자생적으로 불렀던 것이다. 즉 시민들은 익숙한 노래를 선택해 부르거나 임기응변으로 노가바[82]를 만들었다. 시민들이 형식과 관계없이 노래를 불렀다는 것은 그 자체만으로도 시사하는 바가 크다. '폭력과 공포' '고립과

80 　임낙평, 《광주의 넋: 박관현》, 사계절, 1987, 102쪽.

81 　천정환, 〈일베와 종편의 '쓰레기장'에서 '광주'를 구하는 법!〉, 프레시안, 2013. 8. 9.

82 　노가바는 1970년대 노동자에 대한 지식인들의 문화활동에서 비롯되었다. 구전가요를 개사한 〈아 미운 사람〉의 경우도 1974년부터 1979년까지 진행된 '크리스천아카데미 중간지부 교육사업'의 집단창작 시간에 만들어졌다. 노가바는 주로 노동조합의 투쟁수단으로 활용되었다. 최영태, 〈극우 반공주의와 5·18광주항쟁〉, 《5·18민중항쟁과 정치·역사·사회 2》, 5·18기념재단, 2007, 266쪽.

해방' '투쟁과 연대'라는 여러 층위의 감정들이 노래를 통해 수렴되고 확산할 수 있음을 보여주기 때문이다. 그래서 시민들은 '트럭 위에서, 버스 안에서, 시가행진하거나 시 외곽으로 빠져나갈 때'도 노래를 부르며 연대감을 나누고, 시위 현장과 각종 집회에서도 노래를 빠뜨리지 않았다. 노래 자체가 하나의 투쟁이자 시민을 하나로 묶는 '문화코드'로 작용한 것이다.

> 시민군들이 탑승한 차량에 '계엄 철폐' '전두환 처단' 등 혈서로 쓴 플래카드를 붙이고 구호와 노래를 외치며 시가지를 누볐다.[83]

> 전남대 스쿨버스와 고등학생 천여 명을 선두로 하여 참석자 전원이 시가행진에 들어갔다. 그들은 '우리는 싸움을 포기할 수 없다' '무기 반납은 결사반대한다' '살인마 전두환을 찢어 죽여라'는 구호를 외치기도 하고 〈투사의 노래〉와 〈우리의 소원〉을 노래 부르며 행진했다.[84]

흥미로운 점은 1960년 3·15의거와 1979년의 부마항쟁에서도 이러한 상황이 별반 다르지 않게 연출됐다는 점이다.[85] 이 모든 사건에서 불린 노래들은 정치적 목적으로 작곡된 것이 아니라 일상에서 자주 접할 수 있는 곡들이었다. 노래라는 양식이 지닌

---

83 황석영, 《죽음을 넘어 시대의 어둠을 넘어》, 풀빛, 1985, 136쪽.

84 황석영, 같은 책, 199쪽.

85 1979년 10월 16일 오후 2시 부산지역의 시위가 전개된 부영극장 앞에선 〈선구자〉〈우리의 소원은 통일〉〈애국가〉 등의 노래가 번갈아 불렸다. 김원, 〈박정희 시기의 대중시위: 공권력의 폭력과 민중의 대항폭력 사이에서〉, 《내일을 여는 역사》제33호, 내일을 여는 역사, 2008, 67~84쪽.

'일체감 형성'이란 기능적 측면이 봉기마다 표출했고, 노래에서 느껴지는 무의식적 감성이 봉기에 참여하도록 유도한 것이다.

여러 봉기에서 비슷한 노래가 반복된 현상은 "군중의 문화적 비독립성과 봉기의 필연적 우연성"[86]을 드러낸다. 이들의 노래는 "대중의 정의감과 연대의식을 갖춘 또 그런 노래들은 죽음을 초월한 대중의 정의감과 연대의식을 표현해내는 수단"[87]이었고, 이는 광주민중항쟁 시기에도 고스란히 이어졌다. 특히 대학생들은 억압적 지배구조에 대한 저항의식과 사회변혁의 열정이 가득했던 만큼 자신을 '운동가' '활동가'로 표현했고,[88] 이러한 정체성 인식이 노래에서는 '투사'의 양상으로 나타났다.

> 우리는 '투사의 노래' 속에 부모, 형제의 그리움과 그동안 쌓였던 울분을 모두가 한목소리로 토해버렸다. 우리가 노래를 부르자 보초헌병은 우리의 노래에 맞춰 장단박수를 치며 좋아했다. (……) 〈투사의 노래〉 가락에 담겨진 강철 같은 민주화의 투쟁의지와 옳은 일을 하다가 들어온 떳떳함을 새삼 재확인할 수 있었다.[89]

> 나 태어나 이 강산에 투사가 되어/ 꽃 피고 눈 내리기 어언 30년/ 무엇을 하였느냐/ 무엇을 바라느냐/ 나 죽어 이 강산에 묻히면 그만인데/ 아 다시 못 올 흘러간 내 청춘/ 푸른 옷에 실려간 꽃다

86   천정환, 〈일베와 종편의 '쓰레기장'에서 '광주'를 구하는 법!〉, 프레시안, 2013. 8. 9.
87   천정환, 같은 글.
88   김진명, 〈언어 의미체계의 분석을 통해 본 대학생 저항문화〉, 《현상과인식》 통권 43호, 한국인문사회과학회, 1988, 124쪽.
89   김현채, 〈최후의 일인까지 최후의 그날까지〉, 《5·18광주민중항쟁증언록 I》, 광주, 1987, 139쪽.

운 내 청춘// 아들아 내 딸들아 서러워 마라/ 너희들은 자랑스런
투사의 아들 딸이다/ 좋은 옷 입고프냐 맛난 것 먹고프냐/ 아서
라 말어라 투사 아들 너로다// 내 평생 소원이 무엇이더냐/ 우리
손주 손목 잡고 금강산 구경일세/ 꽃 피어 만발하고 활짝 개인 그
날을/ 기다리고 기다리다 이내 청춘 다 가네[90]

항쟁 기간, 수차례 불린 〈투사의 노래〉는 "목숨을 걸고 싸우
는" 시민들의 정의감을 토대로 시민 스스로 자신을 '투사'로 명
명하며 주체의 전이를 실현했다. 이들은 자랑스러운 투사로서
자신의 정체성을 세우고 억압에 맞서고 민주화를 위해 싸워나
갈 것을 외쳤다. '민주시민-투사-정의파'로 거듭나고자 했던 시
민들은 노래를 제창하며 억압에 맞서는 정치적인 지향을 보여주
는 존재로 변모해나갔고, 이는 노래에 시대 상황을 투영하여 사
회적 의미를 부여한 것이다. 그래서 광주 시민들은 정의를 추구
하는 "민주주의 전사처럼 〈정의파〉와 〈투사의 노래〉를 목이 터
져라고"[91] 불렀다. 더불어 당시 유행하던 노래 〈정의파〉와 김민
기의 〈늙은 군인의 노래〉가 노가바 〈늙은 투사의 노래〉로 제창된
것도 그러한 경우였다.

다 함께 노래합시다. (정의파 노래에 맞추어)

1. 우리들은 정의파다 좋다 좋다/ 같이 죽고 같이 산다 좋다 좋

90 〈늙은 투사의 노래〉는 김민기 〈늙은 군인이 노래〉 가사 중 '군인'을 '투사'로
    바꾼 노가바로, 항쟁 내내 시민들이 애창했던 곡이다. 문익환·고은 외,
    《마침내 오고야 말 우리들의 세상》, 한마당, 1990, 137쪽.
91 김준태, 《인간의 길을 묻고 싶다》, 모아드림, 1999, 42쪽.

아/ 무릎을 꿇고 사느니보다 서서 죽기를 원한다/ 우리들은 정의
파다

2. 전두환이 물러가라 좋다 좋다/ 전두환이 물러가라 좋다 좋다/
전두환이 물러가라 전두환이 물러가라/ 우리들은 민주시민

3. 민주주의 이룩하자 좋다 좋다/ 민주주의 이룩하자 좋다 좋다/
민주주의 이룩하자 민주주의 이룩하자/ 우리들은 민주시민 (가
사는 바꿔 부를 수 있음)[92]

이 땅에 민주를 수호코자 일어선 시민들/ 시민들은 단결하여 다
같이 투쟁하자/ 피에 맺힌 민주사회 언제 오려나/ 강철같이 단결
하여 끝까지 투쟁하자

부모 형제를 지키고자 일어선 시민들/ 학생들과 시민들은 다 같
이 투쟁한다/ 피에 맺힌 전두환을 언제 죽이나/ 피에 맺힌 전두
환을 언제 죽이나[93]

노래를 부르는 이들은 고통과 죽음의 상황을 극복하려는 용
기와 그에 수반되는 비장한 정서를 보여준다. 이 비장함은 당시
시위군중이 대면한 상황에서 연유한다. 즉 그들은 억압적 상황
에 무릎을 꿇고 살기보다는 죽음을 각오하겠다는 의지로 투쟁에
동참한 것이다.

이들이 비장하게 희생을 받아들인 것은 투쟁을 '정의로운 일'
로 인식하고, 투쟁에 임하는 자신을 '투사'로 여겼기 때문이다.

---

92   광주광역시 5·18사료편찬위원회, 《5·18광주민주화운동 자료총서 2》, 1997,
      38쪽.

93   〈투사의 노래〉는 들불야학에서 제작한 〈급보〉 5월 26일 자에 실려 있다.
      문익환·고은 외, 《마침내 오고야 말 우리들의 세상》, 한마당, 1990, 140쪽.

이로써 광주의 상황은 '사태'가 아닌 모든 시민이 동참하여 폭력에 대항하는 '항쟁'의 의미를 획득할 수 있었다. 이제까지 맨손으로 시위하던 '보통 사람'은 '투사'가 되어 공수부대에 대항할 조직 등을 구성하고 "새로운 양태의 힘(Power)"[94]을 창출한 것이다. 그러나 이 힘은 단순히 대항폭력(counter-violence)으로 개념화할 수는 없다. 그것은 정규군 특수부대인 계엄군과 '투사'들의 전투 능력을 대등한 것으로 볼 수 없기 때문이다. 대항폭력은 '폭력에 대응한 폭력'으로, "폭력을 행사하거나 유발하는 세력이나 장치들을 제거하기 위해서는 대항폭력이 필수적"[95]인 사고를 말한다. 그러나 '투사'들의 투쟁 목표는 '대응공격'보다 '민주화'를 이룩하는 것에 가까웠다. 이는 항쟁의 종국에 제작한 다음의 노래를 통해서 확인할 수 있다.

> 무진벌의 백성들이 횃불을 들었다/ 손에 손을 맞잡으니 피끓는 형제여!/ 조국 위해 바친 몸이 무슨 죄란 말인가!/ 독재자의 총칼 앞에 수천이 죽다니/ 피에 젖은 민주 함성 끝까지 지키리니/ 설운 눈물 거두시고 고이 잠드소서// 붉은 피만 남았구나 도청 앞 분수대/ 서러워서 못 견디는 풀잎소리/ 가슴 펴고 외치노라 평화와 자유를/ 민주 혼은 살아 있다 무진벌 골짜기/ 자랑스런 민주 투사 젊은 영들이여/ 정결한 피 최후의 날 우리 승리하리라// 삼천만의 동포들아 정의의 칼을 들라/ 젊은 영들 목쉰 절규 어찌 잊으랴/ 용기 있게 나가리라 민주의 봉우리/ 최후의 순간까지 겨레를 위하여/ 자랑스런 민주투사 젊은 영들이여/ 정결한 피 최후의

94   김영택, 〈5·18광주민중항쟁의 초기 성격〉, 《5·18민중항쟁과 정치·역사·사회 3》, 5·18기념재단, 2007, 145쪽.
95   김정한, 《1980 대중 봉기의 민주주의》, 소명출판, 2013, 213쪽.

날 우리 승리하리라[96]

　작자 미상으로 제작된 이 노래는 《민주시민회보》 제10호에
수록되어 있다. 《민주시민회보》 제10호는 26일 저녁에 제작되었
지만, 27일 계엄군의 재진압작전으로 배포되지 못한 채 압수당
했다. 여기서는 '끝까지 투쟁'하는 것을 '민족사의 요청'이라고
선언하며 〈광주 시민 장송곡〉을 누구나 부를 수 있어야 함을 천
명했다. 이 곡에 등장하는 "무진벌의 백성" "동포" "형제"는 독재
자의 총칼 앞에서 '민주'라는 가치를 추구해나갈 정치공동체이
자 민중공동체였고, 이는 대한민국의 '국민' '시민' '민중'과 호환
될 수 있는 언어였다. 즉 "삼천만의 동포"라고 호명한 이들은 엄
연히 대한민국의 '국민'을 지칭한 것이었다. 이들이 "조국 위해
바친 몸"은 한국전쟁이 아닌 '민주'를 탄압하는 계엄군의 학살을
뜻했으며, 이들이 손에 손을 맞잡고 "민주투사"가 되어야 했던
것은 "삼천만의 동포", 즉 우리 '민족'을 위함이었다.

　광주민중항쟁의 국면에서 시민들은 사회 상황에 맞는 가사
를 적용하여 노래, 노가바를 만들었고 '애국' '조국' '동포' 등의
용어가 '민족'의 정체성을 구현하는 언어임을 확인시켜주었다.
이는 노래, 노가바가 "자체 내의 음악 내적 논리뿐 아니라 외적인
부분"[97]의 영향을 받으며 사회문화에 기능함을 볼 수 있는 대목
이다. 즉 노래는 시대 상황을 반영하여 발전하며, 각 시대의 상황
과 역사의 합법칙적 발전에 따라 그 필연적인 내적 동인을 규명
하고 새로운 사회의 모습에 적합한 노래를 창작하기 마련이다.[98]

96　문익환·고은 외, 《마침내 오고야 말 우리들의 세상》, 한마당, 1990, 141쪽.
97　석지현, 〈대학가에 나타난 노래 경향 연구〉, 숙명여자대학교 석사논문, 1991,
　　4쪽.

항쟁 '현장'에서 등장한 일련의 노래(노가바)는 현실 반영의
차원에서 발전한 형태였다. 이러한 현상은 1960년대 이후의 한
국 사회의 급격한 경제성장과 함께 누적된 모순과 연관된다. 자
본주의 사회의 내적 통합 원리로 '탈정치화' 현상을 기대하던
집권계층에게 사회비판적 문화운동[99]의 태동은 일침을 가한 사
건이었고, 이후에도 분단 이데올로기가 한국 사회를 지배하던
1970년대는 반독재 민주화투쟁이 이어지던 시기였다.

　　1970년대 학생시위와 농성현장에서 불린 저항가요의 성격을
가진 노래에서는 젊음과 혈기를 확인할 수 있다. 더불어 1980년
4·19 기념제 때, 서울대 총학생회에서 발간한 소책자에는 〈훌라
송〉〈정의가〉〈해방가〉 등이 수록되었는데, 당시 한 일간지는 이 소
책자를 '시위용 가요 모음집'으로 표현하기도 했다.[100] 즉 1980년
봄에 많은 집회는 이전 시대부터 축적된 '민중가요'가 대학 내 대중
들 사이에서 확산하여 노래가 운동의 대중적 기반을 확보하고 공
동체적 유대감을 형성시키는 데 유효하다는 것을 인식시켰다.[101]

　　나를 버리고 가시는 시민 여러분/ 십리도 못가서 후회하게 됩니
　　다/ 꽃같이 어여쁜 우리 형제들은/ 무자비한 계엄군에 끌려서/
　　죽음으로 떠나가고 있습니다[102]

98　　서울대학교, 〈서문〉, 《메아리》 제8집, 서울, 1987. 참고.

99　　김춘미, 〈한국의 문화변동과 노래문화〉, 《낭만문화》 여름호, 낭만음악사,
　　　1989, 189쪽.

100　문승현, 〈노래운동의 몇 가지 문제들〉, 《노래운동론》, 공동체, 1986, 74쪽.

101　석지현, 〈대학가에 나타난 노래 경향 연구〉, 숙명여자대학교 석사논문, 1991,
　　　12쪽.

102　고 은, 〈광주5월민중항쟁 이후의 문학〉, 《5·18민중항쟁과 문학·예술》,
　　　5·18기념재단, 2006, 323쪽.

노래는 그 표현양식의 본질상 민중의 희망과 분노 등을 즉각적, 일상적으로 표현할 수 있는 장점을 지닌다. 생산과 소비 측면에서 신문, 연극, 소설 등의 매체와 비교해도 파급효과가 클 뿐아니라 상황에 따라 가사와 리듬의 응용과 변주를 통해 가변적인 의미전달이 가능한 대중매체이다.[103] 따라서 감시와 처벌의 법망을 교묘히 피해 자신들의 정치적 견해를 드러내는 이점도 있다.

광주민중항쟁 '현장'에서 즉흥적으로 불린 '노가바'도 목숨을 걸고 싸우는 대중의 심성을 대변함과 동시에 불의한 상황에 맞설 '혁명적 기제'로 활용되었다. 감시와 검열에서 벗어나 자신들의 정치적 견해를 표현할 수 있는 이점을 스스로 감득(感得)한 군중이 노래로 의지를 표출한 것이다.

노가바 외에도 〈애국가〉 〈아리랑〉 〈우리의 소원은 통일〉이 항쟁 전 기간에 걸쳐 제창되었다. 우리나라에서 '나라를 사랑하는 내용'이란 의미의 〈애국가〉는 갑오경장 이후부터 널리 불리기 시작했고, 1896년 무렵 각 지방에서 불린 〈애국가〉만 해도 10여 종류에 이른다.[104] 그리고 오늘날에는 1930년대에 안익태가 작곡한 〈애국가〉가 1948년 8월 15일에 공식적인 국가(國歌)로 지정되어, 〈애국가〉 제창은 국경일 같은 의례적 행사마다 대중 자신이 국민(國民)임을 확인하는 절차가 되었다. 즉 대한민국의 국

---

103   육영수, 〈프랑스혁명을 읽는 세 가지 다른 시선: 육체, 공간, 노래의 정치문화사〉, 《대구문학》 제85호, 대구사학, 2006. 16쪽.

104   이 시기 애국가의 종류로는 1896년 나필균 작 〈애국가〉, 제물포 전경택의 〈애국가〉, 한명원의 〈애국가〉, 유태성의 〈애국가〉, 달성 예수교인들의 〈애국가〉, 새문안교회의 〈애국가〉, 최병희의 〈애국가〉, 평양 김종섭의 〈애국가〉, 배재학당 문경호의 〈애국가〉, 이용우의 〈애국가〉, 배재학당의 〈애국가〉 등이 있다.

가(國歌)로서의 〈애국가〉는 국가에 대한 애정을 드러내는 매체이자 대중의 국민적 정체성을 드러내는 상징이 되었다.

그런데 광주민중항쟁에서 시민들은 유독 〈애국가〉를 많이 불렀다. 예컨대 항쟁 직전에 열린 민족민주화성회와 항쟁 초반부터 저항에 나선 시민들, 공수부대가 발포하는 순간, '해방광주'에서의 시민군들, 그리고 각종 집회와 장례를 치르는 의례에서도 〈애국가〉는 틀어지고 불렸다. 그렇다. 당시 시민들은 애국가를 통해 무엇인가를 표현하려고 했다.

한국은행 광주지점 앞 충장지하상가 위의 큰길에 모여든 시위대원들은 대형 태극기를 흔들며 구호를 외쳤다. 그동안 외쳤던 구호는 모두 쏟아져나왔다. 그뿐 아니었다. 시위대원들은 차분하고 장중하게 애국가를 부르기 시작했다. (……) 어떤 행사를 시작하려는 듯 노랫소리는 조금도 흔들리지 않고 장중하게 울려퍼졌다. 최후의 결전을 앞두고 마지막으로 불러보는 애국가이기나 한 듯했다.[105]

낮 12시 정각, 도청 옥상의 깃봉에서 검은 리본을 단 태극기가 반기로 게양됐다. 18~21일 나흘 동안 벌어진 공수부대의 살육행위로 숨져간 젊은 영령들을 추념하기 위한 것이었다. 동시에 옥상 스피커에서 애국가가 울려퍼졌다. 장중하게 울려퍼지는 애국가, 누구나 나라를 사랑하는 마음은 한결같은 듯 어떤 구령이나 선창자가 없는데도 도청 광장과 금남로에 있던 시민들은 모두 일어서서 태극기를 향해 왼쪽 가슴에 손을 올렸다.[106]

---

105   김영택, 《10일간의 취재수첩》, 사계절, 1988, 103~104쪽.

관 위에 태극기를 덮은 일부 시신들이 광장 주변 분수대 둘레에 안치되며 애국가가 울려퍼졌다. 시민들은 하나같이 주먹손으로 비 오듯 쏟아지는 눈물을 훔치며 터질 것 같은 가슴으로 애국가를 합창했다.[107]

항쟁 초기에 〈애국가〉는 국가권력을 장악한 군부에 대한 저항의 의미로 불렸다. 이는 계엄군과 광주 시민이 적대한 상황에서 군부가 '폭도' '불순분자' '고첩' 등으로 광주 시민을 호명, 매도하면서부터 더욱 뚜렷해졌다. 당시 한국 사회는 대표적인 지배이데올로기였던 '반공반북주의'를 극복하지 못했던 터라 공수부대의 살인적 진압에 경악한 시민들은 전두환과 신군부·계엄군을 '공산당' '인민군' 등에 비유했다. 예컨대 5월 19일에 광주 시민민주투쟁회가 작성한 〈호소문〉에서는 "부녀자를 발가벗겨 총칼로 찌르는 놈들이 도대체 누구란 말입니까? 이들이 공산당과 다를 바가 무엇이 있겠습니까?"[108]라고 호소하는가 하면 이들에 맞서는 시민들을 '광주 애국시민'으로 호명했다. 또 5월 21에 배포된 〈민주수호 전남 도민 총궐기문〉에서는 잔인한 국가폭력을 가하는 존재를 "공산당보다 더 흉악무도한 살인마 전두환의 사병 특전단"[109]으로 그리고 이들을 상대로 총궐기해야 할 전남 도민은 '전남 애국청년들' '전남 애국근로자들', '애국농민들' 등의 '애국'을 하는 사람들로 상정했다. 적어도 '80년 5월 광주'의

106   김영택, 《5월 18일, 광주》, 역사공간, 2010, 408쪽.
107   박호재·임낙평, 《윤상원 평전》, 풀빛, 2007, 348쪽.
108   광주광역시 5·18사료편찬위원회, 《5·18광주민주화운동 자료총서 2》, 1997, 22쪽.
109   광주광역시 5·18사료편찬위원회, 같은 책, 30쪽.

시민들에게 무력을 통해 정권을 찬탈한 전두환은 '공산당'보다 더 잔혹한 존재로 표상되었고, 이는 "한국에서 반공 이데올로기, 우익 애국주의, 정치적 독재를 정당화하는 데"[110] 동원된 역사적 체험, 한국전쟁의 기억을 불러들인 것이다. 계엄당국은 항쟁이 전면화하자 시민군 내부의 '간첩사건'을 조작하면서 광주의 상황을 외부 불순세력의 책동으로 보도해나갔고, 이에 따라 시민들은 자신들의 정체성을 밝히고 "민주주의를 실현하려는 실천의 맥락"[111]에서 '애국'과 '민주'를 등치시키고 〈애국가〉를 부른 것이다.

저항의 상징으로서 〈애국가〉는 무장한 시위대와 시민군에게도 적용되었다. 이들은 차량으로 이동하거나 시위를 할 때마다 〈애국가〉를 불렀고, 복면을 착용하고 과격한 투쟁을 벌이던 사람들도 〈애국가〉를 부르며 자신들의 행위를 정당화했다. 즉 〈애국가〉는 투쟁에 나선 시민과 시민군의 정체성을 동일화하며, 이들 간의 일체성을 공유하는 매개로 전화했다. 이들은 자기규정뿐 아니라 계엄군에 대한 정체도 정의했다. 항쟁 중반, 시민들이 제작한 팸플릿 〈계엄군과 광주 시민〉에는 "계엄군은 가짜 애국, 광주 시민 진짜 애국/ 계엄군은 진짜 폭도, 광주 시민 민주의거"[112]라는 이분법적 표현이 적혀 있다. 여기서 '애국'과 '폭도'의 규정은 '정부'와 '시민'의 정체성을 투영한 것이다. 즉 정부가 시민들을 '폭도' '불순분자' '고첩'으로 호명하는 상황에서 시민들은 자

110   신진욱, 〈광주항쟁과 애국적 공화주의의 탄생〉, 《한국사회학》 제45집 2호, 한국사회학회, 2011, 70쪽.
111   정근식, 〈광주민중항쟁에서의 저항의 상징 다시 읽기: 시민적 공화주의를 중심으로〉, 《기억과 전망》 제16호, 민주화운동기념사업회, 2007, 153쪽.
112   문익환·고은 외, 《마침내 오고야 말 우리들의 세상》, 한마당, 1990, 171쪽.

신들의 정체성을 '애국'에서 찾았다.

민중공화국에 대한 염원, 민중가요

'애국'과 더불어 의미의 조직자 역할을 한 중요한 상징은 '민족'
이었다. 항쟁 기간, 시위군중이 외친 '민족'은 '민주-공화주의'의
구성원으로서 '민족' 개념이었다. 이들의 공화국에 대한 이상은
공수부대가 광주에서 퇴각하고 펼쳐진 '해방광주'에서 구체적으
로 펼쳐졌다. 5월 22일부터 시민군을 중심으로 시내 방위가 갖춰
지고, 시민들의 자치와 분업체계가 조직화되었는데, 이는 자연
발생적이라기보다 항쟁 주체들이 주도한 '공화국' 기획의 산물
이었다. 5월 23일부터는 좀더 "구체화된 공화국의 상(象)이 집단
적 가치"[113]의 핵에 위치했다. 무기 보유 및 회수, 내부질서 유지,
일상업무 복귀 등이 강조되었고 시민궐기대회에서 낭독된 〈전
국 민주시민에게 드리는 글〉에서는 "살인마 전두환을 두목으로
한 특권층과 소수 유신 군벌들을 쳐부수어 이 땅에 다시 군사 독
재정권이 나타나는 것을 막고 모두가 자유롭게 평등하게 잘살
수 있는 민주사회를 건설"[114]해야 함을 명백히 드러냈다. 즉 정치
민주화를 넘어서 시민에 의한 정치와 경제, 치안, 방위를 모두 갖
춘 자치공화국의 기획이 전면에 등장한 것이다. 여기서 중요한
것은 민주-공화국을 실현할 정치공동체는 정치적 개념의 '민족'

---

113   신진욱, 〈광주항쟁과 애국적 공화주의의 탄생〉,《한국사회학》제45집 2호,
        한국사회학회, 2011, 77쪽.
114   광주광역시 5·18사료편찬위원회,《5·18광주민주화운동 자료총서 2》, 1997,
        54쪽.

이었다는 점이다. 집단적 공통 운명의식으로 묶인 시민들에게 '민족'이란 혈족이나 종족의 의미가 아닌 정치적 의미의 개념이었지만, 이는 거기서 그치는 것이 아닌 민중공동체를 포함한 것이었다. 그래서 "전두환을 체포하라! 비상계엄 해제하라! 김대중 씨 석방하라! 이제 전 민족이 외쳐야 합니다. 전 민족이 정의의 횃불을 들어야 합니다. 전 민족이 분노해야 하고 전 민족이 일어나야 하고 전 민족이 목숨을 걸고 싸워야" 한다고 역설하며 항쟁을 '전 민족'의 차원으로 끌어올렸다. 항쟁 주체들이 투쟁을 고수했던 것은 "모든 국민이 골고루 잘사는 나라" "서민, 노동자, 농민이 골고루, 경상도와 전라도 차별 없이 평등하게 잘사는 나라", 즉 우리 '한민족'을 위함이었다. 그리고 근대 이후 '한민족'의 정체성을 표상하는 '민족의 노래'로 정착해온 것은 〈아리랑〉이었다.[115] 〈아리랑〉은 "민족의 저항과 투지의 의지"[116]를 나타내는 대표적인 곡이었던 만큼 숱한 봉기에서 〈애국가〉와 짝을 맞추어 불리곤 했다. 항쟁 시기, 시민군의 상황실장 박남선의 증언으로는 "20일 공용터미널 부근에서 시위군중은 대자보를 읽고 있었다. 대자보를 읽고 있던 시민 누군가가 〈우리의 소원은 통일〉을 부르고 〈아리랑〉을 부르기 시작하자 시민들은 오열과 함께 통곡을 거리에 쏟아놓기 시작했다"며, 〈아리랑〉이 전 시민을 하나로 묶어나간 모습을 설명했다.

여기서 불린 노래는 〈애국가〉〈우리의 소원은 통일〉〈정의가〉〈투사의 노래〉〈아리랑〉 등이었다. 처음에는 시민들이 잘 따라

115   정우택, 〈아리랑과 현대시〉, 《국제비교한국학》 제20권 2호,
        국제비교한국학회, 2012, 347쪽.
116   정우택, 같은 글, 348쪽.

부르지 못했으나 나중에는 모두 따라 부르기 시작했는데, 〈아리
랑〉을 부를 때는 거의 모두 울음바다가 되었다.[117]

또한《동아일보》의 김충근 기자는 항쟁의 현장에서 〈아리랑〉
이 제창되던 풍경을 다음과 같이 회고했다.

> 우리의 대표적 민요 〈아리랑〉이 갖는 그토록 피 끓는 전율을 광
> 주에서 처음 느꼈다. 단전단수로 광주 전역이 암흑천지로 변하
> 고 방송국, 파출소 등이 불타 시내 곳곳에서 검은 연기가 치솟는
> 가운데 광주 외곽으로부터 도청 앞 광장으로 손에 손에 태극기를
> 흔들며 모여드는 군중들이 부르는 아리랑 가락을 깜깜한 도청 옥
> 상에서 혼자 들으며 바라보는 순간, 나는 내 피 속에 무엇인가 격
> 렬히 움직이는 전율을 느끼며 얼마나 하염없이 눈물을 흘렸는지
> 모른다.[118]

여기서 〈애국가〉〈아리랑〉 같은 노래는 한국의 봉기와 '애국
적 민주-공화주의'의 관계를 드러낸다. 한국에서의 '봉기' 현상
은 저항을 통해 '민주공화국'의 시민을 창출했고, 이들은 "민주
공화주의를 실현할 정치공동체이자 그 가치를 공유하는 인간
공동체"[119]의 산물이었다. 광주에서 부당한 권력에 맞선 시민들
은 스스로 감득한 주권의지를 표출하기 위해 '투사'가 되어야 했
고, 이 '투사'는 '민중의 공화국'을 지향하는 모델로 설정된 것이

117   황석영,《죽음을 넘어 시대의 어둠을 넘어》, 풀빛, 1985, 82쪽.
118   한국기자협회 외 편,《5·18특파원 리포트》, 풀빛, 1997, 215~216쪽.
119   신진욱,〈광주항쟁과 애국적 공화주의의 탄생〉,《한국사회학》제45집 2호,
        한국사회학회, 2011, 80쪽.

다. 다시 말해 진정한 민중의 공화국을 염원하고 소망하는 곡들이 선택되어 불려졌다. 또 노래 제창은 상호 간의 감성과 동질감에 호소함으로써 계층적 차별성을 극복하고 시민들 사이를 차단하는 가식이나 장애물을 제거해주는 이상적인 수단이었다. 광주민중항쟁은 물론 여러 봉기에서 합창이 숭고한 의례처럼 등장한 것도 바로 이런 점 때문이었다.

광주의 상황을 '고정간첩' '불순분자' '깡패'의 소행으로 단정 짓고, 민주화운동을 하던 이들을 '빨갱이' 취급하던 정부를 향한 〈우리의 소원은 통일〉의 제창은 모든 시민이 하나가 되어 정체성을 드러내고 민주주의의 열망을 드러내는 행위였다. 예컨대 민주주의를 도살시킨 3·15선거와 민주이념의 쟁취를 위한 4·19 시기에도 정부는 반공 규범에만 매달려 있었다. '반공'이란 규범은 독재정권이 편리한 대로 활용하던 유일한 지배합법성의 근원이자 자기정당화의 수단이었다.[120] 이런 상황에서 독재정권을 비판하는 학생데모가 전국적으로 일어났고, 여론의 지지와 언론계의 성원에 힘입은 학생들이 현실참여를 단행해 혁명을 일으킬 수 있었다. 혁명의 순간엔 여지없이 '시'와 '노래'가 환희의 광장을 메웠고, 그 과정에서 민족통일에 대한 이상주의적 발언이 등장했다.

여기서 우리는 3, 4월 항쟁을 계속 발전시켜야 한다. 지금 이 땅의 역사 사실을 전진적으로 변혁시키기 위해서는 반봉건, 반외압세력, 반매판자본 위에 세워지는 민족혁명을 이룩하는 길뿐이다. 이 민주·민족혁명 수행의 앞길에는 깨어진 조국의 민족통일이

120   고영복, 〈4월 혁명의 의의구조〉, 《4월 혁명론》, 한길사, 1983, 98쪽.

라는 커다란 숙제가 놓여 있다.[121]

자유당 지배하에서 통일에 대한 논의는 금기시되어 거론되자마자 대학 사회 여론을 석권할 수 있었고, 통일운동 방안에 대해선 여러 의견이 제시되었다. 그중 공통적인 것은 정부의 미온적인 태도를 비난하는 것과 문화교류론(文化交流論)[122]이었다. 또한 〈통일이념으로서의 민족주의〉[123]와 민족적 이데올로기 확립을 위한 〈마음의 제2혁명〉[124] 등이 실천과제로 부상해 학내 여론의 방향을 반영했다.

> 서울대학교 선언문은 "특권이 아니고 민주, 민족 양단이 아니고 민족 자립의 방향을 쟁취"하면서 통일을 성취해야 한다고 논했으며, 고려대학교 4·18시국선언문은 "온갖 형태의 이데올로기를 초월하여 민족적 주체세력을 총집결하고 내외사정이 허락하는 대로 적절한 시기에 서신왕래, 인사교류 및 기술협정 등 단계적 남북교류를 단행함으로써 민족애를 선양"하도록 촉구했다.[125]

당시 통일 논의에 대해 정부는 특별한 구속을 하지는 않았으나, 이를 위한 정치적인 행동은 금지했다. 학생들은 4·19를 통해 혁명정신이 쇠퇴하고 부정부패와 독재가 심해졌다고 판단하여 민족통일운동에 대한 호소를 이어갔다. 이들에게 통일은 독재를

---

121   서울대학교, 〈4·19 제2선언문〉, 《대학신문》, 1961.
122   이화여자대학교, 〈문화교류로 통일 시도〉, 《이대학보》, 1960. 11. 21.
123   건국대학교, 〈통일이념으로서의 민족주의〉, 《건대학보》 제10호, 1961.
124   경북대학교, 〈마음의 제2혁명〉, 《경북대학보》, 1961. 1. 23.
125   고영복, 〈4월 혁명의 의의구조〉, 《4월 혁명론》, 한길사, 1983, 120쪽.

배격할 수 있는 방안이었던 만큼 "모든 이상과 미래에 대한 가능성"[126]을 통일에서 찾았다. 따라서 4·19 이후부터 학생운동의 노선은 통일로 수렴되었고, 서울대학교에서는 민족통일연맹이 결성되기도 했다.

> 서울대학교 민족통일연맹은 61년 5월 4일을 기해 학술토론대회, 체육대회, 기자교류 등을 포함한 남북 학도회담을 극적으로 제안하고, 5일에는 전국 17개 대학 대표 50여 명이 모였던 '민족통일 전국학생연맹 결성 준비대회'의 합의사항으로서 남북회담을 5월 안으로 판문점에서 개최할 것을 결의했다. 그리고선 〈학우에게 보내는 글〉을 통해 "기어코 북한 학생과 만나서 민족의 노래, 도라지와 아리랑을 부르며 통일 축제를 열고 시와 축제를 마련하겠노라"는 낭만 어린 통일의 의지를 폈다.[127]

4·19의 이상적 가치가 정치 단위의 독립성이었음을 상기할 때, 독립은 이념적으로 통일과는 별개의 것이었다. 하지만 이 가치를 운동의 차원으로 편입시킨 세력은 민족·통일운동이었다. 우리나라의 기본적 가정의 하나로 삼아왔던 '반공'이라는 명제는 4·19를 지나 광주민중항쟁에서도 이어졌다. 4·19로 시작된 시민사회의 권리주장이 "군사쿠데타 세력의 집권으로 강한 반격을 받게 되어 국가와 시민사회의 대립적 구도"[128]는 광주민중항쟁에 이르러 더욱 첨예하게 드러났다.

---

126   고영복, 같은 글, 122쪽.
127   고영복, 같은 글, 123쪽.
128   박광주, 〈5·18의 정치적 배경〉, 《5·18민중항쟁과 정치·역사·사회 2》, 5·18기념재단, 2007, 36쪽.

항쟁 기간에 불린 〈애국가〉〈아리랑〉〈우리의 소원은 통일〉 등은 국가폭력에 대항하는 수단으로 등장했다. 탈권위주의적 민주화가 가시화되기 전까지 "대응적 폭력은 한국 정치 과정에서 가장 영향력 있는 변수"[129]였다. 제5공화국과 제6공화국이 반민주적 정권으로 규정되고 '광주사태'가 민주화운동으로 제자리매김하고, 김영삼 정권이 스스로를 민주화운동의 연장선에 위치시킨 사실 등은 폭력에 대항했던 '문화투쟁'이 정부의 주장처럼 '반국가적, 용공적'인 것이 아닌 민주주의의 가치를 회복하는 '민주적 행위'였음을 입증하는 것이다.

광주민중항쟁 이후, 항쟁의 참혹함과 살아남은 자들의 죄의식은 민중가요에 짙게 배어들었다. 느린 단조 선율의 행진곡이나 비장한 가사, 저항의식을 담은 노래가 주된 경향이었다. 더불어 그 지향점은 구체적이지 않고 추상적인 형태로 제시되었다. 이는 민중가요를 창작하던 대학과 지식인들의 현실인식을 반영한 것이다. 이러한 한계는 1984년을 전후로 대학을 졸업하거나 노래패를 형성한 주체들에 의해 훨씬 구체적으로 극복되었다. 예컨대 노래를 찾는 사람들, 민요연구회, 짜임, 예울림, 기러기(서울), 새힘(안양), 산하(인천), 천리마(수원), 노래마을(성남), 더 큰 소리(부천), 노래야 나오너라, 부산민요연구회(부산), 친구, 소리모아(광주), 터, 들꽃소리(대전), 산하(전주), 녹두패(청주), 한 햇살(안동), 소리새벽(마산), 소리타래(대구), 한가슴(장승포), 우리소리연구회(제주) 등이 그러했다.[130]

이들은 80년 5월을 노래하여 갖가지 형태로 '5월 음악'을 형

129   박광주, 같은 글, 49쪽.
130   신형원, 〈1980년대 한국 민주화운동과 노래문화에 관한 연구〉, 단국대학교 석사논문, 2005, 44쪽.

성해나갔다. 첫째, 항쟁의 비극과 산자의 부채의식을 노랫말과 느린 단조 행진곡으로 형상화한 작품이다. 그해 12월에 작곡되어 최초로 광주민중항쟁을 노래한 〈전진가〉(박치음 곡, 1980)와 〈임을 위한 행진곡〉(김종률 곡, 1981) 등이 대표적이다. 〈전진가〉는 신군부의 허위와 기만을 극복하고 그들의 착취와 수탈에 지지 않고 빼앗긴 것을 되찾자는 비장한 가사를 담고 있다. 〈임을 위한 행진곡〉은 1978년 들불야학의 강학이었던 박기순과 윤상원의 영혼결혼식을 위해 만들어진 노래극 〈넋풀이〉에 삽입되었던 곡이다. 이 노래는 수많은 항쟁의 현장과 민중의례에서 끊임없이 불리며 광주민중항쟁을 상징하는 대표적인 노래가 되었다.

둘째, 창작민요 형식의 노래가 탄생했다. 대표적으로 〈꽃아 꽃아〉(김정희 작사, 정세현 작곡, 1985), 〈남도의 비〉(조용호 시, 김상철 작곡, 1985) 등으로 〈꽃아 꽃아〉는 광주지역 놀이패 신명의 마당극 〈일어서는 사람들〉에 삽입된 노래다. 굿거리장단으로 망월동 묘지에 쓰러진 넋을 기리는 가사로 이루어진 노래다.[131]

셋째, 서정적인 가사와 선율을 담은 노래다. 대표적으로는 〈오월의 노래〉(문승현 작사, 작곡)을 비롯하여 〈광주여 무등산이여〉〈꽃도 십자가도 없는 무덤〉〈노래2〉〈눈 감으면〉〈다시 오월에〉〈무등산가〉〈무진벌 그 자리〉〈바람에 지는 풀잎으로 오월을 노래 말아라〉〈부활하는 산하〉〈아, 우리들의 십자가여〉〈예성강〉〈오월〉〈오월꽃아〉〈오월에서 유월로〉〈이 산하에〉〈잠들지 않는 남도〉〈젊은 넋의 노래〉〈지리산2〉〈찢어진 깃폭〉 등이 그

---

131   이외에도 〈내 가슴에 살아 있는 넋〉〈에루아 에루얼싸〉〈그리움 가는 길 어드메쯤〉〈무등산 자장가〉〈광주천〉〈모두들 여기 모였구나〉 등의 노래가 있다.

것이다.[132]

　이처럼 광주민중항쟁은 1980년대 노래운동에 많은 영향을 미쳤다. 학생들은 소문으로만 들었던 광주에서의 충격적인 사건을 익히 알고 있는 곡조에 실어 노래를 부르거나 수많은 민중가요를 창작했다. 지속적으로 만들어진 '5월 광주'의 노래는 1980년대 내내 불리며 신군부의 만행과 억압받는 민중의 고난을 다시 생각하게 했고, 민중가요는 상당 부분 광주에서 영감을 얻어 광주 문제 해결을 중요한 내용으로 그려졌다. 이러한 노래들의 의의는 광주의 희생, 저항, 투쟁정신을 노래의 형식으로 계승하고자 했다는 데 있다. 그들은 변혁의 힘과 투쟁정신을 광주에서 찾았던 만큼, 대규모의 집회 현장에서도 '5월 광주'는 빠지지 않고 노래되었다. 또 개인적 노래운동 차원에서 점차 목적의식적인 노래운동 조직의 결성과 전국적인 연대조직으로 이끌며 '5월 음악' 그 자체가 마치 고유명사로 여겨질 만큼 민중가요의 핵심적 위치를 점유해나갔다. 이는 1980년대의 민중가요가 인간에 대한 사랑, 현실의 모순에 대한 극복 의지를 집약적으로 내포하고 있었기 때문이다.

132　배종민·정명중, 〈5월항쟁과 문화운동〉, 《5·18 그리고 역사》, 길, 2008, 271~272쪽.

〈표 3〉 항쟁 기간, 광주에서 불린 노래 목록

곡명	원곡	주요가사	비고
애국가	애국가	무궁화 삼천리 화려 강산 대한사람 대한으로 길이 보전하세	원곡
아리랑	아리랑	나를 버리고 가시는 님은 십리도 못가서 발병난다	원곡
아리랑	아리랑	나를 버리고 가시는 시민 여러분 십리도 못 가서 후회하게 됩니다	노가바
우리의 소원은 통일	우리의 소원은 통일	우리의 소원은 통일 꿈에도 소원은 통일 이 정성 다해서 통일 통일을 이루자	원곡
투사의 노래	전우가	이 땅에 민주를 수호코자 일어선 시민들 시민들은 단결하여 다 같이 투쟁하자	군가 노가바
늙은 투사의 노래	늙은 군인의 노래	아들아 내 딸들아 서러워 마라 너희들은 자랑스런 투사의 아들딸이다 좋은 옷 입고프냐 맛난 것 먹고프냐 아서라 말아라 투사 아들 너로다	노가바
봉선화	봉선화	울밑에 선 봉선화야 네 모양이 처량하다	원곡
훌라송	정의파	우리들은 정의파다 좋다 좋다 같이 죽고 같이 산다 좋다 좋아	노가바
광주 시민 장송곡	광주 시민 장송곡	자랑스런 민주투사 젊은 영들이여 정결한 피 최후의 날 우리 승리하리라	창작곡
진짜 사나이	진짜 사나이	멋있는 사나이 많고 많지만 내가 바로 사나이 진짜 사나이	원곡
선구자	선구자	일송정 푸른솔은 늙어 늙어 갔어도 한 줄기 해란강은 천년 두고 흐른다	원곡
내게 강 같은 평화	내게 강 같은 평화	내게 강 같은 평화 내게 강 같은 평화 넘치네	원곡

4.

대안언론, 지하신문과《투사회보》

광주민중항쟁 시기, 언론매체들은 검열로 인해 자유로운 보도
를 하지 못했다. 검열은 사실보도를 제한하여 독자들의 판단을
흐리게 하는 폐해를 낳았다. 지역사회의 정보 전달 기능이 마비
되자 광주에서는 '대안언론'으로 각종 유인물이 등장했다. 즉 공
권력이 사라지고 언론이 정지된 상황에서 유인물은 공론 형성을
위한 매개체이자 커뮤니케이션 수단으로 활용되었다. 이는 대부
분 학생층과 지식인, 특히 광주민중항쟁을 주도한 이들에 의해
만들어졌다. 따라서 유인물은 항쟁을 주도하던 이들의 투쟁 방
향과 광주민중항쟁의 전개과정을 생생하게 보여준다.

광주민중항쟁 최초의 유인물

역사적 사건들을 보면 항상 우연이든 의도적이든 대개 그것을
점화시키고 발화하는 계기가 있다. 광주민중항쟁의 경우 5월 18
일의 전남대 정문시위가 그렇다. 계획된 것이 아니라 자연발생
적으로 이루어진 이 시위는 바로 광주민중항쟁의 계기가 되었

다. 이때 학교에 모인 사람은 도서관에 가려는 학생, 투쟁 약속을 기억하고 등교한 학생 또는 개인적인 일로 학교를 찾은 학생과 업무 차원에서 출근한 교직원이었다.[133]

당시 정문에 모인 학생 중에는 운동권 학생들이 포진해 있었다. 들불야학의 윤상원, 전남대 '대학의 소리'의 전용호, 극단 광대의 김윤기, 김선출, 김태종 등이 그들이었다. 윤상원은 상황을 목격하고 녹두서점에 전화를 걸어 정현애, 윤상집에게 피해상황을 상세히 기록할 것을 지시하고 시위 대열에 합류했다. 시위하던 학생들은 시내로 상황을 전파하기 위해 광주역으로 재집결하고 금남로로 향했다. 이때 도청 광장에서 시위하던 전용호(전남대 경제학과)는 오후 12시 30분경, 중앙초등학교 인근에서 전남대 탈춤반 동료이자 극단 광대의 단원인 김윤기, 김선출, 김태종과 우연히 만났다. 그들은 서로 목격한 참상을 이야기하며 "우리가 할 수 있는 일은 지금의 상황을 시민들에게 널리 알리는 것이다"라고 의견을 모았다.[134] 그들은 곧 '가리방'과 '등사기'가 보관되어 있는 전남대 농대 부근의 후배 김동규의 집으로 갔다. 그곳은

---

133 이날 정문 앞 상황이 시위로 발전할 수 있었던 것은 세 가지 이유 때문이었다.
첫째, 학교의 출입을 제지한 것에 대한 불만이었다. 정문 앞에는 도서관에
가려는 학생, 시위하고자 모인 학생, 출근하는 교직원 등 학교에 출입해야 할
이유가 있는 사람들이었다. 그런데도 막무가내로 출입을 금지한 군의 행위가
불만을 야기했다. 둘째, 군의 무차별적 폭력 행사이다. 단순히 항의했다는
이유 하나만으로 남녀노소를 가리지 않고 자행한 폭력은 학생들의 분노를
사기에 충분했다. 셋째, 휴교령이 내릴 시에 정문 앞에서 만나자는 약속에
따라 집결한 학생들은 정부에 저항할 의지가 있었다. 이렇듯 교문 앞에서는
개인적 요소(도서관 출입, 출근)와 자발적 요소(정문 앞 모임), 상황적
요소(휴교령), 우연적 요소(폭력)가 복합적으로 상호작용하여 집단적
저항으로 전화하면서 광주민중항쟁의 시작을 끌어냈다.

134 이승철, 〈광주의 문학정신과 그 뿌리를 찾아서 4〉, 《문학들》 통권 36호,
문학들·심미안, 2014, 102~103쪽.

〈대학의 소리〉의 제작처였다.

> 금남로에서 내려오던 중 중앙초등학교 뒷담 부근에서 탈춤반 동
> 료들을 만났다. 이런 상태에서 당장 무엇을 해야 할 것인가에 대
> 해 이야기하다가 우리가 할 수 있는 일은 시민들에게 지금의 상
> 황을 알리는 것이 중요하다고 제의하여 당장 유인물을 만들어 뿌
> 리자는 의견이 나왔다. (……) 우리들은 가지고 온 유인물을 2인 1
> 조 두 개 팀을 나누어 뿌리고 다녔다. (……) 학동에서 모여 그날
> 뿌렸던 유인물에 대해 정리를 하고 각자 들은 이야기를 정리해가
> 면서 그 다음날 유인물 초안을 작성했다.[135]

5월 18일에 가장 먼저 유인물 제작에 나선 그들은 유인물을
통해 예비검속으로 피신한 재야 민주인사와 학생회가 건재함을
대중에게 인식시켜야 한다고 판단했다. 따라서 당시 상황을 정
리한 유인물 500여 장을 등사했다. 그 내용은 "계엄령이 떨어졌
다. 계엄령의 의미는 무엇인가?" "계엄령으로 인해 사람들이 다
치고 있다. 우리 시민들은 들고일어나야 한다" 등이었다.[136] 그러
나 이미 시내에서는 공수부대의 진압으로 유혈사태까지 벌어진
후였다. 따라서 유인물은 당일의 상황까지는 담지 못하고 산수
동 일대에 뿌려지는 데 그쳤다.

이 무렵 극단 광대의 김윤기, 김태종, 김선출 등도 8절지 종이
에 전남대 시위 상황을 담은 유인물을 제작했다. 현재 유인물은

---

135   전용호 증언, 한국현대사사료연구소, 《광주 5월민중항쟁 사료전집》, 풀빛,
       1990, 833쪽.
136   박찬승, 〈선언문·성명서·소식지를 통해 본 5·18〉, 《5·18광주민중항쟁사》,
       5·18기념재단, 2001, 381쪽.

남아 있지 않지만, 그 내용은 "드디어 전두환의 마각이 드러났다. 광주 시민은 총궐기하라. 김대중 씨 등 전 민주인사를 잡아갔다"였다.[137] 시내에 배포하려던 이 유인물은 공수부대의 진압으로 계림동 일대에 뿌려졌다.[138]

이들이 유인물을 배포하던 오전 11시 40분경에는 시위에 나선 학생들이 가톨릭센터까지 진출했다. 시위 인원은 500여 명으로 불어났고 시내의 모든 교통은 차단된 상태였다. 학생들의 시내 진출을 목격한 시민들은 인도에 늘어서서 지지를 보냈고, 학생들은 구호를 외치며 시민들의 참여를 촉구했다. 시위 대열이 도청 앞에 다다르자 대기하던 전투경찰들은 포물선을 그리며 학생들을 에워싸기 시작했다. 순식간에 최루탄이 사방팔방에서 터졌고 경찰들은 사냥하듯 학생들에게 달려들었다. 이에 놀란 학생들이 사방으로 흩어져 달아나자 경찰들은 그 뒤를 쫓아 곤봉으로 구타했다. 횃불시위를 전개할 때, 시민들의 안전을 지켜주던 경찰의 태도는 찾아볼 수 없었다. 경찰들의 구타를 지켜보던 시민들은 그들의 잔혹한 행위에 야유와 욕설을 퍼부었다. 누가 봐도 경찰의 수는 학생들보다 압도적으로 많았다. 설상가상으로 학생과 경찰이 충돌했다는 소식을 들은 제7공수여단은 자체적으로 시내 출동을 준비했다.

오후 12시 45분, 제31사단장 정웅은 '작전명령' 제1호를 발령하여 전남대, 조선대에 주둔하던 제7공수여단 제33대대, 35대대에 최소 병력만 남기고 시내의 '소요사태'를 진압하라고 명령했다. 이미 계엄사는 학생들의 평화적 시위를 소요사태로 몰고 있

---

137   박찬승, 같은 글, 382쪽.
138   김윤기 증언, 한국현대사사료연구소, 《광주 5월민중항쟁 사료전집》, 풀빛, 1990, 899~900쪽.

었다.[139]

경찰의 진압으로 불리한 상황을 맞이한 학생들은 차츰 금남로에서 밀려나기 시작했다. 학생들은 금남로를 빠져나와 충장로, 산수동, 황금동 등지로 무리를 지어 다니며 상황을 전파했다. 학생들은 두 갈래로 갈라졌는데, 동구 방향으로 진출한 학생들은 금남로→광주공고→청산학원→중앙초등학교→대인동을 거치면서 300여 명의 시위대를 이루었고, 충장로 방향으로 나간 학생들은 황금동→수기동→광주공원→현대극장→한일은행사거리를 지나며 500여 명의 시위대를 이루었다. 이 과정에서 늘어난 군중만큼 이들을 저지하려는 경찰의 수도 증파되었고 당연한 결과로 시위는 전 시내로 확산했다. 특히 동구 쪽 시위대 300여 명은 충장로 쪽 시위대와 길에서 마주치며 800명 이상의 대열을 이루었다. 합류한 대열은 경찰의 진압으로 흩어졌다가 집결하기를 반복했고, 시위는 충장로, 계림동, 산수동 등으로 번졌다. 이처럼 시위군중의 공간 이동은 시위 규모를 팽창시키며 항쟁의 확산에 일조했다.

각기 다른 위치에서 시위하던 학생들은 서로 마주할 적마다 동지애를 느끼며 환호하고 함성도 내질렀다. 시위대의 합류에 힘입어 학생들의 사기가 오를수록 이들을 저지하려는 군부의 움직임도 빨라졌다. 예컨대 시위대가 광주역을 거쳐 시외버스 공용터미널을 지날 적에는 헬기까지 동원해 시위대를 추격했다. 시위대는 시외버스 공용터미널에서 타지로 향하는 사람들에게 광주의 상황을 전파하며 시위를 확산시키려 했다. 그러는 사이

139   국방부과거사진상규명위원회 편, 《12·12, 5·17, 5·18사건 조사결과보고서》, 국방부, 2007, 63쪽.

경찰들이 공용터미널 안으로 급습하여 최루탄을 투척하는 바람에 시위대는 다시 뿔뿔이 흩어지게 되었다. 헬기는 이 상황을 지켜보며 학생들의 포위망을 좁혀가고 있었다.

시민들은 피신하는 학생들을 안타깝게 바라보며 빵과 음료를 건네며 격려하기 바빴다. 시위와 추격이 반복되는 가운데, 산발적으로 흩어져 있던 시위대는 한 곳으로 모여들기 시작했다. 이 과정에서 광주공원에 모여 있던 학생 500여 명이 합류하면서 시위대는 2,000여 명으로 불어났다. 대규모 인파를 이룬 시위대는 진압될 것 같지 않았다.

오후 1시경에는 동명로 입구에서 공수부대를 가득 태운 군용 트럭 20여 대가 수창국민학교로 집결했다. 그들은 시위 진압을 위해 완전무장을 하고, 한 명도 빠짐없이 저마다 투석 방어용 철망이 장착된 철모를 쓰고 한 손엔 곤봉을, 다른 한 손엔 대검을 쥐고 M16 총을 등에 메고 있었다. 그들은 오후 2시에 작전명령을 하달받고 시내 곳곳을 돌아다니며 살인적인 진압에 나섰다. 금남로 한복판에서 시민들이 지켜보는 가운데 학생들을 붙잡아 손에 잡히는 대로 옷을 벗기고 얼차려를 주는가 하면 어른과 아이 할 것 없이 곤봉세례를 퍼붓고 비명을 지르면 입을 틀어막았다. 그것은 마치 감정 없는 살인귀의 모습이었다.

시위대가 자취를 감춘 후에도 1,000여 명의 공수대원은 버스, 다방, 상가, 가택을 수색했다. 시위 여부와는 상관없이 젊은이는 무조건 곤봉으로 두들겨 패고 군홧발로 차며 강제연행을 반복했다. 혹여 저항하는 사람은 총의 개머리판으로 머리와 얼굴을 구타하거나 대검으로 몸 구석구석을 그었다. 크고 날카로운 비명이 곳곳에서 울려 퍼지던 18일 오후, 광주는 온통 피에 젖어가고 있었다.

5월 18일 오후, 금남로 가톨릭센터에서 7공수부대원들이 시민을 구타하는 모습.
(사진 출처: 5·18연구소, 5·18기록관 DB)

5월 18일 밤과 유인물 제작

이 모든 상황을 지켜보던 윤상원은 녹두서점에 잇달아 전화를 걸었다. 시시각각으로 변하는 상황과 시위대의 움직임을 전하기 위해서였다. 그가 할 수 있는 것은 시위 상황과 시민들의 피해상황을 기록하는 것뿐이었다. 그는 정권의 보도금지 조치로 지방 언론이 침묵하자 시민들에게 상황을 전하여 시위에 동참을 호소하는 유인물을 제작할 요량이었다.

오후 6시에는 통금시간이 발표되고 시위는 소강을 맞았다. 시내가 텅 비면서 군경은 여유롭게 순찰에 나섰다. 계림동 광주고등학교 부근에서는 학생과 시민 300여 명이 운집하여 순식간에 대열을 이루며 시위를 펼치기도 했지만, 곧 공수부대와 마주했다. 이에 당황한 공수부대원들은 산수동 방면으로 퇴각했다.

이를 시위군중이 추격하자 공수부대는 인원을 증강하여 반격에 나섰다. 20~30분간의 치열한 공방전 끝에 군중이 공수부대에 밀려 시위는 와해되었지만, 공수부대는 밤새 인근 주택가를 뒤지며 학생들을 연행했다.

> 계림극장 앞을 지나다보니 거리에 공수들이 쫙 깔려 있었다. 두려움을 느낀 나는 빠른 걸음으로 그 앞을 지나쳤는데, 갑자기 등 뒤에서 '저놈 잡아라!'는 소리가 들렸다. 이리처럼 달려든 공수들이 이렇다 할 말 한마디 없이 곤봉으로 때리고 대검으로 네 군데나 찔렀다.[140]

밤늦도록 공수부대의 수색이 이어지자 사태의 심각함을 예견한 광대의 김태종, 김선출 등은 무등영아원[141]으로 자리를 옮겨 상황을 알리는 유인물을 제작했다. 이들 광대는 민속문화연구회(전남대), 연극반 출신을 중심으로 탈춤반(전남대, 조선대), 국악반 출신 대학생들과 졸업생들(전남대)이 '학내문화운동'에서 '사회문화운동'으로 노선을 변경하는 과정에서 창단된 광주 운동권이었다. 이날부터 광대는 2~3명씩 조를 이루어 시내 곳곳에서 상황을 기록하여 각종 유인물을 발 빠르게 제작, 배포했다.

오후 8시가 되자 시내에는 어둠이 깔렸고, 통행금지가 앞당겨져 길을 나선 시민도 볼 수 없었다. 상가들도 문을 닫아 시내는 온통 태풍이 휩쓸고 지나간 폐허처럼 적막했다. 이따금 호각소리가 들리거나 군용 트럭이 질주할 뿐, 온 시내가 쥐죽은 듯했다.

---

140   이장의 증언, 한국현대사사료연구소,《광주5월민중항쟁 사료전집》, 풀빛, 1990, 1302쪽.
141   무등영아원은 이현철(광대)의 거주지였다.

간혹 통행금지 시간이 앞당겨진 것을 모르고 거리로 나온 사람은 순찰하던 경찰에게 위협을 받고 집으로 발걸음을 재촉했다. 산발적으로 시위하던 100여 명의 학생이 한일은행 뒤쪽에 운집했으나 별다른 상황은 진행되지 않았고, 가톨릭센터 앞에서 시위하던 군중은 총검을 앞세운 공수부대의 진압으로 61명이 검거되었다.[142] 이외에도 오후 8시 20분경에는 노동청 앞을 비롯한 시내 곳곳에서 작은 규모의 시위가 벌어졌으나 병력을 증강한 공수부대의 강경 대응에 곧 와해되었다. 밤 9시에는 계엄공고 제4호로 통행금지 시간이 21시부터 다음날 4시로 연장되었다. 이 시간을 틈타 공수부대는 대학가와 광주시외 변두리에 군인 막사를 치는가 하면 31사단은 작전회의를 열었다. 주요 내용은 4시부로 제4공수여단 제33대대는 제31사단에, 제35대대는 공수여단에 배속되어 중요 지점에 병력을 배치하는 것이었다. 공수부대가 광주를 점령한 가운데 일요일이 지나가고 있었다. 시내는 온통 피로 얼룩져 있었다.

이날 밤, 윤상원은 시위를 마치자마자 녹두서점에 들러 정현애, 윤상집과 함께 광천동 들불야학당을 찾았다. 야학당에는 갑작스러운 통금으로 불가능해진 수업과 야학 운영을 논의하기 위해 강학들이 모여 있었다. 윤상원은 녹두서점에서 가져온 상황일지를 짚어가며, 하루 동안 펼쳐진 시위의 전개과정과 언론의 실태를 강학들에게 숙지시켰다. 그리고 이들에게 유인물의 필요성을 역설하며 제작을 제안했다.

쿠데타로 권력을 강도질한 전두환 일당한테 우리 시민들이 맞서

142   《조선일보》, 1980. 5. 20.

고 있다. 오직 광주 시민들만이! 공수들의 만행을 다들 봤을 거야. 시민들의 피해가 너무 크다. 시민들을 이끌 지도부가 필요해. 헌데 광주 운동권은 잡혀가거나 다들 피신했어. 우리가 나서야 돼. 우리가 시민들의 눈과 입이 돼야 한다구. KBS, MBC는 어제 박찬희 권투시합이나 중계하더라. 벌건 대낮에 공수가 시민들을 죽이는데 말이지, 조선일보하고 동아일보, 신문이라고 다를 거 없다. 광주 참상을 전하는 보도는 한 줄도 없어. 이대로 손 놓고 있다가는 시민들의 피해가 걷잡을 수 없을 거야. 시민들이 공수 놈들한테 맞서 싸울 수 있게 우리가 힘을 북돋아줘야 돼.[143]

윤상원은 언론이 상황을 외면하자 시민들의 눈과 입이 될 방안으로 유인물을 꼽았다. 당시의 참상을 전파하여 시위를 확산하는 것만이 시민들의 피해를 줄이는 방법이었기 때문이다. 그의 견해에 반대하는 사람은 없었다. 윤상원은 강학들에게 녹두서점에서 책을 팔아 번 20만 원을 내보이며 유인물 제작비용을 충당했다. 당시 상황을 정현애는 다음과 같이 회고했다.

이 공포를 경험하면서 내 마음의 벽이 허물어지기 시작했다. '아! 내 가족에게만 위험이 닥친 것이 아니구나. 우리 광주 시민이 모두 같은 위험에 처한 것이 아닌가!' 하는 생각이 들었다. 바로 그때 윤상원이 돌아와, 정확한 소식을 알리기 위해 홍보물이 필요하다고 했다. 서점에서 책 판매금 20만 원을 가지고 윤상원은 광천동으로 갔다. (……) 20일 아침 일찍 윤상원은 소식지를 가져와 시내에 뿌렸다.[144]

143   민주화운동기념사업회,《윤상원》, 오름, 2003, 128~129쪽.

윤상원에게 얼마간의 돈을 배분받은 강학들은 각각 맡은 바
대로 종이, 등사원지, 등사잉크를 구하러 부지런히 움직였다.
YWCA신협에 다니는 필경사 박용준도 불러왔다. 등사기를 준
비하는 동안에는 '대학의 소리'와 광대가 유인물 제작과 배포 과
정에서 발생한 문제를 타결하고자 들불야학당을 찾아왔다. 윤상
원은 이들과 함께 상황일지를 바탕으로 유인물 초안을 써내려가
기 시작했다. 이날 제작한 〈호소문〉의 작성은 전용호, 윤상원, 정
현애가 맡았고, 박용준이 등사원지를 쓰고, 김태종, 김선출이 프
린트하여 19일 새벽부터 양림동, 사동, 구동, 월산동, 방림동, 학
동 일대에 배포했다.[145] 명의는 광주시민투쟁위원회로 적었다.
이는 단일 제작이 아닌 들불야학의 윤상원과 박용준, 송백회의
정현애, 광대의 김태종와 김선출 등 '녹두서점'을 거점으로 활동
하던 운동권과의 공동제작을 의미한 것이었다.

호소문[146]

광주 애국시민 여러분!
이것이 웬 말입니까? 웬 날벼락입니까?
죄 없는 학생들을 총칼로 찔러 죽이고, 몽둥이로 두들겨 트럭에
실어가며, 부녀자를 백주에 발가벗겨 총칼로 찌르는 놈들이 도대
체 누구란 말입니까? 이들이 공산당과 다를 바가 무엇이 있겠습

144   동아시아 평화인권 한국위원회, 《동아시아와 근대의 폭력 2》, 삼인, 2001,
       215~216쪽.
145   전남사회문제연구소 편, 《들불의 초상: 윤상원 평전》, 풀빛, 1991, 236쪽.
146   광주광역시 5·18사료편찬위원회, 《5·18광주민주화운동 자료총서 2》, 1997,
       22쪽.

니까?

이제 우리가 살 길은 전 시민이 하나로 뭉쳐 청년학생들을 보호하고, 유신잔당과 극악무도한 살인마 전두환 일파와 공수특전단 놈들을 한 놈도 남김없이 쳐부수는 길뿐입니다.

우리는 이제 다 보았습니다. 다 알게 되었습니다. 왜 우리 젊은 학생들이 그렇게 소리 높여 외쳤는가를. 우리의 적은 경찰도 군도 아닙니다. 우리의 적은 전 국민을 공포의 도가니로 몰아넣고 있는 바로 유신잔당과 전두환 일파들입니다. 죄 없는 학생들과 시민들이 수없이 죽어갔고 지금도 계속 연행당하고 있습니다. 이 자들이 있는 한 동포의 죽음은 계속될 것입니다. 지금 서울을 비롯하여 도처에서 애국시민의 궐기가 계속되고 있습니다.

광주 시민 여러분!

우리가 하나로 단결하여 유신잔당과 전두환 일파를 영원히 추방할 때까지 싸웁시다.

최후의 일각까지 단결하여 싸웁시다.

그러기 위해 5월 20일 정오부터 계속해서 광주 금남로로 총집결합시다!

———

1980년 5월 19일

광주시민민주투쟁회

〈호소문〉에서는 시민들의 '적'을 군경이 아닌 '유신잔당'과 '전두환 일파'로 지목했다. 이들은 단순한 시위 진압이 아닌 민주화를 저해하고 공권력을 이용하여 독재를 유지, 점철하려던 세력이었다. 이 유인물은 초기에 나온 것임에도 불구하고 사태의 본질을 꿰뚫고 그 이면의 정치적 상황까지 드러냈다. 더불어 특정 지도부가 없는 상황에서 시국을 뚫고 나갈 구체적인 방법을 제시하고자 시민들에게 집결할 것도 선전했다. 이들이 유인물을 제작하던 즈음, 시위에 참여했던 백제야학도 '조선대민주투쟁위원회' 명의로 〈민주시민들이여〉와 〈민주시민아 일어서라〉라는 2종의 유인물을 제작했다.

민주시민들이여[147]

각 대학에 공수부대 투입!

광주 시내 일원에 특수부대 대량 투입!

무자비한 총칼로 학생, 젊은이, 시민 무차별 구타!

최소 시민 3명, 학생 4명 이상 사망 확인

5백여 명 이상의 사상자 속출

전국 일원의 유혈 폭동

학생, 청년 1천여 명 조대 운동장에 불법 감금!

아! 이럴 수가 있는가?

저 개 같은 최규하, 신현확, 유신잔당 놈들

유신 독재자의 아들 전두환 놈이 최후의 발악을 시작했다.

아! '민주'의 앞길에 먹구름이 가리는구나!

지금은 이 민족이 죽느냐, 사느냐다!

당신의 아들딸들이 죽어가고 있다!

당신의 아들딸들이 죽어가고 있다!

(오늘부터 시내 각처에서 대규모 시위 전개, 내일 20일, 오후 3시에 도청, 시청 앞 집결)

---

147   광주광역시 5·18사료편찬위원회, 같은 책, 22쪽.

———— 1980년 5월 19일

조선대학교 민주투쟁위원회

　이 유인물은 시민들에게 피해상황을 전달하고 공수부대의 불법행위를 고발하여 시위에 동참할 것을 호소했다. 공식 조사가 불가능하여 희생자 수는 과장되었지만, 피해상황, 욕설, 호소 등은 긴박한 상황을 선명하게 드러냈다. 이렇듯 언론이 침묵한 상황에서 '대안언론' 역할을 한 유인물은 엄청난 효용가치를 지니고 있었다. 시민에게 항쟁을 전파하여 공감대를 형성하고 '하나의 민중'으로 변모시키는 기능은 물론 항쟁의 당위성까지 제공했다. 이와 함께 제작, 배포된 〈민주시민아 일어서라〉도 문구의 앞뒤만 다를 뿐, 상황 전달, 투쟁 구호, 집결 선전 등으로 구성되어 내용에는 별 차이가 없었다.[148]

　5월 19일 새벽부터 배포된 두 유인물은 공통으로 시민들에게 집결할 것을 선전했다. 이는 앞으로 펼쳐질 집회, 시위, 시민궐기대회 등에서 군중의 동원, 집합 행동과 참여 전체를 유도하는 방법이었다. 이러한 공동체적 동원 과정은 봉기를 발진시키는 일종의 '집단적 사업'이라고 할 수 있다. 유인물에서 밝힌 희생자 수와 위기 상황의 전파는 시민들의 "박탈의 척도로 이용되기도 하고, 또 싸우기로 작정할 때에는 싸워서 얻어낼 만한 가치가 있는 목표"[149]로 사용되었다. 실제로 유인물에서 선전한 5월 20일 오후 3시, 금남로에는 수만 명의 군중이 집결하기도 했다.

148　　광주광역시 5·18사료편찬위원회, 같은 책, 23쪽.

149　　라나지트 구하, 《서발턴과 봉기》, 김택현 옮김, 박종철출판사, 2008, 86쪽.

5월 19일의 속보투쟁

5월 19일 오전, 공수부대의 강경 진압 광경을 목격했던 각 신문사의 기자들도 부리나케 현장을 취재해 기사를 작성, 출고했다. 그러나 도청 검열관실을 다녀온 기자들의 표정은 썩 밝지 않았다. 사회면에 실은 공수부대의 진압과 관련된 기사들은 전부 빨간색으로 삭제 표시가 되어 돌아왔기 때문이다. 전남도청 2층에 설치된 언론검열관실은 1979년 '10·27 비상계엄'이 선포되면서 설치된 곳이었다. 국군전투병과 교육사령부와 31사단에서 나온 정훈장교들이 상주하면서 모든 기사, 방송의 로컬 뉴스를 사전 검열했고, 합동수사본부(본부장 전두환)는 1980년 4월부터 505 보안대 박기정 상사가 팀장을 맡으며 언론 검열을 한층 강화했다.[150] 결국 19일 자 신문에도 제대로 된 기사는 하나도 나오지 않았다.

> 80년 5월 언론은 죽었다. 언론이 제대로 용기 있게 보도했다면 희생을 줄일 수 있었다. (……) 속죄하는 마음으로 살아가야 할 일이다. 당시의 몸부림이, 투쟁이 열매를 맺었으면 좋았을 텐데 (……) 엄청났던 검열의 벽을 아무도 부수지 못했다. 주저앉은 당시가 부끄럽고, 끝까지 싸우지 못했던 당시가 부끄럽다.[151]

오후에는 시내에서 시위하던 윤상원이 녹두서점으로 돌아와 전화기를 붙들고 전국 각지로 전화를 돌렸다. 광주 외곽이나 예

---

150   손정연·박화강, 〈1980년 전남매일신문사 기자들의 언론자유 운동〉, 《5·18민주화운동과 언론투쟁》, 5·18기념재단, 2014, 39쪽.

151   〈전남매일 어느 해직기자의 고백〉, 《기자협회보》, 1996. 5. 24, 2쪽.

비검속을 피해 몸을 숨긴 전남대 학생회 간부들, 서울, 부산, 안동, 강원도, 전주에서 광주의 상황을 묻는 전화가 빗발쳤고 그때마다 윤상원은 상황을 세세하게 알려주었다. 아울러 윤상원은 광주의 상황과 시민들의 봉기를 외국에 알릴 계획도 갖고 있었다. 따라서 서울 CBS에 근무하는 송정민과 전국민주노동자연맹의 이태복에게 연락해 "외신기자를 보내달라! 살인마 공수부대가 광주 시민을 총칼로 죽이고 있다! 광주 시민을 버리지 말라! 신문과 방송은 난동으로 몰아가지 말라! 우리는 폭도가 아니다!"[152]라며 상황을 전달했다.

오후 4시 30분경에는 총성이 울렸다. 계림동 광주고등학교 앞 도로에서 시위군중과 공수부대가 충돌하며 발생한 상황이었다. 시위대 100~200여 명이 사직공원을 순찰하던 제63대대 소속 장갑차를 포위하고 투석하여, 장갑차 양쪽에 달린 감시경을 깨버렸다. 감시경을 잃은 장갑차는 방향을 잃고 보도 턱을 들이받으며 기계 고장을 일으켰다. 장갑차가 움직일 수 없게 되자 장갑차에 탑승한 장교 9명은 밖으로 탈출을 시도했다. 이때 시위대가 "저놈들 죽여라" 하고 외치자 2명은 도망치고 7명은 다시 안으로 들어갔다. 이를 놓칠세라 시위군중은 근처 페인트가게에서 석유통을 구해와 장갑차 밑에 넣고 불을 지폈으나 발화되지 않았다. 이에 한 학생이 다시 짚더미를 들고 장갑차 위로 올라 뚜껑을 열고 속으로 넣으려 했다. 이에 다급해진 장교들은 뚜껑을 열고 나와 총을 발사했다. 처음에는 하늘을 향해 쏜 위협사격이었지만, 군중이 흩어지지 않자 장교는 M16 소총으로 군중을 향해 발포했다. 이 발포로 조대부고 3학년 김영찬은 손과 대퇴부에 총

152   민주화운동기념사업회,《윤상원》, 오름, 2003, 132쪽.

상을 당해 조선대 부속병원으로 옮겨졌고, 장갑차는 틈을 타서 달아났다. 공수부대의 발포로 사상자가 발생하자 유인물 제작팀의 행보도 다급해졌다. 이제 단순히 투쟁을 종용하는 차원의 홍보물 제작은 의미가 없었다. 사상자의 발생은 더 큰 피해로 이어질 가능성을 야기했고, 그 대상은 광주 시민 전체에 해당했기 때문이다. 또한 항쟁이 전면화하면서부터 시내의 공장, 기업, 상점 대부분이 문을 닫았고, 상황은 쉽게 개선될 것 같지도 않았다.

5월 19일 밤 10시경, 유인물 제작팀이 밤새 등사한 유인물을 배포하러 모두 나가자 녹두서점에 혼자 남은 윤상원은 다음날에 살포할 유인물 초안을 써내려갔다. 사상자의 발생은 유인물 제작에도 영향을 미쳤다. 그는 이제 투쟁에 동참하자는 호소를 넘어, 시민들에게 현 시국을 타결할 방안을 제시하는 유인물을 제작했다.

선언문[153]

유신잔당과 전두환 쿠데타 일파는 이제 더 이상 민족반역의 살인극을 중단하고 준엄한 역사의 심판을 받으라! 우리는 최후의 일각까지, 최후의 일인까지 민주투쟁을 위해 죽음을 각오할 것이다.
이 나라의 장래와 더 이상의 희생을 막기 위해 우리의 결의는 다음과 같이 밝힌다.

1. 껍데기 최규하 정부는 즉각 물러가라.

153   민주화운동기념사업회, 같은 책, 133~134쪽.

2. 살인마 전두환을 즉각 처단하라.

3. 구국 과도정부를 민주인사들로 구성하라.

4. 구속 중인 학생들과 모든 민주인사들을 즉시 석방하라.

5. 계엄령을 즉각 철폐하라.

6. 휴교령을 즉각 철폐하라.

7. 언론은 광주 시민의 참상을 철저히 보도하라.

8. 정부와 언론은 전남인과 경상인의 지역감정을 왜곡보도, 허위
조작하지 말라.

9. 천인공노할 발포명령을 즉시 중단하라.

이 길만이 현 시국을 수습하는 유일한 길임을 역사 앞에 준엄히
선언한다.

———

1980년 5월 20일

전남민주민족통일을 위한 국민연합회

전남민주청년연합회

전남민주구국학생총연맹

그야말로 죽음을 각오한 투쟁의 선언이었다. 이는 전날의 〈호
소문〉과는 달랐다. '유신잔당' '전두환' '최규하' 등을 적으로 지
목한 점은 같았지만, 더 나아가 '최규하, 전두환 퇴진' '민주인사
석방' '내각 배치' 등의 구체적인 항목을 제시하며 투쟁 결의를
밝혔다. 더불어 언론의 왜곡보도와 지역감정 조장에 대한 비판
을 담은 점도 주목된다. 이는 정부가 언론 조작을 통해 '경상도/
전라도'로 대두하는 지역감정을 조장한 사실을 간파하고, 투쟁
의 방향이 지역감정이 아닌 '민주투쟁'임을 분명히 한 것이다. 그
래서 결의사항도 광주의 진실을 폭로하는 데 그치지 않고 정치

적인 요구를 내걸었다. 또 유인물의 명의는 가상의 단체로 했다. 이는 윤상원이 시위군중에게 힘을 실어주고자 '전남'을 수식한 단체를 내걸어 많은 지역민이 투쟁에 동참했다고 가정한 것이었다. 그러나 무엇보다 투쟁을 이끌어나갈 지도부가 실제로 절실했다.

5월 20일, 오전 7시 30분부터 기자들은 오전까지의 상황을 정리해 신문사로 모여들었다. 편집국의 상황은 평상시와 전혀 달랐다. 광주에서 벌어진 끔찍한 참상을 취재하고도 한 줄도 싣지 못했던 전날의 참담함과 죄책감 때문인지 기자들의 표정은 비장했다. 검열 자체를 거부하고 신문 제작에 나서기로 한 것이다. 이날 기자들이 쓴 기사는 데스크 스크린 없이, 광고를 모두 빼고 신문으로 제작되었다. 당시 1면 머리기사였던 박화강 기자의 기사는 다음과 같다.

18, 19일 이틀 동안 계엄군에 학생, 시민 피투성이로 끌려가 민주화 부르짖다 숨지고 중태

광주가 공포에 부들부들 떨었다. 하늘마저 우중충하더니 슬픔을 참다 못했는지 끝내는 비를 쏟고 말았다. 광주 시내 곳곳에서 수십 명의 시민들이 칼에 찔려 피투성이가 돼 사지를 늘어뜨린 채 개처럼 질질 끌려갔다. 금남로, 광남로, 중앙로 공원과 공용터미널 앞 등 시내 중앙과 변두리 곳곳에서 무장 군인과 학생, 시민들이 맞붙어 쫓고 쫓기는 공방전이 벌어졌다. 피비린내 나는 참극을 본 시민들은 몸을 벌벌 떨고 눈물을 글썽거렸고, 주먹을 불끈 쥐었다. 광주 문화방송 앞과 기독교방송 앞, 공용터미널 앞에 놓여진 승용차와 트럭이 불에 탔고 중심가 건물마다 유리창이 박살이 났다.

큰길마다 군인들의 진입을 막으려고 시민들이 끄집어 내놓은 화분대와 교통표지판 등이 놓여졌고 최루탄과 페퍼포그 가스에 쫓기다가 벗겨진 구두짝과 돌멩이가 어지럽게 뒹굴었다……

　기사는 공수부대가 자행한 만행을 일목요연하게 적어 상황을 고발했다. 대중에게 사실을 보도하고, 비판적 시각으로 진위를 검증하는 '언론의 역할'이 살아나는 듯했다. 이외에도 이준, 김진영, 김여송 기자가 작성한 기사에 양부량 차장이 내용을 덧붙여 사회면 머리기사를 대서특필했다. 19, 20일의 시위 상황을 시간대별로 기록하고 공수부대의 첫 발포 사실도 다루었다.

광주 전역 공포 시민 전전긍긍 / 진압군 무차별 난타 / 사망 중상자 속출 / 데모 학생들 유혈 진압에 흥분한 시민들 대거 합세 / 총상 입은 학생 병원에 / 방송국 차량 등 불에 타고

전국에 비상계엄령이 확대 실시된 이래 18, 19일 이틀 동안 광주에서는 학생들뿐만 아니라 시민들까지 합세 계엄군과 곳곳에서 충돌, 데모 군중들이 죽고 부상을 당하는 유혈사태를 빚었다. 부상당한 사람 중에는 총상으로 보이는 중상을 입은 학생마저 있었다. 이날 상오까지만 해도 학생들이 대부분이었던 시위군중은 계엄군이 데모에 가담한 학생들을 구타, 피를 흘리자 흥분, 하오부터는 시민들까지 합세했다.

19일 상오 10시 30분 광주시 금남로3가 가톨릭센터 앞에 산발적으로 집결한 전남대생 2백여 명은 충금지하상가 공사장에 놓였던 휘발유통 2드럼을 길거리에 뿌려 불을 지른 후 군인, 경찰의 접근을 막고 이들과 투석전을 벌였다. 이를 보고 있던 시민 5백여 명도 학생들과 합세……

11시 50분께 광주시 금남로5가 쪽으로부터 3백여 군인들이 장갑차 2대와 5대의 군인 트럭에 분승, 완전무장을 한 채 학생, 시민들에게 접근, 닥치는 대로 총을 휘두르며 학생, 시민들을 때려 현장에서만 30여 명의 학생 시민이 머리 등이 깨져 피를 흘리며 도망치려 하자 다시 이들을 잡아 아스팔트 위에 꿇어앉히고 팬티만을 입힌 채 경찰 기동대차에 10여 명씩 실어 연행했다. (……) 무장군인들은 학생 일반 시민들이 숨어 있는 것으로 보이는 광주시 금남로1가 상일가구 등 상점에 난입, 닥치는 대로 기물을 부수는 등 "숨겨놓은 학생들을 내놓으라"고 고함을 치며 이들 상점 주인들에게 마구 주먹과 지휘봉을 휘둘러 큰 상처를 입혔다. (……) 각 골목과 금남로에 위치한 큰 건물들을 닥치는 대로 난입, 학생으로 보이는 청년이면 무조건 끌어다 군부대가 집결해 있는 광주관광호텔(현 금남로2가 무등빌딩) 2백여 미터 앞에 꿇어앉히거나 엎드려 놓고 지휘봉으로 때렸다. (……) 또 12시 10분께 광주시 금남로1가 전일빌딩 5층에서 이들 군인들이 행진 도중 돌멩이가 떨어지자 전일빌딩 5층에 수없이 진입, 전일독서실에서 공부하고 있던 남녀 학생 전원 약 40여 명을 강제로 끌고 내려와 신발과 상의저고리를 벗기고 아스팔트 위에 엎드려뻗게 한 후 전남 1가 7865호 경찰기동대차에 20여 명씩 실어날랐다. 그러나 이날 학생, 시민들이 간 곳은 20일 상오 현재 확인되지 않고 있다. (……) 이날 하오 12시 40분부터 1시간 동안 금남로에는 10여 만 명의 시민들이 모여 (……) 공포의 시가지를 이루었다 (……)

장갑차에 불 지르려 하자 총 쏘아 1명 중태

19일 하오 5시 30분께 광주시 계림동 동원예식장 앞길에서 데모 군중 1백여 명이 지프에 불을 당겨 공수단 장갑차를 불태우려다 공수대원이 발포, 데모 군중 속에 있던 김영찬 군(19·학생) 등이 대퇴부 관통상을 입고 병원에 입원했으나 중태다.

왼쪽 눈 빠진 학생 등 입원

광주 시가지 데모 첫 날인 18일 하오 4시께 광주일고 앞에서 데모를 벌이던 방송통신대학생 최기만 군(22)이 왼쪽 눈이 빠지고 온 손가락이 부러지는 등 전신에 상처를 입는 등 이곳 데모 군중 5명이 크게 다쳐 양동 동진외과에 입원 치료를 받고 있다.

첫 사망자 등 병원 입원 중상자들 넘쳐나

(……) 전대병원의 경우 19일 학생, 일반 13명이 응급실에서 치료를 받고 나갔으며 20일에는 총상을 입은 김영찬 학생(19)이 긴급 수술을 받았으나 파편이 대장, 둔부 등을 뚫고 나가 생명이 위독하다. 또 적십자병원 응급실에 18일 하오 8시 10분께 입원한 김형렬 씨(29·광주시 백운동 1번지)는 곧 숨졌다.

병원을 찾은 이들 부상자들은 머리가 깨지는 등 어깨 탈구, 타박상이 많으며 열창(칼에 베인 상처)으로 인한 출혈 환자가 대부분이다.

이 밖에도 '3천 시민 유혈 충돌' '팬티 차림 청년들 길바닥에 꿇려' '이슬비 속 긴장감만' '산발적 시위, 상가 문 닫아' '차량들도 검문, 젊은 층 끌어내' '휴교령 각 학교 계엄군 진주' 등의 기사가 실렸다. 나경택, 정운길 기자가 현장에서 찍은 공수부대의 만행을 담은 사진은 설명과 함께 편집되었다. 그러나 끝내 신문은 발행되지 못했다. 5월 19일 오전 11시 30분경, 공무국을 다녀온 문순태 부국장은 "조판대가 엎어졌다"라고 외쳤다. 1면 OK대장을 들고 공무국(3층)으로 올라가보니 문선한 조판대가 엎어져 있는 것을 보고 깜짝 놀라 공무국장실로 달려가 "누가 판을 엎었느냐?" 큰 소리로 물었지만, 오광근 국장은 묵묵부답이었다.[154]

신문 발행이 좌절되자 기자들은 비통한 심정을 감출 수 없었고, 박화강 기자는 모든 희망이 사라졌다고 생각했다. 그는 앞으로도 사실 보도가 어렵다고 전망하고, 전날 긴급 편집국 기자회의에서 '18일, 19일 상황을 보도하지 못하면 제작을 거부하거나 사퇴키로 결의한 것' 가운데 사표를 선택했다. 그가 사직서에 날인하려는 순간, 주변에 있던 기자들도 일제히 동참 의사를 표했다. 사실을 보도하지 못할 바에 신문사에 남을 이유가 없다고 판단해 공동 사표를 쓰기로 한 것이다.

우리는 보았다.[155]
사람이 개 끌리듯 끌려가 죽어가는 것을 두 눈으로 똑똑히 보았다.
그러나 신문에는 단 한 줄도 싣지 못했다.
이에 우리는 부끄러워 붓을 놓는다.

———

1980. 5. 20.
전남매일신문 기자 일동
전남매일신문 사장 귀하

기자들의 공동 사직서는 중역실로 전달되었지만, 곧 반려돼 돌아왔다. 그런데도 기자들은 단체로 신문사를 나왔다. 사표

---

154 손정연·박화강, 〈1980년 전남매일신문사 기자들의 언론자유 운동〉, 《5·18민주화운동과 언론투쟁》, 5·18기념재단, 2014, 48쪽.

155 광주광역시 5·18사료편찬위원회, 《5·18광주민주화운동 자료총서 2》, 1997, 25쪽.

를 낸 기자들은 신문사 앞 식당에서 점심을 먹으며 대화를 나눴다.[156] 침통한 분위기 속에서 누군가가 "지하신문이라도 제작하자"는 얘기를 했다. 이들은 논의 끝에 신문 제작에 필요한 기자재를 확보할 조까지 편성했다. 계엄사의 검열로《전남매일신문》에서는 인쇄할 수 없었던 터라 인쇄가 가능한 곳을 알아보고 오후 5시에 충장로 입구에서 모두 만나기로 약속했다.[157]

한 조가 된 박화강, 유제철, 손정연 기자는 도청 주변을 비롯한 시내의 인쇄소를 방문했지만, 인쇄를 맡아주는 곳이 없었고 상점 대부분은 문을 닫은 상태였다. 결국 포기하고 약속 장소로 돌아왔으나 다른 조의 사정도 매한가지였다. 이들은 할 수 없이 지하신문 제작을 유보하고 각자 돌아다니며 인쇄할 수 있는 곳을 찾아 나서기로 했다.

5월 20일의 차량시위와 《전남매일신문》

5월 20일 오후 2시, 여전히 도청 앞에서는 군과 시위군중이 대치하고 있었다.《전남매일신문》의 박화강, 유제철, 손정연 기자는 사직서라도 인쇄하여 시민들에게 언론탄압의 진실을 알리자며《전남매일신문》화순지사장이 운영하는 인쇄소로 넘어갔다.

이들이 떠난 지 한 시간 정도 뒤, 금남로에는 온통 차량 행렬

---

156   당시 사직서를 낸 기자는 박화강, 유제철, 손정연, 이정식, 공동진, 윤유석, 장형래, 김영재, 이준, 김진영, 김여송, 고행원, 김굴근, 김승철, 양부량 등이다.
157   손정연·박화강,〈1980년 전남매일신문사 기자들의 언론자유 운동〉,《5·18민주화운동과 언론투쟁》, 5·18기념재단, 2014, 52쪽.

로 가득했다. 공수부대가 출현하면서부터 손님이 줄어든 사실에 분개한 택시기사들이 차량시위를 펼친 것이다. 공수부대는 길 가던 버스와 택시를 무작정 세워 손님과 기사를 끌어내리고 구타를 일삼았다. 기사들은 단순히 영업을 했을 뿐이었고, 대다수 국민이 사회의 민주화를 염원하는 상황에서 쿠데타 세력에 저항하는 대학생들의 승차를 거부할 이유도 없었다. 기사들의 단체행동은 특정한 누군가가 주도한 것이 아니었다. 그저 공수부대에 피해를 본 기사들과 그들의 폭력으로 억울해하는 시민들을 목격하면서 자발적으로 행한 것이었다. 기사들은 자신들과 시민의 생명을 위협하는 군의 행위를 멈추고자 인근에 모여 차량시위를 계획했었다.

기사들은 '공수부대가 아무 죄도 없는 우리들까지 무차별 때려 죽이려 했으니 도청으로 가서 한바탕 밀어붙여버리자'고 다짐하는 것이었다. 전날 공수부대원들은 시내버스와 택시들을 세우고 손님뿐만 아니라 운전사들까지 마구 두들겨 팼었다. '시위학생들을 실어 나르고 부상한 시민들을 병원으로 운반해준다'는 것이 그 이유였다. "돈 받고 영업하는 우리 기사들이 무슨 죄가 있는가"라고 외쳐보기도 했다. 택시기사들은 피가 끓어올라 그대로 주저앉아 있을 수가 없었다. 그 감정이 이심전심으로 전해진 오후 4시쯤 무등경기장에는 택시 등 200여 대의 차량이 모여들었다. 택시만 모인 것이 아니라 버스도 있었고 화물차도 있었다. '우리가 무슨 죄가 있기에 두들겨 맞는지 모르겠다' '우리를 진압봉과 대검으로 해치는데 가만히 있을 수 없다'는 의지가 똘똘 뭉친 것이다. 차량을 질서정연하게 세워놓은 기사들은 공수부대의 잔혹상을 공개적으로 성토한 다음 '군 저지선 돌파에 우리가 앞장

서자'고 결의하고 일제히 출발했다.[158]

    시위군중이 공수부대의 저지선을 뚫기에는 역부족인 상황이었다. 따라서 이들은 단체로 차량을 돌격시키는 방법, 즉 차량을 통한 시위로 공수부대의 저지선을 뚫는 묘안을 생각해냈다. 그것은 정확한 판단이었다. 차량 행렬은 금남로에 들어서자마자 도청 광장 100여 미터 앞인 동구청까지 진출했다.[159] 선두에는 대형 시내버스 11대와 대한통운의 12톤 트럭이 서고, 그 뒤를 영업용 택시가 따랐다. 유동삼거리부터 금남로4가까지 무려 200여 대가 참여했다.

    이날은 자정이 넘도록 시위 열기가 식을 줄 몰랐다. 타오르는 열기만큼 군중의 수는 더 불어나고 있었다. 이날 야간시위에 참여한 시위군중은 밤 9시경에 7만 명, 밤 10시경에는 10만 명에 이르렀고 자정이 넘어서는 도저히 셀 수 없을 만큼 많았다. 당시 광주시 인구 73만 명 중에서 노약자, 부녀자, 어린이를 제외한 대다수 시민이 참여했다고 볼 수 있으며, 다음날 여성들이 시위자들에게 각종 음식을 제공하며 시위를 지지하며 동참했다는 점을 고려하면 광주 시민 거의가 시위에 가담한 것이었다. 야간시위에 참여한 시민들은 운전기사들처럼 시위의 필요성에 공감해 자발적으로 참여했다. 이미 군은 광주 시민의 생명을 위협하는 존재로 인식되었고, 광주에서 축출해야 할 대상이었다. 모든 시민이 동참해 그들을 광주에서 몰아내는 것만이 생명을 보존하는 방법이었기에 시위 동참은 생존 차원의 행동이었다.

158   김양오, 《光州보고서》, 청음, 1988, 83쪽.
159   항쟁 당시에는 동구청이 금남로1가에 있었으나 지금은 서남로로 신축 이전했다.

더불어 서울을 비롯한 타 지역의 소식을 일절 들을 수 없는 광주는 섬처럼 고립되었고, 기자들의 집단 사직에도 불구하고 5월 20일 자《전남매일신문》은 제작되었다. 당시 부사장이었던 한상운은 후일 다음과 같이 그날의 검열과 기자들의 상황을 증언했다.

(기자들이 집단 사표를 쓰고 신문사를 떠난 직후 전날의 격전지를 돌아보고) 금남로로 해서 신문사에 돌아왔을 때 새로운 난제가 날 기다리고 있었다. 편집국 기자들이 신문 제작을 거부하고 나선 것이다. 이유는 사실대로 보도할 수 없었기 때문이라 했다. 이와 같은 사태는 어제부터 예견되었던 일이었다. 금남로에서 현장을 목격한 나도 울분을 참을 수 없어 그걸 (오늘) 사설로 다뤘으니 말이다. (……) 나는 편집국 책임자와 상무로부터 대충 경위를 들은 다음 (……) 이날의 신문 사회면은 주로 통신에서 제공하는 기사로 채웠다. 몇 명의 내근 기자와 부장급만으로 신문을 제작했다. 평소에는 5단을 넘지 않았던 사회면 광고가 이날은 기사가 모자라 7단까지 올라갔다.

사설은 예상대로 검열에서 절반 이상이 깎여서 보내져왔다. 오늘부터는 깎인 자리를 돌출광고로 메꾸어서는 안 된다는 검열관의 명령이 따랐다. 꼭 기사로만 메꾸어야 한다는 것이었다. 돌출광고의 효과(?)를 아마 검열관들도 눈치를 챈 모양이었다. 그러나 사설의 절반 이상을 새로 써서 채울 수는 없었다. 시간도 시간이지만 그럴 의욕이 나질 않았다. 그래서 사설을 아주 빼버리고는 그 자리를 아무거나 일반기사로 채우도록 했다. 계엄당국에 대한 저항의 의지도 나타내 보이기 위해서였다. 이래서 1980년 5월 20일 자 신문은 사설이 없는 신문이 되고 말았다. 내가 아는 한 전남매일신문사 창간(1960년 9월 26일) 이래 처음 있는 일이었다.[160]

당시 신문 제작을 위해서는 어쩔 수 없는 방책이었다. 당시 언론법은 3일간 언론사에서 제작, 방송 업무가 중단되면 회사의 문을 닫아야 했던 터라 부장단이 급조하여 신문 제작에 나섰다. 통신사 기사만으로 채운 신문이 제작되었고, 21일부터 《전남매일신문》에 남아 있던 기자들은 서울지사를 통해 문화공보부에 신문 제작 중단을 신고했다. 결국 광주에서 대안으로 삼을 언론은 유인물만 남은 것이다.

5월 21일의 《투사회보》와 집단발포

5월 21일에는 이른 아침부터 윤상원, 정상용, 이양현, 박효선, 김상집, 정현애 등이 녹두서점으로 모였다. 앞으로의 투쟁 방향과 지도부 구성 등을 논의하고자 회동한 것이었다. 이미 도청을 제외한 전 시내를 시민들이 장악한 상태였고, 10만이 넘는 인파가 도청을 에워싼 채 공수부대와 대치하고 있었다. 이제 곧 시민들이 도청을 점령할 수 있을 것만 같았지만, 혹여 공수부대가 발포한다면 엄청난 인명 피해가 날 수도 있는 상황이었다. 논의는 연락이 가능한 재야인사, 청년운동 세력부터 녹두서점으로 모으자는 정상용의 제안으로 시작되었고, 회의가 진행되는 가운데 들불야학 강학이 잇달아 도착했다. 많은 사람이 모이자 윤상원은 기다렸다는 듯이 앞에 나서서는 '회보' 발행을 제안했다.

---

160   손정연·박화강, 〈1980년 전남매일신문사 기자들의 언론자유 운동〉, 《5·18민주화운동과 언론투쟁》, 5·18기념재단, 2014, 53~54쪽 재인용.

1980년 5월 21일 오후 6시, 도청 앞 차량시위.
(사진 출처: 5·18기념재단 5·18기록관 DB)

들불야학 강학들이 다 모이자 윤상원은 《투사회보》를 발행하자
는 긴급 제안을 했다. 신문과 방송은 끊어졌고 외부 지원은 기대
할 수 없었다.[161]

《투사회보》는 이전까지 산발적으로 제작, 발행되던 유인물을
일원화하여 일관된 견지에서 상황을 전파할 매체였다. 당시까
지 여러 단체에서 산발적으로 쏟아내던 유인물은 과장되고 왜곡

---

161   민주화운동기념사업회, 《윤상원》, 오름, 2003, 142쪽.

된 것이 많았고, 각기 다른 내용으로 시민들에게 혼란을 주고 있었다. 더불어 5월 17일 밤에 군부가 자행한 예비검속으로 운동의 지도자마저 없는 상황에서 체계적인 투쟁 방향을 제시할 방법을 《투사회보》에서 찾은 것이다.

> 시위대 맨 앞에서 적을 향해 돌진할까? 마이크 잡고 목이 터져라 선동할까? 안타깝게도 우린 그런 힘이 없다. 10만이나 되는 시민을 이끌 조직을 갖추지 못했어. 지금은 시민들이 스스로 알아서 싸우고 있다. 선전선동! 지도부가 없더라도 투쟁 열기를 끌어올리고 싸움의 방향을 제시하는 일은 우리가 할 수 있어.[162]

윤상원의 판단은 정확했다. 당시 유인물이 시민들에게 미칠 영향력, 전파력은 상상을 초월하는 것이었다. 녹두서점에 모인 이들은 윤상원의 제안을 수락하고, 곧바로 효율적인 작업을 위해 조를 편성했다. 문안 작성은 윤상원과 전용호, 등사에 김성섭, 나명관, 서대석, 이영주, 필경은 박용준, 동근식, 종이 및 물자 보급은 김경국, 정재호, 신병관이 맡았고, 배포 작업에는 모두가 동참했다. 사실 광주의 소식을 들을 방법이 유인물이 유일했던 터라 거리에 내놓기만 해도 시민들이 줄 서서 가져갔기에 배포 작업은 어려운 것이 없었다.

5월 21일 오후 1시 정각이었다. 도청 스피커를 통해 가사 없는 애국가가 울려퍼지자 공수부대는 사전경고하듯 공중을 향해 집단발포를 시작했다. 그러고는 곧 정조준해서 시민들에게 사격을 가했다. 애국가가 '발포명령'을 알리는 신호였는지는 알 수 없

---

162   민주화운동기념사업회, 같은 책, 142쪽.

지만, 애국가가 흘러나옴과 동시에 총성이 울렸다. 애국가가 '광주사태'를 '항쟁'의 국면으로 전환하는 발포명령이었다는 근거는 이 때문이다.[163] 그동안 산발적으로 총성이 울린 적은 있었지만, 이렇게 많은 총성이 울린 것은 처음이었다. 공수부대원들이 '엎드려 쏴' 자세로 시민들에게 집단발포를 한 것이다. 더불어 전일빌딩, 상무관, 도청, 수협 전남지부 건물 옥상에서도 저격병이 시민들을 겨냥해 사격했다.

이로써 시민들이 염원하던 '사태의 평화적 해결'은 물 건너가고 광주민중항쟁은 또 다른 국면으로 접어들었다. 여기서 주목되는 부분은 공식적으로 군이 자위권 발동을 결정한 시간이 5월 21일 오후 2시 35분 및 오후 4시 35분이라는 점이다. 그러니까 계엄사령부의 결정 이전에 이미 자위권을 발동해서 누가 발포명령을 지시했는지가 의문이다. 최웅 제11공수여단장으로부터 5월 20일 밤 공수부대가 광주역 발포로 시위가 격화된 상황을 보고받은 정호용 특전사령관은 전두환 보안사령관, 노태우 수도경비사령관 등과 협의해 다시 최웅 여단장에게 자위권 발동을 허락

163 애국가가 발포명령이었다는 것은 공식적으로 확인되지 않았다. 본고에서 애국가를 발포명령으로 보는 이유는 애국가와 동시에 울린 수백 발의 총성이 공중으로 향한 공포발사였으며, 경고 차원에서 공포발사를 한 후 정조준으로 사격을 가했던 것으로 추정되기 때문이다. 광주광역시 5·18사료편찬위원회가 편찬, 발행한 《5·18광주민중항쟁》(1998)에서는 애국가를 발포명령으로 난성 지었으나. 또 정상용 외 8명, 《광주민중항쟁》(돌베개, 1993)과 황종건·신복진·김녕만·나경택 사진집, 《오월, 우리는 보았다》(5·18기념재단, 2004)에서도 "도청 스피커에서 애국가가 울려퍼지면서 공수부대 사격 시작"으로 서술했다. 반면 대한민국재향군인회, 《12·12, 5·18실록》(1997)에서는 오후 1시에 발포한 사실만 기술했고, 《월간조선》(1991, 1월호 별책부록)과 《윤상원 평전》(전남사회문제연구소 편, 1991)에서는 애국가의 언급 없이 발포 시간을 오후 1시라고만 명시했다.

했고, 이에 따라 21일 오후 1시에 도청 앞에서 집단발포로 많은 사상자를 냈다.[164] 이는 당시 실질적 지휘계통이 전두환 보안사령관→정호용 특전사령관→각 공수여단장에 의해 운용됐음을 의미한다.

총성이 광주를 흔들자 금남로를 가득 메운 시민들은 물결처럼 도로 양쪽으로 갈라졌다. 시위군중의 함성으로 가득 찼던 금남로는 적막에 빠지고 피 흘리며 쓰러지는 부상자들의 신음만 가득 찼다. 수많은 사람이 고통에 몸부림쳤고, 충격적인 사태에 시민들은 당황해 넋을 잃고 말았다. 한순간에 금남로는 피바다가 되어버렸다.

그러나 오후 1시 10분경, 공수부대의 발포에 피신했던 시위군중 1,000여 명이 한국은행 광주지점 앞으로 다시 집결했다. 이때부터 공수부대는 금남로, 노동청 쪽으로 장갑차 1대씩을 돌려놓고 '앉아 쏴' 자세를 취했다. 본격적인 조준사격을 준비하는 자세였다. 시위군중도 이판사판의 심정으로 시위에 나섰다. 학생 몇몇이 대형 태극기를 흔드는가 하면 군중은 너나 할 것 없이 "전두환 물러가라" "계엄령 해제하라" "김대중 석방하라" 등의 구호를 외치고 애국가를 부르기 시작했다. 마치 최후의 결전을 앞두고 부르는 노래 같았다. 숙연한 분위기에 공수부대도 움직임을 멈추고 애국가를 들었다. 노래가 끝난 뒤에도 양측에는 한참 동안 침묵이 흘렀다. 그러다 갑자기 5~6명의 청년이 태극기를 들고 구호를 외치며 공수부대 방향으로 뛰어나갔다. 그때 다시 총성이 울렸다. 청년들은 외마디 비명도 없이 그대로 고꾸라졌다. 사격 자세를 취하고 있던 공수부대원이 정조준 사격을 한 것이

---

164   재향군인회,《12·12, 5·18실록》, 향우산업, 1991, 272쪽.

다. 아스팔트 길 위로 비명 소리가 진동했고, 태극기는 피에 젖어갔다. 이를 목격한 시민 몇 명이 나와 이들을 끌어내자 또다시 5~6명의 청년이 태극기를 들고 달려나와 구호를 외쳤다. 공수부대는 다시 사격을 가했고, 그들은 다시 쓰러졌다. 이러한 상황은 이후에도 대여섯 번 반복되었다. 그저 태극기를 들고 나가 구호를 외치면 시체가 되는 상황. 또 그걸 보고서도 다시 뛰어나가는 젊은이들. 이성적으로는 도저히 이해할 수 없는 상황이었다.

오후 2시부터는 군용 헬기 1대가 도청 광장에 착륙해 공수부대 9명을 태우고 이륙했다. 이후부터 도청 광장은 헬기 포트가 되어 수많은 군용 헬기가 이착륙했다. 부상당한 공수부대원을 이송하거나 각종 문서를 실어나르는 것처럼 보였다. 그리고 1대의 군용 헬기는 시위군중에게 윤흥정 계엄분소장 명의의 전단을 살포했다. 언론을 장악해 타 지역에는 광주의 상황을 불순분자의 소행으로 보도하고, 광주에는 유인물을 통해 시민들을 회유하려는 전략이었다. 이들이 살포한 32절지 갱지에 등사한 유인물에는 다음과 같이 적혀 있었다.

광주 시민 여러분![165]

어젯밤에는 일부 시위군중의 난동으로 인하여 10명의 군경이 사상하고 경찰서를 비롯한 일부 관공서와 3개 방송국이 파괴되고 불태워졌습니다. 뿐만 아니라 상당수의 시위군중도 다친 것으로 추정됩니다.

시민 여러분! 이래서야 되겠습니까? 우리 모두 자제하고 즉시 귀

---

165   김영택, 《10일간의 취재수첩》, 사계절, 1988, 107쪽.

가합시다. 더 이상의 혼란은 우리 광주 시민에게 더욱 불행만을
초래합니다. 더 이상 주저 말고 즉시 귀가합시다. 질서 회복을 위
해 모든 시민이 합심 노력합시다.

———

1980년 5월 21일

전남북 계엄분소장 육군중장 윤흥정

여기서는 학생과 시민들의 시위를 난동으로 규정하고, 연행
자 처리 문제나 부상자에 대한 사과를 호도하며 귀가를 독촉했
다. 그러나 공중의 헬기에서 살포한 유인물은 시내로 떨어지지
않고 바람을 타고 멀리 날아갔다. 간혹 몇 장이 건물에 부딪혀 떨
어졌지만, 그마저도 누구 하나 주워서 보는 사람이 없었다. 군용
헬기에서는 유인물의 내용과 함께 "시민 여러분의 요구대로 연행
된 학생과 시민은 오후 4시에 모두 석방됩니다"라고 방송했다.

시민공동체의 탄생

18~20일까지 광주 시내의 각 병원은 부상자로 북적였다. 본격적
인 발포가 있기 전이라 총상 환자보다는 구타를 당한 사람, 군홧
발로 차인 사람, 개머리판으로 머리가 짓이겨진 사람, 대검에 찔
리거나 배인 사람 등의 자상 환자가 대부분이었다. 그러나 21일
의 집단발포가 있은 후부터 병원에는 총상 환자로 가득 찼다. 전
남대병원, 적십자병원, 기독병원 등 시내 종합병원에는 뇌 손상
을 당하거나 총탄을 맞고 반신불수가 된 사람, 팔다리가 절단 난
사람이 입원했다. 고통에 신음하는 부상자들과 신체가 파손된

주검들이 뒤엉켜 응급실은 차마 눈 뜨고 보기 힘들 정도로 처참했다. 여기에 단 한 명이라도 살리고자 환자에게 달라붙은 의사와 간호사들의 헌신과 시민들의 헌혈 동참은 눈물겨웠다. 부족한 의약품과 혈액은 시위대가 확보해 각 병원에 공급했고, 시민 모두 너나 할 것 없이 팔을 걷어붙였다. 병원마다 부상자를 무료로 치료해주었고, 약국도 무료 처방에 동참했다. 이와 관련한 증언은 다음과 같다.

> "환자들만 데려오면 어떡해요. 약품과 피가 부족하니 그것도 구해달라"는 병원의 요청에 따라 필요한 의약 품목을 신청받고 헌혈을 위해서 적십자 완장을 차고 지프차를 타고 시내 거리로 나갔다. 시민들의 호응은 너무 좋았다. 일반인들은 음식물을 차에 실어주고 약국에서는 필요한 응급약품을 무상으로 내주었다. 시내 약국에 의약품이 부족하자 개인병원을 돌며 필요한 약을 구했는데 개인병원 역시 적극 호응해주었다.[166]

> 나는 순간 '피가 부족하겠구나' 하는 생각을 했다. 아울러 누군가 헌혈을 해야 한다는 생각도 들었다. 그래서 큰소리로 '헌혈! 헌혈!'을 외쳤다. 그 말을 듣고 평소 안면이 있던 기명서가 (……) 우리는 헌혈 버스에 올라탔다. (……) 방송을 했다. '시민 여러분 헌혈합시다!!'[167]

시민들은 앞다투어 서로를 도왔다. 시민 모두가 집단발포를

166   이광영 증언, 한국현대사사료연구소, 《광주 5월민중항쟁 사료전집》, 풀빛, 1990, 1017쪽.
167   정무근 증언, 한국현대사사료연구소, 같은 책, 828쪽.

계기로 생명 존중, 독재 저항, 민주화투쟁의 차원을 넘어 하나의 공동운명으로 엮인 것이다. 따라서 시민들은 광주민중항쟁이라는 사건의 "상처와 죽음 속에서도 절망과 좌절로 주저앉아버리지 않"[168]고 온몸으로 공동체정신을 발휘했다. 운동 세력들은 유인물을 통해 운동을 이끌어냈고, 기사들은 운전으로, 아주머니들은 밥으로, 건강한 사람은 헌혈로, 의사와 간호사는 환자를 치료하고 간호하는 등 시민들은 개인마다 지닌 이질적 능력들을 상황에 맞게 발휘하며 항쟁에 참여했다.

> 시내 여기저기에서 시위에 참가하고 돌도 던졌다. 아주머니들은 길거리에서 시위에 참가하는 사람들에게 김밥을 나누어주고 있었고, 거리는 여기저기 최루탄이 터져 있어 눈을 뜰 수 없을 만큼 매웠다. (……) 술집 여자들이 세숫대야에 물을 담아가지고 길거리에 늘어서 있었다.[169]

5월 21일이었으리라. 정확한 시간은 알 수 없지만 점심시간을 넘어가면서 가마니에 실린 시체와 부상자들이 엄청나게 몰려들었다. 병원 구석구석이 총상 환자들로 가득 찼다. 그들의 처참한 모습을 보며 넋을 잃을 시간조차 없었다. 얼마 지나지 않아 피가 부족하다는 얘기가 나왔다. 급한 대로 병원 식구들이 헌혈에 나섰으나 역부족이었다. 상황을 접한 일부 인사들이 시민헌혈운동을 벌이겠다고 나섰다. 소설가 홍희담 씨와 캐나다인인 미스 팝 씨도 함께했다.

168   김준태, 《5월과 문학》, 남풍, 1988, 21쪽.
169   김행주 증언, 한국현대사사료연구소, 《광주 5월민중항쟁 사료전집》, 풀빛, 1990, 464쪽.

잠시 후 병원 앞에선 상상할 수 없는 일이 일어났다. 헌혈에 나서라는 방송을 기다리기나 한 듯이 시민들이 모여들기 시작했다. 병원 정문 앞 길가에까지 대열을 이룬 시민들은 서로 자기 피를 먼저 뽑아달라고 병원 관계자들에게 통사정을 하기도 했다. 몸이 약한 사람, 나아가 어린 학생, 노인들에게 피를 뽑을 수 없으니 돌아가달라고 권유하던 간호사들이 오히려 면박을 당했다. '지금이 어느 땐데 이것저것 가릴 상황인가. 사람이 죽어가는 데 내 몸 약한 것이 무슨 대수인가.' 일흔이 넘은 할아버지는 '내 몸이 늙었지 피가 늙었겠느냐'며 호통을 치기도 했다.[170]

서로 다른 능력과 활동이 결합하면서 상황을 주도하는 구성체가 만들어지고 있었다. 이 구성체는 하나의 단일화한 체계 속에서 운용되는 것이 아닌 상황과 국면에 따라 다른 양상으로 전개되었다. 그것은 상황에 따라 다른 지도자나 지도 매체가 부상했고 그때마다 시위대의 성격과 투쟁의 양상이 달라졌기 때문이다. 그러나 아직 규모나 체계 면에서 항쟁을 총체적으로 주도해나갈 지도부는 확정된 것이 없었다. 따라서 시위의 방법, 방향, 선동은 운동권 세력에 의해 발행되던 유인물에 부과되었다. 언론의 왜곡보도가 빈번한 가운데, 시시각각으로 상황을 신속하게 담아 진실을 전파하는 유인물이야말로 가장 정직한 언론이었다. 공수부대의 집단발포로 사상자가 속출하자 백제야학에서는 다음의 유인물을 제작, 배포했다.

---

170   김준태, 《명노근 평전》, 심미안, 2009, 290~291쪽.

우리는 피의 투쟁을 계속한다![171]

저 악랄한 유신독재자 박정희 놈의 하수인 최규하, 신현확, 전두
환 놈의 만행을 보라.
사망자 500명 이상! 부상자 3,000명 이상, 연행자 3,000명 이상!
놈들은 무차별 발포를 시작하였다!

행동강령 :
각 동별로 동사무소 장악, 동별로 집합!
오후 3시부터 도청으로 진격하라(매일)!
무기를 제작하라(총보다 더 긴 무기, 손수건, 화염병 제작, 불화살, 불깡
통, 각종 기름 휴대)!
"전주 이리에서는 경찰이 시민의 편에 합세!"
"학생혁명군 상무대 무기고 무기 탈취!"
-최후의 1인까지 투쟁하라!-

———   1980년 5월 21일
                             범시민민주투쟁위원회
                             전조선대학생혁명위원회

　　이틀 전 백제야학에서 발행한 유인물과 같이 시민들의 피해
상황과 무장을 촉구하는 내용을 담았다. 투쟁의 대상을 '최규하'
'신현확' '전두환'으로 지목하고, 행동강령을 통해 투쟁의 구체

171　　광주광역시 5·18사료편찬위원회,《5·18광주민주화운동 자료총서 2》, 1997,
　　　 34쪽.

적인 방향을 명시했다. 말미에 기술한 "전주, 이리에서 경찰이 시민 편에 합세"하고 "학생혁명군 상무대 무기고 무기 탈취"는 근거 없는 얘기였지만, 동별 집합, 도청 집결, 무기 제작 등의 설명은 시민들에게 투쟁의 방법을 제시했다. 공수부대의 빌포에 촉각을 곤두세운 것은 백제야학뿐만이 아니었다. 이미 오전부터 회의를 진행하던 녹두서점에도 발포 사실이 전해졌다.

녹두서점에서 윤상원과 들불야학 강학이 머리를 맞대고 지도부 구성 문제로 골머리를 앓던 중에 총소리가 울렸다. 갑자기 터진 총소리에 놀란 손님들은 황급히 도망갔고 들불야학 식구들만 남게 되었다. 윤상원은 공수부대가 발포하여 더는 시민들도 투쟁을 이어갈 수가 없을 것으로 전망했다. 더불어 녹두서점도 노출될 위험에 처했던 만큼 서점을 정리해 철수하기로 했다. 정상용, 이양현은 행선지를 밝히지 않고 도피했고, 정현애는 윤상원에게 얼마간의 도피 자금을 건네며 작별인사를 나눴다.

윤상원도 녹두서점에서 유인물을 계속 제작할 수는 없다고 판단하여 들불야학당으로 자리를 옮겼다. 때마침 들불야학 강학 서대석이 찾아와 "형님, 공수 놈들이 총을 쏴대는데 이까짓 종이 쪼가리나 만들어서 뭐합니까. 시민들이 총을 쏘고 있다구요!"[172] 라며 울부짖었다. 이에 윤상원은 다짜고짜 고함을 지르며 다음과 같이 유인물의 필요성을 역설했다.

야, 이 자식아. 유인물 작업이 얼마나 중요한지 알아? 총칼 들고 싸우는 거나 마찬가지야. 그렇게 흥분해가지고 총 든 시민을 통제할 수 있겠어? 감정만 앞서가지고 계엄군을 이길 수 있겠냐구.

172   민주화운동기념사업회, 《윤상원》, 오름, 2003, 144쪽.

우리가 할 일이 없어서 이 짓을 하고 있는 줄 알아? 시민군을 통제할 수 있는 지도부가 없는 현실에서 선전선동은 생명과 같은 거야. 투쟁 열기를 높이고 투쟁 방향을 제시하는 일이야말로 우리가 할 일임을 명심해! 총이 거리에 쏟아지면서 겁먹고 피신한 시민들이 자꾸만 늘어나고 있어. 그 사람들한테 공수 놈들의 학살만행을 고발하는 게 우리의 임무야! 다시 싸울 수 있게 알리고 또 알려야 된단 말이야! 전두환이는 총칼보다 투사회보 한 장을 더 무서워해. 알았어?[173]

서대석에게 호통을 친 윤상원은 회보 제작을 위해 작업반에게 연락했다. 그러나 대개 시내에서 도피하거나 공수부대에 연행되어 연락이 닿지 않았다. 그러나 윤상원은 차마 자신마저 광주를 떠날 수 없다고 생각했다. 이미 많은 사람이 목숨을 걸고 투쟁에 나섰고, 죽음 앞에서도 서로 나눔과 베풂을 실천하는 시민들을 두고 피신할 수는 없었던 것이다. 그나마 연락이 닿은 몇몇 사람을 불러모아 오전에 논의한 회보 제작에 나섰다. 회보 명칭은 '민주'를 위해 투쟁하는 '전남인'을 부각한《전남민주회보》로 정하고 초안을 작성했다.

전남민주회보[174]

아! 슬프다.
오백만 전남 도민은 무얼 하고 있느냐?

---

173   민주화운동기념사업회, 같은 책, 144쪽.
174   광주광역시 5·18사료편찬위원회,《5·18광주민주화운동 자료총서 2》, 1997, 33쪽.

밤새 내렸던 하늘의 서러운 빗물도 피바다를 이룬 우리의 민주, 자유의 뜨거운 피를 씻어내지 않았더냐!

민주인사들아!

자유라는 나무는 피를 먹고 자라나고 피를 먹고 열매를 맺는단다. 그렇게 뜨겁고 힘찬 젊은 피를 말이다!

사상자 및 부상자: 5월 18일 0시를 기해서 현재까지 사상자 600여 명에 이르고 부상자는 수천 명에 달한다.

주요 참혹상: 어떤 임신부를 칼로 찔러 태아까지 튀어나오는 만행을 저질렀다. ○○에서는 5세 어린애 2명을 개머리판으로 골통을 때려부셨다. 공용터미널에서는 시체를 갈기갈기 찢어 거리에 널려놓아 시민의 분노를 샀다. 양동 복개상가 다리 밑에 여고생의 시체 27구가 처참하게 내버려져 있었다. ○○○에서는 어떤 여교사를 제자들이 보는 앞에서 옷을 벗겨 난도질했다. 이외에도 수많은 시체를 거리에 방치해두거나 쓰레기차에 실어 함부로 처리해 그들의 잔악성과 잔인무도한 행동을 재확인시켰다.

연행자에 대한 처우: 수많은 학생과 민주시민을 거의 반실신 상태로 연행하여 돼지우리 같은 곳에 수용하여 인간 이하의 처우를 했다.

전남 민주인의 방향: 애국시민이여! 애국근로자여! 애국농민이여! 우리가 바라는 것은 지역감정에 사로잡혀 우리의 목표를 흐리게 하는 것이 아니라 무분별한 파괴가 아니라, 민주정신에 입각한 자율적 행동임을 깊이 명심하고 민주화투쟁에 적극 나섭시다.

《전남민주회보》는 격한 감정을 추스르고 확장된 시야에서 상황을 침착하게 전달했다. 공수부대의 만행을 자세히 설명하여 신빙성을 확보하고 나아가 투쟁의 주체를 '민주인'으로 상정했다. 투쟁하는 시민들이 불순분자가 아닌 '민주'를 추구하는 '애국자'임을 분명히 한 것이다. 더불어 시민들에게 민주정신에 입각한 민주화투쟁이 되어야 함을 강조하여, 민주화투쟁을 지역감정에서 비롯된 것으로 매도한 사실을 비판했다. 들불야학에서 제작한 이 유인물은 광주민중항쟁의 대표적 유인물로 알려진《투사회보》의 전신이었다.《투사회보》가 제2호부터 등장한 것도 《전남민주회보》에서 발전, 점철한 것이었기 때문이다. 항쟁 초기 광주에만 배포되던 유인물은 '회보'로 거듭나면서 점차 도내와 전북지역까지 퍼져나갔다.

5월 21일 오후의 공방과 공수부대의 철수

오후 2시 58분, 공수부대 측 장갑차의 발포를 시작으로 건물 옥상에도 저격수가 배치되어 도청 부근을 지나는 누구든 저격했다. 최정예 부대답게 총알 한 발에 한 사람씩 정확히 맞혔다. 행인 몇 사람이 길바닥에 고꾸라지자 주택에 몸을 숨긴 사람들은 발이 묶여버렸다. 한 발짝이라도 나섰다간 생명을 부지할 수 없는 상황이었다.

우리는 마지막까지 그들을 그래도 한민족이라고 생각했다. 그 칼과 몽둥이에 이어 설마했던 총마저 시민들의 가슴을 정조준한 것이다. 금남로를 메웠던 시민들은 일시에 흩어졌다. 미처 몸을 피하지 못한 시민들이 여기저기서 쓰러져갔다. 삽시간에 비명과 피보라가 뒤덮혀 금남로는 죽음과 맞서야 하는 아수라장이 돼버렸다. 지금까지의 사선은 아무것도 아니었다. 지금까지의 투쟁도 의미가 없었다. 총소리는 멈출 줄 몰랐고 시민들은 계속 쓰러졌다. (……) 그저 총소리가 계속 들릴 뿐이었다. 몸을 움직이려고 애를 써도 목만 겨우 움직였지 사지가 말을 듣지 않았다. 총에 맞은 것이다.[175]

오후 3시 15분부터는 시민군의 반격이 시작되었다. 도청을 중심으로 전남대 의대, 노동청, 광주공원, 금남로 등지에서 시가전이 전개되었고 광주 외곽지역에서 부지런히 병력과 무기를 충원, 반입했다. 무기를 탈취한 시민군은 오후 3시 30분경에 금남로에 도착했다.

이들은 도청을 비롯한 시위 현장에 스스로 참여해 공수부대와 목숨을 건 혈전을 벌였다. 오직 '광주를 지킨다'는 일념으로 공수부대의 사격에 맞서 응사한 것이었다. 그 맞섬으로 총격은 시가전의 양태로 변하면서 시내는 총성에 휩싸였고, 총격전은 공수부대가 도청에서 철수할 때까지 이어졌다.

시가전이 이어질수록 사상자가 속출했지만, 양쪽 모두 더는 물러설 수 없었다. 군은 시내 건물마다 저격병을 배치해 시민군

175   이세영, 〈이 땅에 목발을 짚고 서서〉, 《5·18광주민중항쟁증언록 I》, 광주, 198~185쪽.

1980년 5월 21일 오후, 금남로에 도착한 시민군들에게 박수를 보내고 있는 시민들.
(사진 출처: 전남대 5·18연구소)

을 사살했고, 총탄을 맞은 사상자들은 도로 위에 방치된 채 쓰러졌다. 수많은 사상자가 흩어진 거리에는 부상자들의 비명과 총소리, 시위군중의 함성과 구호, 군용 헬기 소리 등이 뒤섞여 전쟁터를 방불케 했다. 시민군이 무장했어도 공수부대와의 총격전은 원초적으로 승산이 없는 싸움이었다. 싸움의 주체부터 '공수부대 대 시민'이었고, 무기 또한 '신식과 구식'이라는 것만으로도 가늠되는 상황이었다.

오후 5시, 도청 앞의 공수부대는 시민군에게 밀리고 있었다. 100명에 1명꼴로 총을 든 시민군이 사방에서 옥죄자 점점 후퇴하더니, 곧 차량과 도보를 통해 본격적으로 퇴각했다. 도보로 퇴각하던 공수부대는 열을 지어 달리며 쉼 없이 M16 소총을 길가에 난사했고, 차량 이동을 하던 공수부대 역시 길 양쪽으로 총을 쏘아댔다. 이들의 '퇴각 난사'로 집에 있던 주민들이 총에 맞아 숨지기도 했고 총탄을 막고자 집마다 방문에 솜이불을 걸기도

했다. 공수부대가 퇴각하는 동안, 도청, 금남로, 퇴각로, 인근 도로는 텅 비었다. 퇴각하는 군이 난사하는 총소리에 놀라 시위군 중 모두 썰물처럼 빠져나간 것이다.

공수부대의 퇴각은 계엄사령부가 자위권 발동 및 공수부대 전환배치 등 6개 항을 결정한 다음 윤흥정 교육사령관에게 제7공수여단, 제11공수여단의 도청 철수를 지시하면서 이루어졌다. 또 오후 4시 45분에는 예하 부대 예비군 무기 및 탄약의 확보와 광주 외곽도로의 완전봉쇄도 지시했다. 이에 따라 오후 5시에는 제7공수여단 제35대대, 제11공수여단 3개 대대 병력이 도청과 주변 건물의 옥상에서 대기하던 저격수들을 복귀시키고 오후 5시 30분부터 장갑차를 앞세워 노동청을 거쳐 조선대로 집결했다. 다른 부대는 트럭을 타고 학동을 거쳐 지원동 방면으로 빠져나갔다. 도청에 있던 군경 간부들은 이미 5분 전에 떠난 뒤였다. 안병하 경찰국장은 '상황이 급박하므로 각자 알아서 처신하라'는 지시만 내리고 상무대 쪽으로 빠져나갔고, 나머지는 군복과 경찰복을 민간복으로 갈아입고 광주를 빠져나갔다. 안병하 경찰국장은 병력을 대피시키지 않고 알아서 할 것을 지시하여, 정부의 권위를 손상했다는 죄목으로 차후에 직무유기 혐의로 군 수사기관에 연행되었다.

공수부대는 퇴각하기 전에 장갑차를 동원해 학동과 지원동 일대를 몇 차례 왕래하면서 길 양편으로 기관총 사격을 가하며 지역주민들을 불안하게 했다. 이는 얼마 후 부대의 퇴로를 확보하기 위한 사전작업이었다. 장갑차의 난사가 끝나고 10여 분이 지나자 10여 대의 군용 트럭이 무서운 속도로 질주하며 화순 방면으로 퇴각했다. 이 트럭도 M16으로 길 양쪽을 사격하며 달렸다. 이들은 조선대로 철수한 부대와 달리 화순 방면의 외곽 차단을 맡은 부대였다.

조선대로 철수한 부대는 오후 7시 30분부터 도보부대와 차량부대로 나뉘어 시 외곽으로 걸음을 옮겼다. 차량부대의 이동 경로는 조선대→전남도청→제4수원지였고 도보부대는 22일 오전 8시 30분 조선대 뒷산을 타고 주남마을로 들어가 전날 오후에 도착해 있던 제7공수여단과 합류했다. 광주에서 빠져나간 공수부대는 철저하게 시 외곽을 봉쇄했다. 제3공수여단은 광주교도소, 제7공수여단과 제11공수여단은 주남마을, 제11공수여단은 제2수원지 등을 점거하여 도로를 차단했다. 또 광주 외곽 7개 지점인 화정동, 지원동, 대동고등학교 앞, 문화동, 오치동, 동운동, 광주교도소 일대에도 공수부대가 배치되었다. 이로써 광주는 완전히 고립되었다. 이날 밤 9시에는 하행열차마저 장성까지만 운행되었다.

그런데 갑자기 공수부대가 철수한 이유는 무엇인가. 당시 군은 '무장폭도'와의 충돌로 시민들의 피해를 우려하여 후퇴했다고 발표했지만, 터무니없는 소리였다. 공수부대는 1개 소대만으로도 금남로를 메운 군중을 와해시킬 만큼 막강한 실력을 지니고 있었다. 더욱이 철수할 무렵은 저격병의 경계로 도청 근처에는 누구도 얼씬거리지 못했고, 시내에 투입된 공수부대의 계엄군만 3,000여 명에 육박했다. 이뿐만 아니라 시 외곽에는 20사단 병력이 배치되어 광주를 에워싸고 있었다. 비록 학생들이 총기를 획득해 무장하고 다이너마이트로 도청을 폭파하겠다고 위협했지만, 시민군의 무기는 낡아빠진 카빈총에 불과했다. 그런데 최정예 특수부대가 그런 오합지졸의 위협에 물러난다는 것은 어불성설이다. 앞서 전남대 옥상에 설치한 기관총도 사정거리로 볼 때 도청까지는 피해를 줄 수 없었다. 따라서 공수부대의 퇴각은 '작전상 후퇴'라고 볼 수 있다. 무장 시민군이 등장해 시위군중에게 밀리던 상황을 빌미로 미리 계획했던 작전에 따라 철수한 것이다. 즉 공수부대의 퇴각은 광주 시민들에게는 희생의 대가이자 투쟁의 산물이었지만, 다른 한편으로는 공수부대의 전술에 의한 철수작전이었다. 군은 이미 '광주 봉쇄→내부 교란→진압'이라는 단계적 절차를 수립하고 있었다.

5월 21일 도청 접수와 〈민주수호 전남 도민 총궐기문〉

공수부대가 자취를 감추자 시민들은 도청 광장으로 몰려들기 시작했다. 시민들은 아직 도청에 공수부대가 남아있을까봐 불안한 마음을 지니고 조심스럽게 광장으로 다가섰다. 한동안 도청으로 들어서지 못하고 광장에서 발만 동동 구르고 있었다. 이에 시민군 중 몇몇을 선발해 '도청 투입군'을 급조하여 도청 내부 순찰에 나섰다. 그들은 총을 쏘면서 도청으로 들어섰는데, 아무런 반응이 없었다. 도청에 아무도 없음을 확인한 시민군은 시민들에게 사실을 알렸고, 그제야 시민들은 마음을 놓을 수 있었다. 항쟁 나흘 만에 이룩한 쾌거였다. 공수부대가 물러가고 시민들이 다시 도청을 되찾은 것이다. 시위군중은 공수부대를 물리쳤다는 승리감에 도취해 서로를 얼싸안으며 만세를 불렀다. 너나 할 것 없이 시민 모두가 시내로 몰려나와 귀가도 하지 않았다. 때마침 오전에 녹두서점에서 피신했던 정현애와 들불야학 강학들도 제자리로 복귀했다. 공수부대의 발포에도 광주를 떠나지 않은 사람들은 녹두서점으로 모두 모였다.

죽었던 사람을 다시 만난 심정이 이럴까! 때맞춰 문을 연 녹두서
점도 반가웠지만 정현애를 이리 빨리 보게 될 줄이야! (……) 밤
늦도록 시위를 이끌랴, 광천동에서 새벽까지《투사회보》를 만들
랴, 잠 한숨 못 잤지만 윤상원은 짐짓 너스레를 떨었다. 공수 놈들
이 빠져나간 도청으로 시민들과 들어가면서 '아, 이게 바로 역사
의 현장이로구나' 하는 감격스러운 순간을 맛봤다. 그것은 민중
의 손으로 이룩한 위대한 승리였다.[176]

　　다시 모인 이들은 승리의 기쁨을 누렸지만, 곧 이어진 들불야
학의 회의에서 상황을 판단하는 데는 의견이 갈렸다. 투쟁을 지
속하면 광주 운동권의 존폐마저 장담할 수 없으니 그만 멈추자
는 입장과 대중봉기의 흐름을 놓을 수 없다는 입장이 두 갈래로
팽팽히 맞섰다. 그러나 곧 윤상원, 김영철의 설득으로 강학들은
투쟁하는 쪽으로 방침을 정하고 다시 유인물 작업에 돌입했다.
이날 시내에는 다음의 유인물이 배포되었다.

민주수호 전남 도민 총궐기문[177]

4백만 전남 도민이여, 총궐기하라!
전남 애국청년들이여, 총궐기하라!
전남 애국근로자들이여, 총궐기하라!
전남 애국농민들이여, 총궐기하라!
3천만 민주시민들이여, 총궐기하라!

176　민주화운동기념사업회,《윤상원》, 오름, 2003, 149쪽.
177　김영택,《10일간의 취재수첩》, 사계절, 1988, 119~120쪽.

최후의 일인까지 최후의 일각까지 끝끝내 싸워 저 원한의 살인마 전두환을, 흉악한 국민의 배반자 유신잔당 놈들을 갈기갈기 찢어 죽여 피 토하며 죽어간 우리 아들딸들의 한을 풀어주자! 공산당보다 더 흉악무도한 살인마 전두환의 사병 특전단은 우리 젊은 학생들을 총칼로 찔러 배를 갈라 죽였으며 처녀들의 귀를 자르고 부녀자들을 발가벗겨 배를 갈라 죽였으며 그 창자를 거리에 널고 심지어는 어린애를 개머리판으로 골통을 부숴 죽였다. 하늘이여! 이 원통하고 피 맺힌 시민의 분노를 아는가? 3천만 애국동포여! 이 억울한 죽음의 소리가 들리는가? 민주군대여 말하라! 저 흡혈 살인마 전두환과 유신잔당 놈들을 죽일 것인가? 아니면 민주를 외치는 순박한 애국시민을 죽일 것인가를!

민주경찰이여! 대답하라? 우리 아들딸들이 다 죽어가도 그들에게 최루탄을 쏘아댈 것인가? 아니면 민주국민의 편에 서서 무참히 죽어가는 애국시민을 살릴 것인가를!

처절한 공포의 광주! 핏빛 물든 아스팔트 위에 무참히 죽어가는 시체더미 위에 우리는 죽음으로써 함께 모였다. 이제 우리가 무엇을 두려워하랴, 무엇을 무서워하랴!

일어서라! 일어서라! 일어서라! 우리에겐 분노와 원한과 구국 민주 일념뿐이다.

애국시민이여! 손에는 돌, 몽둥이면 몽둥이를 들고 일어서라!

애국근로자여! 손에는 닥치는 대로 공구를 들고 일어서라!

애국농민들이여! 손에는 삽과 괭이를 들고 일어서라!

3천만 애국동포여!

모두 일어나라. 그리하여 이 땅 위에 이제는 포기할 수 없는, 이제는 다시 빼앗길 수 없는 찬란한 민족의 꽃을 피우자!

승리의 그날까지 전 도민은 무기를 들고 매일 정오를 기하여 전남도청 앞 광장, 공원, 금남로, 광주 신역으로 모이자.

──────

1980년 5월 21일

전남 민주민족통일을 위한 국민연합회

전남 민주구국 청년학생 총연맹

전남 민주청년협의회

이 유인물은 공수부대의 퇴각으로 기쁨을 만끽하던 시민들의 투쟁 의지를 고조시켰다. 이전까지의 '광주' 시민을 대상으로 한 유인물과 달리 호명의 대상을 '전남 애국청년' '전남 애국근로자' '애국시민' '애국농민' 등 전남 도민으로 상정하여, 총궐기할 것을 호소했다는 점이 주목된다. 이는 도내로 진출하는 것이 용이해짐에 따라 항쟁이 확산되어 무기 획득이 가능해진 당시 상황을 반영한 것이다. 즉 앞으로의 투쟁은 광주 시민만의 몫이 아님을 역설한 것이다.

이날부터 중앙지는 석간부터 '광주사태'[178]를 보도하기 시작했다. 그러나 기사는 기자가 취재한 것이 아닌 계엄사령부가 제공한 광주사태 발표문을 인용한 것이었다. 광주에 주재기자를 두고 있는 중앙지사가 시외전화가 중단된 21일 이전 상황을 모를 리 없었다. 그러나 계엄사령부의 검열로 보도가 통제되어 활자화할 수 없었다. 더불어 광주에는 중앙지들이 광주사태를 전면보도한 22일 자 이후의 신문은 반입되지 않았다. 따라서 광주 시민들은 광주민중항쟁이 종료된 후에 중앙지 기사를 접할 수

──────

178   항쟁의 성격 규정이 이루어지지 않았던 당시에는 일반적으로 '광주사태'라는
       용어를 썼다. 여기서도 현실감을 살리고자 이 단어를 사용한다.

있었다. 취재과정에서 중앙지 기자들은 왜곡보도로 시민과 시위대에게 질책을 당했고 심지어 수습대책위원회가 구성된 도청에는 출입마저 제지당했다. 외신기자들에게 차량을 제공하는 등 우호적이었던 것에 비교하면 이들의 처우는 상당히 대조적이었다. 그럼에도 국내 기자들은 모든 수단을 동원해 기사를 송고했으나 검열로 지면에 반영된 것은 극히 일부였다. 또 이날 외신으로 광주의 상황이 처음 보도되었다. 그래서 국내보다는 외국 언론을 통해 거꾸로 광주사태 기사가 국내로 유입되었다. 수습대책위원회와 계엄사의 협상이 결렬되자 도청을 확보한 항쟁지도부가 외신기자를 통해 미국을 중재자로 내세우는 방안을 검토한 것이다.

공수부대의 집단발포로 사살된 시민의 수와 발포를 명령한 자는 아직도 밝혀지지 않고 있다. 그러나 집단발포의 명령자를 밝히는 문제는 광주민중항쟁의 성격을 규명하는 핵심적인 사안이다. 군의 발표로는 최소 54명 사망, 500명 이상이 총상을 당한 것으로 추정된다.[179] 그런데 이날 시위대에게 발포한 상황은 도청에서 그치지 않고 오후 2시경 전남대 정문 앞에서도 이어졌다. 차이점은 도청 앞에서는 집단발포로 상황이 끝났지만, 전남대 앞에서는 발포 후에도 시위대를 추격해 구타하고, 연행하는 행동을 되풀이했다는 점이다. 당시 정황으로 발포명령은 공식지휘계통이 아닌 "광주505보안대→보안사령부→신군부 핵심으로 이어지는 보고체계와 신군부 핵심→특전사령부→광주 현지 공수부대로 이어지는 명령체계를 통해 정보 보고→발포 결정→발포행위"[180]가 진행된 것으로 추측된다. 이를 토대로 살펴보면 발

179   정상용 외,《광주민중항쟁》, 돌베개, 1990, 221쪽.

포 책임자는 전두환, 노태우, 정호용 등 신군부의 핵심 인사들로 추정된다.

5월 22일 '해방광주'의 시민 언론

5월 22일부터는 '해방광주'가 펼쳐졌다. 밤새 공수부대의 철수 소식이 전해지자 이른 아침부터 시민들은 도청과 금남로 등지로 모여들었다. 도청 정문에선 시민군이 총을 들고 출입자를 통제하고 있었다. 시민들의 주요 관심은 향후 추이였던 만큼 도청에서 방송이 나올 때마다 귀를 기울였다. 도청 상황실에서 사망자의 명단과 인적사항 등을 발표할 적마다 시민들은 혹여 자기 자식의 이름이 나올까봐 전전긍긍하거나 비명을 질렀고 간혹 통곡하는 사람도 있었다. 시민군은 차량을 이용해 부상자들을 병원으로 운반했고, 사망자는 입관되어 분수대 앞으로 옮겨졌다. 구급차가 사이렌을 울리며 분수대 앞에 관을 내려놓을 때마다 시민들은 몰려들어 시체를 확인했고 관이 열릴 때마다 안도의 한숨과 통곡이 동시에 터졌다. 관 속의 시체는 많이 훼손되어 있었다. 얼굴이 뭉개진 시체, 목이 없는 시체, 발과 다리가 잘리거나 장기가 터져 있는 시체, 불에 타버린 시체 등 말로 설명할 수 없는 처참한 시신에 시민들은 오열하며 눈물바다를 이루었다.

　한편 언론사의 제작 거부 사태가 계속되자 계엄당국도 난처한 처지였다.[181] 이미 걷잡을 수 없을 만큼 진압이 진전된 상황에

180　안종철, 〈광주민중항쟁의 전개과정 연구〉, 《5·18민중항쟁과 정치·역사·사회 3》, 5·18기념재단, 2007, 339쪽.

서 언론사의 태도는 권력 찬탈의 걸림돌이 되고 있었다. 이에 따라 전두환 보안사령관은 언론사 사장단을 보안사령부로 소집해 회유와 경고를 하는 등 언론 간섭을 노골화했다. 전두환 보안사령관은 다음과 같은 경고, 협박을 하여 언론사를 압박했다. 이러한 사정은 언론사 내부로 전달되었다.

> 그동안 언론과 대학의 내막은 물론, 누가 선동하고 있는지도 샅샅이 알고 있다. 경영권자가 권한 행사를 잘못하고 있기 때문이 아닌가. 이들을 선동한 사람들을 파악해서 체포할 것이다. 그러한 사태가 없도록 사장들이 수습하고 책임을 지기 바란다.[182]

전두환 보안사령관은 협박과 경고뿐만 아니라 광주의 상황에 대해 여론을 조작할 것도 지시했다. 혹여 지시를 거부할 상황을 염두에 두어, 사장들에게 촌지를 건네는 것도 잊지 않았다. 상당한 액수였던 만큼 이를 쉽게 거부하는 사장은 없었다. 당시의 상황을 윤덕한이 증언했다.

> 광주에서 유혈극이 절정에 달하고 있던 5월 22일 전두환은 각 언론사 발행인을 불러 계엄확대 조치의 배경과 불가피성을 설명하

---

181   신군부는 보안대를 중심으로 구성된 보도검열관실을 집권에 필요한 정치적 여건을 조성하는 데 이용했다. 검열로 인해 '국민의 알 권리'가 제한되자 1980년 5월 초부터 한국기자협회와 각 언론사 기자들은 자유언론실천 결의대회를 갖고 5월 20일부터 검열을 거부할 것을 결의했다. 광주에서도 각 신문사와 방송사는 자유언론실천결의문을 채택했지만 검열을 거부하지 못한 채 신문 제작이 중단되었다.

182   김주언, 〈80년대 언론탄압〉, 《사회비평》 제3권, 나남출판, 1989, 166~167쪽 재인용.

고 언론계의 협조를 요청했다. 이어 사태 보도의 실질적인 책임자인 사회부장들을 요정으로 불러내 똑같은 당부를 하고 1인당 1백만 원씩 촌지를 돌렸다. 당시 중앙일간지의 부장급 월급이 45만 원 내외였으므로 1백만 원은 촌지의 수준을 넘는 거금이었다. 그래도 최소한의 양심이 있는 일부 사회부장들은 전두환으로부터 촌지를 받은 것이 부끄럽고 괴로워 부원들과 통음을 하는 것으로 그 돈을 다 써버렸다고 하지만 상당수는 입을 씻고 너스레를 떨어 기자들로부터 눈총과 손가락질을 받기도 했다.[183]

전두환 보안사령관의 협박, 회유 전략은 생각보다 쉽고 빠르게 성과를 발휘했다. 언론이 매우 적극적인 자세로 신군부를 지지하고 나선 것이다. 이렇듯 당시의 언론이 '안보' '폭도' 논리에 따른 왜곡된 사실을 적극 기사화한 것은 검열과 자발적 굴종의 영향에서였다. 예컨대 《조선일보》는 5월 23일 자 사설을 통해 시위군중을 '분별력을 상실한 군중'으로 묘사하며 "57년 전 일본 관동대지진 때 조선인 학살의 역사가 반교사적으로 우리에게 쓰라린 교훈을 주고 있다"[184]며 광주 시민을 일본 폭도들에 비유했다. 신군부가 사장단을 통해 광주 시민들을 '폭도' '난동분자' '무장폭도' 등으로 왜곡한 기사를 항쟁 기간 내내 보도하게끔 지시한 것을 수렴한 것이다.[185] 신군부의 '안보' '폭도' 논리는 '항쟁'의 전국 확산을 차단하는 전략이었고, 이러한 프레임이 광주 진압과 신군부의 집권에 이바지했음은 부정할 수 없다. 이에 발맞

---

183 윤덕한, 〈전두환 정권하의 언론〉, 《한국언론 바로보기》, 다섯수레, 2000, 292~294쪽.

184 정운현, 〈'광주의 굴레' 못 벗은 한국 언론〉, 《대한매일》, 2001. 5. 19.

185 정운현, 〈언론 통폐합〉, 《호외 백년의 기억들》, 삼인, 1997, 215쪽.

취 항쟁 기간 수차례 내건 성명에서도 '북한의 침공' '무장간첩 침투' '사회 혼란' 등 '안보'의 프레임을 제기했다.[186] 이로써 당시 상황은 '북괴의 지령을 받은 폭도들이 일으킨 소요사태'로 발표 되었고, 언론이 가세하여 철저한 '안보' '폭도' 프레임을 발동시 켜나갔다.

《투사회보》 제2호와 〈전두환 광주 살육작전〉

오전 9시부터 유인물 제작팀은 도청, 금남로 등지로 나가 16절지 갱지 앞뒷면에 등사한《투사회보》제2호를 배포했다. '투쟁을 통 한 시민들의 위대한 승리를 이끈다'는 의미의《투사회보》는 5월 21일의 소식을 적어 새벽녘부터 주택가를 시작으로 살포했다. 이는 활자매체로서 논리성, 지속성, 전면성을 살리며 시민들에 게 소식을 전파했다.

투사회보 제2호[187]

민주투사들이여! 더욱 힘을 내자!! 승리의 날은 오고야 만다.
광주 시민의 민주봉기의 함성은 전국적으로 메아리쳐 각지에서
민주의 성전에 동참해오고 있다. 21일에는 장성에서 화순에서 나

---

186 '독침사건'은 25일 도청에서 장계범(당시 21세, 황금동 부근 술집 경영)이
    간첩에게 독침을 맞았다고 소문을 퍼뜨린 사건이다. 이 사건은 사전에
    계획된 정부 정보요원들의 도청지도부 교란작전으로 밝혀졌다. 황석영,
    《죽음을 넘어 시대의 어둠을 넘어》, 풀빛, 1985, 183쪽.

187 광주광역시 5·18사료편찬위원회,《5·18광주민주화운동 자료총서 2》, 1997,
    34쪽.

주에서 다수의 차량과 무기가 반입되었다. 전주에서는 도청을 완전히 장악했다. 이제 승리의 날은 머지않았다. 승리의 날까지 전 시민이 단결하여 싸우자! 이기자! 민주의 만세를 부르자!

○ KBS방송국을 접수하여 방송을 통해 각지에 이 참상을 알리자.
○ 외곽도로 차단(서울 목포 화순 송정 남평 기타).
○ 차량 임무 분담을 표시하자(지휘부, 연락부, 보급, 구급, 기타).
○ 인근 지역에 나가 투사를 규합하자.
○ 전 시민은 지역방어와 보급품을 제공하자.

- 21일 소식 -

1. 오후 6시경 공수부대 금남로에서 조대로 이동.
2. 오후 7시경 공원 주위 시민들 무장 완료, 중심지역 무장 조편성 근무 완료.
3. 오후 8시경 무등경기장에서 무기 지역별 공급과 조편성 실시 완료.
4. 오후 23시 공수부대 180명 정도 매곡동 부근(31사단)에 투입.

———

1980년 5월 22일
광주시민민주투쟁협의회

시민들은 금남로로 나오면 유인물을 통해 전날의 상황, 공수부대의 동향, 연행자 소식, 항쟁의 확산, 사태 수습 등의 정보를 얻을 수 있다고 생각했다. 그만큼 시민들에게 소식을 전파하는 매체로서 유인물은 절대적인 신뢰를 받고 있었다. 이들의 기대에 부응하듯, 윤상원은 이전까지 산발적으로 제작한 유인물이 아닌 체계를 지켜나갈《투사회보》를 기획한 것이다.

초기부터 유인물을 제작한 팀들은 21일 밤에 다시 녹두서점에 모여 각종 유인물을 일원화한《투사회보》를 제작했다. 이때부터《투사회보》제작에는 광대, 송백회 회원도 전면적으로 가세하여, 총 10여 명이 공동으로 작업했다. 이에 따라 물자조달조, 문안작성조, 필경등사조, 배포조 등 4개 조도 재구성했다. 윤상원과 전용호가 문안을 작성하면 박용준과 동근식이 필경을 맡았다. 또 김경국, 정재호, 신병관, 김성섭, 나명관, 윤순호 등이 종이를 보급하고, 차례대로 5,000~6,000장씩 발행을 맡았다. 발행이 끝난《투사회보》는 여공들이 치마 속에 숨겨 새벽녘에 시민들에게 전달했다. 그동안 범람했던 각종 명의의 유인물은 당시의 급박한 상황을 시민들에게 전파하고 궐기를 촉구하는 내용으로 일관되었다. 그 가운데는 부정확하거나 과장된 것도 많았다. 그것은 유인물을 만든 주체들이 직접 확인하지 못한 사항을 싣거나 시민들의 용기를 북돋아주기 위해 지어낸 말이었다. 그러나 주목할 부분은 그들은 난무하던 유언비어 가운데 지역감정을 조장하는 것은 유인물에 단 한 줄도 쓰지 않았다는 점이다. 유언비어의 내용은 사실이 아닐뿐더러 투쟁은 지역감정에서 비롯된 것이 아닌 민주화를 위함임을 분명히 히려는 의도였다. 주로 투쟁의 전개사항과 공수부대의 동향을 담은《투사회보》는 이날부터 제호를 지키며 발행되었다. 시민들은 갱지에 등사되어 글씨가 희미했음에도 불구하고《투사회보》를 꼼꼼하게 읽었다.

이날 시내에 뿌려진 또 하나의 유인물이 있었다. 이는 8절지 크기 갱지 앞뒷면을 빽빽하게 채운〈전두환 광주 살육작전〉이라는 제목으로 도내와 전주지역까지 살포되었다. 이는 르포작가 김현장이 전주지역 종교계의 도움을 받아 제작해 서울을 비롯해 부산, 대구, 대전, 전주 등지에 유포한 것이었다. 이 때문에 김현장은 즉각 수배 조치되었고, 전국에 유인물을 살포한 혐의로 김영환, 박해전, 김창규 등이 구속되었다.

전두환의 광주 살육작전[188]

아! 민족사의 대비극이다. 하늘은 어찌 이리도 무심하단 말인가! 신성한 국토방위의 의무를 국민들로부터 위임받은 군인이 제2의 거창 양민학살 사건을 자행하고 있다. 이것은 온 국민이 가슴을 두드리며 통곡할 비극이 아니고 무엇이란 말인가. 17일 밤을 기해 전두환과 그 일파는 기존의 비상계엄을 더욱 강화하고 자기의 뜻에 거슬리는 모든 정치인, 민주시민들을 체포 구금함으로써 이 나라의 백성들이 기대했던 민주주의에 대한 한 가닥의 희망까지도 말살하고 말았다. 이에 분노한 전남 광주의 전남대학교, 조선대학교를 비롯하여 각 전문대학과 일부 고등학생, 민주시민들의 평화적인 시위에 대해 3만여 명의 전투경찰을 동원하여 시민들의 앞과 뒤를 막아 페퍼포그를 쏘아대면서 포위망을 좁혀 도망가지 못하게 하고, 서울에서 급파된 3천 여 명의 공수특전단들은 대검을 빼어들고 미친 망나니처럼 무를 짜르듯이 닥치는 대로 찔러 피가 강물처럼 흐르는 시체들을 군 트럭에다 내어던지고 그것도 부족하여 달아나는 시민들과 어린 여학생들을 대문까지 부수고 끌어내어 시민들이 보는 앞에서 대검으로 난자했다.

---

188 광주광역시 5·18사료편찬위원회, 같은 책, 27~28쪽.

이러한 만행에 온 시민들은 치를 떨며 저항하기에 이르렀다. 그러나 맨손인 시민들은 도리어 칼질을 당하였고, 손녀 같은 여학생이 피 흘리며 죽어가는 것을 보고 공수부대의 멱살을 잡은 70대의 노파는 도리어 칼로 찔리어 죽음을 당했다. 남학생에게 돌을 날라다 주었다는 여학생을 대낮 시민들이 보는 앞에서 대검으로 난자하였고, 피를 보고 울부짖는 시민들을 향하여, 공수부대는 피 묻은 칼을 흔들어대며 죽이겠다고 소리쳤다. 여학생들의 옷가지는 다 찢어지거나 발가벗긴 채로 피를 흘리며 트럭에 실려가기도 했다.

이제 시민들의 항거에 당황한 공수특전단들은 지나가는 시내버스와 승용차까지 세워 젊은이들을 닥치는 대로 군홧발로 짓이겨 병신을 만들거나 연행해갔고 시외버스 터미널에서는 이러한 만행에 항거하는 시민들과의 싸움 중에 공수부대의 칼에 맞아 죽은 젊은이들의 시체가 대합실에 즐비하였고 미처 치우지 못한 시체는 밤늦게까지 길가에 그대로 놓여 있었다.

그나마 맞아 죽기를 면한 젊은이들은 조기떼를 엮어 매듯 길바닥에 죽은 시체처럼 늘어놓았으며, 이때 공수특전단의 구호는 '젊은 놈들은 모조리 죽여버려라'였으니 전두환의 친위대 공수특전단에 의해 무참히 살육당한 광주 시민의 참상은 필설로써 설명할 수 없고 눈뜨고는 볼 수 없었으니, 나이 먹은 어른들은 하나같이 6·25 때 인민군들도 이렇게 잔인하지는 않았다고 통탄했다.

지금 광주 천지에는 젊다는 이유 한 가지만으로 죄가 되어 생명을 잃어야 하거나 병신이 되어야 하는 처절한 운명에 놓여 있다. '광주 시민 70%는 죽여도 좋다' '개 몇 마리 잡았나?' 이 이야기는 공수특전단들의 입에서 구호처럼 나온 이야기이다. 더욱 분노를 금치 못하게 하는 것은 이러한 살육작전에 앞서 경찰 간부들의 가족은 모두 안전지대로 피난했었다는 사실이다. 뿐만이 아니라 피를 흘리는 여학생의 시체를 시민들이 병원으로 옮겨 응급처치를 받게 하자, 공수부대는 병원까지 뛰어들어 간호원을 구타하고 기물을 파괴함으로써 치료까지 불가능하게 하였으니, 베트남 전쟁에서 양민을 학살했던 만행의 실태를 이렇게도 같은 형제들에게 보여줄 수 있단 말인가!

세계 역사상 찾아볼 수 없는 만행에 분노한 광주의 애국시민들은 중무장한 공수부대에 대해 맨손으로 항거하다 끝내는 이런 사태를 보고도 계속 허위보도하고 있는 언론에 대한 응징의 조치로 문화방송을 불태웠고, 몇 군데의 파출소와 군용 트럭, 페퍼포그 차를 불태우기에 이르렀다. 공용터미널에서는 시민이 화염병으로 맞서 불바다가 되기도 했다.

공수부대가 저지른 만행에 비한다면 아무것도 아닌 이런 소극적인 항거에 전두환은 오히려 시민들의 파괴행위 끝에 이러한 사태가 벌어진 양 허위보도를 하고 있다. 20일 밤을 계기로 전라남도 권내의 모든 통신을 차단시키고 최후 살육작전에 들어갔으며 이제는 고등학생들에게까지도 기어다니도록 두들겨 패어 시내는 온통 통곡소리뿐이었다. 이러한 전두환의 특별살육 명령으로 희생된 사망자는 200여 명, 부상자 수천 명을 헤아리고 있다.

그러나 이러한 참상을 보도해야 할 책임 있는 언론은 21일까지 악몽의 5일간 사실보도는 일언반구도 찾아볼 수 없었고, 전두환이가 작성해준 원고를 앵무새처럼 외우면서, 광주사태는 일부 외부의 불순세력 책동이라고만 보도하고 있으니, 아! 앞이 캄캄하고 가슴이 아파 붓을 움직일 수 없구나!

아! 그러나 이제는 독재의 쇠사슬을 끊고 항거의 핏빛으로 물든 광주의 하늘에 온 국민이 눈물과 분노로 동참하고 일어서고 있다. 21일 발표한 광주사태에 대한 몇 가지 증언을 적어보면, 유언비어라고 뒤엎은 사실은 첫째 40명 사망 운운한 부분은 의심할 나위없는 사실 그대로, 공수부대의 칼에 백주에 피를 뿌리고 죽어갔다. 둘째 어학생 운운한 부분은 광주역 앞 분수대에 여학생을 발가벗겨 세워놓고 칼로 유방을 도려내어 죽였다. 현재 광주 상황은 전 광주 시민의 봉기로 공수대원은 쫓겨가고 광주 시내의 전 관공서가 불타고 있다. 모든 교통 통신은 두절되고 군대의 진주를 막기 위해 시민들이 송정리 철길을 파헤쳐버렸으며, 온 시민이 외치는 구호는 '죽자' '죽여 달라' 이다. 부마사태 때는 전라도 군인, 금번 광주 살육에는 경상도 군인을 투입하여 지역감정을 유발시키고 잔인하게 행동하게 함으로써 그의 속셈을 채우려는 전두환 무리의 반민족 만행을 온 국민은 그대로 묵과해서는 안 될 것이다. 미친 개 전두환 무리를 몰아내지 못한다면 이 땅의 우리가 후손에 물려줄 유산은 끊임없는 억압과 착취뿐이라는 것을 마음속 깊이 새기고 우리 모두 투쟁의 일선에 일어서서 애국가를 목이 터지도록 부르면서 나아가자! 대한민국 만세! 민주주의 만세!

이상의 믿어지지 않는 참상은 80만 광주 시민이 모두 그 증인이다! 광주 시민은 최후 한 사람까지 투쟁할 것이다.

- 이 유인물을 주으신 분은 복사하여 주위에 돌리시기 바랍니다. 사실보도를 외면한 신문을 대신한 것이기 때문입니다. 학원자율화에 서명했던 조선대의 교수들은 17일 12시경에 사복 정보원들에 의해 가족들이 보는 앞에서 피를 토하도록 구타당하며 연행당했으나 아직 생사를 알 수 없다.

1980년 5월 21일

조선대학교 민주투쟁위원회

이 유인물은 침묵으로 일관하던 언론을 질타하고 있다.[189] 이는 전날 이희성 계엄사령관의 '광주사태에 관한 담화'를 보고 시민들의 마음을 대변한 글이었다. 이 유인물은 앞으로 등장할 광주민중항쟁에 대한 서술의 전형을 보여주었다.[190] 항쟁 초기에 제작된 유인물은 주로 '구호'와 '짧은 문장' 등으로 간결하게 광주의 상황을 전파했다. 그것은 공수부대의 폭력과 그에 대한 감정적 반응이 형성되는 시기였기 때문이었다. 그러나 이 유인물은 항쟁을 정의와 비교를 통해 사건의 원인과 의미를 세세하게 밝히고 있다. 양적인 면에서도 21일 이후부터 등장하는 유인물들은 단문에서 장문의 서술로 항쟁의 의미 및 내용을 상세히 기술하게 된다. 내용 역시도 상황 보고와 행동 강령을 통한 압축적인 형태에서 '사건의 경위' '원인' '사태 추이' 등을 짜임새 있게 전달하며 항쟁의 서사를 시민들에게 제공했다.

5월 22일 오전 10시에는 학생들이 가두방송을 통해 시민들에게 도청 광장으로 모일 것을 독려했다. 방송 내용이 "정부와 협상하려 합니다. 시민들께서 모이셔서 좋은 의견을 내주십시오"였

189   이틀 전, 같은 명의로 뿌려진 유인물과 내용의 차이는 없었으나 사상자 수가 상이했다. 종전에는 사망자 200여 명, 부상자 1,000여 명으로 기술했지만, 여기서는 사망자 2,000여 명, 부상자 1만여 명으로 명시하여 10배 이상의 차이를 보였다. 김영택, 《10일간의 취재수첩》, 사계절, 1988, 128쪽.
190   〈전두환의 광주 살육작전〉의 제작 날짜를 각각 20일로 정리한 자료와 21일로 정리한 자료집이 있다. 그러나 "언론은 21일까지 악몽의 5일간 사실보도는 일언반구도 없이"라는 구절을 상기할 때, 이 유인물은 5월 21일 이후에 작성된 것으로 추정된다.

던 터라 시민들은 금세 금남로와 도청 광장으로 몰려나왔다. 시민들은 학생들이 정부와 협상해서 좋은 결과를 거둘 거라는 기대를 하고 있었다. 그때였다. 어디선가 헬기의 프로펠러 소리가 요란하게 들려왔다. 순식간에 공중으로 날아온 군용 헬기는 시내를 돌며 "폭도들에게 알린다. 즉시 자수하라"고 방송했다. 한순간에 기대를 무너뜨리는 소리였다. 이에 대항하듯 중고교생 200여 명은 "우리는 폭도가 아니라"라고 쓴 플래카드를 들고 시위했다. 이는 단순한 시위를 넘어서 자신들의 정체성을 밝히는 행위였다. 헬기는 방송뿐만 아니라 계엄사령관 명의로 된 3개 항의 경고문이 적힌 유인물을 쏟아부었다. 자수, 무장 해제, 귀가를 종용하는 내용이었다. 그리고 곧바로 경찰 헬기가 다시 날아와 "친애하는 시민 여러분. 그리고 우리 광주 청년학생 여러분! 빨리 총을 길 복판에 버리고 집으로 돌아갑시다. 우리 광주를 다시 살리는 데 모든 부모님은 거리에 나오셔서 총을 거두는 데 앞장서주십시오. 모든 예비군과 민방위대원은 각 동네의 질서를 회복시킵시다"라는 방송과 함께 다음의 유인물을 살포했다.

대화로 모든 문제 해결 가능[191]

- 정부, 사태 수습 위해 최선을 다할 터.

시민, 학생 앞장서 비극 막자!
一. 선량한 대다수의 주민, 학생이 극소수의 폭도, 불순분자의 선동, 조종에 희생물이 되어서는 안 된다. 모두 자제하여 안정을 되

---

191   김영택, 《10일간의 취재수첩》, 사계절, 1988, 128쪽.

찾자.

一. 무기 불법 소지자나 탈취 차량에 탑승, 배회하고 있는 자는 이를 가까운 관서에 돌려주고 한시바삐 집으로 돌아가라.

一. 시민, 학생들은 유혈사태 방지, 질서 회복에 앞장서 협조하라.

一. 폭동사태에 손뼉을 치는 것은 북괴뿐이다. 혼란이 계속되면 북괴는 남침이나 침투를 감행한다.

一. 말로만 애국 말고 동족살상을 막자. 폭력과 난동은 자신과 집안을 망치고 이 고장, 이 나라를 망친다.

一. 터무니없는 유언비어를 믿지 말자. 오열과 불순분자들은 배후에서 유언비어를 퍼뜨린다.

一. 대화를 통해서 모든 문제를 해결해야 한다. 폭력과 난동은 비극적 결과만 낳는다.

一. 정부는 정상회복 후 문제해결에 최선을 다할 것이다. 정부는 이미 '광주사태수습위원회'를 만들어 식량, 의약품 등의 공급과 광주지역 재건을 위한 태세를 갖추고 있다.

一. 정부는 폭동사태를 무한정 방관할 수만은 없다. 모두가 앞장서서 더 이상의 비극을 막자.

一. 오열, 불순분자의 소행인 유언비어 믿지 말자.

──────   문화공보부가 주민, 학생 여러분께 알려드립니다.

　정부 측의 유인물은 광주의 상황을 북괴의 사주나 폭도와 불순분자 폭동으로 규정했음을 보여주었다. 문화공보부의 명의를 공식화한 것은 조작한 상황을 타 지역으로 전파하기 위함이었다. 즉 민주화를 요구하는 학생시위에서 시작된 항쟁을 폭도나 불순분자들의 난동으로 왜곡하여 정권 획득과 이후의 불법적 정치 과정을 정당화하고자 하려는 음모였다. 물론 이 방송과 유인물을 믿고 동조하는 사람도 없었거니와 수습에 대한 해결책이나 사과도 없이 무기를 반납하라고 해서 버릴 사람도 없었다. 또 목숨이 위태로운 상황이었던 만큼 부모들도 자식들에게 총을 버리라고 권하지도 않았다.

5월 22일에는 시민들에게 계엄사와의 협상 결과만큼 중대한 기대가 남아 있었다. 새로 임명된 박충훈 국무총리가 광주로 내려와 사태 수습안을 마련할 것을 약속한 날이었다. 그러나 박 총리는 이날 오전 9시에 김종환 내무부 장관, 유양수 동력자원부 장관, 진의종 보건사회부 장관과 헬기를 타고 이미 광주를 다녀간 뒤였다. 그는 장형태 도지사와 관계자들에게 광주사태의 경위와 현황을 1시간 45분간 보고받고 〈호소문〉만을 남긴 채 돌아가버렸다. 그의 행동은 자신만을 목이 빠져라 기다린 광주 시민에 대한 배신이자 무책임의 극치였다. 그가 〈호소문〉을 통해 이렇게 말했다. "대부분의 선량한 시민들의 노력으로 광주사태는 호전되고 있다. 시민들은 극소수의 폭도와 불순분자들의 터무니없는 유언비어에 현혹되거나 부화뇌동하지 마라. 정부는 광주사태가 발생한 이후 무고한 시민들의 희생을 가져오지 않도록 최대한 인내와 자제로써 대처하고 있으며 무질서와 파괴, 살상의 과오를 범하지 말고 정상을 되찾아주기를 정부와 국민을 대신하여 진정으로 호소한다." 무고한 시민을 희생시킨 공수부대의 진압을 정당한 시위 진압으로 공표하고 시민들이 혼란을 만들고 있다는 식의 내용은 당국의 처사와 별다를 바 없었다. 또 이날 박충훈 국문총리는 저녁 7시 30분 텔레비전과 라디오를 통해 전국으로 중계된 담화에서 다음과 같이 광주의 상황을 설명했다.

현재 광주 시내는 군 병력도 경찰도 없는 치안 부재 상태다. 일부 불순분자들이 관공서를 습격, 방화, 무기를 탈취하여 군인들에게 발포했음에도 불구하고 군은 정부의 명령 때문에 시민들에게 발포하지 못하여 울화통이 터지는 상태에 놓여 있는 것 같다. 그럼에도 불구하고 광주사태는 시청 직원이 사무를 보고 전기 수도가 공급되며 은행 약탈 등이 없는 것으로 보아 호전되어가고 있는 것으로 안다.

시민들은 박 총리의 광주 방문에도 불구하고 사태 수습의 진척이 없자, 자신들끼리 해결 방안을 모색할 수밖에 없었다. 그런데 뜻밖에도 사태는 광주에만 국한되지 않고 도내로 번지고 있었다. 목포가 대표적인 경우였다. 목포 출신인 김대중의 구속으로 시민들이 분개한 것이다. 목포는 공수부대의 진압만 없었을 뿐, 광주 못지않게 투쟁 열기가 고조되고 있었다. 그들은 광주에서 자행된 공수부대의 만행을 규탄하고 군부와 유신잔당의 음모를 폭로하고자 5월 22일 오후 2시에 목포역 광장에서 1만여 명의 목포 시민이 '제1차 민주헌정 수립을 위한 시민궐기대회'를 개최했다. 이 대회에서 밝힌 사항은 다음과 같다.

우리 겨레와 세계 자유민에게 보내는 목포 시민의 결의문[192]

우리 목포 시민들은 지난 5월 18일 이후 광주에서 빚어진 살육참상을 보고 듣고 확인했다. 거세되지 않은 자유시민임을 자부하는

---

192   광주광역시 5·18사료편찬위원회,《5·18광주민주화운동 자료총서 2》, 1997, 37쪽.

우리들은 어제 오늘의 광주, 목포 사태를 보면서 더 이상 참을 수 없는 우리의 뜻을 한데 묶어 우리 겨레와 세계 자유민들을 향하여 다음과 같이 선언한다.

一. 우리는 지난 며칠 동안의 광주사건을 조직적으로 감행된 변명할 여지가 없는 명백한 양민학살로 본다. 그날의 광주시는 흡사 인간도살장이었다. 80만 시민이 숨 쉬는 도심지에 공수특전대를 투입한 사례를 어느 역사에서 찾아볼 수 있단 말인가?

一. 광주사태가 조직적이고 계획적인 양민학살극인 만큼 시민학살을 명령한 정부 책임자와 이 학살사건에 동원되어 가담한 군과 경찰은 지위고하를 막론하고 당장 색출하여 가차 없이 처형하라.

一. 우리 시민은 이번 광주, 목포 사태를 통하여 이 나라 이 민족, 우리의 시민은 총칼 등 어떠한 폭력적 탄압으로 억압한다고 해서 억눌려질 수 없다는 사실을 보았다. 녹슨 쇠고리 폭압정치의 흉기인 비상계엄령을 즉각 해제하라.

一. 김대중은 이 나라 자유시민들이 18년 동안 쳐다보고 살아온 자유와 민주주의의 상징이다. 그의 투옥은 바로 삼천 칠백만 이 나라 국민들을 잡아 가둔 것과 마찬가지인 만큼 김대중을 즉각 석방하라.

一. 이유 없이 계속되는 통신의 두절, 기차와 정규 노선버스의 차단은 자유시민을 굶겨 죽이려는 포위공작으로밖에 볼 수 없다. 통신과 교통수단을 이 시간부터 정상화시켜라.

一. 피값은 외상이 없다. 광주 시민이 흘린 피의 삯은 구체적으로 즉시 보상되어야 한다. 그 자유시민의 피값을 보상하기 위해, 이 나라의 국정을 독점, 농락하는 정치적 폭력배들은 오늘 당장 물러나고 민주헌정을 조속히 실현하라.

1980년 5월 22일

목포시민 민주화투쟁위원회

민주헌정 수립을 위한 목포시민 궐기대회

이 결의문은 광주민중항쟁 이후 발표한 글 가운데 최초로 광주사태를 조직적, 계획적인 양민학살극으로 규정하고 광주 시민의 핏값을 보상하기 위해선 '정치폭력배'를 몰아내고 민주헌정을 실현해야 한다는 점을 명확히 했다. 또한 '제1차 민주헌정 수립을 위한 시민궐기대회'의 위원장을 맡은 안철이 "광주 시민 학살은 자유시민을 억압하던 유신독재 잔당들과 군인들의 정권욕이 결탁하여 빚어낸 계획적이고 조직적인 반역사적, 반민족적 음모에서 비롯된 것"이라고 주장하자 이에 호응한 시민들은 자율적으로 시위대를 결성했다. 그들은 시민궐기대회가 끝난 후에 시가를 행진했다. 가는 곳마다 시민들은 음식과 음료를 제공했고 각종 성금도 모금했다.

5월 22일의 언론과 《투사회보》 제3호, 제4호

공수부대가 철수한 금남로는 차츰 평온과 활기를 되찾고 있었다. 시내의 상가는 대부분 문을 닫았으나 변두리 가게들은 문을 열어 식료품을 팔고 있었다. 또 일찍부터 양동시장에서는 오일장이 열리는가 하면 생활용품을 파는 상인들은 손수레에 물건을 싣고 나와 장사를 했다.

각 신문사는 5월 19일부터 광주에 취재진을 파견하는 등 '광주사태'에 신경을 곤두세우고 있었다. 그러나 당시 신문검열권을 거머쥔 계엄사령부의 통제로 기사는 전연 보도될 수 없었다. 극심한 보도 통제로 며칠째 허울뿐인 기사만 보도되었고 분량을 채울 광고도 부족한 판국이었다. 그렇다보니 신문을 보는 독자들마저 국내 정세에 의문을 품기 시작했고, 당국도 더는 억제하기 어렵다고 판단했다. 이러한 상황에서 《동아일보》는 1면 전체를 '광주사태' 기사로 채우고 사회면에도 일부를 실어 발행했다.

오후 5시, 《동아일보》 1판 신문이 발행되었다. 여기서는 '광주사태 닷새째'라는 타이틀이 1면에 보도되었고 5월 21일에 각목·쇠파이프로 무장한 시위대를 찍은 두 장의 사진이 실렸다. 사회면 첫머리에 '광주 시외전화 두절'이라는 기사와 함께 날짜별 시위에 관한 기사가 게재되었다. 석간인 《동아일보》는 오후 1시쯤 1판을 발행하여 서울과 인근지역으로 수송하고 있었다. 그리고 오후 4시경에 발행되는 2판은 서울 시내, 그리고 오후 6시경에 발행되는 3판은 경상도 지역, 오후 7시경에 발행되는 4판은 전라도 지역으로 보내는 식으로 하루 4회씩 발행했는데, 이날은 개판(改版) 없이 광주사태 기사를 그대로 실었다. 이날 《동아일보》를 본 서울 시민들은 '광주' 기사가 실리자 놀라움을 금치 못했고, 순식간에 《동아일보》는 매진되었다.

신문은 밤새 수송되어 다음날인 5월 23일 오전 10시에 광주에 도착했다. 그러나 시 외곽을 차단한 공수부대의 저지로 광주로 반입이 차단되었다가 오후 2시경에 도청으로 10여 부가 간신히 들어왔다. 신문을 받아든 도청본부에서는 오후 2시 45분에 도청 스피커를 통해 시민들에게 신문의 보도내용을 전파했다. 그러나 방송을 들은 시민 대부분은 언짢은 표정을 지었다. 시민의 요구사항이나 사태의 당위는 검열과정에서 삭제되고 계엄당국의 주장이 주된 내용이었기 때문이다. 검열에서 삭제된 기사는

뒤에 '동아일보 삭제 부분'으로 표기하여 시중에 공개되었고 일
부 단체는 개별적으로 인쇄, 배포했다.

《동아일보》가 광주에 대한 기사를 보도하자 다른 신문들도
발등이 걸렸다. 이날 이후부터 각 신문이 광주사태를 머리기사
또는 전면을 할애해 보도한 것은《동아일보》의 여파였다. 더불어
외국의 매스컴도 광주사태를 보도하는 데 열을 올리기 시작했
다. 미국의 주요 일간지《뉴욕타임스》《워싱턴포스트》《월스트
리트저널》《크리스천 사이언스 모니터》《로스앤젤레스 타임스》
등이 광주사태를 1면에 보도했고, 일본의《아사히》《마이니치 요
미우리》《도쿄 신문》도 연일 대서특필했다.

사흘간의 시위를 거쳐 '해방'을 맞은 시민들은 공수부대가 철
수하여 앞으로 정부와 타협을 통해 사태가 해결될 것이라는 기
대감에 빠져 있었다. 그러나 이날 오전 10시 30분에는 시내 한복
판에 군용 헬기가 등장해 "폭도들에게 알린다. 즉시 자수하라.
자수하면 생명을 보호받는다"는 선무방송이 흘러나왔다. 헬기
에서는 방송과 함께 계엄사령관 명의로 된 3개 항의 경고문이 적
혀 있는 유인물도 쏟아냈다. 뒤이어 날아온 경찰 헬기도 방송을
한 후, 장형태 도지사와 구용상 광주시장 명의로 된 방송과 같은
내용을 담은 유인물을 뿌렸다.

호소문[193]

친애하는 시민 여러분!

193   광주광역시 5·18사료편찬위원회, 같은 책, 36쪽.

1. 이성 있는 우리 광주 청년학생 여러분!
빨리 총을 길 복판에 버리고 집으로 돌아갑시다.

2. 우리 광주를 다시 살리는 데 모든 부모님들은 거리에 나오셔서
총을 거두는 데 앞장서주십시오.

3. 모든 예비군과 민방위대원은 각 동내의 질서를 회복시킵시다.

———   1980. 5. 22.
전라남도지사 장형태
광주시장 구용상

이 〈호소문〉은 도지사 장형태의 명의였지만, 계엄당국의 유
인물과 내용상 차이는 없었다. 이 〈호소문〉과 함께 정부의 대변
부서였던 문화공보부 명의의 유인물도 등장했다. 여기에는 몇
가지 표어와 '사태 수습을 위해 최선을 다할 터'라는 부제 아래 9
개 항목을 나열했지만, 내용은 명령, 위협조로 일관되었다.

5월 23일 오후 7시에는 계엄사령부가 〈광주사태에 대한 발표
문〉을 보도했다. 이는 전날에 수습위가 계엄분소를 방문하여 협
상한 내용을 다룬 것이었다. 구체적으로는 수습위의 요구사항,
즉 군이 시내로 진입하지 않으면 자체적으로 사태를 수습, 총기
를 반환할 뜻을 비쳤다는 것과 과잉 수습책의 방지, 연행자 석방,
수습 후 보복 금지 등을 요구한 사실을 보도했다.[194] 여기서는 수
습위의 요구사항을 제시하여 계엄당국이 사태를 원만히 해결할

194   발표문은 《조선일보》, 1980년 5월 23일 자 참조.

것처럼 보도했지만, 계엄당국이 조처한 것은 아무것도 없었다. 군의 과잉 진압을 인정하지 않았고 연행자 석방, 보상 문제도 회피할 따름이었다. 그럼에도 시민들을 '폭력난동자'로 규정하여 자발적 무기 회수를 노골화하여 누명을 씌운 것이다. 이들의 뻔뻔한 태도에 대항하듯,《투사회보》제작팀은 밤새 양면으로 만든 《투사회보》제3호, 제4호를 시내에 살포했다.

투사회보 제3호[195]

― 민주 승리의 날이 드디어 오다! ―

민주투사들이여! 승리의 날이 우리 눈앞에 오고 있다. 힘을 내어 더욱 분발하자.

* KBS 방송국을 접수하라.
* 전 예비군과 경찰이 앞에 서서 전투를 지휘합시다.
* 외곽도로 차단을 계속하자.
* 효천 연탄공장 앞에 공수특전단들이 집결하고 있다.
* 공격 목표 없는 발포로 실탄을 소비하지 말자.
* 전 차량에 임무 분담 표시를 하자.

대형차 = 수송 보급 무기 및 실탄, 소형차 = 구급 홍보 연락 지휘

* 소형차에 스피커를 설치하라.
* 전 시민은 조기를 부착하고 동별로 플래카드를 준비하여 도청 앞에 집결하라.
* 전 총기는 어른들에게 넘기고 지휘자의 명령 없이는 발포를 엄

---

195   전남대 5·18연구소 '5·18기념관' 전시(2012년 7월 20일).

금한다.

* 전 시민은 투사들에게 물자를 공급해주자.

* 21일 밤 15명 사망 수십 명 부상, 각 병원에서 치료 중이다.

* 9시 국무총리 서리가 내관할 예정이다. 감언이설에 속지 말자.

* 전 세계의 매스컴이 광주로 집결하여 참상을 보도하고 있다.

투사들이여! 힘을 내자.

———   1980년 5월 22일
                       광주시민민주투쟁협의회

《투사회보》제3호는 시민들의 안전과 직결된 사항을 중점적으로 다루었다. 공수부대의 재진입에 대비해 외곽도로의 차단과 공수부대의 동향을 명시하는 등 외부 치안에 신경을 썼다. 또 무분별한 발포, 실탄 소비 방지 차원에서 총기는 어른들에게 건넬 것을 강조하며 내부의 질서도 확립했다. 이는 치안 공백의 '해방광주'에서 많은 시민의 총기 휴대로 발생한 안전사고를 예방하기 위함이었다.

전투 방위 측면에서는 소식을 신속하게 전달하고 환자를 수송할 방편으로 차량에 스피커 설치를 지시한 강령이 눈에 띈다. 이에 따라 22일부터 주행 가능한 차량에는 스피커, 임부분담 표시가 설치되었고, 각 차량은 시내를 돌며 상황을 전파했다. 즉 '해방광주'에서 스피커가 차량방송의 중요한 도구로 활용되었다. 이는 20일에 전개된 '차량시위'의 방법을 응용한 것이었다. 나아가 전남대 스쿨버스, 아세아자동차에서 탈취한 차량, 군용 지프 등에는 대형 스피커와 앰프를 장착해 시위의 기동성도 증

강했다. 대형차량이 거리를 돌며 쏟아낸 방송은 시민들의 참여를 유도하고, 무기와 물자를 충원하는 방법으로도 활용되었다. 《투사회보》 제4호는 제작되었다는 기록[196]은 있으나 현재까지 원본과 그 내용을 확인할 수 있는 자료가 남아있지 않다.

5월 23일의 《투사회보》 제5호, 제6호

5월 23일 오전, 녹두서점에 모인 《투사회보》 제작팀은 사태를 해결하려는 새로운 조짐을 보였다. 윤상원의 주도로 오전부터 집결한 이들은 전날 수습위가 주최한 투항적 집회의 문제점을 논의했다. 그 과정에서 올바른 항쟁 인식의 확산과 대중의 요구를 수렴하는 자리를 마련하기로 했다.

> 오전에 집을 나서 녹두서점으로 갔다. 그곳에 교수와 전남대생들이 있었다. 윤상원 형도 있었다. 상원 형이 '지금 도청에는 학생들이 없으니 우리가 역할을 분담해서 일을 하자'고 제안했다. 또 우리가 아무런 대책 없이 무기를 반납해서는 안 되며 현재의 분위기를 고조시켜 민주화를 이룩해야 한다고 했다. 이러한 실천방안으로써 시민궐기대회를 개최하기로 결정했다. 궐기대회에 필요한 앰프, 마이크 시설 등의 물품은 YWCA로 가서 준비했다. 버스를 이용해 시내 각처를 돌아다니면서 오후 3시에 도청 앞 광장에 시민궐기대회가 열리게 됨을 알리고 다녔다.[197]

---

196   김성섭 증언, 〈투사회보와 나의 오월〉, 전남대학교 5·18연구소, 5·18기념관 DB, (cnu518.jnu.ac.kr/board518/sub_.1.php).

시민궐기대회의 사회는 광대의 김태종, 이현주가 맡기로 했다. 대회의 개최 계획이 확정되자 홍성담을 중심으로 한 미술패는 홍보용 플래카드부터 제작했다. 이들은 "전 시민은 총궐기하라" "계엄 해제" "김대중 석방하라" "전두환 물러가라" 등의 구호를 쓴 30개의 플래카드를 만들어 도청 담, 상무관 벽, 경찰국 차고에 부착했다. 또 들불야학은 대회를 홍보하기 위해《투사회보》제5호와 제6호를 16절지 갱지의 양면을 사용해 한 장으로 만들어 배포했다.

투사회보 제5호[198]

- 광주 지도급 인사 시국수습 차 계엄사령부 방문
재야, 종교계, 학계 등 광주 지도급 인사들이 현시국을 수습키 위해 5. 22일 오후 3시 계엄사령부를 방문했다.

광주 애국시민 여러분! 민주쟁취의 그날까지 우리의 무장을 더욱 강화합시다.

◇ 민주쟁취 시민궐기대회
5월 23일 오후 1시〈도청 앞 광장에서〉
○. 광주 시민들은 각 동별로 푸랑카드를 들고 도청 앞 광장으로 집결할 것.

---

197   김태종 증언, 한국현대사사료연구소,《광주 5월민중항쟁 사료전집》, 풀빛, 1990, 873~878쪽.
198   광주광역시 5·18사료편찬위원회,《5·18광주민주화운동 자료총서 2》, 1997, 41쪽.

○. 각 학교는 학교별로 푸랑카드를 앞세우고 금남로로 집결할 것.

◇ 중고등학생 무기 소지 엄금

중고등학생 여러분은 무기를 어른들께 인계하여 오발사고를 방지합시다. 총기 오발사고로 여러분의 동료가 죽어갑니다.

◇ 우리의 구호

최규하 정부는 즉각 물러가라.

전두환은 모든 공직에서 사퇴하라.

계엄령을 즉각 해제하고 구속 중인 학생과 모든 민주인사들을 즉각 석방하라.

민주 과도정부를 즉각 구성하라.

시내에 배치된 계엄군은 즉각 철수하라.

민주구국투쟁위원회의 결의를 전폭적으로 지지한다.

투사들이여! 끝까지 투쟁하자!

———
1980년 5월 23일

광주시민민주투쟁협의회

　《투사회보》 제5호는 '광주 지도급 인사 시국수습 차 계엄사령부 방문'이라는 간단한 소식과 시민궐기대회의 일정, 중·고등학생들의 무기 소지를 엄금한다는 것이 주요 내용이었다. 여기에 민주화 요구를 축약한 구호를 내걸었다. 구호의 마지막에 제시한 '민주구국투쟁위원회의'는 급조한 가상의 단체였다. 그동안 윤상원의 주도로 제작한 여러 유인물은 대개 가상의 명의가 많았다. 온건 수습대책위원회와 달리 강경한 투쟁노선을 택한

윤상원의 행적으로 보아, 당시까지 수습대책위원회를 제외하고
는 이렇다 할 지도부가 없었던 상황에서 온건적인 지도부에 맞
설 투쟁을 지향하는 지도부의 존재 사실을 인식시키고자 윤상원
이 산씨를 낸 것이다.

투사회보 제6호[199]

광주 시민의 민주화투쟁 드디어 전국적으로 확산되다.

광주 시민은 하나로 뭉쳐 더욱 힘을 내어 싸웁시다!
계엄당국의 끊임없는 억압과 허위사실 날조에도 불구하고 민주
화투쟁의 열기는 전국적으로 확산되고 있다.

전남 도민은 분연히 일어섰다.
민주화투쟁은 광주 목포 담양 장성 나주 보성 등 시군으로 확산되
어 유신잔당의 반민주 억압에 항거 더욱 열기를 더해가고 있다.

세계 각지의 언론기관은 광주사태의 진상을 대대적으로 보도하
고 있으며 한국기자협회의 기자들은 광주에 잠입하여 취재에 앞
장서고 있다.

◎ 우리의 행동강령

첫째, 광주 시민은 최규하 정부가 총사퇴할 때까지 끝까지 싸운다.

---

199   광주광역시 5·18사료편집위원회, 같은 책, 42쪽.

둘째, 광주 시민은 우리의 요구가 관철될 때까지 무장을 강화한다.

셋째, 중고등학생의 무기 소지를 금한다.

넷째, 계엄군이 발포하지 않은 한 우리가 먼저 발포하지 않는다.

다섯째, 광주 시민은 대학인들의 질서 있는 투쟁에 전적으로 협력한다.

투사들이여! 끝까지 투쟁하자!

———   1980년 5월 23일

                                  광주시민민주투쟁협의회

《투사회보》제6호는 전남 도내까지 투쟁이 확산했다는 소식과 잠입한 기자들의 취재 소식을 담았다. 이는 시민들에게 투쟁 의욕을 불어넣어주는 메시지로 계엄당국의 억압과 허위날조의 피해자는 광주 시민에 국한된 것이 아닌 온 국민의 문제임을 시사한 것이다. 더불어《투사회보》제5호와 제6호는 발간 주체를 광주시민민주투쟁협의회로 명시했다.

5월 23일 오전 10시경,《투사회보》제5호와 제6호를 통해 시민궐기대회의 소식을 접한 시민들이 도청 광장으로 몰려들기 시작하더니 순간간에 10만여 명이 넘는 인파가 운집했다. 시민들은 도청 광장, 주변 건물 담벼락에 늘어서 있던 벽보와 플래카드를 확인했다. 특히 수협 전남지부, 남도예술회관, 구경찰국장 관사, 전일빌딩의 벽에는 사망자 명단이 나붙기 시작했다. 신원을 알 수 없는 시체는 사진을 찍어 붙이거나 생김새, 신장, 옷 등의 신상과 소지품을 적어 연고자를 찾고 있었다.

5월 24일의 《투사회보》 제7호

5월 24일은 '해방광주'의 첫 번째 주말이었다. 공수부대는 철수
했지만, 시 외곽에서는 총성이 간헐적으로 들려왔다. 지원동, 소
태동, 학운동, 방림동 쪽에서는 총성이 끊이지 않아 지역주민들
은 여전히 불안해했다. 오전 8시에는 KBS 라디오방송이 재개하
여 '20일 정오까지 광주 시내는 국군통합병원, 다른 지역은 경찰
서와 지서에 무기를 반납하면 일체의 책임을 묻지 않겠다'는 내
용을 반복적으로 보도했다. 시민들은 방송 내용을 믿지 않았지
만, 은연중에 심리적 갈등을 느꼈다. 그것은 타 지역과의 소통이
차단되면서 식료품, 생필품이 바닥나고 있었기 때문이었다.[200]
시내의 가게마저도 쌀, 빵, 우유 등의 식료품은 동난 상태였다.
양동시장에는 간간이 인근 농촌에서 수확한 쌀과 채소 따위가
반입되었지만, 수요를 맞추기에는 턱없이 부족한 양이었다. 심
지어 배추 한 포기는 1,400원까지 가격이 올라 그마저도 구하기
힘든 형편이었다.

오전 9시부터 시민들은 거리에 나와 이웃들의 안부를 물으
며 하루를 시작했다. 이미 시내 곳곳에는 벽보, 플래카드, 사진
등이 나붙었고, 수습위원회의 자세를 비난하는 대자보도 등장
했다. 이날은 계엄당국에서 살포한 유인물도 눈에 띄었다. 유인
물에는 '계엄군의 과잉진압을 인정하며, 연행자 927명을 제외하
고 모두 석방했으며, 보상계획 수립과 치료대책 완비, 사실보도
에 대한 오보, 폭도나 불순분자라는 용어 사용 중지, 비무장 민간
인의 시외통행, 사태 수습 후 보복금지 약속'[201] 등의 내용이 적혀

---

200   〈공수부대의 광주사태〉,《월간조선》, 1985. 5.

있었다. 그러나 계엄당국은 오전 9시부터 재진압 작전을 위한 부대배치를 시작했다. 오전 9시 10분에는 증심사 입구 다리에 폭약을, 15분에는 조선대 뒷산에 공용화기를 설치했다. 이러한 언행 불일치에 익숙해진 시민들은 계엄당국을 통한 사태 해결보다는 스스로 타결 방안을 모색해야 할 필요성을 절감했다. 그러한 시민들의 생각이 현실화한 것은 전날에 치러진 시민궐기대회였다. 적어도 시민궐기대회는 특정한 자격이나 신분에 제한 없이 누구나 의견을 제시하고 그에 따른 합의 절차를 통해 즉각적으로 상황을 개선, 발전시킬 수 있는 소통의 공간이었다. 시민 대부분이 시민궐기대회 방식에 만족했음을 확인한 주최 측은 《투사회보》의 방향을 '시민궐기대회 홍보'에 주안점을 두고 제작했다. 시민궐기대회가 시민들의 의사를 토대로 투쟁의 방향을 결정하는 자리였던 만큼 대회 홍보에 주력한 것이다. 이날 오전에 배포된 《투사회보》제7호에서는 전날의 대회 소식과 앞으로 개최될 대회 일정을 알렸다. 그 내용은 시민들의 입에서 입으로 전해지며 많은 인파를 시민궐기대회로 이끌었고, 참석하지 못한 사람을 위해 전 대회에서 진행, 결정된 사안을 명시했다.

투사회보 제7호[202]

드디어 제1차 전남 도민 시국궐기대회를 가지다.

○ 5월 23일(금) 오후 4시 도청 앞 광장에서 2만여 도민(시민, 학생,

---

201 《신동아》, 1985. 10.
202 광주광역시 5·18사료편찬위원회,《5·18광주민주화운동 자료총서 2》, 1997, 48쪽.

노동자, 농민)이 참석한 가운데 시국에 관한 각계의 입장을 밝히고 구체적인 결의를 다짐.

결의사항

○ 흉악무도한 전두환은 모든 공직에서 사퇴하라.
○ 불법 비상계엄령을 즉각 해제하라.
○ 현 최규하 과도정부는 물러나라.
○ 민주인사 구국내각을 구성하라.
○ 신고하지 않은 무기 소지자는 시민군의 무기 회수에 반드시 따르라.

보라! 그들의 참혹한 만행을!
○ 사망 확인·미확인자 수 600여 명
○ 중·경상자 수 무려 2,000여 명

※ 광주 시민이여! 모두 참가합시다.
○ 5월 24일 오전 11시 도청 앞 광장에서 제2차 궐기대회 개최.
○ 동별로 프랑카드를 들고 전 시민이 참가합시다.

———— 1980년 5월 24일
광주시민민주투쟁협의회

《투사회보》제7호는 전날 개최된 시민궐기대회의 결과와 결의사항을 전달하고, 신고하지 않은 무기 소지자의 무기 회수를 주문했다. 또 '제2차 시민궐기대회'의 개최를 오전 11시로 선전

했지만, 원만하게 사태를 해결하려던 수습위와 의견이 충돌해 일정에 차질을 빚었다.[203]

이날 오전 10시 무렵에는 신문사의 신문 제작이 다시 시도되었다. 매일 도청을 한 차례 이상 방문하는《전남매일신문》의 김균근 차장에게 학생수습대책위원회가 시민들에게 현재 상황을 알릴 수 있는 "시민일보를 만들어달라"고 건의한 것이다. 이에 김균근 차장은 박화강 기자를 비롯한 몇 사람에게 연락해 충장로2가에 있는 수미다방에서 신문 제작을 위한 회합을 했다. 이들은 논의를 마친 후에《전남매일신문》에서 제작이 가능한지를 타진하기로 하고 문진일 총무국장에게 연락해 중역진의 답을 듣도록 했다. 그러나 되돌아온 답은 "어렵다"였다.[204]

5월 26일《민주시민회보》의 발행

5월 25일에는《투사회보》제8호가 제작될 예정이었지만, 발행되

---

203   5월 22일에는 도청을 중심으로 시내 유지급 인사, 목사, 변호사 등이
       5.18수습대책위원회를 결성했다. 그들은 계엄사에 요구할 협상 조건을
       토론하고 무기 회수를 시작했다. 회수한 무기 중 일부를 가지고 상무대
       전남북계엄분소를 찾아가 7개 항의 요구 조건을 내걸고 계엄사와 협상하고
       오후 5시에 도청 광장에서 시민들에게 협상 결과를 보고했다. 그러나 무장을
       해제하라는 계엄사의 요구와 피의 대가를 보상하라는 시민들의 요구가
       엇갈리며 시민들은 협상대표를 향해 야유를 퍼부었다. 무기 회수를 둘러싸고
       수습위는 물론 시민들 사이에도 의견이 크게 엇갈렸다. 일부 시민은 무기를
       반납했으며, 일부는 끝까지 싸울 것을 주장했다. 이러한 갈등은 결국 수습위
       내부에 강경파와 온건파 수습위의 대립으로 갈리게 되었다.
204   손정연·박화강,〈1980년 전남매일신문사 기자들의 언론자유 운동〉,
       《5·18민주화운동과 언론투쟁》, 5·18기념재단, 2014, 58~59쪽.

지 않았다. 이는 당시의 상황을 반영한 결과였다. '해방광주'는 나흘째를 맞이했지만, 사태 수습에는 진전이 없었던 터라 시민들의 투쟁 열기가 가라앉고 있었다. 더불어 공수부대의 시 외곽 봉쇄로 식량과 물자도 부족해지다보니 시민들은 투쟁에 지쳐가고 있었다. 이에 따라 시민궐기대회의 주최에 가담한 윤상원은 들불야학의 강학들에게《투사회보》의 제작을 일시 중단시켰다. 그 대신 시민궐기대회에서 시민들의 투쟁 열기를 끌어올릴 선언문, 낭독문 제작에 박차를 가할 것을 지시했다.

5월 26일, 시내에는《민주시민회보》제9호가 살포되었다. 이는 5월 24일에 제작된《투사회보》의 발전된 형태였다. 즉《투사회보》제8호와 제9호를 양면으로 등사하고 회보의 명칭은《민주시민회보》로 바꾸었다. 제호의 변화는 투쟁의식 고취와 항쟁의 방향을 제시하던《투사회보》의 성격을 뛰어넘어 항쟁의 장기화를 대비하는 작업이었다. 즉 투쟁의 선동을 초월하여 체계적인 소식 전달과 설득력 있는 논설을 게재하기 위한 기획이었다. 이 때부터는《투사회보》제작에 광대, 송백회 등의 조직이 참여했다. 따라서《투사회보》의 취지 및 내용에는 많은 변화가 생겨나기 시작했는데, 이러한 변화는《민주시민회보》제8호와 제9호에서 확인할 수 있다.

민주시민회보 제9호(앞면)[205]

〈우리 다 같이 애도합시다〉

---

205   광주광역시 5·18사료편찬위원회,《5·18광주민주화운동 자료총서 2》, 1997, 79쪽.

민주주의 수호를 위해 싸우다 가신 영령들, 시민 여러분께서는 대문에 조기를, 가슴엔 검은 리본으로 모두 애도합시다.

〈다 같이 분향합시다〉
도청 앞 상무관에 분향소를 설치했사오니 다 같이 분향합시다.

〈계엄당국과 협상 중〉
계엄당국의 일방적인 요구가 아닌 우리의 뜻과 이번 사태의 진상을 밝히는 선에서 대등한 협상이 되도록 우리 모두 수습위원회를 믿읍시다.

〈당국 허수아비의 기만 방송에 현혹되지 맙시다〉
광주 시민 의거를 왜곡보도 허위날조하고 있는 라디오, TV방송, 언론에 현혹되지 마십시오. 이들은 우리를 폭도로 몰고 있는 자들입니다.

〈시민군을 믿고 적극 협조합시다〉
시민군은 우리 시민의 안정을 위해 불철주야로 고생하고 있습니다. 일부 시민군에 대한 오해와 모함은 계엄당국과 언론의 과대 선전에 의한 것이며, 계엄군이 주둔하고 있는 지역에서만 이런 만행이 저질러지고 있습니다.

○ 매일 오후 3시 도청 앞 광장에서 민주수호 범시민궐기대회가 개최됩니다. 모두 참여합시다.
○ 행방불명자를 찾고 있습니다. 행불자가 계신 가정은 홍보차나 동사무소에 신고 바랍니다.

○ 고교생과 대학생은 질서 유지를 위해 YWCA로 모입시다.

○ 밤 8시 이후로는 치안 유지상 거리를 통행하지 맙시다.

○ 질서 회복에 다 같이 참여합시다.

① 각 동별로 매일 오전 10시 동사무소로 집결, 거리 청소와 파손 건물 복구, 상가 수리, 시장은 문을 엽시다.

② 각 운수기간 차량 운행, 직장생활을 시작하여 평상생활로 복귀합시다. 각 동별로 어려운 이웃을 돕고 생필품 확보에 적극 협조합시다.

〈피해상황〉

확인된 사망자: 102구

부상자: 중상자 500명 이상

그 외 경상자 숫자 확인 불능 2,000여 명

연행자: 18일부터 무차별 젊은이 연행 2,000명 이상(당국에서 발포한 967명은 허위이며 석방자도 애매한 기준에 의하여 석방하고 있다)

모든 시민의 이름으로 계엄당국을 규탄한다.

모든 국민이 다 알다시피 광주의 5·18투쟁은 연 일주일째 접어들고 있다. 또한 그간에 있어서 모든 시민과 학생들은 끝까지 평화적이고 질서정연한 투쟁을 전개하려고 노력해왔다. 그러나 계엄당국은 진지하고도 순수한 데모 지역에 무차별 사격을 가하며 600여 명에 이르는 사망자가 발생하였고 부상자 및 연행자는 그 수를 헤아릴 수가 없다. 모든 시민들은 자기방어의 수단으로 때로는 무장하고 때로는 헌신적으로 보급품 공급에 자발적으로 나서고 있다. 그럼에도 불구하고 계엄당국과 정부는 광주 시민의 민주 의사를 몰살함은 물론 라디오 TV 등 매스컴을 이용 사태의 왜곡보도와 다양한 흑백선전으로 민주투사들을 소수 난동자 폭도로 몰고 있다. 이에 우리 광주 시민은 전 국민과 더불어서 모든 정부의 언행을 믿지 않을 것이다.

———

1980년 5월 26일(월)

광주 시민 일동

민주시민회보 제9호(뒷면)[206]

광주 민주시민 여러분께

이 나라의 민주주의와 이 고장의 자유와 정의를 지키기 위해 총궐기한 민주시민 여러분!

승리의 그날은 점차 다가오고 있습니다. 이번 "광주시민의거"는 전남북의 각 시군을 거쳐 부산 마산 서울 충주 등 전국 각지로 들불처럼 번지고 있으며 전국중앙기자협회는 더 이상 허위보도를 하지 않기 위해 총파업을 단행하여 현재 일체의 신문도 발간이 되지 않고 있으며, 또한 ABC, CBS, UPI, NHK 등 각 외신들은 광주시민의거를 사실 그대로 보도하고 있어 현 광주시는 세계의 이목이 집중되고 있습니다. 또한 미 제7함대 소속 항공모함 2척이 부산에 정박하여 전두환 일파의 더 이상의 무모한 만행을 견

---

[206] 광주광역시 5·18사료편찬위원회, 같은 책, 81쪽.

제하고 있으며, 군부 자체 내에서도 알력이 생겨 전남사단과 향
토사단에서는 전두환 일파의 명령을 듣지 않고 있어 전두환의 멸
망은 머지않아 확실합니다.
시민 여러분, 힘을 내십시오!
우리 80만 시민만 똘똘 뭉치면 분명코 승리할 수가 있습니다!
후손들에게 떳떳하게 "민주사회"를 안겨주도록 우리 모두 끝까
지 투쟁합시다.

- 80만 민주시민의 결의 -

이번 사태의 모든 책임은 과도정부에 있다. 과도정부는 모든 피
해를 보상하고 즉각 물러나라!
○ 무력탄압만 계속하는 명분 없는 계엄령을 즉각 해제하라.
○ 민족의 이름으로 울부짖노라. 살인마 전두환을 공개처단하라.
○ 구속 중인 민주인사를 즉각 석방하고 민주인사들로 구국 과도
정부를 수립하라!
○ 정부와 언론은 이번 광주의거를 허위조작 왜곡보도하지 말라!
○ 우리가 요구하는 것은 단지 피해 보상과 연행자 석방만이 아
니다. 우리는 진정한 "민주정부 수립"을 요구한다.
○ 이상의 요구가 관철될 때까지 최후의 일각까지 최후의 일인까
지 우리 80만 시민 일동은 투쟁할 것을 온 민족 앞에 선언한다.

"뭉치면 살고 흩어지면 죽는다"
"김일성은 순수한 광주의거를 오판하지 말라"

———   1980년 5월 26일

240

《민주시민회보》제9호에서는 열악한 상황 속에서 시민 생활을 안정시키고, 희생자를 애도하기 위해 분향소를 설치한 사실을 알렸다. 긴박한 상황 속에서도 장례문화를 지키며 희생자에 대한 예의와 질서를 강조하는 미덕을 발휘한 것이다. 더불어 회보 제작팀은 활동에 필요한 갖가지 물품을 제공하면서, 공동체의식을 통한 지방자치를 실현했다.《민주시민회보》에서는 시민들이 지켜야 할 준수사항, 거리 청소, 생필품 확보와 같은 질서유지에 대한 사항부터 납세 거부, 정부 부정, 노래 홍보에 이르기까지 다양한 관점에서 항쟁을 조망했다. 더불어 구호성 문장에서 벗어나 투쟁의 이유, 나아갈 방향 등을 상세하게 기술하면서 성숙한 시민의식을 드러냈다. 광주민중항쟁에서 마지막으로 제작된《민주시민회보》제10호는 전두환 세력의 정부를 인정하지 않으며 광주의거에 대한 계엄사의 발표가 거짓임을 밝혔다.

민주시민회보 제10호[207]
-무등산은 모든 것을 알고 있으리라!-

1. 우리는 명분 없는 비상계엄의 해제와 반민족적이요, 역사를 역행하는 유신세력의 일소를 위해 끝까지 싸운다. 이는 민족사의 요청이다.
2. 우리는 전두환 쿠데타 세력이 득세하는 현 정부당국을 국민의 정부로서 인정할 수 없다.

---

207   광주광역시5·18사료편찬위원회, 같은 책, 98쪽.

3. 온 국민의 평화와 안정을 수호하고 자립경제를 이룩하고 복된 사회를 건설코자 납입한 피와 땀(세금)으로 페퍼포그, 최루탄 및 총기를 수입하여 국민의 배를 가르고 가슴에 총을 쏘아 죽일 수 있단 말인가. 우리 광주 시민은 이들 유신 미치광이들을 위한 세금이요, 방위성금이라면 단 한 푼도 납입하기를 거부한다.

4. 광주의거에 관한 계엄사 발표 일체가 거짓임을 밝힌다. 또한 이를 신뢰할 사람은 한 명도 없다(사상자 천 명 이상 - 수습대책위 통계).

5. 우리 80만 광주 시민은 앞면의 〈광주 시민 장송곡〉을 누구나 부를 수가 있어야 한다. 이를 위해 이 회보를 입수하신 분은 모든 수단과 방법을 이용하여 보급 및 전파에 최대의 힘을 역주하여야 할 것이다.

6. 군인들이여! 그대들은 지금 누구를 위해서 일하고 있는가! 자신의 왼쪽 가슴 위에 손을 얹고 대답하라. 조국과 민족을 위해 서인가? 아니면 온 국민의 희망을 저버리고 사리사욕에 광분하는 전두환 일당을 위해서인가? 우리가 지난날 국토방위 임무에 충실했던 국군이었듯, 그대들도 조국과 민족을 사랑하는 민간인이 아니었단 말인가? 당신 일개인의 반기가 조국과 민족을 구하는 길임을 명심하라!

———   1980년 5월 26일
                        광주시민학생구국위원회(구 수습대책위원회)

5월 27일 새벽 광주로 재진입한 계엄군의 무참한 공격으로 항쟁은 진압되었다. 이에 따라 26일 오후에 제작된 《민주시민회보》 제10호는 배포되지 못하고 계엄군에게 압수당하고 말았다.

《민주시민회보》는 5월 25일부터 YWCA에 모인 운동 세력이 공동으로 제작, 발행했다. 장소가 YWCA로 바뀐 이후부터는 들불야학 외에도 광대와 송백회의 팀원 약 20여 명 이상이 회보 제작에 투입되었다. 늘어난 인원 덕분에 회보는 하루에 3~4만 매 이상이 제작될 수 있었고, '필경등사조' '배포조' '물자조달조' 외에 '취사조'까지 편성되어 다른 조들의 취사를 전담했다.

광주민중항쟁 시기, 언론은 사실을 은폐하고 왜곡보도를 하여 그 피해는 고스란히 시민들에게 전가되었다. 계엄군과 시민의 충돌을 고첩, 불순분자, 폭도들이 주도한 시위로 보도하고 유인물로 전파하며 상황을 폭도들의 난동으로 몰아간 것이다. 그러면서 계엄당국은 공수부대의 과잉진압이나 집단발포는 부인으로 일관했다. 여기에 각종 유언비어를 사태 확산의 원인으로 지목하다가 집단발포를 자행한 후부터는 시위대의 총기 탈취를 사태 확산의 원인으로 변경했고, 언론은 항쟁을 전면화하게 만든 공수부대의 과잉진압이나 군의 발포 등은 보도하지 않았다. 오히려 계엄사의 보도자료를 바탕으로 광주 시민들이 공수부대를 공격한 것으로 왜곡하거나, 확인되지 않은 유언비어들을 보도하는 등 형평성마저 상실했다. 따라서 언론의 보도는 당시 시민과 운동 세력이 만들어낸 유인물보다 왜곡된 내용이 많았고 진실성, 형평성에서도 제구실을 하지 못했다.

광주민중항쟁 초기부터 유인물을 제작한 팀은 들불야학, 대학의 소리, 광대, 백제야학 등이 있었다. 하지만 이들 가운데 작업을 지속한 팀은 윤상원을 주축으로 한 들불야학이었고, '해방광주'가 펼쳐진 21일 이후부터 다른 팀들이 들불야학에 합류해 《투사회보》《민주시민회보》 제작에 참여했다. 초기 유인물들은 공수부대의 과잉진압과 피해상황, 시민들의 궐기를 촉구하는 내용을 짧은 문장으로 담았다. 그것은 상황의 급박함을 반영한 글쓰기였다. 또 공식 조사가 불가능했거니와 시민들의 궐기가 시급하여 과장되거나 부정확한 사실도 기재되었다. 그럼에도 유인물은 떠돌던 지역감정에 대한 유언비어는 한 줄도 작성하지 않았다.

공수부대가 시내에서 철수한 이후부터 유인물 제작팀은 항쟁을 '민주화투쟁'으로 이끌고자 시민궐기대회를 계획했고, 각종 프로그램과 낭독할 발표문도 제작했다. 그 과정에서 시민들의 자발적 참여를 이끌어내며 '광주사태'는 광주민중항쟁으로 격상했다. 5월 22일 이후에도《투사회보》는 제반사항을 시민들에게 전하며 계엄군에 대항할 행동지침을 제시하며, 투쟁의 열기를 고조시켜나갔다. 그리고 계엄군의 재진입이 확정된 5월 26일부터는 계엄군에 맞서는 '투사'뿐만 아니라 민주를 추구하는 시민 모두의 항쟁이라는 뜻에서《투사회보》를《민주시민회보》로 이름을 바꿔 발행했다. 이는 좀 더 확장된 시야에서 항쟁을 조망하려던 의지의 산물이었다.

항쟁 전 과정에 걸쳐《투사회보》를 비롯한 유인물들은 언론의 공백 상태에서 현실 상황만을 전달하는 것이 아닌 소식지의 기능과 항쟁의 이유, 의미, 투쟁의 방향 등까지 제시하며 대안언론의 역할을 수행하며 항쟁을 이끌어나간 매체였다.

〈표 4〉 항쟁 기간, 광주에서 나온 학생·시민·운동 조직의 유인물

	제목 또는 제호	명의	일자	주체
1	계엄령이 떨어졌다	대학의 소리	80.5.18	전용호
2	전두환의 마각이 드러났다	미상	80.5.18	광대
3	호소문	광주시민민주투쟁회	80.5.19	들불야학
4	민주시민들이여!	조선대민주투쟁위원회	80.5.19	
5	민주시민아 일어서라	조선대민주투쟁위원회	80.5.19	
6	선언문	전남민주민족통일을 위한 국민연합 등 3개 단체	80.5.20	
7	우리는 보았다	전남매일신문 기자 일동	80.5.20	
8	결전의 순간이 다가왔다	범시민민주투쟁위원회, 학생혁명위원회	80.5.20	백제야학
9	광주 시민 총궐기문	전남민주민족통일을 위한 국민연합 등 3개 단체	80.5.21	
10	부처님 오신날을 맞아	한국민중불교연합회	80.5.21	
11	전두환의 광주 살육작전	조선대민주투쟁위원회	80.5.21	김현장
12	민주수호 전남 도민 총궐기문	전남민주민족통일을 위한 국민연합 등 3개 단체	80.5.21	
13	전남민주회보(투사회보 제1호)	전남 민주인	80.5.21	들불야학
14	우리는 피의 투쟁을 계속한다	범시민민주투쟁위원회, 전대, 조대학생혁명위원회	80.5.21	백제야학
15	고등학생 여러분	고교생 일동	80.5.21	
16	4·19의거로 연결하자	전남민주학생총연맹		
17	투사회보 제2호	미상	80.5.22	들불야학
18	투사회보 제3호, 제4호(양면 제작)	광주시민민주투쟁협의회	80.5.22	들불야학
19	선언문	전남민주민족통일을 위한 국민연합 등 3개 단체	80.5.22	

	제목 또는 제호	명의	일자	주체
20	우리 겨레와 세계자유민에게 보내는 목포시민의 결의문	목포시민민주화투쟁위원회	80.5.22	
21	투사회보 제5호	광주시민민주투쟁협의회	80.5.23	들불야학
22	투사회보 제6호	광주시민민주투쟁협의회	80.5.23	들불야학
23	광주 시민 여러분께 알려드립니다	시민대책위원회, 학생수습대책위원회	80.5.23	
24	시국선언문	전남대학연합대표자회의	80.5.23	
25	광주 애국시민들에게	근로자 대표	80.5.23	들불야학
26	민주시민 여러분	시민 대표	80.5.23	들불야학
27	민주시민으로서의 해야 할 일	무명	80.5.23	
28	투사회보 제7호	광주시민민주투쟁협의회	80.5.2	들불야학
29	계엄분소 방문 협의 결과	5·18사태수습대책위원회 일동	80.5.24	
30	대한민국 모든 지성인에게 고함	전남대학교 교수 일동	80.5.24	
31	껍데기 정부와 계엄당국을 규탄한다	미상	80.5.24	
32	시국성명서	민주주의 민족통일을 위한 국민연합	80.5.24	
33	전국 민주시민에게 드리는 글	80만 광주 시민 일동	80.5.24	
34	국민에게 드리는 글	광주 시민 일동	80.5.24	
35	임시 신문	무명	80.5.24	
36	십자가를 통한 부활의 승리	천주교 광주대교구장	80.5.24	대주교 윤공희
37	최규하 각하께 드리는 호소문	광주사태수습대책위원	80.5.24	수습위

	제목 또는 제호	명의	일자	주체
38	광주 시민 여러분께	광주 시민 일동	80.5.25	
39	우리는 왜 총을 들 수밖에 없었는가	시민군 일동	80.5.25	윤상원 박남선
40	광주사태에 대한 우리의 견해	광주사태수습대책위원회	80.5.25	
41	희생자 가족에게 드리는 글	전남 광주 시민 일동	80.5.25	
42	전국 종교인에게 보내는 글	광주 시민 일동	80.5.25	수습위
43	국민에게 드리는 글	광주 시민 일동	80.5.25	
44	전국 민주학생에게 보내는 글	광주 민주학생 일동	80.5.25	
45	광주시민혁명에 대한 목포지역 교회의 신앙 고백적 선언문	목포시 기독교연합회 비상구국기도회	80.5.25	
46	과도정부의 최규하 대통령께 보내는 글	광주 시민 일동	80.5.25	
47	80만 민주시민의 결의	80만 민주시민	80.5.26	
48	민주시민회보 제9호 (양면으로 제작, 투사회보 제8호 포함)	광주 시민 일동	80.5.26	들불야학 광대 송백회
49	홍보문 -가두방송 원고-	민주화투쟁 대학생 대책본부	80.5.26	김종배
50	광주 민주시민 여러분께	광주 시민 일동	80.5.26	
51	급보, 다 같이 단결합시다	미상	80.5.26	
52	광주 시민은 통곡하고 있다	광주 시민 일동	80.5.26	
53	도지사가 도민에게 드리는 글에 대한 반박문	미상	80.5.26	도지사 장형태
54	전국 언론인에게 보내는 글	광주 시민 일동	80.5.26	
55	계엄사의 허위약속을 폭로한다	시민수습대책위원회	80.5.26	

	제목 또는 제호	명의	일자	주체
56	대한민국 국군에게 보내는 글	광주 시민 일동	80.5.26	
57	정부의 오도된 보도를 바로잡는다	시민수습대책위원회	80.5.26	
58	민주시민회보 제10호	광주시민학생구국위원회 (구 수습대책위원회)	80.5.26	들불야학 광대 송백회
59	대한민국 언론 지성인들에게 보내는 글	광주 시민 일동	80.5.26	
60	고등학생 여러분	미상	80.5.26	
61	존경하는 최규하 대통령 각하	대주교 윤공희	80.5.26	
62	한국의 정치보복사	무명		
63	광주사태에 대한 전국 신자들에게 기도요청	대주교 윤공희	80.5.26	
64	김수환 추기경 각하께 드리는 호소문	광주사태수습대책위원회 일동	80.5.26	대변인 김성용
65	광주사태의 진상을 고함	광주 시민 일동	80.5.27	
66	결의문(2) (민주헌정 수립을 위한 제5차 목포시민궐기대회)	목포시민민주투쟁위원회	80.5.27	

〈표 5〉 항쟁 기간, 광주에 뿌려진 계엄당국 측의 유인물

일자	제목	명의
80.5.17	계엄포고령 제10호	계엄사령관 이희성
80.5.18	특별성명	대통령 최규하
80.5.18	전남북계엄분소 공고 제4호	전남북계엄분소장 윤흥정

일자	제목	명의
80.5.19	시민 여러분	무명
80.5.21	호소문	전남북계엄분소장 윤흥정
80.5.21	경고문	계엄사령관 이희성
80.5.21	담화문	계엄사령관 이희성
80.5.21	총을 든 학생 여러분!	무명
80.5.22	전남북계엄분소에서 시민 여러분께 알려드립니다	전남북계엄분소
80.5.22	경고문	계엄사령관 이희성
80.5.22	일시 흥분했던 청년 여러분	무명
80.5.22	호소문	전라남도지사, 광주시장
80.5.23	80만 시민에게 호소합니다	광주시장 구용상
80.5.23	경고문	계엄사령관 이희성
80.5.23	내화로 보는 눈제 해결 가능	문화공보부
80.5.23	질서 회복에 앞장설 때	박충훈 총리
80.5.24	광주, 질서 회복 중	문화공보부
80.5.24	유언비어 믿지 말고 자제해야	문화공보부
80.5.25	일시적 잘못 최대한 관용, 불문	문화공보부(대통령 최규하 특별방송)
80.5.25	특별담화 '광주 시민에게 고함'	대통령 최규하
80.5.26	도민에게 드리는 담화문	전라남도지사 장형태
80.5.27	광주 질서·안정 되찾아	문화공보부
80.5.27	극렬 난동자와 조속, 관대히 처리	문화공보부

5.

음향전

1980년 5월, 소리에 둘러싸인 '광주'는 심리전의 전술 범위이자 미디어 체험의 장이었다. 광주에 군을 투입한 신군부는 온갖 음향장치를 응용한 심리전을 전개하며 시민들을 선동, 회유하는 전략을 펼쳤다. 라디오와 텔레비전뿐만 아니라 헬기마저 방송을 위해 동원했고 탱크와 장갑차에도 확성기를 장착했다. 이에 학생과 시민들도 각종 음향장치를 통해 군의 전략에 대응하는 한편 자기 집단의 정체성을 선전했다. 한마디로 심리전의 역량이 총망라된 장이 광주에 펼쳐졌다.

국가의 음향장치, 심리전 공격

광주민중항쟁이 시작되자 신군부는 정권 찬탈의 음모를 숨기고 진압을 정당화하고자 언론보도의 검열 강화, 기사 삭제, 왜곡보도 등으로 언론을 통제하며 광주 시민들이 무참히 학살당하던 현장을 보도하지 못하게 조치했다. 5·18 당시 언론보도를 실증적으로 연구한 논문을 보면 "《동아일보》《조선일보》《서울신문》

3개 중앙지와 《전남매일신문》《전남일보》 2개 지역지를 대상으로 비교 연구한 결과, 광주·전남지역 주민들의 항쟁과정을 있는 그대로 전한 기사는 단 한 건도 없다"는 지적도 있다.[208] 이렇듯 언론을 장악한 신군부는 공식, 비공식 언론에 '정부'의 의견만을 보도하도록 하며 심리전을 펼쳤다. 심리전의 목적은 적의 생각을 바꾸거나 착각을 일으켜 전투의지를 분쇄하고, 적을 동요하게 하거나 사기를 떨어뜨려 전투력을 약하게 하는 것이다. 특히 신군부가 전개한 가장 강력한 심리전 공격은 "폭력적이고 추상적인 동시에 물리적인 다양한(생체 기계적, 사회적, 문화적, 예술적, 개념적) 음향장치"[209]를 통한 '소리'의 공격이었다. 정부는 언론을 장악해 시민들에게 전파할 '소리'와 '차단할 소리'를 선전과 검열로 구분했고 선전, 선동, 선무 공작으로 시민들의 감각을 교란시켜나갔다. 비교적 짧은 시간에 광범위한 지역과 다수의 사람에게 '정부'의 입장을 선전하는 가장 효과적인 전략으로 음향장치가 선택된 것이다.

5월 18일부터 소리를 통한 신군부의 공격은 차량, 라디오, 텔레비전, 헬기 방송 등의 다양한 양상으로 전개되었다. 그리고 그 시작은 공수부대가 '화려한 휴가'를 즐기던 금남로에서부터 포착되었다. 광주광역시 북구 누문동 62번지와 북동 180번지를 연결하고 광주 시내를 관통하는 금남로, 이곳은 식민 지배하에서 '광주학생 독립운동', 그리고 '해방'과 '4·19' 같은 국가적 위기 상황에서 시민들이 민주적 욕망을 표출하고 민족의 메아리를 울

---

208   송정민 교수(전 전남대 교수, 80년 CBS 해직기자)가 1997년 5월에 발표한
       〈5·18 광주항쟁 보도를 중심으로 한 뉴스의 현실구성에 관한 연구〉 참고.
209   임태훈, 〈박정희체제의 사운드스케이프와 문학의 대응〉, 성균관대학교
       박사논문, 2014, 1쪽.

린 공간이었다. 역사적 상처가 얼룩진 투쟁의 장소에서 다시금 신군부는 국가폭력을 동원해 무자비한 살육을 자행했다. 군은 상상을 초월하는 잔인무도한 폭력을 행사하며 학생과 시민들을 진압했고, 이에 학생과 시민들도 필사적으로 저항했다. 그들의 공방전으로 비명, 야유, 울음, 신음, 구호, 노래 등의 수많은 소리가 공간과 신체의 접점에서 울리며, 신체의 내외부(內外部)를 휘감고 온몸의 기관들에 잇닿았다. 즉 그들은 소리를 체험하며 신체의 울림을 경험했다. 울림의 체험은 "청각을 비롯한 시각, 피부로 전해지는 촉각의 대응이자 모든 감각과 상호 반응하는 공감각적 변이, 그리고 시대 인식의 총체와 밀접하게 연관된 인지적 얽힘의 과정 전체를 아우르는 현상"이다.[210] '소리'를 경험하거나 울림을 체험하는 것은 특정 계층이나 공간에 한정되는 것이 아닌 생활 곳곳에서 벌어지는 일상적인 요소이다. 이는 소리가 "장르나 형식이나 선율에 대한 지적이고 전문적인 판단"[211] 이전에 그 자체로 감각되기 때문이다. 이때 중요한 지점은 '소리'가 새로운 '사운드적 시공간'을 형성하며 사회적 신체들을 감각하게 만들었다는 것이다.

신군부의 입장에서 미디어 환경의 주도권을 쥐는 것은 정권 유지를 위한 핵심 사안이었다. 그들의 출발점이었던 12·12사태부터 5·17쿠데타, 광주민중항쟁까지의 시기는 군부 내 권력 장악, 정권 찬탈, 권력 유지를 위한 전투의 연속이었다. 1980년 초부터 전두환 보안사령관은 정국 운영에 방해되는 세력들을 제거

---

210   임태훈, 〈"사운드스케이프 문화론"에 대한 시고〉, 《반교어문연구》 제38권, 반교어문학회, 2014, 17쪽.

211   송화숙, 〈근대적 사운드스케이프의 형성〉, 《음악논단》 제31집, 한양대학교 음악연구소, 2014, 238쪽.

하기 위해 K공작을 실행했고, 4월 14일에는 중앙정보부장(서리)을 겸직하여 대한민국 내의 정보기관을 장악했다. 그리고 5월 17일에는 비상계엄을 확대 조치하여 계엄포고령 10호(정치활동 금지, 언론 및 보도 검열 강화)를 선포했다. 이는 미디어가 국가의 통치 이데올로기에 따라 국민의 신체를 포섭하고, 행동능력을 제약하며 생활방식을 훈육, 통제하는 데 탁월한 매체였음을 드러낸다.

광주민중항쟁의 시작을 알린 신군부의 명령은 차량에 설치된 스피커를 통해 나온 소리였다. 5월 18일 오후 3시 40분경, 유동삼거리에서 세 겹의 횡렬을 지은 공수부대가 금남로를 향해 전진했다. 그리고 오후 4시에는 대열을 이끌던 1.5톤급 차량의 스피커에서 위압적인 목소리가 나왔다.

"거리에 나와 있는 시민 여러분, 빨리 집으로 돌아가십시오."[212]

시민들은 공수부대의 대열과 50여 미터 떨어진 금남로에서 상황을 지켜보거나 시위와는 무관하게 지나다녔다. 그런데 귀가 종용 방송이 나온 지 1분도 채 안 되어 도열한 군인들에게 체포 명령이 떨어졌다.

"거리에 나와 있는 사람 전원 체포하라."

단 한마디였다. 처음부터 공수부대원들에게 내려진 명령은 '시위 해산'이 아닌 '체포'였다. 명령을 내리기 전에는 어떠한 행동지침도 없었다. 앞선 귀가 종용은 선무방송을 했다는 근거를

---

212   김영택,《5월 18일, 광주》, 역사공간, 2010, 261쪽.

5월 18일 오후 4시, 7공수부대원들이 진압봉을 들고 무력시위를 위해 전진하고 있다.
(사진 출처: 5·18기념재단, 5·18기록관 DB)

남기기 위한 요식행위에 불과했던 것이다.[213] 명령이 떨어지자
금남로 한복판에 공수부대가 투입되어 시민들에게 무차별 공격
을 가했다.[214] 시민들은 집으로 돌아가라는 방송을 들었지만, 시
위에 직접 참여한 것이 아니어서 경각심이 없었다. 또 시위하던
학생들은 유동삼거리에서 전진해오던 공수부대를 목격하고 빠
져나간 뒤라 충돌을 상상할 필요도 없었다. 그런 상황에서 '체포'
명령이 떨어진 것이다. 시민들은 어안이 벙벙하여 허겁지겁 줄

213   당시 지휘관이었던 제7공수여단 제33대대장 권승만 중령은 "15분간의
       선무방송을 했다"고 증언했다. 그러나 현장에서 상황을 목격한 김영택은
       "거리에 나와 있는 시민 여러분 빨리 집으로 돌아가십시오"라는 한 번의
       방송 외에 어떠한 선무방송도 들은 바 없다고 증언했다. 국회, 《광주청문회
       회의록》 제25호, 1989, 6쪽.
214   제31사단장 정웅 소장은 국회 청문회에서 "16시부터 작전을 개시하도록 2개
       대대에 명령했다"고 증언했다. 국회, 《광주청문회 회의록》 제21호, 1988, 12.
       21, 136쪽.

달음을 치기 시작했다.

　직접적으로는 시위 학생들에 대한 공수부대의 과잉진압이었고, 근본적으로는 민주화운동을 좌절시키려 했던 반민주적 행위였다. 공수부대원들은 시위하던 학생만 잡는 것이 아니었다. 남녀노소 가리지 않고 눈에 띄는 대로 군홧발로 차고 진압봉 세례를 퍼붓고 대검으로 내리쳤다. 시민들은 우왕좌왕하며 인근 상가, 사무실, 주택으로 몸을 숨기기에 바빴고, 도망치다 붙잡히면 피투성이가 되어 끌려나왔다. 시민들의 고함과 비명이 여기저기서 쏟아졌고, 시민들은 일순간에 혼비백산이 되었다. 학생, 일반인, 노약자 할 것 없이 닥치는 대로 갈기고 찌르는 것은 폭력의 차원을 넘어선 학살에 다름없었다.

　이날 오후 5시쯤에는 공수부대의 폭력을 피해 모든 학생과 시민들이 흩어져, 거리는 텅 비어버렸다.[215] 시위는 끝난 것만 같았다. 저녁 7시경에 계림동 광주고등학교 부근에서 다시 시위가 벌어지기도 했지만 그마저도 공수부대의 진압으로 곧 와해되었으며, 밤 9시부터는 앞당겨진 통금으로 상가들도 일찍 문을 닫아 거리에는 군용차량만이 지나다니고 "이따금 호루라기 소리만 들릴 뿐, 시내는 고요"했다.[216] 다시 국가의 음향장치가 위세를 드러내는 시간이었다. 공수부대를 피해 인근에서 몸을 숨기던 학생과 시민들에게는 '통금위반자'가 될 수 있다는 두려움까지 더해진 것이다. 해방 직후부터 미군정이 야간 통행금지를 시작하면서 통금은 수십 년 동안 반복되었다. 이 반복은 국가의 음향을

215　제7공수여단 제33대대장 권승만 중령은 국회 청문회에서 4시 40분에
　　　작전이 종결되었다고 증언했다. 광주광역시 5·18사료편찬위원회,
　　　《5·18광주민주화운동 자료총서 4》, 1997, 442쪽.

216　김영택, 《5월 18일, 광주》, 역사공간, 279쪽.

박동하는 주요한 리듬이었다. 통금을 정한 "통치권자의 힘 앞에서 사람들은 조급해하고, 두려워하고, 낭패감을 느끼고, 당황하는 정동의 지배"[217]를 받아왔다. 그만큼 통금은 스피커에서 아무 소리가 들리지 않더라도 국가의 음향을 전국에 현현할 수 있는 장치였다. 통금의 밤은 시위가 벌어지던 한낮의 '소음'에 비해 훨씬 조용했지만, 공수부대는 산수동, 풍향동 일대 주택가를 수색하며 진압의 고삐를 놓지 않았다. 더구나 공수부대가 '운동권 학생들의 학적부를 갖고 시내의 모든 주택가를 수색한다는 소문'이 떠돌면서 학생들의 공포는 더욱 가중되었다.[218]

5월 19일의 가두와 음향전

5월 19일에도 국가의 음향장치가 지닌 위력은 유감없이 발휘되었다. 라디오와 텔레비전에서 광주의 상황이 일절 보도되지 않은 것이다. 《전남일보》《전남매일신문》의 사회면에도 공수부대의 과잉진압에 대한 언급 없이 통금 연장과 계엄분소장의 〈담화문〉만을 머리기사로 실었다. 다만 《전남일보》는 5단으로 '금남로 차량통행 통제' 제하의 기사로 금남로의 진압 광경을 간접적으로 전할 따름이었다. 오전 9시가 지나자 금남로가 술렁거리기 시작했다. 전날의 충격과 분노를 삭일 수 없었던 시민들은 골목길을 통해 금남로3가 가톨릭센터로 모였다. 오전 10시경에는 3,000~4,000명이 무리를 이뤘다. 시위를 목적으로 모여든 군중

---

217   임태훈, 〈박정희체제의 사운드스케이프와 문학의 대응〉, 성균관대학교
       박사논문, 2014, 122쪽.
218   최정운, 《오월의 사회과학》, 오월의봄, 2012, 161쪽.

이라기보다는 '전날 밤 집에 돌아오지 않은 가족 걱정에 뜬눈으로 밤을 새우고 나와 가족의 소식을 알아내려는 사람들'과 어제의 상황에 분노한 사람이 대부분이었다.[219] 이들 중 누군가 "내 새끼 내놔라" "공수부대 물러가라"는 구호를 외치자 시민들의 함성과 목소리는 점점 거세졌다. 동요한 시민들의 행동이 격렬해지자 도청 광장에 진을 치고 있던 군경은 스피커를 통해 해산 종용 방송을 시작했다.

> 시민과 학생들은 계속해서 금남로 가톨릭센터 앞에서 도청 광장 쪽으로 진출을 시도하고 있었다. 도청 광장에 진을 치고 있던 경찰 쪽에서는 스피커를 통해 해산을 종용하고 있었다. 공수부대원들은 나타나지 않고 있었지만 공중에서는 군 헬리콥터가 금남로에 모여든 시민들의 동태를 감시하고 있었다.[220]

그러나 경찰의 몇 마디 해산 권고 방송에 응할 군중이 아니었다. 어느새 시위군중은 〈애국가〉 〈정의가〉 〈우리의 소원은 통일〉 등을 부르며 사기를 끌어올렸고, 청년들은 근처 중앙로 지하상가 공사장에서 각목, 철근, 파이프 따위를 가져왔다. 여기에 2홉들이 소주병으로 만든 화염병까지 등장하면서 최초의 '시민 무장'도 이루어졌다. 이때 등장한 화염병은 광주에서 민주 세력의 사랑방 역할을 했던 녹두서점에서 윤상원의 주도하에 제작, 공급한 것이었는데, 당시는 조직적 행동의 실체가 미비해 시민들은 그 존재 여부를 알지 못했다.[221]

219   앤서니 기든스, 《현대사회학》, 김미숙 외 옮김, 을유문화사, 1998, 600쪽.
220   김영택, 《5월 18일, 광주》, 역사공간, 2010, 286쪽.
221   박호재·임낙평, 《들불의 초상: 윤상원 평전》, 풀빛, 1991, 226~230쪽.

오전 10시 50분부터 군부는 도청 앞과 금남로에 장갑차 4대와 공수부대 병력을 실은 군용 트럭 30여 대를 증원했다. 제61대대와 대치하던 시위대 4,000여 명을 해산시키고자 제62대대, 제63대대가 급거 금남로로 투입된 것이다. 추가 투입된 1,000여 명의 공수부대원은 날아오는 돌을 방패로 막으며 시민들을 압박, 포위했고 대검을 꽂은 소총을 들고 마구 달려나왔다.[222] 심지어 시민들을 총검으로 찌르는 잔악한 행위도 서슴지 않았다. 시위대는 금남로사거리, 광주은행 본점, 관광호텔, 수미다방, 충장로 1가, 충금지하상가 등지에서 화염병을 투척하며 도청 방향으로 진입을 시도했지만, 공수부대의 진압은 멈출 기미가 없었다. 이제 금남로를 가득 메웠던 시민들은 공수부대가 돌격해오면 희생자를 도로 위에 남겨둔 채 줄달음치기 바빴다. 시민들은 인근 주택가, 다방, 사무실, 상점, 여관 등지로 몸을 숨겼지만, 공수부대원들의 진압은 어제처럼 되풀이되었다. 또 시위에 가담하지 않은 사람도 항의를 하면 즉시 허벅지, 등, 옆구리 등을 대검으로 찔리기 일쑤였다.

군의 위력시위에 힘입어 시내는 일단의 소강상태를 맞았다. 오후 1시 30분부터 공수부대원들은 점심식사를 위해 조선대로 철수했고 이들이 철수하자 금남로에는 다시 4,000~5,000명의 시민이 모여들어 술렁이기 시작했다. 시위군중은 공수부대와의 투쟁에 대비해 대형 화분과 공중전화 박스로 바리케이드를 치고 보도블록을 깨어 투석전을 준비했다. 시위대의 규모가 무섭게

222   추가 투입된 병력은 제11공수여단 제62대대와 제63대대였다. 이들은 이날 새벽 0시 15분에 광주에 도착해 제31사단의 작전 통제하에 들어갔다. 곧이어 조선대학교로 이동해 그곳에 주둔하고 있던 제7여단 제35대대를 휘하에 두게 되었다. 정상용 외, 《광주민중항쟁》, 돌베개, 1990, 178쪽.

불어나고 행동도 점점 더 과격해지자 정웅 사단장과 최웅 여단장은 시위 진압 병력을 중대 또는 소대 단위의 소규모 단위로 분산하지 말고 대대 단위로 집단 운용할 것을 지시했다. 이에 따라 제62대대는 공용터미널, 제62대대는 한일은행, 제63대대는 광주고등학교, 제35대대는 광주소방서를 거점으로 시위 진압을 본격화했다.

오후 2시 40분부터는 점심을 마친 공수부대원들이 재차 시위 진압에 투입되었다. 다시 오전과 같이 무자비한 진압이 펼쳐지면서 금남로의 시위는 곧 와해될 것만 같았다. 그러나 상황은 달랐다. 시민들은 도망가지 않고, 격렬히 대항했다. 그들 가슴에 내재하던 분노와 악이 폭발한 것이었다.

> 이날 오후부터 시위 양상이 달라졌다. 간밤의 살육으로 괸 부모형제들의 피를 보면서 사랑하는 자식을 지키기 위해 뛰쳐나온 중년층의 시민들이 시위를 주도적으로 이끌어나갔다. 평화적 시위를 부르짖던 광주는 이제 광주의 평화와 자식을 지켜내고자 하는 보호본능으로 전환했다. (……) 시간이 지날수록 시민들은 보다 적극적으로 공수들과 맞섰다. 공수들이 올 때 미리 도망쳐버리면 뒤에 처진 사람들이 공수들에게 참변을 당하게 된다며 이제 공수들이 쫓아와도 얼른 도망가지 않았다.[223]

계속되는 공방에 공수부대는 도청 앞으로 진출하지 못하고 발이 묶여버리고 말았다. 그러자 다시 군용 헬기가 등장했다. 저

---

223   김현채, 〈최후의 일인까지 최후의 그날까지〉, 《5·18광주민중항쟁증언록 I》, 광주, 1987, 83~87쪽.

공으로 비행하던 군용 헬기는 "학생 시민 여러분, 이성을 잃지 말고 해산하여 집으로 돌아가십시오. 여러분은 불순분자들의 책동에 휘말리고 있습니다. 우리는 선량한 시민들은 절대 보호하겠으니 즉각 해산하십시오. 이미 현행한 학생들은 모두 방면하겠습니다"라는 해산 종용 방송을 전파했다. 그러나 시민 누구도 방송을 믿는 사람은 없었다. 오히려 헬기를 향해 욕설을 퍼붓거나 주먹을 휘두를 따름이었다. 거듭 밀고 밀리는 투쟁 속에서 시위군중은 새로운 방법을 모색하기 시작했다. 무엇보다 급속하게 불어난 인원을 통제하는 게 급선무였다. 이때 한 학생이 지하상가 공사장 한국은행 쪽 입구의 난간에 올라서 구호를 외치기 시작했다. 그러나 시민들이 너무 많아서 목소리가 들리지 않았다. 이에 한 시민이 일어나 스피커를 준비할 수 있도록 모금할 것을 제의했다. 한참 후 시위대원들은 주머니를 털어 성금을 모아 마이크와 소형 앰프를 마련해 자동차용 배터리에 소형 앰프를 연결했다. 선두에 선 학생은 시위군중 앞에서 확성기를 통해 선동을 계속했다. 분노에 찬 시민들이 모여 시위를 하는 데는 특정한 주도자가 필요했으나 나설 사람이 없었다. 따라서 시민들은 즉석 모금을 통해 구매한 스피커로 서로를 선동하고 이끌어나갔다. 마이크와 스피커를 통한 가두방송은 시민들의 투쟁 열기를 끌어올리는 데 적합한 방법이었다.

대항 음향전의 시작

항쟁 기간 전국의 공식, 비공식 언론은 왜곡된 소식만을 보도했다. 그리고 광주에 투입된 군은 온갖 음향장치를 응용한 심리전을 전개하며 시민들을 선동하고 회유하는 전략을 펼쳤다. 연일 상황을 외면하고 왜곡하는 라디오와 텔레비전뿐만 아니라 헬기 마저 방송을 위해 동원했고, 탱크와 장갑차에도 확성기를 장착 했다. 심리전의 역량이 총망라된 장을 '광주'에 펼친 것이다. 이 에 학생과 시민들도 각종 음향장치를 동원해 방어에 나섰다. 대 응방송을 하는 한편 "자기 집단의 정체성"[224]을 선전했다. 이때 방어는 "자신의 심리 방어선을 확고히 해 소극적인 심리 현상을 예방, 해소하며 승리의 신념을 굳혀 고양된 전투 사기를 유지하 는 것"[225]이 주된 목적이었다. 그들의 대대적인 방어전은 5월 20 일 오후 6시 30분경에 시작된 '차량시위'로부터 시작되었다. 무 등경기장에 집결했던 200여 대의 차량이 금남로를 메우자 시민 들은 대형 스피커 구매를 위한 모금활동부터 벌였다.

> 서서히 전진하는 차량 틈바구니에서는 태극기가 휘날리고 있었
> 다. 타이탄 트럭에 스피커를 매달아 방송도 시작했다. 이 스피커
> 는 즉석에서 40만 원을 모금하여 단 것이다.[226]

수만의 인파 속에서 "음향장치는 투쟁의 선전, 선동 효과를 위한 정동적 동원에 높은 효용가치"[227]가 있었다. '소리'를 통해 호소하면 다수에게 깊은 인상을 심어주고, 서로의 의식을 공유

---

224   천유철, 〈5·18광주민중항쟁 '현장'의 문화적 실천 양상〉, 《민족문학사연구》
      제55권, 민족문학사학회, 2014, 493쪽.
225   노다 히로나리, 《한반도 주변 심리 첩보전》, 홍영의 옮김, 행복포럼, 2009,
      53쪽.
226   김영택, 《10일간의 취재수첩》, 사계절, 1988, 64쪽.
227   천유철, 〈5·18광주민중항쟁 '현장'의 문화적 실천 양상〉, 《민족문학사연구》
      제55권, 민족문학사학회, 2014, 494쪽.

하는 데 유리한 측면이 있었다.

거리로 쏟아져나온 시민들로 발 디딜 틈 없는 금남로에 불현 듯 한 여성(전옥주)의 목소리가 울려퍼졌다. 용달차에 매단 스피커에서 나온 목소리는 강렬한 호소력을 지니고 있었다.

> 계엄군 아저씨, 당신들은 피도 눈물도 없습니까? 도대체 어느 나라 군대입니까? 시민 여러분, 모두 힘을 합칩시다. 끝까지 물러서지 말고 광주를 지킵시다.[228]

군과 시민들이 대치한 공간에서 그녀의 음성이 울렸다. '소리'가 닿는 곳마다 함성이 쏟아졌고, 군중은 열광했다. 이는 신체가 그 자체로 재매개하는 미디어임을 드러내는 현상이었다. "감성과 감수성이 사회적으로 공명을 일으키고 증폭되는 현상"[229]이 인간 신체의 재매개 과정으로 강화된 것이다. 그녀의 '소리'가 조직적 체계가 미비했던 군중을 그러모을 수 있었던 것도 '민심의 진작'과 '정신적 결합'에 유용한 음향장치의 이점 덕분이었다.[230] 당시 현장에 있던 시민들과 공수부대원의 회고는 이를 뒷받침한다.

> 여자의 음성은 시민들에게는 슬픔과 울분, 분노 등을 온몸으로 느끼게 할 만큼 전율적이기에 충분했습니다. 목소리 또한 어찌나 고운지 지는 처음에는 불에 탄 광주MBC의 여자 아나운서가 화가 나서 선무방송을 하나 하고 생각했고, 여러 동료들도 저와 똑

228   김영택,《5월 18일, 광주》, 역사공간, 2010, 334쪽.
229   임태훈,〈"사운드스케이프 문화론"에 대한 시고〉,《비교어문연구》제38권, 비교어문학회, 2014, 26쪽.
230   요시미 순야,《소리의 자본주의》, 송태욱 옮김, 이매진, 2005, 352쪽.

같이 생각했습니다. 너무나도 심금을 울리는 선무방송이었습니다[231]

그녀의 목소리는 단지 울려퍼지는 '목소리'인 것만은 아니었다. 소리가 울리는 동안 청중은 '소리'를 통해 각자가 처한 상황과 공동체의 삶을 떠올렸다. 즉 소리가 놓인 지평을 표현함으로써 청자는 소리에 대한 지각을 환기했다. 이는 소리를 둘러싼 관계의 성질에서 비롯된다. 소리는 "개인의 것이기만 한 것도 아니고 현전(現前)하기만 한 것도 아니며, 또 다른 누군가에게 현전하고 그 속에서 윤곽이 잡히기 시작하는 다른 행동에 현존(現存)"한다.[232] 즉 전옥주의 방송은 조직적 체계가 없던 상황에서 군중의 투쟁 열의를 결집하는 데 일조했다.

이날 밤 9시 50분쯤에는 광주MBC에 불길이 치솟아 올랐다. 이날 저녁 7시 MBC 뉴스에서 계엄당국이 발표한 거짓된 '담화문'[233]에 분노한 시위군중이 불을 지른 것이다.[234] 모든 언론이 상황을 외면, 왜곡하자 시민들이 직접행동에 나선 것이다. 이때부터 광주에서는 연일 투쟁에 동참할 것을 호소하는 시민들의 목소리가 스피커를 통해 쏟아졌다. 즉 그들 스스로 살인적 폭압에

---

231   김희경 정리, 〈간첩조작 성고문도 버텨냈다〉, 전남대학교 5·18연구소,
       5·18기념관 DB, (http://cnu518.jnu.ac.kr/board518/sub3_1.php).

232   임태훈, 〈소음화 지향과 '목소리'의 고현학〉, 《구보학보》 제3권, 구보학회,
       2008, 101쪽.

233   담화문의 내용은 "지난 18일과 19일 양일간의 소요진압 과정에서 연행된
       학생과 일반인은 군에서 잘 보호하고 있으며, 그중 가벼운 범법자와 잘못을
       반성하는 일부 학생을 석방 조치했으며, 나머지 학생에 대해서도 조사가
       끝나는 대로 선별하여 추가 석방할 것이며, 소요 주모자나 범법행위가
       지나친 학생은 엄히 처리할 것입니다"였다.

맞서 살아남기 위한 '진실한 소리'를 울리기 시작했다. 현장에서 보고, 듣고, 느끼고, 싸우면서 질렀던 비명의 '소리'마저 선전의 무기가 됐고, 여기에 각종 '구호'와 '노래' 소리가 너해져 시민들의 투쟁 열기를 고조시켰다. 시내에 어둠이 깔리자 다급해진 공수부대는 도청 스피커로 방송을 시작했다.

오후 8시 10분, 도청 옥상의 스피커에서는 해산을 종용하는 방송이 흘러나왔다. 귀가를 권유하는 방송이었다. 그러나 시민들은 요지부동이었다. 아무도 이 방송을 듣고 집에 돌아가려 하지 않았다.[235]

시위 열기는 자정이 넘어도 식을 줄 몰랐다. 타오르는 열기만큼 군중의 수는 더 불어나고 있었다. 그리고 자정이 넘은 새벽 0시 10분경에도 전옥주는 "전두환 물러가라" "계엄군 물러가라" 등을 외치며 가두방송을 계속했다.

이제 시위군중에게 투쟁은 그 어떤 의미도 초월하는 것이었

234 광주MBC 화재에 대해 시위군중의 방화가 아니라는 주장도 있다. 발화지점으로 밝혀진 세트장이 도로에서 던진 화염병이 미칠 수 없는 장소라는 것이다. 전옥주는 광주청문회에서 광주MBC에 불을 지르지 않았다고 증언했다(국회,《광주청문회 회의록》제30호, 1989년 2월 24일, 전춘심 증언). 이외에도 당시 방화가 시민들에 의해 이루어시시 않았다는 주장이 제기됐지만, 시민들은 화염병을 던져 방화 의사가 있음을 명백히 밝혔다. 당시의 상황은 시위대가 제봉로에서 대치하던 공수부대와 평화적 시위를 조건으로 협상을 시도했지만, 협상이 거부됐다. 그 와중에 공수부대 장갑차가 시동을 걸고 전속력으로 시위대에 달려들자 어린아이 두 명이 깔려 그 자리에서 숨졌다. 이에 격분한 시위대가 방화를 시도했다는 것이다. 한국현대사사료연구소 편,《광주 5월민중항쟁 사료전집》, 풀빛, 1990, 661쪽.

235 김영택,《5월 18일, 광주》, 역사공간, 2010, 67쪽.

다. 그저 인간 본연의 모습 그대로면 충분했다. 공수부대의 폭력에 구타당하는 학생들, 총검에 난자당하는 시민들, 그것을 본 이들의 분노는 인간애에서 비롯된 것이었다. 더는 목숨을 잃어서는 안 된다는 결연한 의지이자 보호본능이었다. 시민들은 공수부대에 대한 분노에서 그치는 것이 아니라 수십 년 이어온 정치적, 경제적, 사회적, 문화적, 지역적 소외를 극복하고 '민주화'를 이룩해야 한다는 의식으로 나아가고 있었다. 차를 타고 시내 전역을 돌며 손뼉을 치고 함성을 지르는 시민들, 어린아이부터 노인까지 격려를 아끼지 않는 시민들을 보며, 시위군중은 반드시 공수부대를 광주에서 축출해야 한다고 생각했다.

전옥주와 대학생들은 마이크, 스피커와 앰프 등 최대한의 음향장치를 활용하며 전면전에 나서기 시작했다. 이날 야간시위에 참여한 젊은이들은 차량으로 이동하며 여러 곳에서 시위를 벌였고, 주로 도청, 노동청, 시청, 조선대, 광주역, 방송국 등에 포진했다. 또 일부는 음향장비를 마련해 시내를 돌아다니며 시민들의 참여를 호소하는 한편 군의 진압 상황을 전파했다.

새벽 0시 35분에는 노동청 쪽에서 2만여 명의 군중이 경찰 저지선을 돌파하고자 시위하고 있었다. 이때도 전옥주의 선동은 계속되었다. 전옥주는 마이크를 쥐고 대치하던 경찰을 향해 "경찰 아저씨, 당신들은 우리 편입니다. 제발 우리를 도와주십시오"라고 울부짖었다. 그녀의 호소에도 아랑곳하지 않는 경찰을 본 군중은 "우리 모두 죽여라" "죽은 내 자식 살려내라"며 절규했다.

이어 전옥주는 "세금 거둬 공수부대 키우는 광주세무서도 나쁜 놈들이니 불 질러버리자"고도 외쳤다. 이에 군중도 "세금은 다 같이 잘 살자고 내는 것이지, 미국에서 무기 수입해서 제 국민을 죽이라고 낸 것은 아니다!"라고 맞장구치며 전옥주의 말에 동조했다. 이내 세무서로 몰려든 군중은 예비군 무기고에서 카빈총 몇 자루를 입수했다.

새벽 2시 15분에는 군경이 스피커를 통해 광장을 점거한 시위대를 향해 "부모형제가 기다리는 집으로 돌아가십시오. 지금 집에서는 여러분이 돌아오지 않아 걱정을 많이 하고 계십니다"라고 방송을 하며 해산을 거듭 종용했다. 이들의 말투가 공손해진 것은 최루탄이 바닥나고 있었기 때문이었다. 더불어 시위의 기세가 수그러들지 않자 군중을 설득하기로 한 것이다. 혹여 시위군중이 들이닥치면 속수무책인 상황이었다. 그러나 해산 종용 방송에 대항하듯, 시위군중이 갖춘 스피커에서는 "시민 여러분, 절대로 동요해서는 안 됩니다. 우리는 끝까지 싸워서 이겨야 합니다"라는 호소가 나왔다. 또 시위군중은 저지선 앞에서 대형 태극기를 휘날리며 '갈 데까지 가보자'며 의지를 표출했다.

새벽 5시 30분쯤에는 시위군중 3,000여 명이 신안동 소재 광주역전 빌딩으로 이전한 KBS방송국 앞에 몰려 있었다. 왜곡보도를 일삼는 방송국이라고 질타하며 "방화하자"는 선동적인 구호가 빗발쳤다. 선두에 있던 30여 명이 방송국 현관에 화염병을 투척하자 순식간에 불길이 치솟았다.

오전 6시까지도 곳곳에선 군중의 시위가 산발적으로 진행되고 있었다. 하룻밤 사이에 금남로 일대는 폐허가 되어 있었다. 불타버린 차량, 깨어진 화염병, 번져 있는 최루가스, 차창 및 보도블록의 파편 등이 치열했던 전투의 흔적을 보여주었다. 노동청 건물은 상당 부분 새까맣게 그을렸고 도청 차고는 잔해만 남아 있었다. 도청 광장과 광주여고, 검찰청사 주변에도 자동차의 잔해와 불탄 시위장비가 어지럽게 흩어져 있었다. 오전 6시 30분쯤, 흥분과 함성으로 밤을 지새운 시민들은 날이 밝자마자 무섭게 다시 금남로로 발맞춰 모였다.

5월 21일 오전 10시 45분, 도청 광장으로 전진하던 시위군중은 공수부대와 충돌 직전에 봉착했다. 그야말로 절체절명의 순간이었다. 시위군중이 계속 전진해오자 공수부대는 조금씩 뒷걸음치기 시작했다. 그런데도 대치 간격은 점점 좁혀져, 마침내는 서로 얼굴을 맞대고 서는 상황에까지 이르렀다. 이를 지켜보던 장형태 도지사는 '발포만은 막아야 한다'고 생각하여 도청 옥상에 대기 중이던 경찰 헬기를 타고 "여러분의 요구는 모두 관철시키겠습니다. 12시까지 계엄군을 철수시키겠습니다. 모두 해산하여주십시오. 연행자는 모두 석방할 테니 여러분은 해산하십시오. 저는 도지사입니다"라고 선무방송을 했다. 금남로를 맴도는 헬기의 스피커 소리가 온 시내를 뒤덮고 있었다. 때마침 시위군중의 스피커에서는 '끝까지 투쟁하자'는 내용의 대응방송이 흘러나왔다. 또 금남로4가 중앙교회 스피커에서는 자신을 전남대 학생이라고 소개한 청년 2명의 호소도 나왔다. 시위군중의 대응방송과는 사뭇 다른 내용이었다. 첫 번째 청년은 "어떠한 폭력도 방화도 막아야 되겠습니다. 광주 시민의 긍지를 살립시다"라며 시민들에게 질서 유지와 재산 피해를 막는 데 앞장서줄 것을 호소했다. 곧 이어 두 번째 청년은 "절대로 술을 마시면 안 됩니다. 우리는 성스런 싸움을 하고 있는 것입니다"라며 자제를 당부하기도 했다.[236]

236   김영택, 《5월 18일, 광주》, 역사공간, 2010, 358쪽.

광주민중항쟁에서 군과 시민들은 다수의 사람에게 자신들의 입장을 선전할 전략으로 음향장치를 신택했다. 물론 시민들은 음향장치 외에도 시, 노래(노가바), 유인물, 그래피티, 벽보, 구호·표어, 가두방송, 집회 등의 다양한 수단을 투쟁에 활용했다. 즉 "말로 된 수단과 그렇지 않은 수단에 의한 봉기의 확산"[237]을 이루었다. 그것은 도식적이며 실제로 분리될 성질의 것은 아니다. 음향(청각)과 이미지(시각)는 다른 시스템을 통해 인식되지만, 그 의미를 해석할 때는 서로 영향을 끼친다. '소리'를 들을 때는 시각적 상상으로 음악적 의미를 파악하거나 시선의 경계를 벗어난 공간의 소리로 시각적 이미지를 구성한다. 이러한 상호 간섭 및 조응은 시각을 처리하는 뇌의 부분과 청각을 처리하는 부분이 인접해 있기 때문이다.

'소리'를 통한 '정치'행위는 청취자에게 특정한 상을 연상시키고 그 내용에 동화시키는 데 일조한다. 하나의 자극이 다른 감각을 동시에 활성화하며 공감각을 불러일으키는 특성으로 말미암아 군은 시민들의 마음을 흔들어 '생각, 행동을 선동할 기제'로 '소리'를 사용했다.[238] 이때 '소리'는 '음(音)'을 매개로 '신체'에 침투하는 전략으로, 국가와 국민 혹은 권력과 저항하는 신체 사이를 길항하며 '음향전(音響戰, Sonic warfare)'의 양상을 드러냈다. 음향전은 소리라는 힘을 써서 싸운다는 뜻으로, 그 힘은 유혹적인 동시에 폭력적이고, 추상적인 동시에 물리적이며, 다양한 음

237   라나지트 구하, 《서발턴과 봉기》, 김택현 옮김, 박종철출판사, 2008, 273쪽.
238   최수환, 〈그래픽 악보: 사운드와 이미지의 언어〉, (http://som.saii.or.kr/archives/feature/sound-contemporary-art/2812).

향 기계를 통해 인구, 신체, 군중의 물리적, 정동적, 리비도적 역학을 조정한다. 따라서 인과적, 의미론적, 소위 인지적 청취 이전에 음향적인 것은 일련의 '자동적 반응을 통한 접촉'과 '전시의 현상'이자 '전동적 권능'의 전체 스펙트럼으로 나타난다.[239] 음향전의 차원은 오래전부터 전투 일부를 구성하며 우리 생활 곳곳에 침투해왔다. 또 광주민중항쟁에서 군과 시민이 한 공간에서 펼친 음향전은 항쟁 전 기간에 걸쳐 포착되었다.

오전 10시 45분 장형태 지사의 공중 선무방송과 군용 헬리콥터에서 '연행자는 모두 석방할 것이니 여러분은 해산하십시오'라는 방송이 계속되고 있었다. 시내는 온통 헬기에서 나오는 이 스피커 소리에 덮여 있었다. 그러자 전남대 학생들은 금남로4가 중앙교회에 설치된 마이크를 통해 '어떠한 폭력과 방화도 막아야 되겠습니다. 광주 시민의 긍지를 살립시다'며 군중들에게 질서 확립과 재산 피해를 막는 데 앞장서줄 것을 호소하고 있었다.[240]

하늘과 지상에서 스피커와 스피커의 대결이 펼쳐졌다. 음향 장치는 단순히 소리를 증폭시키는 기능만 지니지 않았다. '현장'에서 군은 "가장 크게 광대역의 '음' 동원할 수 있는 주체로 군림"[241]하기 위해 볼륨을 높이며 '소리'로 공간을 점령하려 했다. 하늘로 확장된 전장은 '새로운 음 환경'과 '인지 생산의 장'이었

---

239   Steve Goodman, 〈음향전이란 무엇인가〉, 윤원화 옮김, (http://som.saii.or.kr/archives/feature/sound-politics/974).

240   김영택, 《10일간의 취재수첩》, 사계절, 1988, 99쪽.

241   임태훈, 〈'음경'의 발견과 소설적 대응: 이효석과 박태원을 중심으로〉, 성균관대학교 석사논문, 2008, 27쪽.

다.[242] 영공은 전쟁의 승패를 좌우하는 핵심전략의 거점이었고, 폭격의 차원을 넘어 라디오 통신 기술 등의 새로운 전술이 적용되는 군사환경이었다. 광주 상공에서 쏟아내던 국가의 음향은 정각의 심리전을 펼치는 무기였으며, 시민들에게도 음향장치는 전파성에서 유인물과 같은 활자매체보다 강력한 호소력을 지닌 도구였다. 한국어 자체가 문어보다는 구어에 더 어울린다는 특성과 소리를 듣는 데 인간의 귀 말고는 어떤 장비도 필요치 않다는 효율성도 한몫했다.

1. 각 동의 앰프와 스피커는 지금 곧 철수하여 민간 가정에 안정하게 대피시킬 것. 2. 데모대원이 앰프와 스피커를 요구하면 얼마 전에 데모대원이 가져갔다고 할 것.[243]

이름 없는 사람들이 자발적으로 앞에 나서서 투쟁을 촉구했으며 시위 대열을 이끌었다. 보다 효과적인 선동을 위해 마이크를 부착한 차량이 어디선가 나타나기도 했다.[244]

80. 5. 20. 21:30분에 김○○ 외 전대생 4명이 억압적으로 마이크 3대, 앰프 1대 피탈하여 갔음.[245]

242   임태훈, 〈박정희체제의 사운드스케이프와 문학의 대응〉, 성균관대학교 박사논문, 2014, 28쪽.

243   광주광역시 5·18사료편찬위원회, 《5·18민주화운동자료총서 22》, 1997, 70쪽.

244   박호재·임낙평, 《들불의 초상: 윤상원 평전》, 풀빛, 1991, 303쪽.

245   광주광역시 5·18사료편찬위원회, 《5·18민주화운동자료총서 21》, 1997, 180쪽.

소형차에 스피커를 설치하라.[246]

이 자료에서처럼 정부와 시민들은 음향장치를 활용한 선전활동에 민감했다. 그것은 '시민들에게 생활실태를 보고'하거나 '항쟁을 빠르게 확산'하게 하는 도구로 스피커의 역할이 막중했기 때문이다.[247] 강령을 통해 '임무 분담 표시'와 '스피커 설치'를 한 소형차량은 항쟁 기간 가두방송을 '광주'에 쏟아 부었고, 이 방송에 맞서듯 공중에서는 정부의 군

금남로에서 가두방송 중인 군용 헬기.

용 헬기와 경찰 헬기가 대응방송을 했다. 한마디로 '음향전'이 펼쳐졌다.

> 공중에서는 '광주를 살립시다' '연행자는 모두 석방하겠습니다'라는 내용의 방송이 경찰 헬기와 군 헬기의 스피커에서 흘러나오고 있었고 학생들은 학생들대로 시민들이 자제와 끝까지 투쟁하자는 의지를 나타내는 대응방송을 하고 있었다.[248]

246　광주시민민주투쟁협의회,《투사회보》제3호, 1980. 5. 22(전남대학교
　　　 5·18연구소 '5·18기념관' 2012. 7. 20. 전시).
247　예컨대 '해방광주'에서 식량 문제로 생활이 어려워지자
　　　 시민수습대책위원회가 도청 스피커를 통해 시민들에게 생활실태를
　　　 보고하기도 했고, 항쟁 기간 열린 시민궐기대회에서도 스피커의 역할은
　　　 절대적이었다. 또한 21일부터 전남 도내로 항쟁이 확산하는 상황에서 200여
　　　 명의 시위군중이 5대의 차량을 나눠 타고 목포로 빠져나갔다. 이들은 목포
　　　 입구에서부터 스피커를 통해 광주의 상황을 알렸다.

5월 21일부터는 스피커와 앰프를 통한 '음향전'은 '상황 전파와 선전, 선동' 외에도 다양한 방면에서 활용되기 시작했다. 하나는 매우 군사화된 방식이었고, 다른 하나는 시민들의 민간 신진망으로 기능한 경우였다.

1시 정각이었다. 도청 옥상 네 방향으로 설치되어 있는 스피커를 통해 애국가가 가사 없이 장중하게 울려퍼졌다. 그 순간 수백 발의 총성이 일제히 울렸다.[249]

광주민중항쟁에서의 집단발포에 대해 사람들은 주로 〈애국가〉와 연관 지어 인지한다. 이는 미디어 환경과 연동, 작동된 음향장치가 시민들의 신체성에 영향을 미친 것이다. 일상적인 소리를 듣는 신체는 라디오, 스피커 방송의 전파와 내밀한 관계에 놓여 있다.

22일 아침, 선무방송 소리가 들려 밖으로 나갔다. 산수동오거리에 이르니 시위 진압용 가스차에 탄 시민들이 '광주 시민들의 단결된 힘에 의해 계엄군들이 광주에서 완전히 물러갔다'는 내용의 방송을 하고 있었다. 또한 방송 내용에는 '계엄군은 완전히 물러갔지만 광주가 지금은 어수선한 상태이니까 시민들이 힘을 합해 빨리 질서를 회복하자'는 내용도 있었다.[250]

248   김영택, 《10일간의 취재수첩》, 사계절, 1988, 101쪽
249   김영택, 《5월 18일, 광주》, 역사공간, 2010, 366쪽.
250   손종대 증언, 전남대학교 518연구소, 5·18기념관 DB, 〈http://
       cnu518.jnu.ac.kr/board518/sub3_1.php〉.

4일 동안 계엄군에 의해 외부지역과 소통이 철저하게 차단되어 쌀과 생활필수품의 부족 현상이 두드러지게 나타나 생활의 어려움을 심하게 느끼면서 더욱 그러했다. (……) 시민수습위원회는 도청 스피커를 통해 이 같은 생활실태를 보고한 다음 시민들에게 생활 복귀를 호소했다.[251]

그날그날 실태를 보고하거나 시민들의 생활 복귀를 호소할 적에도 도청 스피커의 네트워크가 활용됐다. 이는 시민수습대책위원회(이하 수습위)의 아이디어였다. 고립된 광주에서 각종 정보와 항쟁의 확산을 위해서는 '전파'의 문제가 대두됐다. 이에 따라 수습위는 인적 네트워크를 옮겨다니며 메시지를 전달하고, 방송을 청취하지 못한 사람들에게 방송 내용을 재매개해 파급력을 증폭시킬 방안을 마련한 것이다. 이는 음향장치가 시민들에게 선전양식으로 전이되었음을 보여준다.

광주민중항쟁에서 '소리'에 의한 정치는 '건전한 것'(시민)과 '불건전한 것'(정부)으로 나뉘어 광주를 배회했다. 이 '소리'들의 충돌을 만들어내는 음향기계는 그 리듬의 일관성에 의해 정의되고 폭력이나 소음을 최우선 대상으로 규정하지 않으며, 다만 정동적 동원과 전염에 총력을 집중시켰다. 다시 말해 '음향전'은 각각 다른 '청각사회적 방사(audiosocial radiation)'를 일으켰다. 이것은 음향전의 상반된 두 개의 축, 또는 두 개의 전술적 경향을 드러낸다. 정부의 방사는 군중을 분산시키거나 집단적 에너지를 흩뜨리는 것이 목적이었으며, 시민의 방사는 집단적 감각을 고양하는 것이 목적이었다.[252] 이 같은 두 개의 경향은 항쟁 시작부

---

251   김영택,《10일간의 취재수첩》, 사계절, 1988, 498~499쪽.

터 일정하게 관철되었다. '폭도론'을 방송한 '정부'와 이에 방어적인 대응, 즉 투쟁 선언을 했던 '시민'의 모습이 그것이다.

5월 22일, 공수부대가 퇴각하여 평화를 맞게 된 '해방광주'에서도 '음향장치'는 중요한 구실을 했다. 당시 시민들은 정부와의 타협으로 사태가 해결될 것이라고 기대하고 있었다. 그러나 오전 10시 30분에는 시내 한복판에 군용 헬기가 등장해 '폭도들에게 알린다. 즉시 자수하라. 자수하면 생명을 보호받는다'는 내용의 선무방송이 흘러나왔다. 헬기는 방송과 함께 계엄사령관 명의로 된 3개 항의 경고문이 적혀 있는 유인물도 쏟아냈다. 뒤이어 날아온 경찰 헬기도 "친애하는 시민 여러분. 그리고 우리 광주 청년, 학생 여러분! 빨리 총을 길 복판에 버리고 집으로 돌아갑시다. 우리 광주를 다시 살리는 데 모든 부모님들은 거리에 나오셔서 총을 거두는 데 앞장서주십시오. 모든 예비군과 민방위대원은 각 동네의 질서를 회복시킵시다"라는 방송을 한 후, 장형태 도지사와 구용상 광주시장 명의로 된 유인물을 살포했다. 또 당시 정부의 대변부서였던 문화공보부에서 만든 유인물도 등장했다. 여기엔 몇 가지 표어와 '사태 수습을 위해 최선을 다할 터'라는 부제 밑으로 9개 항목을 나열하고 있다. 그러나 내용은 명령조와 위협조로 일관되어 있음을 확인할 수 있다. 이는 음향장치를 통해 다수의 청중에게 경고하여 공포감을 조성하고 마음을 동요시켜 포섭, 회유하려는 진략이었다. 이에 따라 시민과 운동 조직들은 자체적으로 사태를 해결하고자 5월 23일부터 26일까지 시민 궐기대회를 개최했는데, 그 기획단계와 진행과정에서도 '음향장

252   Steve Goodman, 〈음향전이란 무엇인가〉, 윤원화 옮김, (http://som.saii.or.kr/archives/feature/sound-politics/974).

치'의 역할은 중요한 요소로 꼽힐 만큼 놀라운 것이었다.

> 청년 및 학생들은 차를 타고 시내의 각 학교나 전파사를 돌아다
> 니며 앰프 시설을 확보하려고 애썼다. 계엄군 공작조가 스피커
> 시설을 파괴하고 시내에 남아 있는 것들을 거의 걷어가버렸던 것
> 이다.[253]

광주민중항쟁 당시 '광주'는 '소리'들로 구획되고 배치되고
질서 지워진 공간이었다. '상황을 전파하는 소리' '선전, 선동하
는 소리' '회유와 포섭의 소리' 그리고 이 '소리'에는 듣고 싶어도
못 듣는 소리, 듣기 싫어도 들어야 하는 소리, 듣고 싶어서 듣는
소리, 듣기 싫어서 안 듣는 소리가 있다. 문제는 누가 무엇을 듣
고 싶고 듣기 싫은가에 따라, 그 소리의 의미는 다중적일 수밖에
없다는 점이다.[254] 또한 '소리'의 진동은 단순히 음량의 증폭으로
전달되는 것을 넘어서 신체에 직접 진동을 가한다는 점이다. 이
진동은 단순한 비트가 아니라 주기와 경련의 교차점이 된다. 소
리는 공간과의 상호작용의 중첩에 따라 추상적인 파동으로 전환
되어, 그 소리의 내용이 아닌 신체적 제스처가 메시지가 되어 사
람들을 움직인다.[255] 즉 '소리'는 공감각과 연계되어 현실공간으
로 추상화되거나 공간의 내부에서 회귀하는 것이 아니라, 음향
이 가상의 대상물을 떠올리게 하여 듣는 이의 청각을 현혹하는
것이다.[256]

---

253   황석영, 《죽음을 넘어 시대의 어둠을 넘어》, 풀빛, 1985, 173쪽.

254   이무용, 《공간의 문화정치학》, 논형, 2005, 283쪽.

255   홍철기, 〈노이즈/즉흥, 혹은 정치적 예술로서의 음향〉, (http://som.saii.or.kr/
       archives/feature/sound-politics/377)에서 참고.

광주민중항쟁이 종결로 치닫던 5월 27일 새벽 2시 30분, 군의 도청 진압작전 직전에 도청 내 방송요원이었던 박영순(송원전문대)과 이경희(목포전문대)는 군의 재진입을 알리는 방송을 했다.

광주 시민 여러분, 계엄군이 오고 있으니 도청으로 와주십시오. (……) 광주 시민 여러분! 지금 계엄군이 쳐들어오고 있습니다. 사랑하는 우리 형제, 자매들이 계엄군의 총칼에 죽어가고 있습니다. (……) 우리는 광주를 사수할 것입니다. 우리를 잊지 말아주십시오.[257]

당시 방송을 들은 시민들의 증언은 '소리'가 사람의 신체에 미치는 영향력을 보여준다.

아무도 없는 한밤중에 총소리는 들려오고 어디선가 '계엄군이 들어오고 있습니다. 시민 여러분' 하는 여인의 스피커 음성은 나를 더욱 두려움의 극치로 몰고 갔다. 별의별 생각이 다 들고 그 어떤 논리나 체계화된 생각들보다는 먼저 집과 가족들의 얼굴이 차례로 떠오르고, 내가 살아왔던 과거가 파노라마처럼 스쳐 지나갔다.[258]

그때까지도 도청에서는 교전하는 총소리가 들려왔다. (……) 집에 들어간 나는 3일 동안 꼼짝 않고 집에 있었다. 문소리나 어떤

256   윤신향,《윤이상》, 한길사, 2005, 50쪽.
257   《경향신문》, 2014. 12. 03.
258   천영진 증언, 전남대학교 518연구소, 5·18기념관 DB, (http://cnu518.jnu.ac.kr/board518/sub3_1.php).

조그마한 소리조차도 총소리로 들려오는 등 공포에 싸여서 지내야 했다. 거의 잠을 잘 수가 없었다.[259]

'소리'만으로도 시민들은 강박에 사로잡히고 두려움을 느꼈다. 그것은 어떠한 논리나 체계화된 생각으로는 설명할 수 없는 감각적 차원의 문제였다. 광주민중항쟁 '현장'에서 '소리'는 음향적 진동을 공명시키는 음향장치를 통해, 왜곡과 진실 사이의 불확실한 경계를 점유하고, 감정을 선동하며, 문화적 긴장을 증폭하는 기제였다. 다시 말해 광주민중항쟁 현장의 '소리'는 현실 속에서 '감각'을 가로지르며 배치되고, 각 주체의 질서를 확립하거나 상대방을 회유하는 전략으로 사용된 '소리로 코드화된 최적의 언어'였다. 그날의 '소리'는 지금도 '이명'으로 울리며 기억을 작동시키고 있다.

259   손남승 증언, 전남대학교 518연구소, 5 · 18기념관 DB, (http://cnu518.jnu.ac.kr/board518/sub3_1.php).

제 3 부

항쟁공동체와 거리의 정치

1.

항쟁기 거리의 정치

'거리'는 생활의 익숙함과 문명의 낯섦이 만나는 매개공간이다. 여기에는 오랜 세월에 걸쳐 축적된 개개인의 다양한 경험, 정서, 욕망이 깃들어 때로는 욕망과 정치적 불만이 배설되는 토대가 되기도 한다. 즉 거리는 누구에게나 열린 공간으로 활용된다. 그러나 열려 있다는 것이 개방성, 공공성, 다양성을 보장하진 않는다.[1] '열린 공간'에는 항상 그 공간을 지배하는 물리적 힘이 존재하기 마련이다. 그래서 때로는 거리가 '자본에 따른 이윤추구의 장' 혹은 '국가의 권력수단'의 지배질서로 열린다.

여러 봉기에서 거리가 '정치투쟁의 장'이자 '집단적 의사소통의 장'을 창출하는 '해방구'로서 중요한 의미를 부여받은 것도 '권력의 재배치 과정'이 제도적인 정치공간뿐만 아니라 비제도적인 거리에서도 활발히 진행되었기 때문이다.[2] 즉 거리는 단순한 물리적 공간이 아닌 사회와 문화의 변동 속에서 거리를 이용하는 주체들에 의해 끊임없이 공간성이 생성, 변형, 소멸하는 곳

---

1   이무용, 《공간의 문화정치학》, 논형, 2005, 181쪽.
2   이무용, 같은 책, 182쪽.

이라고 할 수 있다.

광주의 '도청거리'는 4·19 당시부터 서울과 마산에 이어 치열한 투쟁을 벌인 장소였다. 박정희 군사독재가 재벌 중심의 고도성장을 추진하고, 안보체제를 강화하고, 지역 차별을 조장할 때도 앞장서 투쟁을 전개한 장소였다. 1980년 5월에도 그 열기가 이어지고 있었다.

> 아! 도청! 도청! 도청!
> 왜 이렇게도 광주 시민들은 도청으로, 도청으로 모여들었던 것일까?
> 4·19 이후 광주 시민들은 시위를 할 때마다 도청 앞 분수대에 모여들어 도청을 사수하는 일이 그 목표가 되었다. 지금도 시민들의 마음은 같다. 지금은 미리 약속하지 않아도, 누구라고 할 것도 없이, 항상 시위의 목적지는 도청 앞 광장으로 되어 있다. 이처럼 이곳은 광주 시민들의 공동체적인 토론과 집회의 상징적인 장소가 되어 있었다.[3]

사회적 억압에 저항하며 정치투쟁을 전개했던 도청거리가 1980년 5월을 맞아 다시 '투쟁의 현장'이 된 것은 결코 우연이 아니다. 정치투쟁이야말로 진정한 의미의 자유와 해방을 쟁취할 수 있는 직접적인 방식이기 때문이다. 당시 도청거리에서는 독재와 억압의 사슬을 끊으려는 변혁의 노력이 시작되고 있었다.

1980년 5월, 광주에서는 집회가 활성화되어 학생시위 역시

---

[3]   5·18민중항쟁 제16주년기념행사위원회,《순례안내자 교육자료집》, 1996, 12쪽.

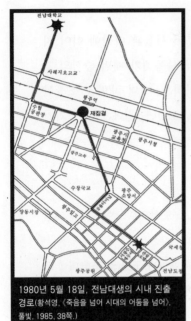

1980년 5월 18일, 전남대생의 시내 진출
경로(황석영, 《죽음을 넘어 시대의 어둠을 넘어》,
풀빛, 1985, 38쪽.)

'학내민주화투쟁'에서 '정치투쟁'으로 전환했다. 특히 계엄령에 따른 '국회 폐쇄' 및 '대학교 휴교령'에 반발한 전국의 대학생은 1980년 5월 15일을 기해 거리에서 시위를 일으켰고, 광주에서는 전남대 학생운동권이 동참했다.[4] 전남대 비상학생총회는 1980년 5월 6일 학생회장 박관현을 중심으로 5월 8일부터 14일까지를 민족민주화성회 기간으로 선포하고, 비상계엄령 해제 및 대학 휴교령 거부 등을 내세우며 시위를 준비했다.[5] 이때 박관현이 상황에 따른 학생들의 '집결지'이자 최종 목적지로

---

4   전남대의 학생운동은 민청학련 세대와 교육지표사건 세대로 이어지면서,
     다음의 네 갈래로 이어진다. ① 학생을 동원하여 학내투쟁 운동의 기점으로
     삼으려는 쪽. ② 야학이나 기독교의 사회민중운동 단체를 통해 접합된
     노동자·농민의 생산현장 투쟁에 투신하는 쪽. ③완전히 지하화한 이념
     소조직으로 산발적이고 개별적인 싸움을 벌이는 쪽. ④ 교육지표사건의
     핵심이었던 문화운동 소조직의 문화투쟁을 자기 방침으로 정한 쪽 등이었다.
     1980년 봄에 이른바 운동권 학생들의 복학이 이루어졌던 것은 이들 역할
     분담을 맡았던 각각 서클의 사연스러운 통합구조가 이루어진 것을 의미했다.
     오랜 투쟁과정에서 획득된 학생들의 상황에 대한 깊은 인식은 전남대를
     시위의 전위대로 등장시켰다. 조선대의 경우 사학재단의 비리 문제를
     쟁점으로 학교 측과의 갈등이 심화했다. 조선대 민주회복추진위원회는 학교
     측의 폭력을 이용한 방해 공작으로 학생회 구성이라는 당면목표는 달성하지
     못한 채 1980년 5월을 맞이했다. 황석영,《죽음을 넘어 시대의 어둠을 넘어》,
     풀빛, 1985, 21~22쪽.
5   특별취재반,《正史5·18》, 광주매일, 1995, 118쪽.

'도청 앞'을 제시[6]한 것에서도 알 수 있듯, 도청거리는 민주화 혹은 민주투쟁을 상징하는 장소였다. 그런데 학생시위에서 시작된 "광주 시내 중심가로의 진출이라는 시위 공간"[7]의 변화, 즉 도청거리로의 이동은 주목할 만하다. 광주는 1960~1970년대 진행된 도시계획으로 도시로서 모습을 갖추었다. 이때 건설된 도로는 외부에서 광주로 접근하는 것을 용이하게 만들었지만, '도시지역 개발'과 '도시 공업화 현상'은 광주를 다른 지역과 다른 성격을 지닌 도시로 구분되게 했다. 즉 지역개발로 광주는 주변지역과 구분되는 고립성을 갖게 된 것이다.[8] 광주시 내부도 같은 방식으로 개발되었다. 기존의 전통적 가로망에 더해 새로 건설된 격자형 가로망은 광주시 내부의 이동성을 높였지만, 광주시는 도청을 중심으로 한 도심지역과 이를 둘러싼 주변지역으로 구획되었다.[9] 학생시위는 이러한 광주시 내부의 이동성을 적극 활용했다. 시위를 전개한 도심지역 주변에 위치한 전남대는 도시 내 가로망을 통해 금남로, 도청 등의 도청거리로 진출하는 것이 용이했다.

전남대생들의 가두시위는 다음날인 5월 15일에도 계속되었다. 이들과 대치하던 경찰은 시위를 저지하기보다는 오히려 "질서를 지켜주도록 학생들에게 당부"[10]할 만큼, 학생시위는 전국적인 대세였다. 전남대, 조선대, 광주교대 학생 1만여 명, 그리고 전

6   임종명, 〈5월항쟁의 대중적 참여와 그 계기 및 의식성〉,《역사학연구》
     제32집, 호남사학회, 2008, 187쪽.

7   임종명, 같은 글, 186쪽.

8   《전대신문》, 1973. 6. 21.

9   유경남, 〈광주5월항쟁 시기 '광주'의 표상(表象)과 광주민주시민의 형성〉,
     《역사학연구》 제35집, 호남사학회, 2009, 151쪽.

10   황석영,《죽음을 넘어 시대의 어둠을 넘어》, 풀빛, 1985, 24쪽.

남대 교수, 청년, 시민 등 수만 명의 인파는 도청 광장에 집결해, '비상계엄 해제'를 촉구했다. 도청거리를 거쳐 '도청 앞 광장'으로 개선하는 행신은 '민주화'라는 키워드로 공간적 틀을 생성했다. 이전에도 한국의 민주화운동은 "전쟁을 이용한 남북정권들의 독재와 분단 고착화를 타도"[11]하기 위한 반독재투쟁으로 실현되었고, 그러한 활동이 전개된 광주의 장소도 도청거리였다.

도청 앞 광장에서 학생들을 주축으로 개최된 집회는 시민들의 호응 속에서 질서정연하게 진행되었고, 일반 시민들에게까지 확산하여 "제도언론의 허위를 뚫고 솟구쳐 진실을 드러내는"[12] 여론의 분수대이자 민주화운동의 분출구로 자리매김하는 계기가 되었다. 5월 16일에는 서울을 비롯한 전국의 대학이 시위를 중단하기로 결정을 내렸지만, 전남대에서는 시내에서 '횃불대행진'을 펼칠 것을 예고했다. 이는 민주화가 달성될 때까지 도청에 모이자는 다짐이었다. 또 5월 16일은 "4·19혁명의 민족적 승리를 짓밟고 총칼로 집권한 5·16기념일"[13]이라서 탄압을 받더라도 상황은 전국으로 확대될 것이라고 판단했다.

도청을 중심으로 노동청, 금남로 1·2·3·4·5가에 가득 모인 시위군중이 계엄 정국을 성토하는 장관이 펼쳐졌다. 이로써 도청거리는 사람도, 사회도, 공간도 아닌 '민주화'와 교감하는 장소로 거듭나게 되었다. 그러한 열기 속에서 시위군중은 다 같이 슈프레히코어(sprechchor, 집회나 행진 등에서 슬로건을 일제히 외치는 일)와 〈애국가〉〈선구자〉〈우리의 소원은 통일〉 등의 노래를 불렀

---

11   이상식, 〈5·18광주민주화운동의 역사적 배경〉, 《5·18민중항쟁과
      정치·역사·사회 2》, 5·18기념재단, 2007, 22쪽.
12   황석영, 《죽음을 넘어 시대의 어둠을 넘어》, 풀빛, 1985, 24쪽.
13   황석영, 같은 책, 25쪽.

고, 예정되었던 '횃불시위'를 전개했다. 이때 횃불시위는 바로 몇 발자국 뒤에 다가올 처절한 민중항쟁의 전야를 암시하는 고요한 정적으로 끝났다. 평화적인 시위였으나 거리를 메운 인파가 워낙 많았고 더구나 밤의 횃불은 시민들을 흥분시키기에 충분했다. 감동한 시민들은 학생들의 행렬을 따라 양쪽 보도를 걸으면서 서서히 연대감을 맺어가고 있었다.[14]

광주민중항쟁이 시작된 후에도 시위가 펼쳐진 장소는 '금남로' '충장로' '유동' '산수오거리' 등 도청을 중심으로 한 도청거리였다. 광주 곳곳에서 동시다발적, 산발적으로 전개된 가두시위는 도청거리로 시민을 집결시켰고, 시민들은 '도청 앞 광장'에서 융합되는 양상을 보였다. 즉 도청거리가 다양한 주체가 부여한 의미들이 충돌, 경합하며 변천해나가는 '문화투쟁' '정치투쟁'의 공간으로 활용된 것이다.

> (18일) 400여 명으로 늘어난 학생들은 오전 10시 30분쯤 광주역 광장에서 대오를 가다듬고 여느 때처럼 공용버스터미널 앞을 거쳐 광주시의 중심가인 금남로 쪽으로 뛰어나갔다. (……) 학생들은 바로 눈앞에 보이는 도청 앞 광장까지 나아가 시국대회를 열 참이었다.[15]

> (19일) 시민과 학생들은 계속해서 금남로 가톨릭센터 앞에서 도청 광장 쪽으로 진출을 시도하고 있었다.[16]

---

14 황석영, 같은 책, 28쪽.

15 김영택, 《5월 18일, 광주》, 역사공간, 2010, 252쪽.

16 김영택, 같은 책, 286쪽.

(20일) 시위대는 애국가를 부르기도 하고 갖가지 구호를 외치면서 최루탄과 페퍼포그를 쏘는 경찰을 밀어붙이며 도청 쪽으로 향했다. (……) 도청 앞에서는 도청 광장을 사수하고야 말겠다는 공수부대원들과 도청 광장으로 진입하고야 말겠다는 시민들과의 충돌이 가열돼 20여 명이 부상당하기도 했다. 도청 광장으로 들어가려는 시민들과 이를 끝까지 저지하겠다는 공수부대의 의지가 충돌하고 만 것이다.[17]

도청거리에서 전개된 문화투쟁은 흡사 파고다공원에 집결하면서 전개된 3·1운동 혹은 "집회 및 시위와 함께 날이 시작되고 날이 저물었"[18]던 해방기 거리의 모습을 연상시킨다.[19] 이는 억눌린 일상을 깨뜨리고 새로운 시민성을 창출해내는 의지의 발현이었다.

봉기로 결집한 시민들은 화산 폭발 때처럼 자발적, 돌발적으로 분출했고, 들불처럼 확산했다. 다시 말해 '자발성'과 속도의 통념에서 '동시성'의 통념으로 신속하게 넘어갔다.[20] 이 과정에서 예외 없이 시민들의 '거리정치'가 전개되었고, 그것은 지배권력과 대적한 상황에서 "독특한 거리 정체성을 확보하려는 저항의 몸짓"[21]으로 표출되었다.

그런데 광주의 여러 봉기와 광주민중항쟁의 거리정치에서

17 김영택, 같은 책, 316~328쪽.
18 파냐 이사악꼬브나 샤브쉬나, 《1945년 남한에서: 어느 러시아 지성이 쓴 역사 현장기록》, 김명호 옮김, 한울, 1996, 192쪽.
19 도청은 시민군의 본부와 시민궐기대회 장소로 사용되는 등 시민들의 집결지 역할을 했다.
20 라나지트 구하, 《서발턴과 봉기》, 김택현 옮김, 박종철출판사, 2008, 270쪽.
21 이무용, 《공간의 문화정치학》, 논형, 2005, 186쪽.

도드라진 부분은 '경계성'이다. 그 첫 번째는 계엄군과 시민군의 대립관계로 드러나듯이 거리가 체제(구조)와 반체제(반구조)가 맹렬히 싸운 장소라는 의미이다. 즉 도청거리는 쌍방이 진지를 점거하거나 진격을 위한 루트 확보 차원에서 대립하는 장소였다. 두 번째는 혼돈의 요인이다. 이는 여러 가지 속성을 지닌 익명의 사람이 모이는 장소를 말한다. 광장이나 시장, 역 앞, 버스터미널 등 어디서든 시위대가 등장했고, 에워싼 사람들 역시 혼돈 속에 시위대와 융합되어 체제 측과의 싸움이 일어났다. 세 번째는 시체안치소나 묘지 같은 '이승과 저승의 경계'이다. 광주민중항쟁이 전개된 광주의 거리망은 모두 도청거리를 중심으로 연결되어 있다. 따라서 '거리'마다 폭력에 저항하는 몸짓 혹은 밥을 나눠먹는 공동체정신이 부활하는가 하면 시신을 수습하거나 장례를 치르는 절차 같은 죽음의 의례도 펼쳐졌다.

도청거리는 이러한 '경계성' 위에 각각 부착, 구성되었다.[22] 그중에서 가장 뚜렷한 경계성을 드러내는 도청거리는 도청과 수직으로 연결된 '금남로'였다. 이곳은 항쟁 이전부터 수많은 시위나 집회의 장소로 활용되었다. 예컨대 5월 18일에 시민들은 "'시위'와 '진압'을 구경하는 목격자"[23]가 되어 상황을 인식했다.

규율로 꽉 짜였던 일상이 멈춘 거리에서 학생과 계엄군 간의 시위, 충돌, 야유, 구호가 오가던 모습은 '연극 무대'와 같은 특정한 시공간을 창출했다. "권력과 냉전에 의해 영토화되지 않"[24]은 거리정치는 시민들에게 상황을 목격하게 하며 항쟁에 참여하는

---

22 마나베 유코 저, 《광주항쟁으로 읽는 현대한국》, 김영택 옮김, 사회문화원, 2001, 138쪽.
23 유경남, 〈광주5월항쟁 시기 '광주'의 표상(表象)과 광주민주시민의 형성〉, 《역사학연구》 제35집, 호남사학회, 2009, 152쪽.

제3부 항쟁공동체와 거리의 정치   287

<table>
<tr><td colspan="3">〈표 6〉 도청거리 일대의 장소 유형</td></tr>
<tr><td>체제(구조)와
반체제(반구조)</td><td>금남로, 충장로, 유동삼거리,
신안동, 광주YWCA,
광주역, 학동,</td><td>도청을 둘러싼 계엄군과
시민군의 공방이 펼쳐진 장소</td></tr>
<tr><td>혼돈</td><td>도청 앞 광장, 분수대,
양동시장, 유동삼거리,
전남대 정문, 광주고교</td><td>민족민주화성회 및 집회장소
가두시위 전개 및 진격로</td></tr>
<tr><td>이승과 저승</td><td>상무관, 도청 내 분향소</td><td>시체 수습, 장례 절차,
시신 안치, 신원확인 장소</td></tr>
</table>

출처: 마나베 유코 지음,《광주항쟁으로 읽는 현대한국》, 김영택 옮김, 사회문화원, 2001,
144쪽.

계기를 제공했다. 그래서 도청거리는 그 자체로 경계성, 상징성
이 내포된 장소의 힘으로 응축될 수 있었다.

5월 18일 이전에는 날마다 이곳이 '민주대성회' 장으로 사용되고
18일부터 21일까지는 계엄군과 시위대 간의 공방전이 계속되던
곳이다. 5월 21일 5시 30분, 시민군에 의해 탈환된 도청은 해방의
도시, 광주해방구의 중앙청이 되었다.[25]

21일부터 매일, 도청 앞의 분수대에서는 '민주수호 범시민궐기
대회'가 열렸다. 27일 새벽 5시 21분 도청이 다시 계엄군에 의해

---

24   천정환, 〈소문(所聞) · 방문(訪問) · 신문(新聞) · 격문(檄文) : 3 · 1운동 시기의
      미디어와 주체성〉,《한국문학연구》제36집, 동국대학교 한국문학연구소,
      2009, 78쪽.
25   5 · 18민중항쟁 제16주년기념행사위원회,《순례안내자 교육자료집》, 1996,
      12쪽.

점거되기까지 이곳은 시민군의 상징이었다.[26]

약자들의 목소리가 배제된 사회구조 속에서 도청거리는 의 사소통을 위한 최후의 보루였다. 유신정권과 기성사회의 억압질 서에 저항한 1970년대의 거리에서 등장했던 통기타, 청바지, 장 발 등 낭만적 상징과 스타일을 통한 '자유주의적 저항의 거리'가 1980년 5월을 맞아 독재와 민중민주주의를 위한 '정치투쟁, 문화 투쟁의 거리'로 부활한 것이다. 거리에서는 익명의 언어와 기호 들이 저항을 표현했고 더불어 "노래와 구호 같은 가청적(可聽的) 인 것들도 시각적인 것들을 확충"[27]하는 도구로 기능하며 서로 부딪혔다. 거리는 '배회'하는 곳이었고, 그 배회의 회로망은 민주 화 열망으로 가득한 투쟁의 공간이었다. 평시에 범접할 수 없던 도청거리에서 봉기는 언어, 청각, 시각을 구분하지 않고 전파되 었다. 하지만 그 자체가 하나의 부류를 구성할 만큼 차별적이기 도 했다.[28]

도청거리에서는 대규모의 집회와 각종 유인물 배포, 가두방 송 등 다양한 방식으로 '문화'적 실천이 전개되었다. 여기서 '문 화'는 단지 문화예술 행위를 말하는 것은 아니다. 시민들을 대상 화시켜 보여주고 제공하는 것이 아닌 도청거리에서 살아가는 주 체들이 스스로 참여하고 만들어나간 총체적인 실천을 말한다. 예컨대 시민들이 계엄군에 맞서 불렀던 "영원한 민주화 행진을

---

26   5·18민중항쟁 제16주년기념행사위원회, 같은 책, 12쪽.

27   천정환, 〈소문(所聞)·방문(訪問)·신문(新聞)·격문(檄文): 3·1운동 시기의 미디어와 주체성〉, 《한국문학연구》 제36집, 동국대학교 한국문학연구소, 2009, 64쪽.

28   라나지트 구하, 《서발턴과 봉기》, 김택현 옮김, 박종철출판사, 2008, 296쪽.

위해 나가자/ 나가자, 나가 도청을 향해"라는 〈광주출정가〉도 도
청거리에서 가두시위를 하자는 내용을 담고 있다. 더불어 계엄
군의 폭력 진압에 대항하던 시민들은 예비군 무기고에서 총기를
탈취하고 지프를 몰며, 차 위에서 운동가요를 불렀다. 그때면 어
김없이 도청거리를 가득 메운 시민들이 열렬한 환호를 보냈다.

　실제로 광주민중항쟁이 도청을 중심으로 전개되고 시민군
의 최종 기착지도 도청(혹은 도청 광장)이었다는 사실도 도청거리
가 광주민중항쟁의 상징적 공간임을 드러낸다.[29] 즉 도청은 시위
군중에게 봉기의 영역을 규정짓는 경계이자 최후까지 사수해야
하는 장소였다. 그래서 '광주'를 지키는 일은 '도청' 혹은 '민주광
장'을 사수하는 일로 간주했다. 공간적, 시간적 측면에서도 도청
거리는 광주민중항쟁에서 '시작과 끝'을 의미했다. 예컨대 항쟁
이 종결로 치닫던 5월 26일, 시민들이 목숨을 잃을 것을 알면서
도 결사항전으로 이곳을 지키고자 한 것도 항쟁의 시작부터 끝,
그리고 시민군의 형성과 각종 집회, 각종 시위와 문화운동에 이
르기까지 광주민중항쟁의 요체가 도청을 중심으로 한 도청거리
에 집결돼 있었기 때문이다.

> 26일 오후 11시 군의 최후통첩을 받은 도청은 무거운 분위기 속
> 에서도 분주했다. 항쟁지도부는 예고된 죽음 앞에서도 민주화 실
> 현에 대한 국민적 염원과 대중의 정당한 요구 관철을 위해 도청
> 을 최후까지 사수하기로 결의했다.[30]

29　김병인, 〈5·18과 죽음 그리고 학생운동과 정치적 복권〉,《5·18민중항쟁과
　　정치·역사·사회 3》, 5·18기념재단, 1997, 522쪽.
30　정재호, 〈5·18항쟁의 전개과정〉,《5·18 그리고 역사》, 길, 2008, 128쪽.

광주 시민을 살리기 위해 총을 든 우리가 있습니다. 몇 시간 후,
아니 30분 뒤에라도 여러분과 저는 영영 이별을 할지 모릅니다.
이 세상에서는 영원히, 살아서는 두 번 다시는 얼굴을 못 볼지도
모릅니다. 하지만 두려워하지 마십시오! 광주 시민이 우리를 기
억할 겁니다. 우리의 죽음이 곧 살아 있는 역사로 기록될 겁니다.
광주와 광주 시민들은 결코 오늘밤을 잊지 않을 겁니다. 오늘밤
도청에 있는 우리를 영원히 기억할 겁니다.[31]

군의 최후통첩을 받고도 시민군들은 도청에 남아 항쟁에 가
담했다. 이것은 '도청' 혹은 '도청거리'가 항쟁 시기에 '우리'라는
광주의 자치적인 시민과 정부를 구분하는 경계 영역으로 상정되
었음을 보여준다. 즉 도청을 사수하는 일은 독재권력에 맞서 민
주화 실현에 대한 염원을 관철시키는 행위로 상정되었다.

이는 3·1운동과 8·15, 이후로는 4·3항쟁 등의 민중봉기를
지나 4·19혁명에 이르는 맥락에서도 다름없었다. 그리고 광주
민중항쟁에 이르러서는 '경계성의 상징성'을 내포하는 동시에,
적으로부터 '광주'를 사수해야 하는 현장이자 '부활의 상징 공
간'으로 거듭나게 되었다.

---

31   민주화운동기념사업회,《윤상원》, 오름, 2003, 182쪽.

〈표 7〉 도청거리를 중심으로 전개된 광주민중항쟁

일자	내용
14일	• 도청 앞 민주광장에서 대학생들에 의해 제1차 민족민주화성회 개최.
15일	• 전남대에서 도청 방면의 금남로, 충장로 거리에서 가두시위 전개. • 제2차 민족민주화성회 개최.
16일	• 전남대에서 도청으로 대형 태극기를 앞세운 전남대 교수들의 가두시위 전개. • 제3차 민족민주화성회 개최. • 광주지역 대학생들이 모여 '전두환 화형식' '횃불시위' 전개.
18일	• 전남대 정문의 시위 상황을 알리기 위해 학생들이 시내로 진출하며 시위 전개. • 오전 8시, 조흥은행 앞에서 시위대 형성. • 충장로, 동구에서 약 800여 명의 시위대 형성.
19일	• 시민이 학생시위에 합류해 금남로 등지에서 시위 시작.
20일	• 금남로와 충장로 일대에서 200여 대의 버스와 택시가 차량시위 전개.
21일	• 도청 앞에서 계엄군의 실탄 사격 시작.
22~26일	• 계엄군이 광주시 외곽으로 철수한 후, 시민군 도청 점거. • 도청이 시민군, 시민수습대책위원회의 상황실로 사용. • 시국성토대회 및 시민궐기대회 개최. • 추도식, 장례식 등의 의례 행사 진행.
27일	• 시민군이 점거하던 도청이 계엄군에 의해 무력 진압됨.

2.

투쟁과 화합의 집회, 민주수호 범시민궐기대회

시민군의 조직

5월 21일 오후 8시경, 시민군이 도청을 접수하면서 '해방광주'가 펼쳐졌다. '해방광주'는 국가 지배체제의 명령, 압력, 진압 등에서 벗어난 시민들에 의해 생성, 체계화될 수 있는 일종의 '무정부상태'이자 시민공동체의 공간이었다. 따라서 시민들에 의한 자치가 실현되었고, 그동안 정치로부터 소외되었던 시민들의 도덕성과 정치력도 발휘되었다.

> 저녁 7시가 넘어서 계엄군은 도청을 비우고 모두 철수했다. '시민군'과 시위대가 그들의 철수 사실을 알고 도청 내로 진입하여 완전히 점거되기까지 실로 대혈전의 결산이었다. 무지한 백성이 군을 몰아낸 승리였다. 이 소식은 전 시가를 활기차게 만들었고 축제 분위기로 몰아갔다.[32]

---

32   김양오, 《光州보고서》, 청음, 1988, 107쪽.

5·18은 비록 매우 짧은 기간이고 또 극한적 상황 아래이기는 하였지만 시민사회가 하나의 공동체로 승화하는 모습을 극적으로 보여주었다. 계엄군은 물러가고, 그야말로 국가적 지배명령체계로부터 해방된 광주는 일종의 무정부 상태였다. 그러나 무정부는 결코 무질서가 아니었다. 즉 무정부는 파괴도, 약탈도, 살인도 아니었다. 오히려 그것은 시민들이 자발적으로 서로 돕고, 보살피고, 서로 격려하는 상부상조의 협동사회를 이루고 있었다.[33]

그러나 이것은 매우 제한적이고 일시적인 상황이었다. 무엇보다 군의 재진입을 간과할 수 없었고, 시민군의 전투력과 물리력은 계엄군보다 현저히 열악했다. 그런데도 군이 철수한 것은 전술상의 작전이었다. 시민들의 투쟁 열기를 가라앉히고 시 외곽을 차단하여 광주를 포위하는 '충정작전'의 단계였던 것이다.

5월 22일부터는 도청을 중심으로 '해방광주'의 자치가 시작되었다. 우선 시민군은 도청 1층의 서무과를 상황실로 지정하여 일을 처리했다. 그 활동은 전화로 광주의 상황을 전국에 알리고, 군의 이동을 확인하고 작전을 청취하며, 외곽 경비지역과 연락하는 통신 업무 등이었다. 상황실에서는 시민들의 제보를 접수해 옥외방송으로 사망자의 신원과 인적사항을 제공하고 시위대는 거동 수상자를 조사하여 포획했다. 이로써 군의 재진입에 대비한 최소한의 시내 방위는 갖춰진 셈이다.

이들의 핵심 임무는 공수부대의 재진입에 대비하는 것이었던 만큼 시내 각 주요 지점에 바리케이드를 치고 외곽 7개 지점

33   김성국 증언, 한국현대사사료연구소, 《광주 5월민중항쟁 사료전집》, 풀빛, 1990, 131~134쪽.

에 시민군 초소를 설치했다.[34] 더불어 주요 관공서, 방송국, 신문사, 회사 등에 시민군을 고정으로 배치했다. 각 차량 종류에 따라 '차량 등록제'도 시행했는데, 이는 흰색 페인트로 차량 앞뒤에 크게 번호를 쓰고 운전자의 신원을 수첩에 기록한 후 등록된 차량을 종류별로 분류해 역할을 부여하는 작업이었다. 시민군은 등록한 소형차 몇 대를 타고 시내를 돌며 '모든 차량은 광주공원에 집결해 등록하고 임무를 맡도록 지시'했다. 이에 따라 광주공원 부근에는 번호가 써진 차량 78대가 모였다. 1번부터 10번까지는 도청에서 백운동, 11번부터 20번까지는 도청에서 지원동, 21번부터 30번까지는 서방에서 도청, 31번부터 40번까지는 동운동에서 도청, 41번부터 50번까지는 화정동에서 도청까지를 운행 지역으로 지정하고 임무를 분담했다. 예컨대 소형차는 주로 구호, 연락, 환자 수송을 맡았고, 대형차는 시민군 수송 및 보급, 지프는 지휘통제, 군용 트럭은 전투용으로 임무를 배정하고 차량마다 '차량 통행증' '무료 주유증' '상황실 출입증'도 발급했다.[35]

다음으로 '해방광주'의 치안을 전담하는 조직으로서 '기동순찰대'를 창설했다. 5인 1조로 구성된 기동순찰대는 총, 무전기, 차량 통행증, 신분증을 휴대하고 시내를 순찰하면서 군의 동태 파악, 총기사고 통제, 치안 업무를 맡았다. 또 시내 각처에서 거동 수상자를 체포해 도청에 임시로 설치한 조사부로 인계했다. 거동 수상자로 지목된 사람은 카메라로 시민군의 인상을 촬영하거나 소형 무전기를 휴대한 자들이었다. 마지막으로 순찰차에는 학생 2명을 배치해 군의 작전 변화가 포착될 때, 그 지역 주민이

---

34 임시 초소는 돌고개, 교도소, 백운동, 운남동, 지원동, 광천동, 고속도로 진입로였다.

35 황석영, 《죽음을 넘어 시대의 어둠을 넘어》, 풀빛, 1985, 137~138쪽 참고.

도청 상황실로 보고할 수 있도록 연락 방법을 전달했다. 다음은
기동순찰대원으로 활동한 오인수의 증언이다.

나는 도청에서 기동순찰대원으로 뽑혔다. 5명 1조로 조를 편성하
여 차량 통행증을 발부받아 그때부터 지프차를 타고 다니며 외곽
지역 순찰 업무를 수행했다. 외곽지역 순찰 시간이 따로 정해진
것이 아니었기 때문에 계엄군과 대치 지점까지 가서 위급상황이
발생하는지 살피는 일을 거의 하루 내내 했다.[36]

광주공원에서 차량 편성이 끝나자 상황실에서는 군의 재진
입에 대비해 무장 트럭 20대를 도청 앞에 대기시켰다. 공공기관
은 시민 스스로 방어경계를 맡았고 전일빌딩, 우체국, 전신전화
국 등은 자체 방위 예비군이 경비에 들어갔다. 외곽지대 방어는
주로 해당지역에 거주하는 예비군들이 수행했다. 지원동, 학운
동 부근에서는 예비군 문장우를 주축으로 25명이 증심사 입구
배고픈다리 근처의 각 건물에서 경계를 서기도 했다. 이들은 5명
1개 조로 6개 조를 편성하여 사격술, 수류탄 투척술을 교육받고
인근 야산을 수색했다. 그때까지 외곽지역에서는 공수부대와 시
민군 간의 간헐적인 전투가 진행되었다. 다음은 전투에 참여한
시민군 김현태의 증언이다.

동신고 건너편 야산에 매복해 있던 계엄군들이 우리를 향해 사
격을 하자, 지휘관이 카빈을 가지고 있는 사람은 총을 쏘지 말고

---

36   오인수 증언, 한국현대사사료연구소,《광주 5월민중항쟁 사료전집》, 풀빛,
      1990, 477쪽.

M1을 가진 사람만 총을 쏘라고 했다. 우리가 계엄군과 접전을 벌이고 있을 때 우리 쪽 증원군이 계속 도착했다. 마지막으로 온 증원군 차량이 계엄군의 저지선인 무등도서관을 지나가자 그들은 차를 향해 총탄을 퍼부었다. 시민군 몇 명이 실탄을 가득 담고 야산에 있던 보리밭으로 접근하자 매복해 있던 계엄군들이 총을 쏘아댔다.[37]

위의 증언처럼 외곽을 포위한 군은 교란작전을 지속했다. 야산에 잠복해 있던 공수부대는 시민군의 방어진지를 습격, 정찰하면서 이따금 시민군에게 총격을 가했고, 피난 행렬에 집중적으로 사격할 만큼 잔악한 행위도 서슴지 않았다. 외곽지역에 20~30명씩 배치된 시민군은 저지 사격으로 대항하는 한편 인근 주민들의 협조로 식사를 해결했다. 이처럼 시민과 시민군은 군의 재진입에 대비할 필요성을 염두에 두고, 자체 방어 태세를 갖추면서 '해방광주'의 체계를 세워가고 있었다.

자치·행정조직, 시민수습대책위원회

5월 22일 오전 8시 10분에는 '해방광주'를 이끌어갈 지도부를 구성하여 당면한 문제를 해결하려는 조짐도 보였다. 도청으로 정시채 부지사, 문창수 기획관리실장, 김동환 내무국장, 김경수 비상기획관 등 5명의 간부와 도청 직원이 출근한 것이다. 이들은

---

37   김현태 증언, 전남대학교 5·18연구소, 5·18기념관 DB, 〈http://cnu518.jnu.ac.kr/board518/sub3_1.php〉.

도청 서무과에서 오전 내내 광주의 추이와 수습 방안을 논의하다가 2층으로 장소를 옮겨 계엄사에 요구할 협상 조건을 협의했다. 오후 12시 30분에는 유지급 인사, 신부, 목사, 변호사 등 15명의 위원으로 '시민수습대책위원회'(이하 수습위)를 구성했다. 참여자로는 정시채(부지사), 이종기(변호사), 장휴동(시민 대표 겸 사업가), 최한영(독립운동가), 박윤종(대한적십자전남지사장), 장세균(목사), 신승균(목사), 박영복(목사), 한완석(목사), 김재희(목사), 조비오(신부), 김창길(대학생) 등이었다. '해방광주'를 이끌어갈 최초의 지도부가 '관(官)이 주도하는 수습' 개념으로 시작된 것이다. 이들은 오전부터 오후 1시까지 토론을 거듭하며 당국에 제안할 7항의 협상안을 확정했다.

① 사태가 수습되기 전에 계엄군을 투입하지 말 것.
② 연행자 전원을 석방할 것.
③ 계엄군의 과잉진압을 인정할 것.
④ 차후 보복하지 않을 것을 확약할 것.
⑤ 부상자 전원을 치료해주고 사망자는 보상할 것.
⑥ 전일방송을 즉시 재개해 사실대로 보도할 것.
⑦ 이상의 요구가 관철되면 무장 해제할 것.

이 협상안은 학생 측의 요구가 반영되어 비교적 온건한 내용이었다. 처음에는 수습안을 놓고 급진적이고도 강경한 방안이 대거 쏟아져 의견이 집약될 수 없을 것만 같았다. 주로 제시된 수습안으로는 ① 계엄 해제 ② 전두환 퇴진 ③ 김대중 석방 ④ 구속학생 석방 ⑤ 계엄군 철수 ⑥ 발포자 공개 ⑦ 부상자, 사망자 보상 및 치료와 연행자 석방 ⑧ 언론자유 보장 ⑨ 노동 삼권 보장 등이었다. 그러나 이러한 사항은 계엄당국에서 받아들이지 않을 것을 알고 있었던 터라 수습위와 학생들은 의견을 절충하여 앞의 7개 항을 도출했다. 현재의 사태 해결에만 주력한 타협안이었다.

오후 1시 30분경, 수습위는 전남북계엄분소의 소준열 분소장을 찾아가 수습안을 제시했다. 무려 3시간이나 진행된 협상에서 소준열 분소장은 "군의 과잉진압을 인정할 수 없으며, 연행자 석방과 사상자 보상 문제는 선별적으로 처리하겠다"고 밝혔지만, 보복 금지와 무장 해제는 수긍했다. 그러나 나머지 항에 대해서는 계엄사령부와의 협의 시간이 필요하다는 얘기만 들었을 뿐, 실제로 이룬 성과는 아무것도 없었다.

오후 5시 18분에는 수습위가 도청 광장으로 돌아와 계엄분소 방문 결과를 발표하는 '협상보고대회'를 마련했다. 정시채 부지사가 사회를 맡고 협상대표 8명이 차례로 분수대에 올라 협상 내용을 설명했으나 시민들의 표정은 밝지 않았다. 이종기 변호사가 "아무것도 성의 있게 논의된 것도 없고 합의된 것도 없다"고 보고하자 급기야 분위기는 험악해지기까지 했다. 더욱이 유신 시절 국회의원에 입후보했던 장휴동 수습위원과 정시채 부지사가 연단에 올라 "우리가 이런 식으로 해서는 결국 폭도밖에는 안된다. 어서 빨리 무기를 모두 계엄사에 반납하고 시내 치안질서 유지권을 계엄사에 넘겨주어야 한다"고 발언하자 시민들의 얼굴은 바짝 상기되었다. 이때 김종배[38]가 분수대에 뛰어올라 장휴동의 마이크를 빼앗아 "장휴동 씨는 정치인으로서 시민들의 입장을 얘기하고 있는 게 아니라 그 반대의 입장을 대변하고 있다. 광주 시민들이 이렇게 많이 죽었는데 사태 수습만을 거론해서는

---

38   김종배는 항쟁 후기에 항쟁지도부의 위원장을 맡는다.

안 된다. 시민들이 납득할 만한 구체적인 수습 방안이 먼저 제시되어야 한다"라고 연설하여 시민들의 갈채를 받았다.

> 정시채 부지사가 장휴동 씨와 같이 분수대 위로 올라가 "총기를 무조건 반납하고 투항하지 않으면 모두 죽는다"고 시민들을 설득했다. 시민들은 아무 말도 없이 조용히 듣고만 있었다. 장휴동 씨가 연설할 때 나는 분수대 위로 뛰어올라가 마이크를 뺏어들고 울부짖었다. (……) 그들은 모두 쫓겨 내려가고 도청 앞 광장은 성토장으로 변했다.[39]

이처럼 협상대표의 발표에 불만족한 몇몇 시민군은 공중으로 공포탄을 쏘며 불쾌감을 드러냈다. 항의에 놀란 수습위가 내려가자 시민들은 야유를 퍼부었다. 기대가 컸던 만큼 결렬된 사안에 울분을 참지 못한 것이다. 이 자리에서 상황을 지켜보던 박남선은 다음과 같이 당시를 회고했다.

> 시민들은 비극적 사태의 해결이 어떻게 되어야만 한다는 개인적인 견해를 가지고 있었지만 그것을 아직까지는 통일된 의견으로 수렴시켜줄 조직을 갖추지 못하고 있었다. 그러므로 자연발생적으로 터져나온 것은 현 사태를 몰고 온 계엄당국에 대한 개인적 분노와 원통함에 대한 일종의 한풀이였다.[40]

시민군 지도자 박남선은 시민들의 의견을 수렴해나갈 체계

---

39   김종배 증언, 한국현대사사료연구소, 《광주 5월민중항쟁 사료전집》, 풀빛, 1990, 206쪽.
40   박남선, 《오월 그날: 시민군 상황실장 광주 상황 보고서》, 샘물, 1988, 164쪽.

적인 조직의 필요성을 절감했다. 수습위가 '관(官)' 인사로 조직
되어 시민들이 바라던 강경한 활동을 기대할 수 없었기 때문이
다. 더불어 협상으로 사태를 원만하게 해결하려던 수습위의 노
력에도 불구하고 계엄당국은 사태 수습은커녕 사태의 본질마저
왜곡하는 데 혈안이 되어 있었다. 당시 국방부에서 나온 〈광주사
태의 실상〉을 보면 더욱 명확해진다.

> 5월 22일 오전 10시경 도청에서는 전남 부지사의 주도하에 광주
> 시의 지도급 인사들이 모여 이종기 변호사를 대표로 한 14명의
> '광주사태 시민수습위원회'가 구성되었다. (……) 이들은 '계엄군
> 투입 금지' '구속학생 전원 석방' '계엄군의 데모 과잉진압으로
> 인한 사태 악화 인정' '사망자 및 부상자의 보상비 및 치료비 완전
> 보상' '시위 내용 사실보도' '사후 보복 금지 확약' '상기 사항 불
> 응 시 계속 투쟁 결의' 등 계엄분소 측에 제시할 7개 요구사항을
> 결의하고 낮 12시경 수습대표들이 계엄분소를 방문하고 이의 수
> 락을 요청했다. (……) 무장폭도들이 전투조직을 강화하면서 또
> 한편으로는 계엄군에 대하여 사과를 요구하고 나선 것이다. 감정
> 을 가라앉히고 이성을 회복한 후에 생각해보면 이 얼마나 어처구
> 니없는 주장인가? 무엇을 누구에게 사과하라는 것인가? 정복을
> 입은 경찰관에게 돌을 던지고 각목으로 때리고 살해한 자를 도대
> 체 어떻게 하자는 건가? 대한민국의 군복을 입은 군인을 공격한
> 자(사실상 적이 아니면 군인을 공격하는 집단은 없다)를 어떻게 하자는
> 건가? 이런 종류의 사태 수습은 시작부터 기대를 걸 수 없었다.
> 철시한 거리를 활보하고 다니는 것은 오직 총기를 휴대한 무장폭
> 도뿐이었다.[41]

이상에서는 사태 수습 방안이나 진압 이유에 대한 언급은 찾아볼 수 없다. 생명의 위협을 느껴 무장한 시민들을 '폭도'로 규정할 따름이었고, 사태를 수습할 의지마저 없어 보인다. 사대의 수습이나 진전이 없었던 터라 시민들은 여기저기서 '굴욕적 협상 반대'를 외쳤다. 또 성과를 내놓지 못한 수습위를 불신하는 분위기가 고조되었다. 그러나 수습위가 제시한 총기 회수에는 학생과 시민 대부분이 동의했다. 더는 무분별한 발포에 따른 인명 피해는 없어야 한다는 것이었다. 따라서 이때부터 학생과 시민들은 수습위에 총기를 자진 반납하기 시작했다. 그러나 노동자를 비롯한 일부 시민들은 무기 반납을 동의하지 않았는데, 이 시점부터 운동 내부의 강경파와 온건파로 수습위가 분열되기 시작했다.

오후 6시경에는 전남대 명노근 교수가 휴대용 마이크로 도청 주변에 있던 대학생 200여 명에게 수습 방안을 논의하기 위해 남도예술회관 앞으로 모일 것을 권유했다. 이에 따라 오후 8시에는 남도예술회관 앞에 대학생 100~200여 명이 모였고, 명노근 교수가 앞에 나서서 대학생들에게 학생수습대책위원회의 필요성을 역설했다.

여러분! 이제까지 치열한 시위로 공수부대와 경찰 병력을 광주에서 철수시킨 것은 대단히 성공적이었습니다. 그러나 이제부터 어떻게 수습할 것인가를 깊이 생각해보아야 할 것입니다. 여러 학생들이 많은 문제를 제기해왔습니다. 그러니 학생들과 우리들이 힘을 합쳐 수습하는 일에 최선을 다합시다. 내일 되도록 많은

41   김영택, 《10일간의 취재수첩》, 사계절, 1988, 137~138쪽 재인용.

교수들을 동원해서 도청으로 나오게 하겠으니 제군들도 모두 참여하여 수습에 나섭시다.[42]

명노근 교수의 발언에 대학생들은 즉석에서 수습활동에 동참할 의사를 보였다. 이에 명노근 교수, 송기숙 교수는 학생 대표를 선출해 10여 명을 도청 서무과로 데리고 들어갔다. 도청 1층 서무과에서 두 교수는 학생들을 학생수습대책위원(이하 학수위)으로 명명했다. 학수위는 전남대와 조선대 각 5명씩으로 구성되었고 광주 시내 전문대에서도 각 2명씩을 선발하고자 했지만, 전문대생들은 자리에 없었다. 조직 구성이 완성되자 이들은 수습 방안을 논의했다.

대학생들이 도청 1층 상황실에 모여 토론을 시작했다. 현재까지 진행된 일을 점검하고 새로운 조직을 만들기 위한 토론이었다. 그때 사회를 봤다. 학생수습위를 구성하기로 결정하고 임원을 뽑았다. 위원장 김창길, 부위원장에 김종배가 정해졌다. 그 명칭을 '임시학생수습위'로 결정하고 부서를 나눴다. 총기 회수반, 차량 통제반, 치안 유지반, 시체 처리반 등으로 나누어 학생들에게 역할을 분담했다. 나는 총무를 맡게 되었다. 나는 총무로서 부서를 통괄하고 실무적인 일을 맡아서 처리해야 하기 때문에 그때부터 거의 도청에서 지냈다.[43]

도청 안에 있던 일부 청년들은 학수위의 구성을 반대했다. 학

---

42   명노근 증언, 한국현대사사료연구소,《광주 5월민중항쟁 사료전집》, 풀빛, 1990, 201쪽.

43   정해민 증언, 한국현대사사료연구소, 같은 책, 213쪽.

생들이 사태 수습의 주도권을 장악하는 것이 못 미더웠고, 수습 자체를 반대하기도 했다. 이는 20일과 21일의 투쟁에서 학생들이 주류가 아니었으며 수습보다는 투쟁의 전열을 강화하는 게 옳다고 판단했기 때문이다. 이와 관련한 전남대 송기숙 교수의 증언은 다음과 같다.

> 수습위는 무슨 수습위냐 전투본부를 만들어야지 하고 악을 쓰기도 하고, 카빈총을 목에 들이대며 위협하기도 했다. 또한 대학생들이 뭔데 이제 와서 설치느냐고 대들었다. (……) 이에 나는 그래 전투본부든 수습위원회든 조직을 만들어야 하지 않겠어, 이렇게 오합지졸로 우왕좌왕하고 있다가 공수단이 다시 쳐들어오면 어찌할 것인가? 수습을 하다가 우리의 요구를 들어주지 않으면 항쟁을 하는 수밖에 없겠지. 누가 누구인지도 모르는 판에 어떤 사람들이 앞에 나설 것인가? 총을 들고 싸웠다고 아무나 앞장을 설 때 당장 같이 싸운 시민군들부터 그들을 믿지 않을 것인데, 그러면 그런 사람들이 어떻게 지도력을 발휘하지? 지금 모두 믿을 수 있는 건 대학생들밖에 없잖아? 그렇게 3~4시간을 설득했다.[44]

수습위의 입장에서는 군이 시 외곽을 봉쇄하고 유언비어가 난무하는 상황에서 질서를 형성하려면 대중의 신뢰와 지지를 받는 계층이 필요했다. 대학생들이 대체로 그런 계층이었다. 이에 따라 구성된 학수위의 조직 명단은 위원장(김창길), 부위원장 및 장례 담당(김종배), 총무(정해민), 대변인(양원식), 홍보부장(허규정), 총기 회수반, 차량 통제반, 수리 보수반, 질서 회복반, 의료반

---

44   송기숙 증언, 한국현대사사료연구소, 같은 책, 162~163쪽.

등이었다. 학수위 위원장은 수습위의 활동에도 관여했고, 부위원장 이하 부서들은 맡은 임무를 수행하여 질서 회복과 유지에 심혈을 기울였다. 이들은 계엄사와의 협상에서 다음과 같은 4개 항을 요구했다.

① 시위자들에 대한 폭도 규정 사과.
② 장례식은 시민장으로.
③ 구속 학생과 시민 전원 석방.
④ 피해 보상.

학수위는 서로 단합해 헌신적인 활동을 펼쳤음에도 불구하고 수습위가 제시한 무기 회수 및 반납만큼은 의견이 상충했다. 특히 학수위원장 김창길은 "더 이상 피를 흘리지 않기 위해서 무기를 회수해 군당국에 반납할 것"을 주장하면서 23일 오전에는 회수해놓은 무기 중 일부를 군당국에 반납했다. 반면 김종배, 허규정 등은 시민이 이해할 수 있는 최소한의 요구 조건이 받아들여진 상태에서 무기 반납이 이뤄져야 한다는 입장이었다. 계엄사가 시민들의 요구를 무시하고 강경한 자세로 일관하는 상황에서 무기 반납은 위험하다고 판단한 것이다. 양 측의 갈등은 시간이 지날수록 더욱 첨예화했다.

5월 23일 오후 7시에는 계엄사령부가 〈광주사태에 대한 발표문〉을 보도했다. 이는 전날 오전에 수습위와 학수위가 계엄사를 찾아가 협상한 내용과 상황을 다룬 것이었다. 발표문의 내용은 수습위, 학수위가 군이 난동을 진압하기 위해 시가에 진입하지 않는다면 자체적으로 사태를 수습, 총기 등을 자진 반환하겠다는 뜻을 비쳤고, 과잉수습책의 방지, 연행자 석방, 수습 후 보복의 금지 등을 요구했으며, 지역 계엄당국에서는 조처 가능한 사항을 조처하겠다는 것이다.[45] 즉 시민들이 보유하고 있는 무기, 탄약 등을 회수하면 계엄당국에서는 그들의 요구를 호의적으로 받아들이겠다는 입장을 표명한 것이다.

민주수호 범시민궐기대회의 기획

5월 23일 밤 10시, 전날 수습위의 협상보고대회를 지켜본 들불야학, 광대, 송백회 등의 운동 세력은 고민에 빠졌다. 광주에서 자행된 살인적인 진압을 지시한 계엄당국에게 굴욕적인 협상안을 제시한 수습위의 행보가 썩 마음에 들지 않았던 것이다. 더구나 시민들이 원하던 바를 무시하고 미온적인 사태 수습에 급급해하는 방식도 성에 차지 않았다. 다음은 협상보고대회를 지켜본 광대 김태종의 증언이다.

> 협상보고대회를 개최했는데 수습위원들이 우리가 무기를 회수하고 질서를 유지하자 이렇게 말했을 때에는 모든 시민들이 찬성을 했습니다. 그런데 수습위원들이 더 이상 사태를 확대시키지 말고 우리가 빨리 무장 해제를 해가지고 정부의 사과를 기다리자 이런 식으로 사태 수습에만 급급한 발언을 했습니다. 이렇게 임시방편적이고 미온적이고 굴욕적인 발언을 했을 때 광주 시민들은 분개했습니다. 따라서 광주 시민 몇 사람이 분수대 연단 위로 올라가서 마이크를 빼앗고 수습위원들을 밀쳐냈습니다. 이런 상

---

45   《조선일보》, 1980. 5. 23.

황을 저는 보면서 광주 시민들의 진짜 마음은 이것이 아니구나 하는 것을 느꼈습니다.[46]

김태종과 윤상원은 협상보고대회에서 불만을 토로하던 시민들을 보며 그들의 의견을 수렴할 필요성을 느꼈다. 또 항쟁을 이끌어나갈 지도부의 구성도 시급하다고 판단했다. 이는 윤상원만의 생각이 아니었다. 계엄당국과의 협상 결과를 지켜본 모두가 공통으로 느끼던 바였다. 이들은 수습위가 시민들의 의사와는 다른 방향으로 항쟁을 전개하고 있을 뿐만 아니라, 투항주의로 치달아가는 모습에 안타까움을 느꼈다.[47]

23일 윤상원(들불야학)과 광대의 김태종 등 몇 명이 YWCA에 모여 전날 수습위원회가 주최한 투항적 시민집회의 문제점을 인식하고 올바른 인식의 확산, 대중의 건전한 요구 수렴을 위해 시민궐기대회를 갖기로 하고 시간이 촉박한 가운데 역할 분담을 했다. 학교에서 집회를 주도한 경력이 있는 김태종과 연극반에서 활동한 이현주가 사회를 보기로 했고, 나와 몇 명의 여학생은 대자보를 쓰기로 했다. 한편 이날 홍성담 씨를 중심으로 한 이른바 미술패가 국세청에서 플래카드를 제작한다고 하여 나와 이현주, 최인선은 그곳으로 도우러 갔다. 15명 정도의 사람들이 국세청 마당에서 광목천을 펴놓은 채 플래카드를 쓰고 있었다. 구호는 '전 시민은 총궐기하자' '계엄 해제하라' '김대중 석방하라' '전두환 물러가라' 등이었다. 모두 20~30개의 플래카드를 만들어 도

46   광주광역시 5·18사료편찬위원회, 《5·18 광주민주화운동 자료총서 4》, 1997, 353쪽.
47   황석영, 《죽음을 넘어 시대의 어둠을 넘어》, 풀빛, 1985, 163쪽.

청 담과 상무관 벽, 경찰국 차고 등에 부착했다.[48]

김태종과 윤상원은 수습위의 투항적인 협상보고대회를 보며 분개한 시민들의 의견을 수렴하기 위해 본격적인 대중 집회, '시민궐기대회'를 기획했다. 협상보고대회에서 시민들은 무장 해제와 질서 회복에는 동의했지만, 계엄군이 무력을 사용하지 않고 진입할 수 있게 하여 싸움을 끝내자는 '투항'에는 반발했다. 그것은 신군부가 조작, 왜곡하여 시민들을 '폭도'로 몰고 갔던 것을 스스로 입증하는 행위였기 때문이다. 즉 시민들은 무조건적 투항이 아닌 "무기 회수를 통한 질서와 군부와의 투쟁"[49]을 원했다. 이에 따라 운동 세력들은 시민들의 항쟁 참여를 독려하고, 수습위에 대한 시민들의 불만과 무기 반납에 따른 지도부 내 견해 차이, 군당국과의 협상 성과 부재 등을 극복하기 위한 대안으로 '민주수호 범시민궐기대회'(이하 시민궐기대회)의 개최를 결정했다. 각계각층의 사람들이 자유롭게 성토할 수 있는 '민의(民意)의 장'을 만들어 직접민주주의를 재현하고자 했다. 이는 시민들의 자율성으로 장의 외부에서 자신들의 정체성을 드러내고 명분을 획득하는 과정이었다. 여기서 시민궐기대회의 사회를 맡았던 김태종의 증언을 들어보자.

23일 곧장 녹두서점으로 갔다. 그곳에서 일을 보던 윤상원은 지금 도청엔 학생들이 없으니 우리가 역할을 분담해서 일을 해보자고 제안했다. 그분은 학생수습위원회와 일반수습위원회를 연결

48   김정희 증언, 한국현대사사료연구소,《광주 5월민중항쟁 사료전집》, 풀빛, 1990, 881쪽.
49   최정운,《오월의 사회과학》, 오월의봄, 2012, 240쪽.

시키는 고리 역할을 담당했다. 녹두서점에는 윤상원을 비롯한 교수, 학생 등 몇 사람들이 모여 숨 가쁘게 돌아가는 상황에 대해 토론했다. 이런 식으로 무기를 반납해서는 안 되며 분위기를 고조시켜 민주화를 이룩해야 한다는 말로 토론을 종결지었다. 그 실천 방안으로 '시민궐기대회'를 개최하기로 결정을 내렸다. 광대팀을 중심으로 궐기대회조를 만들고, 방송 시설을 준비하고 버스를 타고 시내를 돌면서 궐기대회에 대해 홍보했다.[50]

시민궐기대회는 계엄군과의 교전 끝에 이룩해낸 시민투쟁의 직접적 산물이자 공동체의 역사를 창조하는 사회적, 정치적 기제였다. 즉 시민들이 독자 세력을 구축해 군부의 폭력에 대항하고 민중적 민주주의를 지향하는 힘을 획득하기 위한 투쟁의 장이었던 것이다.

5월 23일 오전까지도 수습위는 '투항' '투쟁'에 대한 의견을 통일하지 못했고, 토의는 난항을 거듭했다. 수습위는 시민들이 바라던 항쟁의 결실을 정치적 민주화의 차원으로 수렴시킬 역량을 지니지 못했던 것이다. 미미한 성과로 시민들에게 외면받은 수습위원 15명 중 5명이 사퇴하여 오전 10시에는 도청 도지사실에서 정시채 부지사의 주도 아래 수습위의 조직을 개편했다. 이 자리에서 윤공희 대주교가 위원장으로 추대되었고 김성용 신부가 대변인으로 결정되었다. 더불어 수습위원 10명, 전남대생 10명, 조선대생 10명 등 모두 30명으로 '시민수습대책위원회'(이하 후기 수습위)를 구성했다. 수습위원은 고광표, 문행두, 박찬일, 서

---

50   김태종 증언, 한국현대사사료연구소, 《광주 5월민중항쟁 사료전집》, 풀빛, 1990, 875쪽.

정수, 심홍순, 이홍길, 윤성원, 조비오, 최한영, 한완석 등이었다. 개편한 수습위에 재야인사와 대학생이 참여하면서 수습위에 대한 시민들의 불신도 조금은 줄어들었다. 그러나 이들 역시 전기 수습위처럼 실제 활동은 사태 수습 치원에 머물렀고, 무기 회수 및 반납에 주력했다는 점에서 이전 수습위와 별반 차이는 없었다. 후기 수습위는 당국과 협상하고 사태 수습을 위해서는 무기를 회수해 당국에 반납할 것을 주장했다. 이들은 상황이 걷잡을 수 없는 내전적 상황으로 이어질까봐 "대중들이 집회를 가진다는 점을 두려워했고 10여 만의 인파가 모여 있는데도 의견을 발표하지도 못한 채 방치"[51]했다.

후기 수습위의 관점에서 광주민중항쟁은 군의 폭력으로 발발한 것이었다. 따라서 시민들의 저항은 정당한 것으로 군이 시민들에게 보복을 삼가고, 정부는 학살 책임자를 처벌하고 구속자를 석방해 적절한 보상을 해야 한다고 생각했다. 더불어 시민(군)은 무기를 자진 회수해 반납해야 한다고 판단했다. 이는 후기 수습위에 참여한 남동성당파와의 성격과도 일맥상통하는 부분이다. 이른바 남동성당파는 남동성당에 모인 사람을 일컫는 말로써, 5월 22일 오전 남동성당에 모인 인사는 김성용(신부), 남재희(신부), 명노근(교수), 박석무, 송기숙(교수), 윤광장(교사), 윤영규(교사), 이기홍(변호사), 이성학(NCC전남지부장), 이애신(YWCA 총무), 장두석(양서조합), 장사남(교사), 정태성(신민당원), 조비오(신부), 조아라(YWCA 회장), 차재연(사업), 홍남순(변호사) 등이었다. 이들 대부분은 광주·전남의 재야인사들로 시민단체, 교육계, 법조계, 학계에 몸담고서 반독재 민주화운동에 동참하던 명망가

---

51   황석영,《죽음을 넘어 시대의 어둠을 넘어》, 풀빛, 1985, 164쪽.

였다. 이들은 '해방광주'에서 수습활동에 참여했지만, 단일한 행동을 견지하지는 못했다. 다만 항쟁 요인을 군의 진압에서 찾고 해결 방안으로 정부와 군이 잘못을 시인하고 시민들에게 사과할 것을 요구할 따름이었다. 그렇다보니 운동 세력이 추진한 시민궐기대회조차 반대했고, 오직 원만한 사태 해결을 위해 무기 회수와 반납을 주장했다.

이들의 태도는 공수부대의 진압을 경험한 시민들에겐 투항주의적인 행위로 비쳤다. 또한 이들은 최후까지 도청을 사수했던 '민주시민투쟁위원회' 동참 요구도 거부했다. 민주시민투쟁위원회의 결성을 앞두고 윤상원, 정상용 등이 친분이 있던 남동성당파와 만나 지지와 가담을 요청했으나 이를 받아들이지 않은 것이다. 관변인사, 재야인사가 함께 참여한 후기 수습위는 구성원 간의 성향 차이도 컸던 만큼 내적 갈등도 점차 깊어졌다. 참여자 대부분이 명망가였던 탓에 조직적, 체계적 활동에도 제약이 심했다. 결과적으로 이들은 구성원의 변화만 있었을 뿐, 활동면에서 전기 수습위와 특별한 차이는 없었다. 타협과 투항의 자세를 견지하던 이들과 달리 운동권 세력들은 시종일관 시민들의 의견을 수렴하고 '민주화'를 관철하기 위해 '시민궐기대회' 개최를 추진했다. 이는 시민들의 의사를 수렴하고 투쟁의 성격을 확보하고 항쟁을 지속하는 방법이었다.

오전에 집을 나서 녹두서점으로 갔다. 그곳에 교수와 전남대생들이 있었다. 윤상원 형도 있었다. 상원 형이 '지금 도청에는 학생들이 없으니 우리가 역할을 분담해서 일을 하자'고 제안했다. 또 우리가 아무런 대책 없이 무기를 반납해서는 안 되며 현재의 분위기를 고조시켜 민주화를 이룩해야 한다고 했다. 이러한 실천 방

안으로써 시민궐기대회를 개최하자고 결정했다.[52]

앞으로 수습대책위원회에 녹두 식구들이 참여한다는 결정을 본 윤상원은 시민궐기대회를 서둘렀다. 먼저 검은 리본을 만들어서 도청 앞으로 보냈다. 리본을 단 시민들이 죽은 이들을 애도하기 위해 상무관에 줄을 섰다. 애도 분위기가 퍼지면서 시민들은 여기저기서 리본을 숱하게 만들어왔다. 밥을 해오고 줄을 서서 헌혈을 했다. 염을 하는데 수의가 없다는 소리가 들리면 깨끗한 광목을 가져왔다. 윤상원은 시민들이 스스로 나서서 할 수 있는 일을 벌여나갔다.[53]

윤상원은 녹두서점에 모인 사람들에게 상황을 설명하고 시민들의 힘을 모을 수 있는 시민궐기대회를 준비시켰다. 자체 조직한 홍보반의 선전이 시작되었고 각종 구호·표어를 적은 플래카드를 제작해 도청 주변에 전시했다. 또 시민궐기대회에 필요한 앰프, 마이크 시설 등의 물품을 YWCA에서 준비했으며, 버스를 이용해 시내 각처에서 시민궐기대회 개최 소식을 알렸다. 또 희생당한 영령에게 조의를 표한다는 의미로 검은 리본을 만들어 시민들에게 나누어 주었다. 그 과정에서 영령에 대한 애도, 시체 염하기, 헌혈, 취사 등의 활동에도 참여했다.

이와는 별개로 온건적 사태 해결을 주장하던 수습위의 활동도 계속되었다. 이들은 시내를 돌면서 시민군들에게서 무기를 거두어들였다. 도청에는 무기관리를 담당하던 허규정 등이 회수

52   김태종 증언, 한국현대사사료연구소, 《광주 5월민중항쟁 사료전집》, 풀빛, 1990, 875~876쪽.
53   민주화운동기념사업회, 《윤상원》, 오름, 2003, 152~153쪽.

한 카빈총, M1 2,000여 정이 있었는데, 조비오 신부, 시민 대표 장휴동, 학수위원장 김창길 등 수습위원 10명이 총기 200정을 들고 계엄사와 협상을 위해 길을 나섰다. 이들은 총기를 반납하고 연행된 시민들을 인수할 생각으로 3개의 요구사항을 생각해두었다.

수습위는 투쟁의 지속은 시민들의 희생을 담보하는 것으로 판단하여 협상을 통한 원만한 사태 해결에 주력했다. 이는 고립된 광주에서 식량 및 물자 부족 현상이 장기화하면 더욱 심각한 상황에 당면할 것을 예상한 것이었다. 이들은 계엄사에 도착해 다음을 협상 조건으로 제시했다.

1. 광주사태는 공수부대의 과잉진압에 대한 광주 시민의 항거임을 인정할 것.
2. 광주 시민의 명예를 회복하고 부상자, 사망자의 피해를 보상할 것.
3. 구속자를 전원 석방할 것.

계엄사는 모든 총기를 반납하면 요구사항을 들어주겠다고 했지만, 당시는 일부의 총기만 반납한 상황이라 연행자 34명만을 풀어주었다. 다시 수습위의 협상이 결렬되자 수습위 내부에서도 '무조건 무기 반납'을 주장하는 측과 '조건부 무기 반납'을 주장하는 측으로 나뉘어 갈등이 점점 표면화되었다.[54] 이날 밤, 수습위의 협상 결렬 소식을 들은 학수위 부위원장 김종배는 도청에서 진행된 학수위 회의에서 "무조건 무기 반납을 하는 것으

---

54   《신동아》, 1985. 10.

로는 문제의 해결이 불가능하다. 시민들을 이해시키기 위해서는 적어도 우리 광주 시민을 폭도라고 주장하는 정부의 태도에 변화가 있어야 하며, 이번 사태로 인한 피해가 정당히게 보상되고 사망자의 상례식을 시민장으로 해주는 정부당국의 양해가 있어야만 한다"는 결의를 표명했다.

제1차 민주수호 범시민궐기대회, 5월 23일 오전 11시 30분

5월 23일 오전 9시부터 도청 광장에 모인 10만여 명은 수습위의 사태 수습 방안이 발표되기를 기다리고 있었다. 그러나 수습위 내부에서는 무장투쟁을 고집하는 입장과 타협을 주장하는 입장으로 나뉘어 의견이 통일되지 않은 상태였다. 이를 기회로 무장투쟁을 주장하던 운동권 청년들은 시민궐기대회를 주도했다.

　이날 오후 3시에는 제1차 민주수호 범시민궐기대회가 예정돼 있었지만, 시민들이 몰려오면서 오전 11시 30분부터 시작되었다.[55] 이는 '해방광주'에서 처음 열리는 공식 행사였다. 물론 전날에도 협상보고대회가 거행됐지만, 사전에 계획한 것이 아닌 즉흥적으로 마련된 자리였다. 그러나 이날은 달랐다. 분명한 준비 주체가 있었을 뿐만 아니라 1만 명을 넘는 대규모 인파도 자발적으로 참석했다. 시민궐기대회의 사회는 극단 광대의 김태종

55　제1차 민주수호 범시민궐기대회의 개최 시간에 대해서는 자료마다 편차가 있다. 조지 카치아피카스는 《한국의 민중봉기》(오월의봄, 2015)에서 "11시 30분 시작"으로 기록한 반면 김영택은 《10일간의 취재수첩》(사계절, 1988)에서 "오후 3시 도청 광장에서는 제1차 범시민궐기대회가 열렸다"라고 기록했다.

과 광대, 송백회 활동을 겸하던 이현주가 맡았다. 이 자리에서 김
태종이 "이 나라의 민주주의는 그냥 주어지는 것이 아니라 피를
흘리고 싸워서 쟁취하는 것이다"라고 개회를 선언하자, 시민들
은 함성과 박수를 보냈다.[56] 이어 희생자에 대한 묵념을 시작으로
국기에 대한 경례, 애국가 제창, 여러 학생, 시민, 노동자, 농민,
주부들의 의견을 비롯해 각종 시국선언문과 성명서 낭독, 수습
대책위원회의 공지사항 전달, 시민과 학생들의 피해상황 보고,
'민주주의 만세' 삼창, 다음날의 시민궐기대회를 안내하는 순서
로 진행되었다. 이 자리에서 '민주해방'이 올 때까지 투쟁하자는
결의문이 발표되었고, 이와 함께 6일간의 피해상황은 미확인 사
망자 600명, 부상자 3,000명, 연행자 1,000여 명에 달한다고 보고
되었다.[57]

다음은 '제1차 민주수호 범시민궐기대회'의 막을 올린 대학
생의 〈시국선언문〉이다.

시국선언문[58]

전남 도민 여러분!

지금 우리는 조국의 민주화를 달성하기 위하여 사력을 다해 싸우
고 있습니다. 이 땅의 민주주의는 기필코 달성되어야 합니다. 이
것이 4·19학생혁명과 부마민중의거로 점철되어온 민족사의 요
청입니다. 그러나 광주는 지금 민족사가 우리에게 요청하고 있는

56   민주화운동기념사업회, 《윤상원》, 오름, 2003, 157~158쪽.
57   길영택, 《5월 18일, 광주》, 역사공간, 2010, 496쪽.
58   광주광역시 5·18사료편찬위원회, 《5·18 광주민주화운동 자료총서 4》, 1997,
      45쪽.

과업을 성취하기에 적지 않은 난관에 처해 있습니다. 총기를 휴대하고 있는 몇 사람 중에는 오발을 하는가 하면 무책임한 짓을 벌이며 우리들이 도달해야 할 조국의 민주화에 저해가 되는 일도 저지르고 있는 듯합니다. 이것이 시민의 공연한 불안감을 조성하기도 하여 사태를 악화시키고 있다고 생각한 전남지역(서울 포함) 대학생들은 책임감을 느끼며 전투 정비를 위하여 나서게 된 배경입니다. 투쟁은 끝나지 않았습니다. 이 투쟁을 지속적으로 이끌며 사태를 수습하기 위해서는 조속한 광주 질서 회복이 필요합니다. 시민들의 일상생활이 정상화되며, 도시 기능이 하루 속히 회복되어야 하겠습니다. 그리고 이 운동이 폭동이 아닌 지속적이며 조직적인 민주화운동이 되기 위해서는 책임감 있고 성실한 사람들이 나서야 하겠습니다.

모든 무기는 도청 내 지휘통제부 관할하에서 일사불란하게 이용되어야 하며 여타의 모든 무기는 회수되어야 합니다. 이를 위해서 학생들은 적극 나서야 하겠으며 광주의 치안 유지와 질서 회복을 위해서 대학별, 고교별, 직장별, 지역별 조직이 편성되었거나 되어가는 중입니다.

대학생, 고교생, 예비군, 그리고 민주화의 성취를 열망하는 시민 여러분!

여기서 우리가 방관한다면 광주는 다시 회복할 수 없는 자멸을 초래하게 될 것이며 조국의 민주화는 달성될 수도 없습니다. 도청 내에 설치된 대학생 대표자 회의에 신뢰를 바라며 대학생 여러분의 전폭적인 성원과 참여를 바랍니다.

1980년 5월 23일
전남대학연합대표자회의

〈시국선언문〉은 현재의 투쟁이 4·19, 부마민중의거로 점철된 '민주화'를 위한 '민족사의 요청'임을 선포했다. 이는 시민들이 지지하던 학수위의 의견을 반영한 글이며, 투쟁의 지속을 위해 질서 회복, 일상생활 복귀, 무기 회수 등의 사항을 지적하며 지도부의 통제에 적극적으로 협조할 것을 권유했다.

이날 시민궐기대회에는 청년운동 세력, 민중운동가, 대학생뿐만 아니라 시민 누구나 자유롭게 참여했다. 노동자, 농민, 시민, 학생, 교사, 주부 등 각계각층의 사람들이 차례로 분수대 위로 올라와 자신의 신분을 밝히고 사태에 대한 의견과 개인적인 억울함을 호소했다. 이어 연단에 오른 청년은 시민 대표를 자처하며 〈민주시민 여러분〉을 낭독했다.

민주시민 여러분[59]

민주시민 여러분! 최후의 일각까지 민주 사회를 이룩합시다!(구호)

우리가 지금 무엇을 하고 있습니까?
사람의 목숨을 쉽게, 참혹하게, 처참하게, 파리를 죽이듯 살인하는 저 흉악무도한 전두환 개새끼를 타도하기 위해 여기 모였습니다. 우리는 이미 일어섰습니다. 우리 스스로를 지키기 위해, 광주를 지키기 위해, 전남을 지키기 위해, 가정을 보호하기 위해, 이 나라의 역사를 재창조하기 위해 우리는 일어섰습니다. 지금 이놈은 시민을 공포 분위기로 몰아넣고도 무엇이 잘났다고 수행원 200명을 옆에 차고 골프나 치고 돌아다니고 있습니다. 그저 우리는

---

59   광주광역시 5·18사료편찬위원회, 같은 책, 47쪽.

민주주의를 수호하기 위해 이 개만도 못한 전두환을 죽이기 위해, 모든 유신잔당을 제거하기 위해, 우리는 이 거리로 나왔습니다. 직접 돌과 몽둥이로 우리는 싸웠습니다. 사상자와 부상을 당한 사람도 많았습니다.

여기 모인 민주시민의 가족 중 참상을 당한 가족도 계실 겁니다. 하늘 우러러 통곡해봐도, 가슴을 두드려도, 내 자식 내 형제를 영원히 구할 수 없습니다. 이제 우리의 할 일이 무엇인가를 알게 되었습니다. 그러나 끝까지 해야 할 일이 있습니다.

첫째는 그동안 우리 민주시민을 위해 선혈의 피를 흘린 천진난만한 어린애들, 이 나라를 재건할 청년들, 중·고등학생들, 대학생들, 그리고 어린 자식을 보호하고 이 나라의 훌륭한 인물들을 교육시키며 생계를 꾸려나가는 아버지, 어머님들, 노부모님들의 영혼에 애도합시다.

둘째는 주위를 보십시오. 너무 파괴된 기물들이 많습니다. 우리 광주 시민은 스스로 복구 작업을 해야 합니다. 내일부터라도 즉시 복구 작업을 합시다.

셋째는 가게 문이 닫혀 있습니다. 방금 들은 소식에 의하면 스스로 조직된 시민군이 다 지켜준다는 것입니다. 염려 마시고 내일부터 생업에 종사합시다.

넷째는 가게 문 앞에는 "전두환 물러가라"라는 구호를 붙이고 계속해서 최후의 일각까지 민주사회를 개설하기 위한 정신 무장을 합시다.

다섯째는 서로 도웁시다.

유신잔당을 타도하자.(구호)

전시와 같은 상황에서도 예(禮)와 덕(德), 사회질서 체계를 갖추고 서로 협력하여 투쟁을 지속할 것을 종용한 연설이었다. 그리고 처음과 끝에 '구호'를 삽입해 '유신잔당을 타도할 것'을 고하며 투쟁 정신을 재차 강조했다.

다음으로 들불야학의 나명관이 연단에 올라 〈광주 애국시민들에게〉를 낭독했다. 광주민중항쟁이 시작되면서 시내의 공장, 중소기업, 상점이 문을 닫아 노동자들은 생계에 부담을 느끼고 있었다. 시민궐기대회가 항쟁을 다각도로 조망하는 자리였던 만큼 항쟁으로 치명타를 입은 노동자의 견해를 설파한 것이다. 어려서부터 공장 생활을 한 나명관은 5월 15일에 노동자의 생각을 담은 호소문을 작성해 뿌린 사례가 있었다. 당시 상황을 지켜봤던 윤상원이 '노동자가 처한 현실'을 적나라하게 소개할 사람으로 나명관을 지목하여 다음의 글을 작성한 것이었다.

> 시민궐기대회를 앞두고 YWCA 소강당에서 녹두 식구들이 모여 회의를 하는 중이었다. 시민과 학생을 대표할 연설자는 정했는데, 노동자 대표는 마땅한 사람을 못 구했다. 대회 순서를 점검하던 윤상원은 대뜸 들불 식구 중에서 나명관을 불러세웠다. "노동자 대표는 명관이가 해라." "안 돼요, 못한다니까요!" 나명관이 손사래를 치기가 무섭게 윤상원은 호통을 쳤다. (……) 윤상원의 서슬에 기가 죽은 나명관은 손으로 얼굴을 감싸고 볼펜을 다시 잡았다.[60]

들불야학 활동으로 노동자들의 권리와 이익에 대한 중요성을 깨달은 나명관은 자신의 경험을 되새겨 노동자의 입장을 담은 글을 작성했다. 무엇보다 공수부대의 진압이 노동자에게 미친 영향을 설명하며 투쟁 결의를 밝히는 데 주력했다. 그 전문은 다음과 같다.

광주 애국시민들에게[61]

오늘도 진정한 민주주의를 위하여 투쟁을 계속하고 계시는 시민 여러분!

저는 광주공단에 근무하고 있는 노동자입니다. 많은 우리 노동자들이 출근길에 그 잔인한 반란군에게 폭행을 당하고 수많은 학생과 시민들이 그들에게 연행되거나 폭행을 당했습니다. 하지만 그때까지 우리들은 참고 있었습니다. 많은 작업시간 때문에 낮에는 나올 수가 없었으니까요. 하지만 사태가 악화되면서 우리들의 부모형제가 검붉은 피를 흘리며 하나하나 쓰러져갈 때 아무리 사회 정세를 모르는 노동자들이지만 어떻게 참고 모르는 척할 수가 있겠습니까? 비단 우리들 젊은 노동자뿐만이 아니라 아무것도 모르는 우리 중학생, 국민학생들까지 일어났습니다.

여자의 옷을 벗겨 무참하게 칼로 찔러 죽이고 철모르는 어린애들까지 돌로 쳐서 죽이는 놈들이 어디 사람입니까? 공산당도 안 그럽니다. 짐승만도 못한 잔인한 놈들을 어찌 그대로 살려서 보낸단 말입니까? 내가 보는 앞에서 많은 시민과 학생들이 무참히 죽

---

60   민주화운동기념사업회, 《윤상원》, 오름, 2003, 160~162쪽.
61   광주광역시 5·18사료편찬위원회, 《5·18 광주민주화운동 자료총서 4》, 1997, 46쪽.

어갔는데 모든 방송과 신문에서는 단 1명의 사상자도 없다고 방송을 하였습니다. 우리 국민을 위해 일해야 될 기관들이 어떻게 그렇게 비양심적인 일들을 할 수가 있단 말입니까?

우리들의 목표는 과연 무엇일까요? 살상도 건물 파괴도 아닙니다. 다만 우리가 주장하는 것은 오직 진정한 민주주의와 노동자의 권익을 보장하고 계엄을 철폐하라는 것인데, 어찌 전두환 놈은 악독한 명령을 내려 수많은 시민들을 학살할 수가 있단 말입니까? 그동안 우리 노동자들은 눈이 있어도 보지 못하고 입이 있어도 말을 못하고 귀가 있어도 듣지 못하는 비참한 현실 속에서 살아왔습니다. 살인적으로 솟는 물가에 비해 형편없는 저임금으로 우리의 한 달 봉급은 생활비가 아닌 생존비로밖에 살 수가 없었습니다. 이번 사태로 모든 공장의 문에는 '휴업'이라는 두 글자가 크게 붙여져 있더군요. 그렇지 않아도 적은 월급에 며칠 동안 일을 못하여 우리들의 생활은 더욱더 어렵게 되고 있습니다. 물론 우리의 형제들이 피를 흘리며 죽어가고 있는데 그까짓 일이 대수냐고 말하시는 분도 계시겠지만, 자신의 권리와 이익을 찾기 위해서는 우리의 본분을 다하고 그런 일을 해야 된다는 것을 시민 여러분들은 더 잘 알고 계시리라 믿습니다. 모든 쌀가게와 생필품을 공급하는 시장과 상점들이 문을 닫아버려 시골에서 올라와 자취를 하고 계신 분이나 많은 학생들이 밥을 제대로 먹지 못하고 있습니다. 우리들이 진정으로 우리 부모형제들의 원수를 갚기 위해서는 어느 정도 물자 공급이 되어 우리 광주시가 정상가동을 해가면서 이번에 새로 조직된 우리 광주시 민병대원들을 믿고 의지하면서 우리의 권리를 찾고 원수를 갚기 위해서 투쟁을 계속해야 되지 않겠습니까? 그래서 다음과 같은 우리의 결의를 밝힙니다.

1. 전두환을 죽인다. 2. 계엄령을 즉각 철폐하라. 3. 노동 3권 보장하라. 4. 어용노조 물러가라. 5. 이번 사태로 인한 피해에 대해서 정부당국은 도의적인 책임을 져라.

———

1980년 5월 23일
근로자 대표

이 글은 그동안 시민궐기대회에서 발표되었던 상황 보고, 투쟁 방법에서 나아가 노동자의 관점에서 '노동 삼권 보장' '어용노조 퇴진' '물자 공급에 대한 견해'를 밝혀 주목을 받았다.

두 발표문은 '모두 끝까지 싸워서 자신들이 쟁취한 민주해방을 수호해야 한다'는 일관된 논지를 드러냈다. 대회에 참여한 시민들은 연사들이 발언할 때마다 연신 울기도 하고 손뼉을 치며 호응하기도 했다. 또한 시민 가운데 누군가의 제안으로 장례 준비를 위한 즉석 모금으로 100여 만 원 이상이 수습위에 전달되는 등 시민들은 자발적으로 대회에 참여했다.[62]

공권력이 붕괴한 상황에서 시민궐기대회는 시민의 집합의지를 표현할 수 있는 최적의 방법이었다. 도청 내부의 투항적인 수습위를 견제하면서 시민의 생존, 민주주의 사수를 위한 광범위한 합의를 끌어내는 '직접민주제 형태'이자 '민주자치의 표본'이었다.

이날 시민궐기대회에서는 "민주해방이 올 때까지 싸우자는

---

62   이 모금운동은 궐기대회에서뿐 아니라 각 지역 사거리마다 '부상자를 위한 사랑의 모금함'이라 써 붙인 모금함을 통해서도 이루어졌고, 항쟁 기간 중 모금운동을 통해 끊임없이 단체별로 확산했다. 황석영, 《죽음을 넘어 시대의 어둠을 넘어》, 풀빛, 1985, 165쪽.

결의문을 만장일치로 채택"[63]하며 민중의 요구와 민주화를 향한 투쟁 열기를 수렴시켜나갔다. 각계각층의 성명 발표가 끝나자 수습위, 학수위 공동명의의 〈광주 시민 여러분께 알려드립니다〉가 낭독되었다.

광주 시민 여러분께 알려드립니다.[64]

청사에 빛나는 칼날은 무서움을 모르는 채 사랑하는 내 시민을 짓밟아버리는 천추에 맺힌 한, 원한에 맺힌 한을 어느 누가 풀어줄 길이 없어 시민 모두가 일어선 5·18 광주민중봉기는, 우리 민족의 슬기와 민주화 염원에 의한 투쟁의 결과입니다.

그러나 우리의 궁극적인 목표는 달성된 것이 소수뿐이기에 투쟁은 계속되어야 합니다만, 어디까지나 평화적이어야 하며 이 평화적 투쟁을 계속하기 위해서는 무엇보다 시민의 질서 회복이 시급한 문제입니다. 이 질서 회복이 최선의 방법이며 우리들의 피해를 줄이는 최선의 길입니다. 지금까지의 투쟁이 헛되지 않게 스스로가 합심동체가 되어 이 난국을 타개합시다.

1. 계엄군은 진입하지 않고 우리와 일체 교전을 하지 않을 것을 약속했습니다.
2. 총기는 책임질 수 있는 사람이 휴대해야 하며 통제권에서 벗어날 경우 시민의 안전을 위해 회수되어야 하오니 협조하여주시기 바랍니다.

---

63   김영택, 《10일간의 취재수첩》, 사계절, 1988, 496쪽.
64   광주광역시 5·18사료편찬위원회, 《5·18 광주민주화운동 자료총서 4》, 1997, 44쪽.

3. 시민 여러분께서는 각 직장별 일상업무에 복귀할 수 있는 이성을 회복합시다.

4. 일부 무기류 휴대자들에 의한 오발사고와 약탈행위는 철저하게 근절되어야 하오니 협조 바랍니다.

5. 이번 투쟁에서 희생된 사망자는 엄숙한 시민장으로 거행돼야 합니다.

이상의 사항을 전파하는 데 모든 분들의 협조를 바라며 앞으로의 사태 추이에 귀를 기울여주시기 바랍니다.

———
1980년 5월 23일
시민대책위원회
학생수습대책위원회

　이 발표문에서는 평화적인 투쟁을 지속하기 위한 사안으로 질서 회복을 꼽았다. 또 다섯 개의 조항에서는 '시민의 안전' '범법행위 근절' '장례식'을 강조하며 '민중항쟁'의 기본적인 이념을 담아냈다. 즉 평화적 투쟁과 난국을 타개할 방안을 시민들의 윤리의식에 기초한 질서 회복으로 상정한 것이다. 이는 모든 시민이 무장투쟁을 하거나 전면전을 불사하기보다는 "책임질 수 있는 사람"들이 총기를 휴대하여 '오발사고'를 방지하고 시민 안전을 도모하는 자세를 견지한 것이다. 나아가 사망자의 장례는 '시민장'으로 거행할 것을 주장했다. 이는 개개인의 숭고한 죽음을 '광주시' 전체의 차원으로 다루어 희생된 자들을 위무하기 위한 것이다. 이러한 내용을 공식화할 수 있었던 것은 시민궐기대회가 시민의 생존권과 민주수호를 위한 투쟁의 합의를 얻어내던

'직접민주제 형태'였기 때문이다. 이전까지의 투쟁은 개인적 의기로 가담하거나 산발적으로 이루어져 일정한 방향성을 지닌 조직적 행동은 할 수 없었다. 또한 운동 세력 및 소수의 지도급 인사에 의해 시민들의 요구가 왜곡될 위험도 있었다. 시민궐기대회는 이러한 단점을 보완하고 투쟁의 연대성과 통일성을 확보할 수 있는 루트였다. 이는 그 기획과정에서도 확인할 수 있다.

첫째로 시민들의 자발적인 제보와 홍보요원의 목격담을 가지고 광주 시민의 피해상황을 발표했지만 대중 호소력이 약했다는 평가를 내렸다. 이미 시민들은 여러 곳에서 그보다 훨씬 엄청난 광경들을 목격했기 때문이었다. 둘째로 기자재 확보는 홍보부의 가장 어려운 문제 중의 하나였다. 스피커나 앰프가 준비되지 않았고 준비되었어도 경험 부족과 기계 성능의 불량으로 애를 먹었으며 나중에는 기자재 전문반을 편성하기도 했다. 셋째로 연사 인선은 자칫하면 학생들 위주로만 되어버릴 가능성이 있어서 시민들 중에 이야기하고 싶은 사람들을 적극 발굴하여 자신의 의사를 발표하도록 했다.[65]

시민궐기대회는 오후 5시가 넘어 끝났다. 대회장을 나선 시민들은 비교적 밝은 표정이었다. '해방광주'에서 열린 가장 큰 규모의 대회였고 각계각층의 인사가 참여해 의기투합하다보니 시민들은 곧 사태가 수습될 것이라는 희망을 지니게 되었다. 집회가 연대를 확인하고 행동의 통일성을 구체적으로 확보해준 것이다. 교통이 통제되어 귀갓길에 불편을 주었지만, 불평하는 시민

---

65   황석영, 《죽음을 넘어 시대의 어둠을 넘어》, 풀빛, 1985, 168쪽.

은 없었다. 이 무렵, 시민들의 동향을 살피던 계엄당국은 시민궐기대회를 의식한 듯 귀가를 독촉하는 〈경고문〉을 살포했다

경고문[66]

친애하는 시민 여러분!
이제까지는 여러분의 이성과 애국심에 호소하여 질서 회복과 질서 확립을 기대해보았습니다. 그러나 총기와 탄약과 폭발물을 탈취한 폭도들의 횡포는 계속 가열되고 있으며 이러한 상황 하에서는 국군이 소탕하지 않을 수 없습니다.

시민 여러분!
소요는 고정간첩, 불순분자, 깡패에 의해 조장되고 있습니다. 지금 즉시 대열을 이탈하여 집과 직장으로 돌아가십시오.

———   1980년 5월 23일
                                        계엄사령관 육군대장 이희성

이 유인물은 붉은 잉크로 등사되어 〈경고문〉다운 구색을 갖추고 있었다. 그러나 이를 받아든 시민들은 바로 찢어버리거나 길바닥에 내동댕이쳐버렸다. 그 내용이 선량한 시민들을 고정간첩, 불순분자, 깡패 등으로 규정하여 조롱하는 격이었기 때문이다. 폭도의 횡포로 광주의 질서 회복과 확립이 이루어지지 않았

---

66   이 〈경고문〉은 제1차 민주수호 범시민궐기대회가 진행될 무렵에 광주시
      전역에 뿌려졌다. 김영택,《10일간의 취재수첩》, 사계절, 1988, 171쪽.

다고 했지만, 오히려 상황은 정반대였다. 학생들은 귀가하던 시민들에게 질서와 협조를 권유하는 다음의 유인물을 배포하고 있었다.

시민대책본부 및 치안 유지를 담당하시는 학생 및 시민에게 알려 드립니다.[67]

이미 시민을 대표하고 학생을 대표하는 임시 수습대책기구가 설치되었사오니 이후로 모든 사항에 대하여 대책위원회의 시달사항을 준수하여주시기 바랍니다.

첫째, 경비를 하시는 여러분은 스스로 조 편성을 하셔서 조장의 통제에 따라주시고 조장은 대책위의 지시에 따라주시기 바랍니다. 조장은 무기를 확실한 신분이 보장된 분들이 확보토록 해주십시오.

둘째, 모든 차량은 도청 앞에 집결하여 수습대책위원회 차량 정비단의 지휘를 받아주십시오. 차후 의문 나는 사항은 도청소재위원회에 연락하여 협조를 얻으시기 바랍니다.

시민대책본부 명의의 유인물은 임시 수습대책기구의 설립과 경비, 무기 통제, 차량 지휘를 명시하며 질서 확립에 앞장서고 있었다. 이는 말뿐이 아니었다. '해방광주'가 펼쳐진 이후부터 수습위원을 비롯한 시민군과 학생들은 직접 나서서 무기 회수 활동에 나서며 치안질서 확립을 도모했다.

주최 측은 시민궐기대회를 마치고 YWCA 소심당으로 집합

---

67   김영택, 같은 책, 173쪽.

했다. 대회의 진행, 방식, 시민들의 호응 정도, 성과 등의 제반사항을 논의하고 개선하기 위한 자체평가회를 마련한 것이다. 그들은 시민들의 호의적인 반응은 긍정적으로 받아들였지만, 진행 방식은 더욱 체계적으로 갖춰야 함을 느꼈다.

> 시민들은 아무 준비도 없이 분수대에 뛰어올라가 즉흥적으로 격렬한 구호만을 외치거나, 어떤 부인은 마이크를 잡고 엉엉 울다가 실신해버리는 경우도 있었다. 그러므로 홍보부는 기획을 바꾸어 광주 민중민주항쟁의 의의나 목적, 앞으로 해결해야 할 여러 가지 근본적인 문제점들을 부각시키는 데 초점을 맞추어 시민 각계각층의 대표 연사를 미리 접수시키고 발표하도록 했다.[68]

주최 측은 시민궐기대회에서 발생한 일단의 문제와 해결책을 마련하고, 심도 있는 논의를 이어나갔다. 주로 항쟁을 승리로 이끄는 방법의 모색이었는데, 그 핵심은 '광주'가 고립에서 벗어나야 한다는 것이었다. 즉 상황 극복을 위해 다른 지역과의 교류, 시민군의 조직화, 예비군 동원이 긴요하다고 판단했다. 시내에 비축된 식량, 유류, 전기, 수도에 대한 방비책과 시민들의 지지와 신뢰를 받는 강력한 지도부의 필요성도 제기되었다. 그러나 도청 내 온건 수습위의 존재가 새로운 지도부의 구축에 발목을 잡아끄는 형국이었다. 이들의 논의는 '무기 회수'를 고집하던 온건 수습위와 별개로 진행되었다.

민중민주항쟁을 궁극적 승리로 이끌기 위해서는 시급히 타 지역

---

68   황석영, 《죽음을 넘어 시대의 어둠을 넘어》, 풀빛, 1985, 168쪽.

과의 연대를 확보해야 한다는 것과, 시민군의 튼튼한 조직과 예비군의 동원 문제가 의논되었다. 그리고 현재 시내에 비축되어 있는 식량, 유류, 전기, 수도 등에 대한 전문적인 방비책이 강구되어야 했다. 빠른 시일 안으로 장례식을 치르지 않으면 시체들이 모두 부패해버리고 말 것이며, 시민장 하나 치르지 못하는 현재의 도청의 행정력을 쇄신하기 위해서는 무엇보다도 강력한 지도부가 필요하다는 데에 의견이 일치되었다.[69]

시민궐기대회 진행 방법 개선, 새로운 지도부의 필요성 합의 등을 주도한 세력은 수습위에서도 무장투쟁을 지향하던 세력이었다. 따라서 온건적인 수습위의 의견과는 상충했다. 강경적인 수습위와는 별개로 온건적인 수습위도 회의를 열어 자신들만의 수습 방안을 논의했다. 도청에 모여 김창길 위원장의 사회로 진행된 회의에서는 다음의 4개 항을 결의했다.[70]

1. 이번 광주사태를 일부 불순분자들인 폭도들의 난동이라고 보도하고 있는데 이는 폭도들의 난동이 아니라 전 시민의 의지였으므로 폭도로 규정한 점을 사과하라.
2. 이번 사태로 사망한 사람들의 장례식을 시민장으로 거행하라.
3. 5·18사태로 구속된 학생과 시민을 전원 석방하라.
4. 금번 사태로 인한 피해 보상을 납득이 다가도록 하라.[71]

69   황석영, 같은 책, 169쪽.
70   이 자리에 참석한 사람으로는 김창길, 김종배, 허규정, 정시채 부지사, 장세균 목사, 이종기 변호사, 최한영 옹 등이었다.
71   월간조선사, 〈한국을 뒤흔든 광주의 11일간〉,《월간 조선》, 1999, 176쪽.

시내 치안을 위해 자발적으로 무기 회수에 나선 시민군.
(사진 출처: 전남대 5·18연구소)

이상의 조항은 신군부의 왜곡에 대한 정정과 희생자에 대한 보상 등을 요구하며 모든 것을 평화적으로 수습하려는 의도를 드러낸다. 당시 회의에서는 '무기 회수'를 놓고 수습위의 의견이 대립했다. 그런데도 위의 조항을 결의한 것은 내부에서 무장투쟁을 원하던 학수위를 설득, 절충하는 지혜를 동원했기 때문이다.[72] 그렇다고 해도 수습위원들 모두 요구사항에 전적으로 동의하지는 않았고 내부 갈등은 골이 깊어지고 있었다. '무기 회수' 문제로 난항을 겪던 학수위는 사태를 학생들로만 수습한다는 것은 불가능하다고 판단해 김화성, 박남선, 황금선 등의 시민 세력을 포함해 학수위를 개편했다. 이로써 학생들로 꾸려진 조직은 범청년시민기구로 확대되었다.[73]

---

72   황석영,《죽음을 넘어 시대의 어둠을 넘어》, 풀빛, 1985. 180쪽.

제2차 민주수호 범시민궐기대회, 5월 24일 오후 3시

5월 24일 오후 1시경, 16절지에 등사된 〈계엄분소 방문 협의 결과〉라는 유인물이 시민들에게 배포되었다. 이는 후기 수습위가 계엄사를 찾아 협상한 내용과 결과를 담은 것이었다.

계엄분소 방문 협의 결과[74]

사랑하는 시민 여러분!

오늘의 사태에 대하여 염려하시는 학생과 시민들이 수습 대책을 위해 계엄분소에 요청한 결과에 대하여 알려드립니다.

1. 계엄군의 시가 진입을 일절 금지하라.

∴답-시민 측이 먼저 발포하지 않는 한 진입이나 사전 발포하지 않겠다. 또한 지금 시내에는 한 명의 계엄군도 없다.

2. 5·18 공수부대의 지나친 진압을 인정하라.

∴답-현장 설명을 듣고 과잉진압임을 시인한다.

3. 연행자를 석방하라.

∴답-연행자 927명 중 79명을 제외하고 모두 석방했으며, 수습대책위원회의 요구에 따라 추가로 34명도 80년 5월 23일 자(어제 오후)로 석방했다.

4. 사망, 부상자의 보상 및 치료는?

∴답-보상은 물론 대책을 세우고 있으며 철저한 치료를 하고 있

---

73   황석영, 같은 책, 175쪽.

74   광주광역시 5·18사료편찬위원회, 《5·18 광주민주화운동 자료총서 4》, 1997, 49쪽.

다(현 정부가 발표함).

5. 방송 재개 및 사실보도 촉구

∴답-지역방송이 속히 회복되는 대로 사실보도 하도록 힘쓰겠다.

6. 자극적인 어휘 사용 금지(예: 폭도)

∴답-순수한 시민을 폭도라 함이 아니요, 악용하는 자를 말하며
상부에 부드러운 어휘를 사용토록 진정했다.

7. 시외 통행로에 통로를 주라.

∴답-민간인은 출입할 수 있되 손을 흔들어 신호를 보내면 보호
해주며, 단 자동차나 무기 휴대 차는 접근할 수 없다.

8. 사태 수습 후 처벌 금지

∴답-사태 수습 후 절대 보복하지 않겠다(군 지휘관과 대책위원회의
명예를 보고 약속함).

이상과 같은 협의사항을 받아가지고 연행자 33명을 어제 데리고
수습대책위원은 돌아왔으며 계속 우리는 더욱 발전적인 해결을
위해 또다시 계엄분소에 계속 요청할 것입니다. 그러므로 8개 항
의 확답을 받았으니 지역의 치안 및 질서 회복을 위해 적극 힘써
주시길 바랍니다. (단, 무기 소지자는 수습대책위원회에 반납하시길 바
랍니다.)

———

1980년 5월 24일

5.18사태 수습대책위원회 일동

그동안 나왔던 수습위의 수습안과 큰 차이는 없었지만, 6·7·
8항은 새롭게 추가된 내용이었다. 또 계엄사가 비교적 구체적으
로 요구사항에 답변한 것도 주목할 만하다. 이는 계엄사 측에서

시민들의 무기 반납을 원했던 만큼 수습위의 요구사항에 적극적으로 답변한 것이다. 하지만 현실적으로 수습위가 거둔 성과는 없었던 터라 수습위에 대한 시민들의 불신은 커져만 갔다.

오후 2시 50분, 약 10만여 명에 가까운 시민들이 도청 광장, 금남로, 인근 도로를 메운 가운데 도청 광장에서 제2차 민주수호 범시민궐기대회가 개최되었다. 사태를 해결하지 못한 수습위에 대한 시민들의 원성이 자자했다. 선전홍보부는 시민궐기대회에 필요한 스피커, 마이크, 앰프 등의 음향장치 설치에 애를 먹었으나, 수습위는 오히려 전기를 끊고 도청 안의 앰프를 못 쓰게 막았다. 수습위는 시민궐기대회가 시민들을 선동하여 '무장태세'를 종용하며, 원만한 사태 해결을 저해한다고 생각했다. 따라서 대회는 시작부터 수습위에 대한 노골적인 불만으로 시작되었다.

> 지금 도청 안에서는 수습대책위원회가 대다수 시민들의 뜻과는 반대로 계엄당국과 야합하여 무조건적인 타협을 시도하고 있습니다. 우리는 그들의 음모를 막아야 합니다. 우리 모두 피 흘린 대가를 보상받도록 강력히 촉구합시다.[75]

식순은 전날과 마찬가지로 희생자에 대한 묵념, 국기에 대한 경례, 애국가 제창, 결의문 발표로 진행되었고, 민족민주화성회에 이어 다시 '전두환 화형식'이 준비되어 있었다. 각종 결의문이 낭독되는 가운데 갑자기 스피커 소리가 끊어졌는데, 이에 주최 측은 도청에서 시민궐기대회를 방해한다며 비난을 퍼부었다.[76] 주최 측은 논의 방향을 '평화적 타결'이 아닌 '무장투쟁'으

---

75   황석영, 《죽음을 넘어 시대의 어둠을 넘어》, 풀빛, 1985. 180쪽.

로 이끌었다. 많은 시민이 희생당한 것도 모자라 계엄당국에 굴욕적으로 협상할 수는 없다는 입장이었다. 또한 시민들 역시 '무기 회수'를 놓고 갈등하던 터라 주최 측은 투쟁 방향을 설정하는 것이 시급했다. 따라서 주최 측은 시민들의 의지를 확고하게 다질 수 있는 프로그램을 준비했다. 이날 준비한 '전두환 화형식'과 '결의문' '민주시' 낭독이 감정에 호소하는 내용으로 구성된 것도 그러한 맥락이었다.

> 도청 간부들의 궐기대회 방해 공작을 폭로하자 시민들은 분노를 표출했다. 전두환 화형식을 하는 등 분위기가 고조되었고 비가 내리는 가운데도 시민들은 우산도 펴지 않은 채 비를 맞으며 지켜보았다. 궐기대회는 저녁 7시쯤까지 열기를 뿜었다.[77]

오후 4시 38분에는 갑자기 소나기가 쏟아졌다. 미처 우산을 준비하지 못한 시민들이었지만, 누구 하나 일어서지 않고 자리를 지켰다. 이에 사회자는 "이 비는 억울하게 숨져간 우리 민주영령들이 흘리는 눈물입니다"라고 큰 소리로 외쳤다. 시민들은 "옳소" 하는 소리로 맞장구쳤고, 대회장은 곧 숙연해졌다. 이어 정부를 규탄하는 〈껍데기 정부와 계엄당국을 규탄한다〉와 시민들의 투쟁을 종용하는 〈국민에게 드리는 글〉과 〈전국 민주시민에게

---

[76] 당시 주최 측인 김결 증언에 따르면 "궐기대회 도중 마이크가 자꾸 꺼져버렸다. 그때는 앰프 시설이 좋지 않아서 그런 줄 알았는데 나중에 알고 보니 궐기대회가 한참 진행되고 있을 때 정보원이 도청으로 들어가 방송 시설을 분해해서 들리지 않도록 한 것이다. 이 사실을 우연한 기회에 본인으로부터 직접 들었다"라고 한다. 한국현대사사료연구소, 《광주 5월민중항쟁 사료전집》, 풀빛, 1990, 914쪽.

[77] 최정운, 《오월의 사회과학》, 오월의봄, 2012, 263쪽.

드리는 글〉이 낭독되었다.

껍데기 정부와 계엄당국을 규탄한다[78]

껍데기 과도정부와 계엄당국은 민주의 피맺힌 이 소리를 들으라!

전 세계의 이목은 광주에 집중하고 있다. 모든 국민이 다 알다시피 광주의 민주화투쟁은 연 일주일째 계속되고 있다. 또한 그간에 있어서 모든 시민과 학생들은 처음부터 끝까지 평화적이고 질서정연한 투쟁을 전개하려고 노력해왔다. 그러나 계엄당국은 진지하고도 순수한 데모 대열에 무차별한 사격을 가하여 남녀노소를 불문하고 1천여 명에 이르는 사망자가 발생하였고, 부상자 및 연행자는 추계가 불가능한 실정이다. 그리고 모든 시민들이 자구의 수단으로 때로는 무장하고 때로는 헌신적으로 보급품 공급에 나서고 있다. 그럼에도 불구하고 계엄당국과 정부는 광주 시민과 전 국민의 민주염원을 묵살함은 물론, 민주투사들을 난동자, 폭도로 몰아 무력으로 진압하려고 하고 있다. 또한 갖가지 흑색선전으로 국민을 이간시키고 광주의거의 진상조차 보도를 금지시키고 있다.

이에 우리 전 광주 시민은 민주화에 대한 열망을 결코 포기할 수 없으며, 정부와 계엄당국에 다음과 같이 엄중 경고하는 바이다.

1. 군부독재의 원흉 전두환은 즉각 물러나라.

---

78   광주광역시 5·18사료편찬위원회, 《5·18 광주민주화운동 자료총서 2》, 1997, 53쪽.

2. 군부독재의 하수인인 과도정부는 즉각 물러나라.

3. 민주인사들로 구국 과도정부를 수립하라.

4. 김대중 씨를 비롯한 모든 민주인사와 학생들을 즉각 석방하라.

5. 더 이상의 흑색선전이 계속될 시는, 광주 시민은 전 국민과 더불어 모든 언론기관을 믿지 않음은 물론 그 안전마저도 보장할 수 없다.

———   1980년 5월 24일

시민궐기대회의 개막을 알리는 글이었던 만큼 강렬한 주장을 담고 있었다. 광주민중항쟁은 신군부의 정권 장악을 위한 음모임을 드러내고, 그 하수인으로 전락해버린 최규하 정부를 껍데기 정부로 비유했다. 더불어 끊임없이 상황을 왜곡, 조작하여 보도하는 언론기관과 흑색선전을 질타했다. 이를 보충하고자 정부의 이간 책동을 고발하는 〈국민에게 드리는 글〉이 연달아 낭독되었다.

국민에게 드리는 글[79]

자유와 평등이 공존함으로써 인간의 존엄성이 회복되는 민주 국가 긴설을 위하여 분언히 쓰러저간 수많은 민주영령께 삼가 조의를 표합니다.

친애하는 국민 여러분!

79   광주광역시 5·18사료편찬위원회, 같은 책, 56쪽.

역사 속에는 인간의 존엄성이 몇몇 독재자의 권력욕, 물욕의 충족을 위해 갖가지 탄압으로 짓밟혀왔습니다. 이 세상 만물 중 무엇보다도 가장 귀중한 인간의 존엄성이 짓밟히고 이 나라의 장래를 이끌어갈 학생들이 꼭 배우고 익혀야 할 인간 교육은 독재정권의 연장을 위해 비뚤게 가르쳐져 왔습니다. 농민과 근로자들은 그렇게 떠들어대는 고도성장하에서의 예전과 같이 비참한 삶을 계속하고 있습니다.

평화를 사랑하는 우리 국민은 건국 이후 이승만 독재정권을 타도하여 위대한 4월혁명을 역사에 기록했고 그 후로 끊임없이 군사독재에 항거하여 마침내 10·26 이후로 이어지는 민주주의 승리의 힘찬 도약 단계에 들어섰습니다.

5·18은 전두환을 비롯한 유신잔당은 계엄 해제 등의 구호를 외치며 평화적 가두시위를 하는 학생 청년들에게 자신들의 친위대인 공수특전단을 투입하여 방망이와 대검으로 두드려댔고, 이를 지켜보거나 만류하는 노인, 여자들에게까지 몽둥이 세례로 난자하는 등 이후 형언할 수 없는 만행을 저질렀습니다.

이튿날 끓어오르는 분노를 참지 못하고 몰려든 수십만 시민들에게 무차별 난도질을 자행하고 여자의 옷을 벗겨 난자한 후 질질 끌고 다니는 등 눈을 뜨고 볼 수 없는 잔악한 행위를 하였습니다. 다음날부터는 드디어 발포를 시작하여 무차별로 총살하여 온 시민을 공포에 떨게 하였습니다. 이런 속에서도 정의를 사랑하는 시민들의 봉기로 드디어 계엄군은 외곽지대로 퇴각하였습니다. 그러나 여기서도 잔악성은 버리지 않고 총격전을 도발하거나 민간인으로 변장하여 시민들을 교란하고 있습니다. 이러한 위협 속에서 협상을 강요하고 있으며 그 결과는 사북사태와 같이 변할 것입니다.

광주시와 전라남도 전역에 걸쳐 민주인사와 애국청년 학생들은 무차별 학살되거나 투옥되어 다시는 이 땅에 민주의 싹이 트지 못하도록 뿌리까지 파헤쳐버리게 될 것은 명약관화한 것입니다. 지금 우리 광주 시민은 모두 하나가 되어 독재를 깨뜨리고 민주주의가 실현되는 승리의 계기를 잡고 있습니다. 이 하늘이 주신 천재일우의 기회를 놓치게 되면 다시는 이 땅에 민주 정치 실현이 어려워질 것이며 또다시 군부독재 정치가 판을 치게 될 것입니다.

진정한 민주 사회가 되기를 열망하는 국민 여러분! 역사의 심판이 내려질 그날까지 우리 모두 이 민주의 성전에 다 같이 동참합시다. 민주국민이여! 다시는 독재의 구렁텅이로 빠지지 않고 이 땅에 찬란한 민주의 꽃을 피울 그날까지 우리 모두 총궐기 합시다.

———   1980년 5월 24일

                                광주 시민 일동

　　그동안 전개된 항쟁의 과정을 전달하며 공수부대의 만행을 되짚고, 현재의 투쟁이 민주주의를 실현할 기회임을 선포했다. 이는 투쟁을 지속할 당위를 제공한 것이다. 연사가 "처절한 공포의 광주! 핏빛 물든 아스팔트 위에 무참히 죽어간 시체 더미 위에 우리는 죽음으로써 함께 모였다. 이제 우리가 무엇을 두려워하랴, 무엇을 무서워하랴! 모두 일어나라. 그리하여 이 땅 위에 이제는 포기할 수 없는, 이제는 다시 빼앗길 수 없는 찬란한 민족의 꽃을 피우자!"라고 절규하자 시민들은 일제히 눈물을 쏟아냈다. 또 선창자의 외침을 목이 터지라 제창하며 울분을 토했다. 흥분이 채 가시기도 전에 또 한 학생이 연단에 올라〈전국 민주시민에

게 드리는 글〉을 낭독하며 흐름을 이었다.

전국 민주시민에게 드리는 글[80]

친애하는 애국시민 여러분!

치밀어오르는 분노와 억누를 길 없는 설움을 간신히 가누며 이 호소문을 드립니다. 광주시는 지금 5월 18일부터 계속되는 데모로 수많은 시민들이 죽고 부상하여 피바다를 이루고 있습니다. 시내 요소요소에는 시체들이 즐비하여 병원이란 병원은 부상자들로 초만원을 이루고 있습니다. 군화에 얼굴이 뭉개져서 형체를 알아볼 수 없는 어린이가 있는가 하면 대검에 젖가슴을 찔리어 피를 쏟고 죽은 여대생이 있고, 개머리판에 머리를 맞아 눈알이 튀어나온 채 죽은 고등학생이 있는가 하면 온몸이 난도질당해 죽은 할머니가 있고, 헬리콥터의 기총소사로 온몸이 벌집이 되어 죽은 대학생이 있는가 하면 빌딩에서 떨어져 머리가 박살나서 죽은 시체가 있고…… 지옥이라 한들 이보다 더하겠습니까? 수백 명의 시민, 학생이 잔인무도한 공수부대의 총칼에 맞아 죽었고 수천 명이 칼에 찔리는 등 부상을 당했습니다.

참으로 잊을 수 없는 18일이었습니다. 그날 학생, 시민 수만 명은 "전두환을 체포하라!" "김대중 씨 석방하라!" 등의 구호를 외치며 평화적인 시위를 시작했습니다. 경찰은 최루탄과 페퍼포그를 쏘아대며 진압하려 했으나, 이때까지만 해도 유혈사태는 없었던 것입니다. 그러나 이날 오후 3시, 공수특전단이 대거 투입되면서 사태는 급변하기 시작했습니다. 이들은 마약에 중독되어(AP통

---

80   광주광역시 5·18사료편찬위원회, 같은 책, 54~55쪽.

신에 의함) 정상적인 인간이 아니었습니다. 공수부대는 총에 대검을 꽂은 채 시위하는 학생, 시민들에게 돌진하여 무차별 학살을 자행했습니다. 이들은 "전라도 놈의 씨를 밀리겠다"고 악을 쓰며 남녀노소를 가리지 않고 금남로를 지나는 사람은 무조건 찔러 죽였고, 부상한 학생들이 피신하면 그 집에 쳐들어가서 끌어내 죽였고, 부녀자를 발가벗기고 젖가슴을 도려내는 등 차마 지옥이 아니고서는 상상할 수 없는 만행이 백주에 벌어졌던 것입니다. 그들은 이처럼 도려낸 젖가슴을 벽에 붙이고, 잘라낸 머리를 막대기에 꽂아 들고 다녔으며, 이 비행을 보다 못해 말리던 경찰 정보과장마저도 총검으로 찔러 죽였던 것입니다. 이 같은 공수특전단의 만행을 보고 겪은 시민들은 치를 떨었고 몸서리를 쳤고 땅을 치며 통곡하였습니다. 80만 광주 시민은 잠을 이루지 못하고 울고 또 울었고 날이 새기만을 기다렸던 것입니다.

이튿날(19일), 날이 새자 분노와 원한에 사무친 시민들은 중심가인 금남로에 모여들기 시작하여 순식간에 30만 명이 집결했습니다. 공수부대는 18일과 마찬가지로 학살을 계속했고 사상자는 수천으로 불어났습니다. 뿐만 아니라 헬리콥터의 무차별 기총소사로 인하여 또다시 수없는 사람이 죽어갔습니다. 오! 처절하고 참혹함이여! 인간세상에 어찌 이 같은 일이 있을 수 있단 말입니까? 오죽이나 했으면 추가로 투입된 계엄군이 공수부대에게 총을 돌리고 일제히 사격을 퍼부었겠습니까? 시민들은 더 이상 참을래야 참을 수 없었습니다. 그리하여 격분한 시민들은 예비군 무기고를 습격하는, 피는 피로써 갚을 각오로 싸움을 계속했던 것입니다. 그리고 이 처참한 광주사태의 소식을 들은 호남 일대에서는 5월 20일부터 목포, 여수, 순천, 화순, 담양, 나주, 영산포, 남원, 군산 등지에서도 시민들이 들고 일어났으며, 22일에는 마산으로 번져 실은 전 민족적 항쟁으로 확대되고 있습니다.

친애하는 민주시민 여러분!

이제 우리는 한 가닥의 양심도 남아 있지 않은 저들, 무고한 양민을 수없이 학살하고도 추호의 반성이 없는 저들, 반성은 고사하고 유언비어에 의해서 광주사태가 폭발했노라고 인간으로서는 상상도 할 수 없을 만큼 뻔뻔스럽게 거짓말을 늘어놓는 저들, 살인마 전두환을 우두머리로 하는 유신잔당 놈들을 더 이상 용서할 수 없습니다. 자기들의 특권을 계속 유지하기 위해서 이 나라의 민주주의를 몰살시키고 다시금 유신 독재체제로 돌아가려고 광분하고 있는 저들, 소수 유신 군벌도당들을 때려잡지 않을 수 없습니다. 그리고 이러한 그들의 음모가 전 국민에 의해서 거부되자 급기야는 5월 17일, 기습적으로 군사쿠데타를 감행하여 대학을 휴교시키고 불법적 비상계엄을 확대 강화하고, 김대중 씨를 비롯한 수많은 민주인사와 학생들을 연행, 공산주의자로 몰아서 죽이려고 하는 저 악랄한 흡혈귀 전두환 놈을 3천만이 지켜보는 가운데서 공개 처형하지 않을 수 없는 것입니다.

80만 광주 시민은 바로 이것을 위해 싸우고 있습니다. 흡혈 살인마 전두환, 안보역적 전두환, 바로 그놈을 때려잡기 위해 아낌없이, 참으로 아낌없이 민주제단에 피를 흩뿌리고 있습니다. 억누를 길 없는 울분으로 목이 메였습니다. 그러나 이 목메임은 또한 치솟아오르는 분노와 의기의 함성이었습니다. 그리하여 목이 메이도록 외치고 외치고 또 외쳤습니다. 전두환을 체포하라! 비상계엄 해제하라! 김대중 씨 석방하라! 이제 전 민족이 외쳐야 합니다. 전 민족이 정의의 햇불을 들어야 합니다. 전 민족이 분노해야 하고 전 민족이 일어나야 하고 전 민족이 목숨을 걸고 싸워야 합니다. 그리하여 살인마 전두환을 두목으로 한 특권층과 소수 유신군벌들을 쳐부수어 이 땅에 다시 군사 독재정권이 나타나는 것을 막고 모두가 자유롭고 평등하게 잘살 수 있는 민주사회를 건설해야 합니다.

친애하는 애국시민 여러분!

우리 국민은 민주주의를 갈망하고 있습니다. 우리는 모든 국민이 골고루 잘사는 나라를 바라고 있습니다. 고관대작만 호의호식하고 특권층만 배부르고 잘사는 것이 아니라, 서민, 노동자, 농민이 골고루, 경상도 전라도 차별 없이 평등하게 잘사는 나라를 원하고 있습니다. 그러나 유신 독재체제 아래서 살쪄온 일부 특권층과 군벌은 이것을 원치 않습니다. 그래서 이들 특권층과 소수 군벌들은 총칼을 앞세워 무고한 양민을 학살해서라도 민주화를 막으려 하고 있습니다. 이 얼마나 가슴을 치며 통탄해 마지않을 비극입니까? 이 나라는 과연 어디로 간단 말입니까? 이제 우리는 애국군인과 애국경찰들에게 외칩니다. 민주군대여, 말하라! 저 흡혈 살인마 전두환과 유신잔당들을 죽일 것인가? 아니면 민주를 외치는 순박한 애국시민을 죽일 것인가? 민주경찰이여, 대답하라! 우리 아들딸들이 다 죽어가도 우리들에게 최루탄을 쏘아댈 것인가? 아니면 민주국민의 편에 서서 무참히 죽어가는 애국시민을 살릴 것인가?

친애하는 애국국민이여!

우리는 어떻게 해야 합니까?

이 처참한 현실을 보고도 이 나라의 지도자라는 사람들은 입을 다물고 있습니다. 혹시나 자기의 자리가 어떻게 되지 않을까 그것만 두려워하고 있습니다. 지금 이 시간에도 수천만의 민주인사와 학생들이 계엄군에게 개처럼 끌려가 무참히 얻어맞고 짓밟히고 죽어가고 있습니다. 그러나 신문, 방송들은 군벌들이 시키는 대로 진실을 알리지 않고 거짓말만을 지껄여대고 있습니다. 이 모든 악을 타파할 자 누구이며, 이 모든 악의 화신 전두환을 때려잡을 자 누구입니까? 바로 애국국민 우리 자신이 아닙니까?

친애하는 애국국민이여! 3천 5백만 동포여!
민주제단에 흩뿌린 광주 시민의 피를 헛되이 하지 마소서! 최후의 일인까지, 최후의 일각까지 끝끝내 싸워 저 원한의 살인마 전두환을, 흉악한 국민의 배반자 유신잔당 놈들을 갈기갈기 찢어 죽여 피로 하여 죽어간 우리 아들딸들의 한을 풀어 주소서! 이 땅에서 영원히 독재를 추방하고 참된 민주주의를 꽃피우게 하기 위해 우리 80만 광주 시민들은 핏빛 물들은 아스팔트 위에, 무참히 죽어가는 시체더미 위에 죽음으로써 함께 모여 외칩니다.

일어서라! 궐기하라! 승리하라!
애국시민이여! 애국근로자여! 애국농민이여! 애국학생이여!
3천 5백만 애국동포여! 모두 일어서라! 그리하여 이 땅위에 이제는 포기할 수 없는, 이제는 다시 빼앗길 수 없는 찬란한 민주의 꽃을 피우자!
3천 5백만 애국동포여! 3천 5백만 애국동포여!

———
1980년 5월 24일
80만 광주 시민 일동

이 글에서는 공수부대의 만행으로 비롯된 피해상황, 시위의 전개과정, 항쟁의 확산 소식을 총체적으로 조망했다. 특히 말미에는 21일에 들불야학에서 제작한 〈민주수호 전남 도민 총궐기문〉의 문구를 삽입해, 군사쿠데타를 감행한 전두환의 처단을 위해 전 민족의 궐기를 촉구했다. 누구나 자유롭고 평등하게 살 수 있는 민주사회의 건설을 위해서는 전두환을 비롯한 특권층, 유신 군벌 등의 독재정권을 처단할 것을 천명한 것이다. 시민, 학생의 낭독이 끝나자 전남대 교수들이 작성한 성명서가 발표되었다.

대한민국 모든 지성인에게 고함 [81]

지금 광주에서 일어나고 있는 모든 참상은 여러분이 상상조차 할 수 없는 사실들입니다. 지난 18일 공수특전단들의 세계 역사상 없는 만행이 선량한 시민들을, 지성인들을 다치고 아프게 했다는 사실을 인지해주십시오. 총칼 앞에 짓찢겨 죽은 자식을 안고 통곡하는 부모들이 대검에 찍혀 죽고, 총상을 입은 수많은 젊은이들 또한 죽어가고 있습니다. 잔인하기 짝이 없는 특전단의 만행은 필설로 형용할 수 없는, 오직 가슴을 치고 하늘을 향해 울부짖을 수밖에 없는 것이었습니다.

모든 사람들은 6·25 때에도 이런 참혹한 살육전은 없었다고 울부짖으며 '모두 죽자' '죽여달라'를 외치며 짐승 같은 계엄군과 맨몸으로 싸웠습니다. 악몽의 일주일이 지난 지금도 도청 앞 광장의 금남로에는 특전대의 총칼에 무참히 죽음을 당한 억울한 주검들이, 광주를 사수하기로 나선 학생 교수 시민들의 절규와 통

---

81   광주광역시 5·18사료편찬위원회, 같은 책, 52쪽.

곡만이 쏟아지고 있습니다.

몇 발자국 떨어져 있는 곳에서 내 나라 사람들이 이렇게 비인간적인 상황에서 죽어가고 있는 것을 관망만 하고 있다면, 도대체 학문이, 교육양식이, 지식이 다 무슨 소용 있겠습니까? 이 나라의 운명이, 이 나라의 장래가 어떻게 더 존재할 수 있겠습니까?

6·25동란에서도, 베트남전쟁에서도 볼 수 없었던 참혹한 현실을 목전에 두고 지성인 여러분들은 어찌 침묵하고 모른 체할 수 있단 말입니까?

광주 시민 모두가 분노에 끓어 극한 상황에 이르게 된 무자비하고 형언할 수 없는 학살 현장의 사실을 우리 모두 통찰합시다. 그리고 전두환에 의한 계엄군사령부가 양심의 소리에 따라 행동한 학생 교수 시민을 폭도로 몰아 또다시 학살을 감행하리라는 것은 자명한 사실입니다. 우리 광주 시민 모두가 원하는 것은 사태의 수습이 아니라 우리의 목적을 관철하는 것입니다. 우리 학생, 교수, 모든 지식인들의 결의는 흥분의 결과가 아니고 대한민국의 민주화를 위한 양보할 수 없는 결의입니다. 광주 참상의 일주일이 지난 지금, 우리는 이것이 반민족적인 현 집권자의 태도와 행위에 대해서 죽음을 건 대결이라는 사실을 천명합니다.

이러한 결의의 전달이 일체 통제된 지금, 우선 엄청난 이 사태의 원인과 사실을 밝혀내는 투쟁이 언론, 지성인을 비롯해 전국적으로 일어나야 할 것입니다. 그리고 명백한 사실에 대해 지성인다운 태도와 민주시민으로서의 행동이 전격적으로 뒤따라야 할 것입니다. 식량과 연탄 공급이 의도적으로 차단되고 혈액 공급도 완전 중단된 고립된 우리 광주 시민들에게는 무엇보다도 한시가 절박합니다.

민주시민이여! 민주화를 위해, 우리의 삶을 위해 일어섭시다.

이 글에서는 언론과 지성인들의 노력만이 고립된 광주의 진
실을 알리는 방법임을 호소했다. 이는 살인적인 탄압이 자행되
는 동안, 침묵으로 일관한 언론과 지성인의 각성을 촉구한 것이
다. 시민들은 언론과 지성인들이 양심적 굴종에서 벗어나 하루
빨리 봉기하기를 염원했다. 이 성명서는 광주 시민이 진정으로
원하는 것은 사태의 수습만이 아닌 진상 규명이며, 민주주의를
위해 최후의 항전이 불가피함을 공표했다.

곧 시민들은 연단에 준비해둔 5미터짜리 전두환 허수아비를
향해 돌을 던지고 빨리 태워버리라며 함성을 질렀다. 성명서 낭
독이 끝나자 시민들은 각오했다는 듯 함성과 박수로 결의를 확
인했고, 나명관이 전두환 허수아비에 불을 붙이자 삽시간에 타
올랐다. 시민들은 발을 구르며 열광적으로 환호했다.

> 허수아비가 불타고 있는 동안 여고생의 애절한 목소리가 시를 읽
> 고 있었다. 울먹이며 격해지는 시 구절은 시민들의 가슴 깊숙이 파
> 고들어 광주 사수를 위한 최후까지의 투쟁을 촉발하고 있었다.[82]

광주에서는 두 번째로 치러진 전두환 화형식이었다. 그러
나 이번에는 5월 16일에 개최된 민족민주화성회에서 진행된 화
형식과는 감정의 층위가 달랐다. 이때는 시민들의 민주화에 대

---

82   김현채, 〈최후의 일인까지 최후의 그날까지〉, 《5·18광주민중항쟁증언록 I》,
      광주, 1987, 113쪽.

한 염원뿐만 아니라 군의 폭력에 따른 응어리가 표출된 탓이었다. 일시적이나마 '해방광주'에서 시민들은 일상생활로 복귀했고, 투쟁 분위기도 가라앉아 있었다. 공수부대의 재진입을 의식한 주최 측은 이를 견제하여 허수아비를 태우는 전두환 화형식을 거행하고 절규에 가까운 호소로 투쟁 열기를 끌어올리고자 했다. 이에 질세라 대회를 지켜보던 학수위는 연단에 올라 무기를 회수할 것을 권유했지만, 시민들의 거센 야유로 곧 자리를 내려왔다.

> 시민수습위원인 이종기 변호사가 마이크를 잡고 그동안 벌였던 수습위원들의 계엄분소 측과의 협상 결과를 보고하려 하자 여기저기서 '집어치워라' '필요 없다' '간단히 말해라'는 소리가 나오는가 하면 심지어 '끌어내려라'라는 불손한 언사까지 튀어나왔다.[83]

수습위에 대한 시민들의 불신은 극에 치달은 상태였다. 계엄사와의 협상에서 만족스러운 답을 얻어내지도 못했거니와 차후 계획도 협상에만 의존했기 때문이다. 이제 분위기는 다시 '결사투쟁'의 방향으로 기우는 것 같았다.

오후 7시, 도청 식산국장실에서는 윤상원, 정상용, 김영철, 이양현, 김상집, 이행자, 정유아, 정현애 등과 학수위 부위원장 김종배와 허규정이 참석한 가운데 수습대책 회의가 진행되었다. 이들은 그간의 시민궐기대회의 성과를 분석하면서 시민들의 호응이 좋았다는 결론을 내렸다. 그다음 계엄당국과 유리한 협상

---

[83]   김영택, 《10일간의 취재수첩》, 사계절, 1988, 504쪽.

을 위해서는 더 조직적이고 규모가 큰 시민궐기대회를 개최할
필요성을 제기하고 이를 준비할 집행부를 구성했다. 이때 편성
한 임시 집행부는 다음과 같다.

기획부 : 이양현, 정상용, 윤강옥
홍보부 : 윤상원, 박용준
집행부 : 정현애, 정유아, 이행자

집행부는 시민궐기대회의 진행 순서를 기준으로 삼았다. 일
차적으로 기획부가 시민궐기대회의 일정과 식순을 계획하여 선
언문, 경과 보고서를 작성하면 홍보부가 유인물을 배포하고 집
행부는 이를 총괄하여 개최하는 방식이었다. 대략 계획을 세운
이들은 호남동 소재 보성기업 사무실로 자리를 옮겨 저녁 7시 30
분부터 다시 세부적인 시민궐기대회 조직과 평가를 사안으로 회
합했다. 여기서 합의한 내용은 다음의 같다.

1. 무조건 무기를 반납하는 것은 투항이며 사북사태와 같은 처벌
을 받게 되므로 정부당국 고위층으로부터 처벌을 하지 않겠다는
각서를 받고 무기를 반납하자.
2. 정부, 군인, 국민, 광주 시민, 경상 도민에게 광주사태를 알리
는 글을 작성하여 궐기대회 시 발표한다.
3. 적십자를 통해서 전국적인 헌혈운동을 전개하여 은연중에 광
주사태가 유혈사태임을 알리고 생활필수품을 지원받도록 한다.
4. 인권운동 경력이 있는 재야인사와 학생을 영입하여 집회 및 시
위를 주도하도록 한다.

위의 조항 외에도 수습대책위원들의 태도에 대한 불만으로 별도로 투쟁기구를 설립할 것을 결의했다. 그리고 앞서 구상한 집행부의 세부사항을 마련했다. 기획 및 문안 작성은 들불야학의 윤상원, 김영철, 이양현, 윤기현이 맡기로 하고, 시민궐기대회는 광대의 박효선, 김태종이 전담하며, 송백회의 정유아, 이행자 등은 궐기대회 및 각종 홍보비용을 담당하기로 했다. 더불어 정상용, 정해직 등은 무장투쟁의 구체화를 위해 재야 민주인사와 접촉하는 임무를 맡았다. 끝으로 ① 정부, 군부, 서울, 경상도, 광주 시민 등 각계각층에 보내는 글 작성 ② 헌혈운동과 사망자 및 행방불명자 처리 문제 ③ 식량 공급 및 생활필수품 조달 등의 문제도 논의했다.

윤상원은 새로운 지도부를 구성하려면 도청을 장악해야 한다고 생각했다. 그런데 이를 실현하려면 시민군 상황실장 박남선을 포섭하는 일이 중요했다. 그는 시민군의 총사령관 격으로 무장병력을 지휘하는 위치였던 터라 그의 포섭은 도청을 점령하고 새로운 지도부를 꾸리는 데 핵심적인 사안이었다.

23일 저녁 박남선은 주로 온건파가 주도하는 학생수습위원들과 회의를 가졌으나 졸다가 먼저 나와버렸다. 그러나 24일 오후에 윤상원을 만나고 난 후 저녁 8시에 있었던 수습위와 도청 간부들의 연석회의에서는 전혀 달랐다. "나는 그동안 '수습위'에 대한 불만이 한꺼번에 타올라 터져나왔다. 자리를 박차고 일어난 나는 의자를 집어던지면서 이런 식으로 끝까지 무기를 반납하자고 주장한다면 차라리 도청을 폭파해버리고 놈들과 끝까지 싸우겠다고 고함을 버럭 질러버렸다. 그러자 몇 명이 겁먹은 표정으로 소리 없이 회의장을 빠져나갔고 몇 명은 결정을 내리지 못하고 안

절부절못했다. 우리들은 자체 회의를 갖고 지금까지 발생한 광주의 모든 문제와 앞으로의 방향 설정을 같이하자는 데 의견을 같이하고 조직을 새로이 편성했다."[84]

윤상원은 다혈질 성격에 불의를 보면 참지 못하는 박남선의 성향을 파악하고 있었다. 예컨대 박남선은 '무조건 무기 반납'을 도모하는 회의에서 수습위를 총으로 위협하는 행동력을 보이기도 했다.[85] 박남선은 '투쟁 혹은 타협'의 갈등에 지쳐 있었던 만큼 윤상원과 만나 곧 행동의 일치를 볼 수 있었다. 이때부터 박남선은 "자신이 통제하고 있는 무력을 배경으로 도청의 여러 부서를 모두 자신의 통제하에 두기 시작"[86]하는 등 절대적인 영향력을 발휘했다. 박남선이 수습위를 통제하는 동안, 윤상원은 70여 명의 대학생을 이끌고 도청 장악에 나섰다. 강압적으로 학수위 위원장 김창길을 퇴진시키고 새로운 지도부를 구성할 작정이었다. 그러나 당시 김창길은 계엄사와의 협상으로 도청에 없었고, 그가 돌아왔을 때는 이미 새로운 지도부가 결성되어 김창길은 자

---

84   박남선,《오월 그날: 시민군 상황실장 광주 상황 보고서》, 샘물, 1988, 190쪽.

85   "나는 자리를 박차고 일어나 무장 병력 20여 명을 데리고 2층으로 올라가 2층 복도와 부지사실 문 앞에 M16으로 무장한 병력을 배치시키고 내 지시가 있으면 무조건 전부 사살해버리라고 명령한 뒤 부지사실 문을 군화발로 차고 들어갔다. 부지사실에는 독립투사인 최한영 수습위원장과 부지사 정시채 등 저명인사들이 모여 있었다. 나는 허리에 차고 있던 권총을 빼어들어 하늘을 향해 총구를 겨누었다가 천천히 내려 그들을 겨눈 채 '어느 놈이 마음대로 무기 반환을 결의했느냐?'고 악을 버럭 쓴 뒤 '앞으로 이제까지의 죽어간 사람들의 피를 배반하고 그따위 소리를 지껄이면 모두 죽여버리겠다!'고 그중의 한 사람에게 정면으로 총을 겨누면서 경고했다." 박남선, 같은 책, 198쪽.

86   최정운,《오월의 사회과학》, 오월의봄, 2012, 264쪽.

진해서 사퇴할 수밖에 없었다.[87] 이로써 24일 밤에 학수위는 사실상 해체되었다.

'해방광주'에서 시민과 학생 등은 여러 갈래로 수습위, 학수위를 결성했고, 수습 대책 마련 등에서 의견 충돌과 대립을 보였다. 그러나 그들의 연고주의적, 공동체적 의식은 서로 힘을 모아 사태를 수습하고 항쟁을 지도하려는 의지를 보여주었다. 광주의 재야인사들이 위험을 감수하고 수습위에 가담한 것도 시민들을 지키고자 발휘한 자기희생적인 용기를 통해서였다.[88]

제3차 민주수호 범시민궐기대회, 5월 25일 오후 3시

5월 25일 새벽에 도청을 점령한 윤상원, 박남선은 시민군을 재편성하고 방어 태세를 보강했다. 윤상원은 현 지도부를 대학생들을 중심으로 하되, 운동권 청년들로 교체할 것을 강조했다. 이는 새로운 지도부의 설립을 지시하는 것이자 본격적인 무장태세 돌입을 의미하는 것이었다.

---

87   당시 김창길과 윤상원의 대면 여부는 정확하지 않다.《광주 5월민중항쟁
      사료전집》(한국현대사사료연구소, 1990)에 의하면 김창길은 "계엄사에
      다녀와서 보니 정상용, 윤상원 등이 김종배와 함께 완장을 두르고 도청을
      활보하고 다녔다. '아! 이제는 틀렸구나' 하고 생각했다"고 했지만,《5월
      18일, 광주》(김영택, 2010)는 김창길이 회의장에 들어와 "도대체 당신들은
      어떻게 하겠다는 것인가. 앞으로 광주를 피바다로 만들 작정인가"라고
      외치며 격렬한 논쟁을 벌였다고 명시하고 있다.
88   김성국,〈국가에 대항하는 시민사회〉,《5 · 18민중항쟁과 정치 · 역사 · 사회 1》,
      5 · 18기념재단, 2007, 257쪽.

윤상원은 김종배와 허규정에게 'YWCA에서 대학생들이 조직화 되고 있으니 오후의 궐기대회가 끝난 뒤에 본격적으로 운동권 청년들과 같이 새로운 집행부를 구성할 것'을 제안했다. 홍보부의 거리방송을 듣고 YWCA로 모여든 대학생들에게 운동권 청년들은 지금까지의 상황을 설명하고 10명씩 조를 편성하여 50여 명을 먼저 도청 안으로 들여보냈다.[89]

대학생들은 도청의 행정, 사망자 접수, 시체 확인 안내, 분향소 정리 등의 내부적인 업무를 맡는다는 명목으로 항쟁에 가담했다. 이들은 '기동타격대'로 불리는 집단으로, 사실상 항쟁본부의 주도권을 장악하고자 일차적으로 선발한 대학생 병력이었다.[90] 이들의 합류로 윤상원, 정상용, 허규정, 김종배는 새로운 지도부를 구성했다. 다음은 이날 구성된 '민주시민투쟁위원회'(항쟁지도부)의 명단이다.

위원장: 김종배(1945년생 26세, 조선대 무역학과 3년) 총괄적인 업무 관할

부위원장 및 내무 담당: 허규정(1953년생 27세, 조선대 2년) 도청 내부 문제, 대민 문제, 장례 문제 관할

부위원장 및 외무 담당: 정상용(1950년생 30세, 전남대 법대 졸) 계엄사 협상 관할

대변인: 윤상원(1951년생 29세, 전남대 정외과 졸, 신협 직원, 들불야학 대표) 기자회견, 공식발표

---

89   김영택, 《5월 18일, 광주》, 역사공간, 2010, 508쪽.
90   당시 이들은 '학생경비대'로 통칭했다. 김영택, 같은 책, 508쪽.

상황실장: 박남선(1954년생 26세, 골재차량 운전사) 시민군 군사업무 담당

기획실장: 김영철(1948년생 32세, 들불야학 강학, YWCA 신협 이사) 제반 업무 및 기획

기획위원: 이양현(1950년생 30세, 전남대 사회과 졸, 노동운동가) 기획업무

기획위원: 윤강옥(1951년생 28세, 전남대 사학과 4년, 민청학력 사건 관련) 기획업무

홍보부장: 박효선(1953년생 27세, 전남대 국문과 졸업, 교사, 극단 광대 회장) 홍보업무 담당

조사부장: 김준봉(1959년생 21세, 고려시멘트 회사원) 치안질서 위반자 조사

민원실장: 정해직(1951년생 29세, 교사, 흥사단 아카데미 학생회장 역임) 제반대민업무, 장례 담당

보급부장: 구성주(1955년생 25세, 건재사 근무) 식량 조달 및 식사 공급[91]

'민주시민투쟁위원회'라는 명칭은 기존의 수습위의 성격에서 벗어나 투쟁 조직의 성격을 드러낸 것이다. 시민들에게 수습위가 불신을 받았던 것과는 달리 이들은 상당한 지지를 받았다. 그것은 공수부대의 과잉진압에 대해 계엄당국의 사과, 명예 회복, 처벌 반대를 주장하면서, 일방적으로 무기 반납을 요구하는 사안을 거부하고 외곽경비를 강화하고자 예비군 동원령을 선포

91   장을병, 〈광주5월민중항쟁에서의 무장투쟁〉, 《5·18민중항쟁과
      정치·역사·사회 3》, 5·18기념재단, 2007, 383~384쪽.

하는 등 다양한 성과를 거두었기 때문이다. 민주시민투쟁위원회는 사망자들의 합동장례식을 '시민장'에서 '도민장'으로 치를 것으로 합의하는 등 구체적인 대책을 마련했다. 이는 종합적으로 자체 조직을 강화하는 한편 항쟁을 '도'단위까지 확산히는 방법이었다.

다음의 세 가지 측면에서 민주시민투쟁위원회는 수습위와 차이점을 드러냈다. 첫째, 광주·전남지역의 운동권과 항쟁 기간 선두에서 투쟁한 민중의 결합으로 이루어졌다. 운동권의 조직적 참여와 새로운 지도부 구성은 이들이 한국 사회의 구조적 모순에 대한 선도적 이해를 기반으로 광주민중항쟁과 그 무장투쟁의 본질을 파악하고 항쟁을 조직적으로 지도할 수 있는 객관적 위치에 있음을 의미했다. 둘째, 여러 시민이 투쟁에 동참해 기동타격대나 시민군으로 항쟁에 참여하는 것은 항쟁의 성격이 변했음을 암시했다. 셋째, 이들이 수습위를 대체하여 항쟁을 지도할 수 있었던 것은 '민주수호 범시민궐기대회'를 통해 전체 시민과의 결합을 도모한 결실이었다. 이는 시민들의 열망에 조응하여 지도력을 발휘했음을 의미했다.[92]

민주시민투쟁위원장은 김종배가 맡았다. 그전까지의 지도부 구성원이 주로 대학생이었던 터라 이들을 선도할 대표도 대학생으로 선출하자는 견해에서 임시로 임명했다.[93] 새로운 지도부가 구축되자 도청의 분위기는 투항이나 협상보다는 결사항전으로 치닫게 되었다.

이날 오후 3시에도 도청 광장에서 '제3차 민주수호 범시민궐

---

92   장을병, 같은 글, 391쪽.
93   새로 개편된 지도부의 위원장은 나중에 김종배 대신 정상용이 맡기로 되어
     있었으나 계엄군의 재진입으로 실현되지 않았다.

기대회'가 개최되었다. 전날보다 대폭 줄어든 5만여 명이 동별로 피켓과 플래카드를 들고 참여했다. 대회의 식순은 '무기 반납 백지화 선포'를 시작으로 묵념, 상황 보고, 결의문 채택으로 진행되었다.[94] 식순의 처음이 무기 반납 백지화 선포였던 것은 항쟁의 방향을 무장투쟁으로 굳히려는 주최 측의 의도를 피력한 것이었다. 이날 항쟁본부가 접수, 집계한 피해상황으로는 시내 각 병원의 중환자 500명, 경상자 2,170명, 병원 영안실, 상무관, 도청 앞뜰에 안치된 시체 중 신원확인자 169구, 미확인 시체 40여 구, 충장로 지하공사장에서 발견된 시체 23구였다. 피해상황 보고에 이어서 결의문을 채택했다. 이때 발표한 결의문은 〈전국 종교인에게 드리는 글〉〈희생자 가족에게 드리는 글〉〈전국 민주학생에게 보내는 글〉 등과 대회 주최 측에서 준비한 〈우리는 왜 총을 들수밖에 없었는가〉 등이었다.

전국 종교인들에게 보내는 글[95]

존경하는 전국의 종교인 여러분!
우리는 지난 13일부터 유신독재의 연장인 군부독재에 맞서서 투쟁하고 있는 광주 민주시민들입니다.

그간 연 1주일간의 투쟁을 통하여 6백여 명의 아까운 목숨이 희

---

94   이날 대회에서 보고한 피해상황은 다음과 같다. "25일 현재 신원이 파악된 시체 169구, 신원 파악 불능 시체 40구, 충장로 지하에서 집단으로 발견된 시체 23구, 중환자 520명, 경상자 2,170명, 행방불명자는 2,000명이 훨씬 넘는다"고 발표했다. 김영택, 《10일간의 취재수첩》, 사계절, 1988, 214쪽.
95   광주광역시 5·18사료편찬위원회, 《5·18 광주민주화운동 자료총서 2》, 1997, 66쪽.

생되고 부상당한 사람들의 그 수를 헤아릴 수도 없습니다. 계엄군의 총칼은 무고한 시민, 학생, 청년, 노인 심지어는 여학생, 어린아이까지 무차별 살해했습니다. 그래서 우리는 스스로를 지키기 위하여 빈약한 무기일망정 무장하지 않을 수 없었습니다.

국민의 신망과 기대를 5천년 역사 가운데서 끊임없이 모아온 종교 지도자 여러분, 이 모든 것이 다 무엇을 위해서입니까? 그것은 오직 한 가지, 조국의 진정한 민주화와 그에 따르는 소수 군부독재의 퇴치, 전 국민적 합의에 의한 민간정부의 수립을 위해서입니다.
우리는 모든 종교가 특수한 차이를 초월하여 인간의 존엄성을 믿고, 또 모든 국민에게 행복이 고루 돌아가야 한다는 민주주의 정신을 신봉하고 있다고 믿습니다.

종교인 여러분!
지난 일주일간의 피어린 투쟁을 통해서도 전두환을 비롯한 군부세력들은 조금도 반성의 여지를 보이지 않으며 끝까지 국민 여러분을 호도함은 물론 광주 시민의 식량과 물품 보급까지를 통제하여 광주는 커다란 어려움에 처해 있습니다. 이런 모든 것을 감안하며 우리는 모든 종교인들이 사태의 심각성을 느끼시고 전국적으로 궐기해주시기를 바랍니다.

○ 모든 종교인들은 군부독재가 물러서고 민주정부가 수립될 때까지 총궐기하라.
○ 종교인들은 국민적 신망을 바탕으로 거국 민주내각 구성에 적극 나서라.

○ 모든 종교인들은 광주지역의 질서 회복에 앞장서라.

1980년 5월 25일

광주 시민 일동

여기서는 전국 종교인들에게 궐기할 것을 촉구했다. 실제 항쟁 초기부터 종교인들은 다방면으로 활동하고 있었다. 천주교 사제들이 대표적이다. 광주교구와 주교관은 금남로3가 가톨릭센터 6층에 있었다. 광주민중항쟁의 주요무대였던 금남로에 위치한 탓에 19일에는 공수부대의 침입을 받기도 했지만, 당시 윤공희 대주교는 주교관에서 금남로에서 벌어지는 갖가지 상황을 목격한 산증인이었다. 윤공희 대주교를 비롯한 천주교 사제들이 사태 수습에 직접 뛰어든 데에는 이러한 점도 작용했다.

> 김수환 추기경에게 보고하는 데는 상당한 애로가 있었지요. 시외전화도 끊겼고 교통마저 마비됐기 때문이지요. 마침 미국인 신부가 본국의 훈령에 따라 철수하게 되었어요. 송정리 비행장에 비행기를 대기시킨 가운데 주교인 제게 와서 '철수해도 되느냐'는 허락을 받으러 왔었어요. 그래서 빨리 가라고 했지요. 그러면서 제가 보고 들은 것을 이야기하면서 이를 김추기경 님에게 정확히 전해달라고 했지요. 이때 그 신부는 김추기경 님에게 보고한 뒤 미국 대사관에 말해도 되느냐고 해요. 그래서 그것은 전적으로 당신의 의사에 달려 있다고 그랬지요.[96]

종교인들은 남동성당파를 위시한 수습위에도 참여했다. 윤공희 대주교가 위원장으로 추대되었고, 그와 함께 조비오 신부,

김성용 신부, 장세균 목사, 신승균 목사, 한완석 목사, 박영복 목사, 김재희 목사 등 종교계 인사가 수습위원으로 활동했다. 이들은 광주가 고립되어 활동의 제약을 받았음에도 불구하고 광주의 진상을 다른 지역의 종교인에게 전파하기 위해 노력했다. 〈전국 종교인에게 드리는 글〉은 이러한 종교인의 상황을 통해 궐기를 촉구하고 항쟁을 확산시키려 한 의도가 반영된 것이다. 이어 전국 대학생들에게 광주의 상황을 전하는 〈전국 민주학생에게 보내는 글〉이 낭독되었다.

전국 민주학생에게 보내는 글[97]

민족사의 정통성을 지켜옴에 있어서 끊임없이 온몸으로 불의에 항거하여 분연히 일어섰던 전국 민주학생 동지여!

우리는 지난 5월 18일부터 유신독재의 연장인 전두환 군부독재에 맞서서 죽음을 무릅쓰고 싸우고 있는 광주 시민, 청년, 학생들입니다. 다 아시다시피 5월 18일 이전 우리는 계엄령 철폐와 유신 잔당의 퇴치, 정치 일정의 명확화, 노동 3권 보장, 농민 수탈 중지 등의 우리의 요구를 외치며 질서정연하게 평화적인 시위를 했던 것입니다. 그러나 이 어찌 청천 날벼락이란 말입니까? 전두환을 위시한 몇몇 군부독재는 5월 17일 야음을 틈타 전국의 민주인사와 학생들을 불법 연행하고, 5월 18일 0시를 기해 전국에 비상계엄을 확대하고 모든 권력을 장악하는 쿠데타를 일으켰습니다. 평

96   김영택, 《10일간의 취재수첩》, 사계절, 1988, 168쪽.
97   광주광역시 5·18사료편찬위원회, 《5·18 광주민주화운동 자료총서 2》, 1997, 68쪽.

화적 시위를 끝내고 과도정부의 발표를 기다리는 전국 국민을 하루아침에 배신하는 사기였습니다.

전국 민주학생 여러분!
정치적으로는 세계 역사에서 볼 수 없었던 지독한 독재요, 도덕적으로는 민족의 양심을 더럽혔던 박정권 치하 18년이 끝난 뒤에도 여전히 자유와 민주주의의 봄은 멀기만 했던 것을 지난 몇 달 동안 우리들은 너무나 뼈저리게 느꼈습니다. 그러기에 서울을 비롯한 전국 각지에서 대학생들은 새로운 군부독재의 망상을 쳐부수는 데 선봉이 되었던 것입니다. 그 연속으로 이곳 광주에서는 학생들의 순수한 뜻에 동조하여 남녀노소 가릴 것 없이 수많은 시민들이 군부독재에 항거하는 데모 대열에 앞장섰으며, 전두환의 마지막 발악이 무차별 사격으로 응수했을 때 우리는 무기를 들 수밖에 없었습니다. 온 광주 시민은 혼연일체가 되어 아주머니들은 음료수와 식사를 제공했으며, 기사 아저씨들은 차를 몰고 총칼에 맞서 바리케이드를 쳤으며, 남녀 학생들을 비롯한 민주시민들은 빗발치는 총탄을 무릅쓰고 도청으로 전진하였던 것입니다.

민주학우 여러분!
연 1주일간의 투쟁기간 동안 사망자 수는 6백여 명에 이르러 1백 50여 명은 확인이 되고 나머지는 군부대 및 산야, 시궁창에 버려진 것으로 추정됩니다. 부상당한 환자는 너무나 처참하여 차마 볼 수 없이 시내 병원에서 신음하고 있습니다.

전국 민주학우여!
온 국민의 한결같은 염원인 민주 한국을 수립하느냐, 아니면 또다시 치가 떨리는 군부독재의 군홧발에 짓밟히느냐 하는 결단의 순간입니다. 전두환은 마지막 발악을 하고 있습니다. 전 매스컴을 장악하여 그들의 음모를 숨기고 있습니다. 이러한 수법은 독재를 자행하였던 이승만, 박정희가 상투적으로 써먹었던 수법입니다.

선국 민주학우어!

우리는 더 이상은 속지 않습니다. 더 이상 참을 수가 없습니다. 전 세계 각국이 총칼에 맞서 싸우는 우리를 응원하고 있습니다. 우리는 장하게 싸우고 있으며 온 광주 시민, 아니 전 전라도민이 뭉쳐서 전두환 군부독재에 항거하고 있습니다.

전국 민주학우 여러분!

민주학생의 봉기로 시작된 지금의 민주투쟁을 승리로 완성시키기 위해 광주 학생은 눈물로 전국 학생에 간절히 호소합니다.

一. 전두환 군부독재를 쳐부수는 데 전국 민주학생은 온몸을 바쳐 투쟁하자.

一. 총칼로 무장한 군인이 진주한 우리의 학교를 탈환하자.

一. 불법 연행된 우리의 동료, 구속인사를 석방시키자.

一. 목숨을 바쳐 민주투쟁에 앞장선 동지의 죽음을 헛되이 하지 말자.

———

1980년 5월 25일

광주 민주학생 일동

당시 전국적으로 민주화 시위가 소강한 것과는 달리 광주의 대학생들은 외로운 투쟁을 하고 있었다. 그야말로 고독한 싸움이었다. 외부지역을 향한 두 편의 호소문이 낭독된 후에는 내부의 사정을 돌아보는 글이 낭독되었다. 이는 공수부대에 희생당한 영령을 애도하고, 유가족을 위로하며 나아갈 방향을 제시한 것이었다.

희생자 가족에게 드리는 글[98]

민주 쟁취를 위해 쓰러져간 영령 앞에 삼가 조의를 표합니다.

금번 광주의거 희생자 가족 여러분! 또 아직 유해도 찾지 못하고 영안실을 헤매는 가족 여러분!

너무나도 당혹스런 이 참상을 과연 무엇으로 표현하고 무엇으로 보상할 수 있을까요. 너무도 원통하고 분하여 죽어간 이들의 넋은 저 하늘을 헤매고 있을 것입니다.

작금의 일을 헤아리기 전에 우리는 처절한 투쟁의 눈으로 확인하였습니다. 용사가 따로 있는 것이 아니라 바로 이 민족의 피 끓은 영혼들이 모두 용사가 되었습니다.

가족 여러분!

5월의 하늘은 민주의 함성으로 가득하였습니다. 우리 민족이 이 민족의 서러움 밑에서 해방된 후 조국은 분단되고 분단된 조국 위에 이승만, 박정희의 독재시대를 겪었습니다.

그런데 이제 비로소 민주의 시대를 갖는가 했더니 저 권력 욕심에 불타는 전두환이 또다시 독재를 하려 했기 때문에 우리는 이제 다시는, 다시는 빼앗기지 않고자 분연히 일어섰습니다. 양심의 상징인 학생들은 이 역사의 중차대한 시기를 놓치지 않으려고 일제히 일어섰던 것입니다. 말하여야 할 것을 말하지 못하게 하고 들어야 할 것을 듣지 못하게 하며 입고 먹는 것이 너무나 불평등하고, 몇 사람의 권력의 유지를 위하여 총력을 부르짖는 소위

---

98   광주광역시 5·18사료편찬위원회, 같은 책, 65쪽.

유신이라는 강권주의를 영원히 이 땅에서 몰아내기 위하여 분기하였던 것입니다.

그러나 엄청나게도 공수부대라는 미친개들의 만행으로 그들은 난타당하고 터지고 깨지고 찔리었습니다. 심지어는 여학생의 옷이 총검으로 찢기우고 살점이 오려지는 만행을 시민은 분노의 눈으로 보았던 것입니다. 그제서야 알았습니다. 저 악랄한 파쇼주의자들이 음흉한 속셈을…… 또 양심의 부르짖음이 우리 모두의 소리임을……

시민은 봉기하였습니다. 개들은 마구 총을 난사하였습니다. 비폭력에 의존하였던 시민들은 분연히 무장하였습니다. 쓰러진 동지의 시체를 거두고자. 또 쓰러진 그들은 용감하다기보다는 처절하였던 것입니다. 마침내 시가에서 만행의 당사자를 몰아내었으나, 우리를 포위하고 의로운 용사를 폭도로 몰아대는 저들은 과연 무슨 가죽을 둘러썼단 말입니까?

가족 여러분!

그들은 여러분의 부모 형제자매요. 아들딸입니다. 또 우리 시민의 이웃이요, 아저씨요, 조카요, 친구들이었습니다. 이제 무엇으로 그들의 넋을 위로한단 말입니까?

하나입니다. 그들의 피가 헛되지 않게 저 일당들을 몰아내는 것뿐입니다.

첫째, 이번 만행의 괴수 전두환은 처단하여야 할 것입니다.

둘째, 계엄은 해제되어야 하고 과도정부는 민주인사로 교체하여야 하겠습니다.

셋째, 다시는 강권의 희생이 없도록 민주 헌법에 의한 정부를 수립하여 자유와 권리가 보장되어야 할 것입니다.

그리하여 이 땅에 민주의 닻을 내리고 민주의 염원인 남북통일이

성취될 때 그들의 넋은 고이 잠들고 청사에 길이 빛날 것입니다.

희생자 가족 여러분!

영광의 그날까지 부디 안녕히 계십시오.

———   1980년 5월 25일

전남 광주 시민 일동

이전까지 낭독된 글들에서 호명하고 지시한 청중은 '광주 시민' '대통령' '민주시민', '전남 도민' 등으로 매우 제한적이었다. 그러나 이날 발표된 글들은 '희생자 가족→전국 종교인→전국 민주학생→국민' 등으로 특정 개인이나 광주·전남지역에 한정하지 않고 '전 국민' 단위로 확대되었다. 이는 광주민중항쟁이 광주라는 지역적 범위에서 해소될 사건이 아닌 '전국'적인 문제로 환원하여 투쟁을 전국적인 차원으로 확대한 것이다. 즉 독재에 저항하고 민주화를 이룩할 할 사람은 '광주 시민'만이 아닌 '국민' 전체의 몫이라는 의미이다.

이와 함께 주최 측은 전면적으로 시민군의 무장을 선포하는 글을 발표했다. 이는 무장의 정당성을 드러내고 올바른 협상과 사태 수습 방안을 제시하는 한편 투쟁의 방향을 선포하여 투쟁 열기를 끌어올리기 위해 준비한 글이었다.

우리는 왜 총을 들 수밖에 없었는가[99]

먼저 이 고장과 민주주의를 수호하기 위해 피를 흘리며 싸우다

---

99   광주광역시 5·18사료편찬위원회, 같은 책, 63쪽.

목숨을 바친 시민 학생들의 명복을 빕니다.

우리는 왜 총을 들 수밖에 없었는가?
그 대답은 너무나 간단합니다. 너무나 무자비한 만행을 더 이상
보고만 있을 수 없어서 너도 나도 총을 들고 나섰던 것입니다. 본
인이 알기로는 우리 학생들과 시민들은 과도정부의 중대 발표와,
또 자제하고 관망하라는 말을 듣고 학생들은 17일부터 학업에 시
민들은 생업에 종사하고 있었습니다. 그러나 정부당국에서는 17
일 야간에 계엄령을 확대선포하고 일부 학생과 민주인사, 정치인
을 도저히 믿을 수 없는 구실로 불법 연행했습니다. 이에 우리 시
민 모두는 의아해 했습니다. 또한 18일 아침에 각 학교에 공수부
대를 투입하고 이에 반발하는 학생들에게 대검을 꽂고 '돌격 앞
으로'를 감행하였고, 이에 우리 학생들은 거리로 뛰쳐나와 정부
당국의 불법처사를 규탄했던 것입니다.
그러나, 아! 이럴 수가 있단 말입니까? 계엄당국은 18일 오후부
터 공수부대를 대량 투입하여 시내 곳곳에서 학생 젊은이들에게
무차별 살상을 자행하였으니! 아! 설마! 설마! 설마했던 일들이
벌어졌으니 우리의 부모형제들이 무참히 대검에 찔리고, 차에 깔
리고, 연약한 아녀자들의 젖가슴을 찌르고, 차마 입으로 말할 수
없는 무자비하고도 잔인한 만행이 저질러졌습니다.
또한 나중에 알고 보니 군당국은 계획적으로 경상도 출신 제7공
수병들을 보내 지역감정을 충동질했으며 더구나 이놈들을 3일씩
이나 굶기고 더더구나 술과 흥분제를 복용시켰다 합니다.

시민 여러분!
너무나 경악스러운 또 하나의 사실은 20일 밤부터 계엄당국은 발

포명령을 내려 무차별 발포를 시작해다는 것입니다. 이 고장을 지키고자 이 자리에 모이신 민주시민 여러분!

그런 상황에서 우리가 할 수 있는 일이 무엇이겠습니까? 우리가 어떻게 해야 되겠습니까? 묻고 싶습니다! 우리는 더 이상 당할 수만은 없었습니다. 그런데도 정부와 언론에서는 계속 불순배 폭도로 몰고 있습니다.

여러분!

잔인무도한 만행을 일삼았던 계엄군이 폭돕니까? 이 고장을 지키겠다고 나선 우리 시민군이 폭돕니까? 아닙니다! 그런데도 당국에서는 계속 허위사실을 날조, 유포하는 데 혈안이 되어 있습니다.

시민 여러분!

우리 시민군은 온갖 방해에도 불구하고 여러분의 안전을 끝까지 지킬 것입니다. 또한 협상이 올바르게 진행되면 우리는 즉각 총을 놓겠습니다. 일부에서는 우리 시민군에 대한 오해가 많은 것 같습니다. 그러나 우리 시민군은 절대로 시민 여러분을 괴롭히지 않습니다.

민주시민 여러분!

우리 시민군을 절대 믿어주시고 적극 협조해주시기 바랍니다.
감사합니다.

———
1980. 5. 25.
시민군 일동

시민군이 총을 든 이유는 "너무나 무자비한 만행을 더 이상 보고 있을 수만 없어서"였다. 즉 시민군의 무장은 공수부대의 학살에 따른 자기방어적 성격이자 개인의 생명보존 차원이 아닌 시민 모두를 지키고자 한 집단적 대응이었다. 그래서 형식적인 기존의 법질서는 무용지물이 될 수 있었고, 계엄령 선포로 구체화한 법은 항쟁의 과정에서 상실될 수밖에 없었다. "폭력과 비폭력 개념은 상대적인 것"[100]임을 참작할 때, 이러한 대응은 계엄령과 신군부의 정당성을 부정한 것이었다.

시민들에게 항쟁 참여를 독려하기 위한 호소문 〈우리는 왜 총을 들 수밖에 없었는가〉 낭독이 끝난 후에는 '광주사태의 원인'을 설명하고 시민들이 '봉기해야 할 이유'와 사태 해결을 위한 결의를 공표했다.

1. 유신잔당은 불법으로 계엄령을 확대선포하고 피에 굶주린 맹수들을 풀어 무자비한 만행을 자행하며 무차별 학살과 탄압을 자행했다.

2. 우리 시민은 민주주의와 내 고장을 지키기 위해 분연히 총을 들고 일어섰다.

3. 우리 80만 시민은 최후의 일각까지, 최후의 1인까지 싸울 것을 죽음으로 맹세한다.

4. 과도정부는 모든 피해를 보상하고 즉각 물러가라.

5. 무력탄압만 계속하고 있는 명분 없는 계엄령을 즉각 철폐하라.

6. 우리 80만 시민은 피가 헛되지 않게 반민주 세력과 끝까지 투

---

100   장을병, 〈광주5월민중항쟁에서의 무장투쟁〉, 《5·18민중항쟁과 정치·역사·사회 3》, 5·18기념재단, 2007, 386쪽.

쟁할 것을 결의한다.

이 결의문은 시민들의 합의를 거쳐 채택된 것이 아닌 항쟁지도부가 일방적으로 작성, 채택하는 절차를 밟은 것이다. 이는 원만한 사태 수습을 바라던 온건 수습위의 의중과는 반대로 주최 측이 투쟁 일변도로 몰아간 것이다. 이들이 정식 절차를 무시하고 결단을 감행한 것은 항쟁의 본질을 올바로 꿰고 있었기 때문이다. 이에 대한 근거는 다음과 같다. 첫째, 이들의 요구사항은 수습위의 투항적 요구사항과 달리 광주민중항쟁의 목표를 분명하게 제시했다. 즉 공수부대의 진압에 반발해 일어난 자연발생적인 항쟁에 국한되지 않고 목적의식적인 항쟁으로의 발전을 반증했다. 둘째, 시민들의 의사와 동떨어진 지도부만의 결의사항은 아니었다. 예컨대 수습위가 "계엄 철폐" "전두환을 처단하라" 등의 구호를 외치는 사람들의 요구를 무시하고 투항적 협상안을 제시한 것과는 달리 이들은 시민궐기대회를 개최해 시민들의 요구를 수렴하는 데 적극적이었다.[101]

시민·학생민주투쟁위원회의 결성

제3차 민주수호 범시민궐기대회가 끝나자 투쟁에 반대하는 대학생 100여 명이 YWCA로 모여들었다. 그곳에서는 윤상원, 정상용, 이양현, 김영철, 정해직, 박효선, 김종배 등의 주최 측이 모여 새로운 지도부의 활동 방향을 검토하는 중이었다. 대학생들

101   장을병, 같은 글, 394쪽.

은 대체로 시민들이 무장투쟁보다는 타협을 통한 수습을 원한다는 사실을 전하려 했다. 이들은 더 많은 희생자가 발생하지 않도록 무장투쟁을 지양해야 한다는 태도였다. 그러나 주최 측은 지금까지의 투쟁과정·현재 상황·투쟁 방안을 설명하며 그들을 회유했고, 그 결과 학생들은 투쟁의 필요성에 공감하며 무장투쟁에 동참할 것을 약속했다.

> 상당한 학생들이 투쟁의 필요성에 공감하고 10명 단위로 편성되는 조원으로 참여하기에 이르렀다. 조장은 지금까지의 상황을 잘 아는 청년들로 구성했다. 그리고 총기 사용법 등을 훈련시킴으로써 일단 끌어들이는 데 성공했다. 이들은 대부분 다음날 발족하는 기동타격대의 대원이 된다.[102]

5월 25일 저녁 7시쯤, 윤상원은 YWCA에 모인 대학생을 도청으로 인솔하여 도청 경비를 그들로 교체시켰다. 이로써 정치적 정당성을 확보하고 물리적 기반을 보유한 무장투쟁에 나선 이들은 그날 밤, "최후의 데드라인(Dead-Line)이 될 전남도청 내에 항쟁지도부"[103]를 구축했다.

> 윤상원은 YWCA에 있는 김상집에게서 학생들을 모아놨다는 연락을 받았다. 1개조 10명씩 조직된 대학생들은 도청 안에서 활동할 지침을 교육받은 다음이었다. 강당에 우뚝 선 윤상원은 느닷없이 "차렷! 열중 쉬엇! 차렷! 열중 쉬엇!"을 외치며, 술렁이는 학

---

102   김영택, 《5월 18일, 광주》, 역사공간, 2010, 511쪽.
103   김준태, 《명노근 평전》, 심미안, 2009, 279쪽.

생들을 단박에 휘어잡았다. 새롭게 꾸린 항쟁지도부와 투쟁 방향
을 빠르게 설명했다.[104]

　　항쟁을 통해 부상한 기층민 출신으로 구성된 항쟁지도부는
무기 회수를 중단하고, 26일부터 부서별로 업무를 분담하며 도
청 내부의 행정체계를 재편했다. 항쟁지도부의 공식명칭은 '시
민·학생민주투쟁위원회'였으며, 그 조직체계는 아래와 같다.

〈표 8〉 시민학생민주투쟁위원회 조직체계

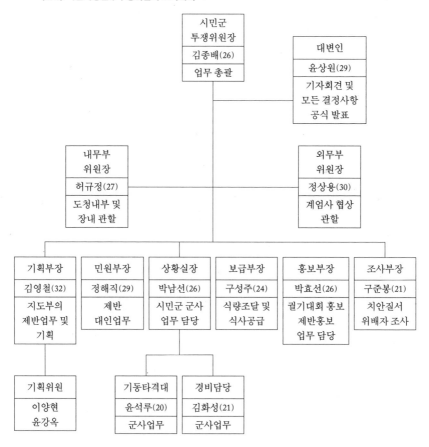

새로운 항쟁지도부의 가장 큰 변화는 상·하부 구조를 토대로 역할을 분담하여 투쟁의 조직적 지도와 능률을 상승시킨 점이다. 학수위에서 무장투쟁을 주장한 김종배를 필두로 체계가 꾸려졌지만, 실제 조식을 이끌었던 깃은 조직의 대변인을 맡았던 윤상원이었다. 이는 다방면으로 시민들을 포섭해 조직 내에 다양하게 포진시키기 위한 전략이었다. 여기서 주목되는 점은 각 부서의 실권자가 사회운동에 몸담은 인물들이라는 사실이다. 들불야학의 윤상원, 김영철, 박효선(광대 소속이자 들불야학 특별강학), 이양현(운동권 활동가), 윤강옥(운동권 활동가) 등은 지도부에서 대내외적으로 핵심적인 역할을 맡고 있었다. 이들은 항쟁 초기부터 유인물을 제작하고 시민궐기대회를 개최하여 수습위와는 별개로 활동하다가 도청을 장악해 '일원화된 조직'을 구축했다. 이들에게 새로운 지도부 구축은 무장투쟁의 노선을 확정 짓고, 투쟁을 이끄는 최고의 방법이었다. 따라서 조직의 역할 분담은 능률을 높이고 내적으로 지도부를 완전히 장악해 이들의 입장을 관철하기 위함이었다.

항쟁지도부의 활동계획은 "무기 재분배, 예비군동원령이 포함되었으며 지하에 보관되어 있던 다이너마이트를 협상 조건"[105]으로 사용하는 것이었다. 이들은 신군부의 압도적인 군사력에 맞서야 한다는 상황을 의식하지 않을 수 없었고, 다른 한편으로 시민들에게 일정한 투쟁의 결과를 보여주어야 했다. 최종적으로 이들의 전략은 도청을 사수하는 동안, 항쟁이 다른 지역으로 확산하는 것이었다. 항쟁이 장기화하면 국민의 여론 전환과 저항

104   민주화운동기념사업회,《윤상원》, 오름, 2003, 173쪽.

105   김창진,〈광주민중항쟁의 발전구조〉,《5·18민중항쟁과 정치·역사·사회 3》, 5·18기념재단, 2007, 186쪽.

으로 신군부가 좌절하거나 미국의 압력에 힘입어 항쟁이 종결되리라 예측한 것이다. 그러나 그것은 예측에 지나지 않았다. 이들은 항쟁을 전국으로 확산시킬 그 어떤 계획이나 역량을 보유하지 못했고 광주에 "'민중권력'을 수립하겠다는 의도나 전망"[106]을 지닌 것도 아니었다. 결국 그들이 선택할 방법은 목숨을 걸고 광주를 지키는 것 외엔 다른 대안이 없었다. 그런데도 새로운 지도부가 이전의 수습위보다 시민들의 신뢰와 지지를 받을 수 있었던 것은 조직 구성과 운영방식 덕분이었다. 전술했듯 여러 계층이 다양하게 포진된 구성은 투쟁 방향을 편협하게 하지 않을 것이라는 신뢰감을 주었고 운영방식도 상당한 체계를 갖추어서 안정감을 보여줄 수 있었다.

제4차 민주수호 범시민궐기대회와 상무충전작전

5월 26일 새벽, 계엄사령관은 27일 00:01 이후 명령에 따라 진압작전을 한다는 '상무충정작전 지침'을 예하 부대로 하달했다. 그리고 26일 새벽에는 작전을 위한 보급 및 수송로 확보를 위해 탱크와 부대를 진입시키는 등 본격적인 진압작전을 준비했다.[107]

새벽 5시 20분쯤, 화정동의 시민군 초소에서 '화정동 쪽에서 영농진흥원 쪽으로 진출했다는 소식'이 도청 상황실로 보고되자 시내에 '계엄군이 탱크를 앞세워 진입 중'이라는 소식이 퍼졌다.[108] 공수부대는 탱크 2대를 앞세워 시민군 바리케이드를 깔아

---

106   당시 지도부를 구성했던 윤강옥, 정해직 등의 증언, 김창진, 같은 글, 185쪽
       재인용.
107   최정운,《오월의 사회과학》, 오월의봄, 2012, 261쪽.

〈표 9〉 항쟁을 지도한 수습위의 비교[109]

	전기 시민수습대책위원회	후기 시민수습대책위원회
결성	관(官) 정시채 부지사	관(官) 정시채 부지사
주도		
활동 기간	22일 오전~22일 오후(1일간)	23일 오전~25일 저녁(3일간)
참여 중심	각계 관변적 인사	각계 관변적 인사 재야인사(남동성당파)
무기 문제	무조건적 무기 반납	무기 반납
활동 초점	수습 무기 회수와 반납	수습 무기 회수와 반납
시민군과 관계	갈등관계 (시민군에 대한 부정적 인식)	갈등관계 (시민군에 대한 부정적 인식)
정부 및 군당국에 요구사항	① 사태 수습 전에 군을 투입하지 말라. ② 연행자를 석방하라. ③ 군의 과잉진압을 인정하라. ④ 사태 수습 후 보복을 금지하라. ⑤ 책임을 면제하라. ⑥ 사망자, 부상자에 대해 보상하라. ⑦ 이상의 요구가 관철되면 무장을 해제할 것	① 광주사태는 공수단의 살상에 대한 광주 시민의 정당한 방위행위이다. ② 구속학생을 석방하라. ③ 공수단의 책임자를 처단하라. ④ 계엄군의 시내 투입을 금지하라. ⑤ 시민, 학생의 처벌 및 보복을 엄금하라. ⑥ 계엄군은 사과하라. ⑦ 정부 책임하에 피해를 보상하라. ⑧ 무기는 자진 회수 반납한다.

뭉개고 돌진해 화정동에서 영농진흥원 방향으로 진출하고 있었
다. 이에 따라 시내는 새벽부터 계엄군의 진입 소식으로 술렁였
다. 상황의 긴박함을 느낀 항쟁지도부는 오후 3시로 계획한 시민
궐기대회를 오전 10시로 앞당겨 개최하기로 했다.

108   김양오, 《光州보고서》, 청음, 1988, 213쪽.

학생수습위원회	시민·학생민주투쟁위원회
명노근, 송기숙	민주화운동 세력
(전남대 교수)	학생수습위 강경파 무장시위자들
22일 저녁~25일 저녁(3일간)	25일 저녁~27일 새벽 (1일간)
대학생	사회운동가 노동자, 대학생
무기 반납(온건파) 일방적 무기 반납 반대(강경파)	일방적 무기 반납 절대 반대
수습 무기 회수와 반납	민주화를 위한 대중항쟁 민의 수렴과 요구 관철
갈등-공존관계 갈등관계 (시민군에 대한 긍정적, 부정적 인식 공존)	조직적 관계 (시민군에 대한 긍정적 인식)
① 시위자들에 대한 폭도 규정 사과 ② 장례식은 시민장 ③ 구속학생과 시민 전원 석방 ④ 피해 보상	① 이번 사태의 모든 책임은 과도정부에 있다. 과도정부는 모든 피해 보상하고 즉각 물러나라. ② 무력탄압만 계속하는 계엄령을 즉각 해제하라 ③ 민족의 이름으로 살인마 전두환을 공개 처형하라. ④ 구속 중인 민주인사를 즉각 석방하고 민주인사로 구국 과도정부를 수립하라. ⑤ 정부와 언론은 이번 광주의거를 허위 조작, 왜곡보도하지 말라. ⑥ 우리가 요구하는 것은 피해 보상과 연행자의 석방만이 아니다. 우리는 진정한 민주정부 수립을 요구한다. ⑦ 이상의 요구가 관철될 때까지, 최후 일각까지, 최후의 일인까지 우리 80만 시민 일동은 투쟁할 것을 온 민족 앞에 선언한다.

학생들은 오전 9시부터 궐기대회를 갖도록 도청 앞으로 모이라 고 열심히 가두방송을 하고 다녔다. 계엄군은 당초의 원 위치로 돌아가기로 약속했으니 안심하고 도청 앞으로 모이라는 내용도 있었다. 9시가 되자 도청 앞 광장에는 사람들이 모이기 시작했다.

109   정재호, 〈5·18항쟁의 전개과정〉,《5·18 그리고 역사》, 길, 2008, 116쪽.

1980년 5월 26일 새벽 4시, 외곽지역에 주둔했던 계
엄군이 광주 시내로 진입하고 있다.
(사진 출처: 전남대 5·18기념재단)

도청 광장에 설치된 스피커에서는 계속 〈정의가〉 등 노래와 구호
가 터져나왔다.[110]

　도청 주변에는 새벽의 상황을 전하는 벽보, 급보, 대자보가
나붙었다. 여기에는 계엄군의 진입 소식, 이간 책동, 시민궐기대
회 소식, 시가행진 계획, 시민들의 호소, 대학생들의 집합 모집
등이 담겨 있었다. 더불어 '신문사의 언론 차단으로 기자들이 태
업'에 들어갔다는 내용도 포함되었다.

110　　김영택, 《10일간의 취재수첩》, 사계절, 1988, 223쪽.

급보[111]

다 같이 단결합시다!

광주 시민 여러분! 현 시국은 단결된 힘만이 필요할 때입니다.
오늘 오후 6시 30분 계엄군은 탱크를 몰고 돌고개까지 진군하였습니다. 그러나 우리 시민 측 대책본부와 온 광주 시민의 결사적 단결된 힘에 후퇴했습니다. 지금 이 시간에도 정부는 라디오, TV 방송, 언론을 이용, 평화적 수단 및 색이 섞인 기만만이 전부요, 우리 국민을 살인하고 강제 감금하고 있다는 것을 정부와 계엄군은 아직도 깨우치지 못하고 있습니다. 그 예로는 위에서 지적한 그대로입니다. 약삭빠른 늙은 여우나 하는 수법을 그대로 쓰고 있습니다. 우리 광주 시민은 이 이상 눈으로 보고만 있을 수 없습니다. 우리 시민군은 결사적인 태세를 갖추고 있으며 모든 광주 시민도 이에 동참하리라 믿습니다.

이제 계엄군은 한 걸음도 중심부로 들어오지 못합니다. 왜냐하면 우리는 이미 결사적인 힘을 가지고 있기 때문입니다. 우리 광주 시민, 전남 도민의 승리는 머지않았습니다. 광주 시민 여러분! 다 같이 단결하여 내 고장을 내가 지킵시다!!

[노래] (〈전우의 시체를 넘고 넘어〉 곡에 맞춰)

투사의 노래

1. 이 땅에 민주를 수호코자 일어선 시민들/ 시민들은 단결하여

---

[111] 광주광역시 5·18사료편찬위원회,《5·18 광주민주화운동 자료총서 2》, 1997, 82쪽.

다 같이 투쟁하자/ 피에 맺힌 민주사회 언제 오려나/ 강철같이
단결하여 끝까지 투쟁하자.
2. 부모형제를 지키고자 일어선 시민들/ 학생들과 시민들은 다
같이……

오전 8시에는 도청 회의실에서 밤새 회의를 했던 김성용 신
부 등 17명의 수습위가 공수부대의 진입 소식을 듣고 분노했다.
이에 따라 계엄사에 선포할 결의안을 다급하게 작성했다.

① 군은 1시간 내에 본래의 위치로 철수하라.
② 만일 군이 철수하지 않으면 우리는 전 시민의 무장화를 호소
한다.
③ 그리고 게릴라전을 전개한다.
④ 최후의 순간이 오면 TNT를 폭발시켜 전원 자폭한다.

결의안을 작성하자마자 수습위는 공수부대가 진입한 영농진
흥원 앞으로 걸어갔다. 이들은 공수부대 전차병에게 "군이 제자
리로 복귀하지 않으면 이 자리에서 죽겠다. 당신들이 탱크로 깔
아뭉개든지 알아서 하라"고 항의하며 물러날 것을 명령했다. 이
에 공수부대 현장 지휘관은 "목포 방면에서 온 병력을 서울로 수
송하기 위해 길을 터주고자 부득이 시내 쪽으로 진입했다"고 해
명했다. 그러나 이는 다음날의 진압작전에 투입될 병력을 수송
하고자 도로를 장악한 행위였음이 차후에 밝혀졌다. 당시 공수
부대와 단판을 벌였던 김성용 신부는 〈죽음의 행진〉이라는 글을
통해 상황을 회고했다.

새벽 5시 30분경이라고 기억하고 있다. 돌연 초비상사태를 맞이했다. 전차가 진입해온다. 순간 수라장으로 변했다. 총을 가진 시민군, 학생 전원이 소리를 지르며 달렸으며, 혼란은 극에 달했다. (……) 철야한 수습대책위원은 17명이었다. "전차가 진을 치고 있는 데로 나갑시다. 지금 이 상태로는 우리들은 불을 뿜을지 모르는 전차 앞에 나가도 죽을 것이며, 여기 있어도 죽을 것입니다. 그러니 전원 나갑시다. 그리고 젊은이들은 남아서 여기를 지켜주십시오." 전원이 찬동하여 일어났다. (……) 4km 정도 행진했을 것이다. 농촌진흥원 앞에 보도를 차단하고 서 있는 전차가 마치 괴물과 같은 포문을 길게 뻗치고 있었다. 한 사람 두 사람 따라오기 시작한 시민이 어언간 수백 명에 달했다. 드디어 2중으로 쳐진 바리케이드까지 갔다. 소령 1명이 군은 표정으로 맞이하면서 부사령관이 곧 올 것이니 기다리라고 한다. 아침 9시경이다. 시민들은 점점 늘어났다. 양측 인도에는 착검한 계엄군이 실탄을 장전하고 시민들을 경계하고 있으며, 양측 빌딩 2층과 옥상에도 군인들이 기관총을 내걸고 시민들을 향하여 발포 태세를 취한다. 상상도 못할 광경이다. 외국인 기자 앞에서 부끄럽다. 이것이 대한민국 군대인가. 괴뢰군인가. 외국인 기자가 우리들의 치부를 필름에 수록하기 위하여 전차 사이를 내왕해도 말 한마디 못하는 자들이 국민에 대해서는 뽐내고 총을 겨누는 모습이 원망스럽다. 이야말로 불량배의 집단, 폭력배의 부하들이 아닌가. 강자 앞에는 비굴하게 행동하며 약자를 짓밟는 로봇이 아닌가.

검은 세단차에 탄 장군이 나타났다. 두 개의 별이 빛난다. 부관들을 대동하고 나타난 장군은 부끄러운지 계엄사령부에 가서 이야기하자 한다. 행진 중 대변인으로 선택된 나는 단호히 말했다. 군이 어젯밤의 위치로 후퇴하지 않는 한 갈 수 없다. 장군은 후퇴하겠다고 말하고 전차병에게 명령하자 전차는 소음을 내면서 사라졌다. 시민은 일제히 박수 세례를 보냈다. 부사령관 김소장의 제의를 받아들여 학생 대표를 포함 11인이 상무대로 갔다. 서로 인사를 교환하고 자리에 앉으니 오전 10시가 되었다. 대변인으로서 입을 열었다. 그러나 김소장은 이야기를 막고 30분간만 이야기하자는 것이었다. 준장이 2인, 소장이 2인, 그리고 중령인 헌병대장의 순서로 앉고 그 옆에 내가 앉게 되었다. 나는 항의했다. 대화라는 것은 대등한 입장에서 이야기해야 하지 않느냐, 그렇게 일방적으로 위협하고 이야기를 중단시키고 시간을 제한하면 어떻게 대화가 오고가고, 약속을 위반하고 전차를 이동케 한 데 대한 항의로부터 시작하여 우리의 결의를 말했다. 그리고 무엇 때문에 신부가 여기에 왔는지를 설명했다. 이 이상 귀중한 피를 흘리지 않고 사태를 수습하기 위해, 그리고 이 일은 전 광주 시민뿐 아니라 국가적인 일이니 이렇게 신부도 수습위에 참가했다고 역설했다. 그러나 말은 통하지 않았다. 교묘히 나의 말을 왜곡하고 유도하면서 이제까지의 이야기는 없었던 것으로 하자는 것이었다.

나는 군인이다. 정치 문제는 모른다. 그러므로 대화를 하자면 ① 무기 회수 ② 군에 반납 ③ 그렇게 하면 경찰로 하여금 치안을 회복케 하고 싶다는 일방적인 각본을 강요하는 것이었다. 분명히 같은 이야기를 하면서도 개념이 달랐다. 이질감을 느끼지 않을 수 없었다. 수습회의는 연 4시간 반이나 계속되었다. 군인들과 이 이상 이야기해도 별수가 없다는 것을 뼈아프게 느꼈다. 그들은 명령대로 행동하는 자들이다. 무력으로 작전을 수행할 뿐이다. 밤 12시까지 수습하지 않으면 안 된다는 최후통첩이다. 그래서 무조건 수습을 위하여 5개 항목의 요구를 제시했다.

① 시간이 필요하다. 노력해서 수습한 것을 군이 약속을 깼으니

시간을 달라고 요청했다. 그러나 한마디로 거절당했다. 며칠을 참고 후퇴까지 한 군의 사기에 영향이 있다는 것이다. 군은 항상 이겨야 한다는 것이다. 타당한 말이다. 국군은 언제나 이겨야 한다. 그러나 적군에게 이겨야 하는 것이지 나라의 주인인 국민, 80만 광주 시민에게 이겨야 한다는 것은 아니다. 시간이 없어서 다시 묻지 못했다.

② 약속을 위반하여 전차를 움직이게 한 데 대한 이유를 분명히 하고 사죄하라. 이미 방송을 통하여 시민에게 전했다는 것이다.

③ 군은 절대로 광주 시내에 진공(進攻)해서는 안 된다. 오늘 아침에도 느낀 일이나 총구를 국민에게 돌리는 군대를 어떻게 대한민국 군인으로서 받아들일 수 있겠는가. 더욱이 돌연 무자비한 살상행위를 한 군을 광주 시민은 절대로 용서하지 않기 때문이다. 나는 신부이며, 살상행위를 목격하지는 않았으나 김장군을 처음 만났을 때 혐오감을 느꼈다. 하물며 직접 살상을 목격한 시민, 가족을 잃은 시민, 분노와 원한에 찬 시민이 어떻게 군을 용서할 수 있겠는가. 많은 전우가 살상당하는 모습을 본 젊은 군인들이 분개하고 있다고 한다. 그들은 애국애족에 관하여 교육이 잘되어 있어서 참고 있다는 것이다. 말이 통하지 않는다. 민주학생이 정당한 권리를 주장하고 시위하고 있는 것을 총검으로 무차별 살상하고 나서 전 시민의 의거로 쫓겨난 지금에 와서 피차 매한가지라니……

④ 경찰에게 치안을 담당시켜라. 무기가 회수되어 군에 반납되면 그렇게 하고 싶다는 조건을 낸다.

⑤ 보도로 화해를 호소하는 방법을 지양하고 시민을 자극하지 말라. 메모로 하여 전령에게 주어라. 노력하다고 약속한다. 지금 와서 거의 불가능하게 된 수습을 위하여 죽음을 각오하고 시민들에

게 돌아가서 호소해보아야지.[112]

　오전 9시부터는 시민들이 도청으로 모여들었다. 도청 옥상에
설치된 스피커에서 〈정의가〉 등 노래와 구호가 나오자 광장의 분
위기는 들떠갔다. 도청 주변 담벼락에는 50여 장의 특보, 대자보,
구호가 무분별하게 붙어 있었다.

　모든 대학생들은 YWCA 소강당으로 모입시다. 지금 당신이 필
　요합니다. 5·26 대학생수습대책위원회(특보)

　80만 광주 시민이여 안심하십시오. 5·26 새벽 인간 백정 계엄군
　은 어제까지의 약속을 어기고 시민군과의 협상 한계선을 넘어 화
　정동과 백운동까지 진입했으나 수습위의 강력한 항의와 함께 우
　리 시민군이 재무장하여 접전을 벌이겠다고 위협하니 26일 8시
　40분 현재 본래의 협상지점으로 퇴각하였습니다. 모든 시민은 안
　심하시고 도청 광장에 모여주십시오. 우리 애국청년 시민군을 믿
　고 시민의 결의와 뜻을 모으로 단하기 위해서도 도청 광장에
　모여 궐기할 것을 결의하고 시가행진을 합시다. 시민이여 궐기합
　시다. 광주 시민 만세. 5·26 수습대책위(대자보)

　이외의 벽보에는 시민들의 호소와 선동문, 중앙지 기자들이
광주의 상황이 왜곡보도된 것에 불만을 품고 태업에 들어갔다는
내용, 김대중 구속 기사가 실린 5월 23일 자《마이니치》신문이
붙어 있었다. 또한 새벽에 벌어진 사건의 진상과 수습위의 의견

112　　김영택, 같은 책, 218~222쪽 재인용.

을 담은 유인물도 시내에 퍼졌다.

계엄사의 허위약속을 폭로한다[113]
-화정동, 농성동 계엄군 진입 퇴각!-

26일 오전 4시 40분경, 계엄군은 우리와 협상된 한계선을 넘어 화정동과 백운동에 진입하였습니다.

본 위원회에서 즉각 대표를 파견하여 "만약 퇴각하지 않는다면 시민들에게 무기를 풀어 끝까지 광주를 사수하겠다"고 강력히 항의하자, 저들은 8시 10분부터 퇴각하겠다고 통보를 하였습니다. 그러면서 그들은 광·목간 고속도로 순찰차가 잘못 넘어왔다고 발뺌하고 있는 것입니다. 지금 백운국민학교에 앰뷸런스를 타고 시찰하던 우리 시민군을 인질로 잡아놓고 있습니다. 우리는 더 이상 저들을 믿을 수 없습니다. 사북항거 때 보복 조치를 하지 않겠노라 약속을 해놓고 저들은 주모자를 체포, 그곳 주민을 폭도로 몰아세웠던 것입니다.

시민 여러분, 이 이상 우리는 속지 맙시다. 시내 외곽지대에서 일어나고 있는 약탈만행도 저들의 짓일 것입니다. 금호고등학교(동운동) 주변에서는 할머니 한 분과 학생 2명을 사살하고 3구의 시체를 끌고 어디론지 사라졌던 것입니다. 이 천인공노할 만행을 태연하게 자행하면서 우리 시민군의 짓이라 발표하여 시민

---

113   광주광역시 5·18사료편찬위원회, 《5·18 광주민주화운동 자료총서 2》, 1997, 95쪽.

들을 분열시키고 있는 것입니다. 이러한 상황이니, 시민 여러분께서는 동요하지 마시고 질서를 회복하여주십시오. 그리고 우리 시민군을 믿고 본 위원회의 대책에 적극 협조하여주십시오.

1980년 5월 26일
시민대책위원회

계엄군의 재진입은 '해방광주'에서 느슨해졌던 시민들의 경각심을 새삼 일깨웠다. 소식을 접한 시민들은 다시금 공수부대에 대한 공포, 분노, 울분 등의 감정을 느꼈다. 이 무렵 정시채 부지사, 안병하 경찰국장이 도청으로 들어왔다. 뒤에 밝혀졌지만, 이들은 계엄사와 연락을 취하며 계엄사의 파견관 노릇을 하고 있었다.

시민궐기대회와 윤상원의 기자회견

5월 26일 오전 10시, 도청 광장에 시민 2만여 명이 모인 가운데 제4차 민주수호 범시민궐기대회가 개최되었다. 갑작스러운 계엄군의 진입 소식으로 마련된 대회였던 만큼 시민들의 표정은 상기되어 있었다. 이 대회는 약식으로 진행되었는데, 식순은 국기에 대한 경례, 묵념, 경과 보고, 수습협상 결과 보고, 결의문 낭독, 시 낭독, 〈정의가〉〈투사의 노래〉 제창이었다. 물론 공수부대의 협정 위반과 시민들의 이간 책동에 대한 성토도 이어졌다. 그 일환으로 발표된 〈광주사태에 대한 우리의 견해〉〈광주 민주시민 여러분께〉〈대한민국 국군에게 보내는 글〉은 시민들의 절실함을 드러냈다.

광주사태에 대한 우리의 견해[114]

〈광주사태 원인에 대한 우리의 견해〉
1. 5월 18일과 19일에 자행된 공수특전단의 살상만행이 80만 시민을 분노케 하고 정당방위로써 시민봉기(의거)에로 유도했다.
2. 사상자에 대한 허위보도와, 자위권을 행사한 민주시민에 대하여 난동 및 무장폭도라고 한 일방적인 허위보도가 시민을 더욱 분노케 했다.
3. 교체된 계엄군의 무차별 난사와 헬기에서의 사격(21일 3시)은 시민군대를 조직하도록 강요하는 결과를 가져왔다.
4. 22일, 박충훈 국무총리 서리의 특별담화는 다시 한번 정부를 불신케 했으며, 총기의 자진 수거 작업에 치명적인 역효과를 가져왔다.

〈광주사태 해결에 대한 우리의 견해(주장)〉

80만 광주 시민의 피맺힌 한과 응어리진 마음의 상처를 전 민족적 차원에서 치유해야 한다.
정부를 마음속으로부터 신뢰하고 따를 수 있는 정부의 용기 있는 결단을 보여주어야 한다.
광주시를 민주화운동의 성역으로 가꾸게 하는 일 또한 큰 몫을 차지할 것이다.

---

114   광주광역시 5·18사료편찬위원회, 같은 책, 64쪽.

공수특전대의 책임자는 처단되어야 한다.

———— 1980년 5월 25일
광주사태수습대책위원회

이 발표문은 5월 18일부터 25일까지의 계엄당국의 처사에 따른 수습위의 견해를 담았다. 특히 수습위는 평화적 협상을 견지했으나 오히려 적반하장으로 대응한 계엄당국을 질타하며 사태 해결을 위해 선행되어야 할 조건을 구체적으로 내걸었다. 이상에서 볼 수 있듯, 항쟁의 전 과정에서 수습위는 협상을 통해 사태를 해결하려고 했다. 이어 항쟁의 확산 소식을 전파하는 〈광주 민주시민 여러분께〉가 낭독되었다.

광주 민주시민 여러분께 [115]

광주 시민 여러분께
이 나라의 민주주의와 이 고장의 자유와 정의를 위해 총궐기하신 민주시민 여러분!
승리의 그날은 점차 다가오고 있습니다. 이번 '광주시민의거'는 전남·북의 각 시·군을 거쳐서 부산, 서울, 마산, 충주, 대구 등 전국 각지에 들불처럼 번지고 있으며, 전국 중앙기자협회는 더 이상 허위보도를 않기 위해 총파업을 단행하여 현재 일체의 신문이 발간되지 않고 있고, 또한 ABC, CBS, UPI, NHK 등 각 외신들은 광주시민의거를 사실 그대로 보도하고 있어 현 광주시는 세

---

115   광주광역시 5·18사료편찬위원회, 같은 책, 81쪽.

계의 이목이 집중되어 있습니다. 또한 미 제7함대 소속 항공모함 2척이 부산에 정박하여 전두환 일파의 더 이상의 무모한 만행을 견제하고 있으며, 군부 자체 내에 있어서도 알력이 생겨 전방사단과 향토사단에서는 전두환 일파의 명령을 듣지 않고 있어 전두환의 멸망은 머지않아 확실합니다.

시민 여러분, 힘을 내십시오!

우리 80만 시민이 똘똘 뭉치면 분명코 승리할 수 있습니다. 후손들에게 떳떳하게 민주사회를 안겨주도록 우리 끝까지 투쟁합시다.

〈광주 시민의 결의〉

• 이번 사태의 모든 책임은 과도정부에 있다. 과도정부는 모든 피해를 보상하고 즉각 물러나라.

• 무력탄압만 계속하는 명분 없는 계엄령을 즉각 해제하라.

• 민족의 이름으로 울부짖노라. 살인마 전두환을 공개 처단하라.

• 구속 중인 민주인사를 즉각 석방하고, 민주인사들로 구국 과도정부를 수립하라.

• 정부와 언론은 이번 광주의거를 허위 조작, 왜곡보도하지 말라.

• 우리가 요구하는 것은 단지 피해 보상과 연행자 석방만이 아니라 우리는 진정한 민주정부 수립을 요구한다.

• 이상의 요구가 관철될 때까지, 최후의 일각까지, 최후의 일인까지 우리 80만 시민 일동은 투쟁할 것을 온 민족 앞에 선언한다.

"뭉치면 살고 흩어지면 죽는다!"

"김일성은 순수한 광주의거를 오판하지 말라"

―――――

1980년 5월 26일

이 글에서 드러난 것처럼 전국중앙기자협회는 총파업을 단행하며 신문을 발간하지 않았지만, 광주의 성황은 외국 언론을 통해 외신으로 퍼져나가고 있었다. 다만 미 제7함대 소속 항공모함 2척이 부산에 정박해 전두환의 만행을 견제한다는 것은 확인되지 않은 내용이었다.

시민궐기대회가 진행되는 동안, 항쟁지도부의 대변인을 맡은 윤상원은 시민궐기대회 참석을 미루고 산발적으로 광주로 들어온 외신기자들을 불러모아 공식적인 기자회견을 했다. 그는 이 자리에서 "지난 9일 동안 무려 260여 명의 시민들이 목숨을 잃었습니다. 여러분들이 광주에 와서 보았다시피 상무대에는 관을 붙들고 통곡하는 시민들의 발길이 끊이지 않습니다. 병원이란 병원은 부상자들로 넘치고 있습니다. 이건 두말할 것 없이 계엄군이 광주 시민을 학살했음을 증명하는 겁니다. 그리고 수많은 시민들이 트럭에 실려 어디론가 사라졌습니다. 그들은 아직 생사조차 확인할 길이 없습니다"[116]라고 상황을 설명했다. 그리고 이어지는 질문에 착실히 답변하며 자신의 의견을 피력했다.

피해상황을 외신기자들에게 설명하던 윤상원은 왜 총을 들었냐는 물음에 계속해서 답을 해나갔다. "무고한 시민을 학살하는 군에 맞서 우리는 일어선 겁니다. 고귀한 시민의 생명을 지키기 위해 우리는 총을 들었습니다. 권력을 강도질하려는 전두환 쿠데타군의 음모를 만천하에 까발리고 대한민국의 민주주의를 지키

---

116   민주화운동기념사업회, 《윤상원》, 오름, 2003, 174쪽.

기 위해 광주 시민은 떨쳐 일어났던 겁니다." (……) "시민투쟁위원회의 요구사항은 무엇입니까?" 프랑스의《르몽드》기자가 물었다. "먼저 우리 광주 시민은 오늘의 사태가 평화롭게 마무리되기를 진심으로 바라고 있습니다. 그 점을 명확히 하면서 첫째는 계엄을 해제해야 합니다. 광주 시민을 학살한 쿠데타의 주역 전두환 퇴진, 구속자의 석방, 정부의 대 시민 사과, 피해 진상 규명, 그리고 과도민주정부를 수립해야 합니다. 우리의 요구사항이 받아들여질 때까지 우리는 끝까지 투쟁할 것입니다." (……) "미국이 한국정부에 영향력을 행사하기를 바랍니까?" 미국의《월드스트리트저널》기자가 물었다. "물론입니다. 우리는 미국이 우방으로서 한국 정부에 영향력을 행사할 수 있다고 봅니다. 이제껏 그렇게 하지 않았기 때문에 우리는 미국이 전두환 장군을 지지하고 있는 것으로 의심하고 있습니다."[117]

윤상원의 발언은 의미심장한 것이었다. 실제로 당시 존 위컴 한미연합군사령관은 그의 작전지휘권 아래에 있는 일부 한국군을 군중 진압에 사용할 수 있게 해달라는 한국 정부의 요청에 동의했다. 이에 따라 미국 국방성은 오키나와에 있는 조기경보기 2대와 필리핀에 정박 중인 항공모함 코럴시호를 한국 근해에 긴급 출동시켰다. 더욱이 미국 국방성은 4개의 계엄군 부대가 광주 시위를 진압하기 위해 광주에 투입됐다고 발표하며 신군부가 주장하듯 광주사태가 '폭도에 의한 소요'임을 인정했다. 그러나 발표문의 '미 제7함대 소속 항공모함 2척이 부산에 정박해 전두환 일파의 더 이상의 무모한 만행을 견제'한다는 논리대로라면, 시

117   민주화운동기념사업회, 같은 책, 174~175쪽.

민들은 미국이 시민의 편에 서서 모종의 조처를 해줄 것으로 기대한 것이다. 실제로 도청 광장, 금남로에 모인 수만 명의 시민은 "우리의 우방인 미국은 계엄군의 학살만행을 절대 간과하지는 않을 것이다" "지금 부산 앞바나에는 미 7함대 소속인 항공모함이 도착했다"는 말들을 주고받았다.[118] 이 모든 내용이 뜬소문만은 아니었다.

> 백악관 고위정책조정회의(PRC)/ 에드먼드 머스키 국무 장관, 즈비그뉴 브레진스키 대통령 안보 담당 특별보좌관, 리처드 홀브룩 국무성 태평양 및 동아시아 담당 차관보, 마이클 아머코스트 국무성 아시아태평양 담당 차관보, 니콜라이 플래트 국방성 아시아태평양 담당 부차관보 등 참석/ 오키나와에 있는 조기경보기 2대, 필리핀의 수빅만에 정박 중인 코럴시호를 한국 해역으로 급파하기로 결정.[119]

1980년 5월 22일 미 국무부는 "미국은 한국의 남쪽에 위치한 광주에서 일어난 소요사태에 대해 깊은 우려를 표하며 이 사태와 관련된 모든 당사자에게 최대한의 자제와 대화를 통해서 평화적인 사태 수습 방안을 모색하도록 촉구하는 바다. 불안사태가 계속돼 폭력사태가 가열된다면 외부세력이 위험한 오판을 할 가능성이 있다. 미국 정부는 현재의 한국 사태를 이용하려는 어떠한 외부의 기도에 대해서도 한미상호방위조약 의무에 의거, 강력히 대처할 것임을 재강조하는 바다"[120]라는 성명을 발표했다. 말하자면 한국 내의 민주주의 발전은 '안보'의 하위 개념으로

---

118   김준태, 〈'5·18'과 미국 다시 들여다본다〉, 프레시안, 2006. 5. 18.

판단한 것이다. 당시 미국 주요 신문의 논조도 그러했다.

> 미국은 한국의 군사 지도자들에게 어떤 의미 있는 압력을 가할
> 계획이 없다. 보복 조치로 주한미군 철수 위협을 할 생각도 없다.
> 서울과 워싱턴의 미국 관리들은 안보가 제일이라고 느끼고 있으
> 며, 남한에 간섭하려는 어떠한 시도도 이미 분단된 나라를 더욱
> 악화시킬 것으로 생각하고 있다. 지금으로서는 어떠한 군사적,
> 경제적, 외교적 압력도 가할 계획이 없다는 것이 가장 정확한 상
> 황 분석일 것이다.[121]

> 광주는 인권의 문제가 아니라 동북아시아에서 미국의 국익을 지
> 키는 동북아시아의 안보의 문제라는 것이 미국 관리들의 인식이
> 다.[122]

미국은 항쟁을 인권과 민주주의 차원이 아닌 안보의 차원에
서 접근했다. 따라서 5월 23일 자《뉴욕타임스》사설도 예의 외
부세력을 북한으로 지칭했다. 이러한 반공주의를 이용해 신군부
는 미국 카터 행정부의 암묵적 동의를 받아냈다고 판단하고 무
력진압에 나섰다. 물론 이 점은 미국 언론에서도 많은 질타를 받
았다. 그러나 때마침 대통령선거를 앞둔 카터 행정부는 상대 출
마자 레이건과 비교하면 열세에 놓인 상황이라 광주사태를 인권
문제가 아닌 '분단국가의 인권'으로만 파악했다. 더불어 12·12

---

119   《동아일보》, 1980. 5. 22.
120   김준태,〈'5·18'과 미국 다시 들여다본다〉, 프레시안, 2006. 5. 18.
121   《워싱턴포스트》, 1980. 5. 21.
122   《워싱턴포스트》, 1980. 6. 1.

쿠데타 이후 전두환 세력은 한미연합군사령관 위컴과 주한 미국 대사인 글라이스틴을 여러 차례 접견했다.

> 한국의 신군부 세력은 선거를 포함한 합법적 절차를 거쳐야 할 것이며, 국민 대다수의 지지를 받고 있음을 입증해야 한다. 만약 그런 조건이 충족된다면 미국은 아마도 새로운 정부를 지지할 것이다.[123]

위컴과 글라이스틴은 쿠데타를 통해 집권한 신군부를 지지하는 방향으로 나아갔다. 그러나 훗날 여론을 의식한 글라이스틴은 〈A Special Target of American concern〉을 통해 당시 상황을 변명했다.[124] 그는 이 글뿐 아니라 《뉴욕타임스》(1982. 7. 12.), 일본 《아사히신문》(1985. 5. 17.), 《신동아》(1987. 5.)에 기고한 글에서도 비슷한 견해를 밝혔다.

> 1980년 5월 광주에서 일어난 10일간의 유혈사태는 한국의 역사에 지워질 수 없는 상처를 남겼음은 물론이고 최근에 일어난 다른 어떤 사건보다도 인권을 부르짖던 미국의 이미지에 커다란 타격을 주었다. 그 타격의 정도는 그 당시로는 분명치 않았으나 그 원인은 미국 측의 움직임이나 행위에 대한 오해와 잘못된 정보에 기인했다. (……) 한국 군부는 광주지역의 통치권 회복을 위한 긴급조치를 취하기 위하여 ○○보병사단이 서울지역에서 광주로 이동할 수 있도록 허용해줄 것을 미군사령부에 요청했다. ○○사

---

123   마크 피터슨, 〈광주는 전두환 집권의 단계적 쿠데타였다〉, 《신동아》 5월호, 1989.
124   김영택, 《10일간의 취재수첩》, 사계절, 1988, 145쪽 재인용.

단은 서울의 계엄군이었고 불필요한 사상자를 내지 않도록 특별히 교육받은 부대였기 때문에 ○○사단의 투입이 가장 바람직하다는 것이었다. 미군사령관은 나와 함께 ○○사단을 점검한 후이 요청에 동의하였으며 나는 우리의 결정을 워싱턴에 즉각 보고했다. 우리가 ○○사단의 이동을 허락한 것은 반대할 구실이 없어서였다기보다는 협상이 실패할 경우 광주 일원의 통치권을 회복해야 될 필요성을 인정하였기 때문이고 또한 그 경우에 공수특전단이 재투입되는 것을 미리 배제하고 싶었기 때문이다.[125]

이 글에서 지적하듯 글라이스틴은 신군부의 진압을 호도하고 광주 시민의 요구를 무시한 채 통치권 회복만을 강조했다. 즉 미국은 한국인의 인권보다는 한반도의 안보가 미국 국익에 우선한다는 논리를 세우고 있었다.

미국은 신군부가 진압작전을 27일로 결정하던 과정에도 개입했다. 코럴시호의 한국 근해 도착 시각과 광주 진압 시점을 맞추고자 한·미 양국 군부 간의 협의가 진행되었다. 당시 이희성 육군참모총장은 광주청문회에서 질서 회복을 위한 군사작전에서 신군부가 미국의 세네월드 장군을 매개로 연락을 취했음을 밝힌 바 있다. 그는 김일성의 오판을 막고자 미 해군과 공군을 오키나와와 필리핀 등에서 한반도 주변으로 전개할 시간이 필요했고 이를 미국과 협의했다고 주장했다. 더불어 유병현 합참의장으로부터 항공모함, 조기경보기가 한국에 배치될 때까지 진압작전 시행을 유보해달라는 미국 측의 요구를 받아 5월 25일 새벽 2시 이후에 작전했다고 증언했다.[126]

---

125   《신동아》 2월호, 1988.

〈비극의 도시, 광주에서의 탈출〉

제4차 시민궐기대회에서 다양한 호소문·발표문 낭독이 이어지는 가운데 〈대한민국 국군에게 보내는 글〉이 낭독되었다. 이는 시민들의 형제와 가족으로 구성된 국군이 전두환의 시녀로 전락한 상황을 비판하고, 시민들의 '적'은 국군이 아닌 '전두환'임을 역설한 글이라 주목되었다.

대한민국 국군에게 보내는 글[127]

우리의 형제자매들을 무자비하게 학살한 계엄군에게, 그리고 타도에서 또 다른 어떤 만행을 저지르고 있을지 모를 계엄군에게, 그리고 전방에서 수고하는 우리의 국군에게 이 글을 전합니다. 작금에 일어난 광주사태는 정말로 경악을 금할 수 없는 비극입니다.

국군 여러분!
국토방위를 전담해야 할 군인이 시민을, 인간으로서는 상상할 수 없는 학살을 자행하고 우리의 고향을 짓밟을 수 있단 말입니까? 그것도 일반 부대가 아닌 공수특전단을 민간인에게 투입하여 남녀노소를 불문하고 차마 이루 말할 수 없는 만행을 저질러 우리 시민은 군인만 봐도 치를 떨 정도가 되어버렸습니다.

---

126   이삼성, 《미국의 대한정책과 한국민족주의》, 한길사, 1993, 45쪽.
127   광주광역시 5·18사료편찬위원회, 《5·18 광주민주화운동 자료총서 2》, 1997, 96쪽.

국군 여러분, 국군은 왜 있습니까?

국군은 국민을 위해 있는 것이고 군대는 국민의 군대 아닙니까? 몇 사람의 절대적 권력자의 사병은 결코 아닌 것입니다. 그런데 불행하게도 부산·마산사태와 광주사태는 군인이 국민의 군인이 아니라 몇 사람의 절대적 권력자의 사병으로 전락해버린 것을 보여주고 있습니다. 민족반역자 전두환의 권력의 욕망을 채우기 위해서 군인이 민간인을 학살하고 탄압하는 것은 국가적 비극이요, 민족의 비극이 아니겠습니까?

여러분!

후방에는 여러분들의 형제자매, 어버이들이 살고 있습니다. 여러분들도 후방에 있는 가족의 안녕과 신변보장을 위해 궂은 비, 찬 눈보라를 개의치 않고 아니, 목숨을 바치면서까지 견디어내고 봉사하고 있는 것이 아니겠습니까? 그런데 우리 국민의 군대를, 적과 대치하기에도 숨 가쁜 우리나라의 전방 군대를 빼서 후방에 있는 국민을 탄압하고 잔악한 살상을 자행함으로써, 국토방위의 문제뿐 아니라 국민이 군을 믿을 수 없게 되어 민족의 비극으로 변해버렸던 것입니다.

친애하는 국군 여러분!

국민과 군은 결코 원수일 수 없습니다. 우리는 사랑하는 한 형제요, 자매인 것입니다.

국군 여러분!

우리들은 국군을 상대로 싸우고 있지 않습니다. 우리가 힘을 합하여 민주주의를 수호하고 민주사회를 건설하기 위해 투쟁하고 있는 것이 아닙니까?

이제 국군 여러분께 다시 한번 전하오니, 더 이상 군사독재에 눈깔이 뒤집힌 살인마 전두환의 시녀가 되지 말고 다 같이 민족의 역적 살인마 전두환 놈에게 총부리를 겨누십시오!

———— 1980년 5월 26일

광주 시민 일동

    시민들에게 국군은 자국의 국토를 방위하고 국민의 생명과 재산을 보호하기 위해 조직된 군대였다. 그리고 그 구성원은 '적'이 아닌 형제자매와 같은 가족에 가까운 존재였다. 따라서 시민들은 '적'을 국군이 아닌 '전두환'으로 규정했고, 국군은 권력의 사병이 되지 말고 민족의 역적에게 총부리를 겨누라고 호소하며 군사독재에 대한 투쟁에 동참할 존재임을 역설했다.

    이어 등단한 시민은 〈전국 언론인에게 보내는 글〉을 낭독했다. 이는 전국의 언론인을 호명하여 진실보도를 촉구한 글이었다.

전국 언론인에게 보내는 글 [128]

전국의 언론인 여러분!

민족의 양심이 땅에 묻히고 민주주의의 등불이 가물거리는 이 급박한 시점에서 언론인은 진정 무엇을 말해야 되고 또 어떻게 해야 되겠습니까? 그 대답은 간단합니다. 지금 국민들이 언론에게 무엇을 바라는가를 말할 필요도 없는 것입니다. 지금 광주에서는

---

128   광주광역시 5·18사료편찬위원회, 같은 책, 94쪽.

제2의 군부독재를 저지하기 위해 젊은 대학생들과 시민들이 피를 흘리며 싸우고 있습니다. 애당초 유신잔당의 척결과 민주정부 수립을 부르짖는 순수한 대학생들의 평화적 시위를 질서 유지, 진압이라는 명목 아래 저 잔인한 공수부대를 투입하여 이루 말할 수 없을 정도로 시민과 학생을 무차별 살육하였고 더군다나 발포 명령을 내렸던 것입니다. 이에 우리 광주 시민 일동은 이 고장을 지키고 이 민족의 민주의 혼을 지키고자 분연히 총을 들고 일어섰던 것입니다. 그러나 계엄당국과 이의 허수아비인 일부 언론은 순수한 광주 시민의 의거를 불순배의 선동이니, 폭도의 소행이니 난동이니 하여 일방적으로 몰아붙이고만 있습니다.

양심 있는 언론인 여러분!
저희 광주 시민 일동은 언론은 사회의 "공기"요, "목탁"이요, 또 사회가 혼탁하여 썩어갈 때 이를 막는 "방부제"요, 후진국 사회에서 민족적 양심의 "최후의 발언대"라고 알고 있습니다. 만약 당신들의 자식들이 정의를 부르짖다 불의의 총탄에 맞아 눈도 감지 못한 채 죽어갈 때도 당신들은 펜을 꺾고 무사안일의 방석 위에 앉아만 계실 것입니까?
진정으로 말하노니 오도된 언론을 방치하고 있는 것 또한 언론의 의무에 어긋나는 일이며 민족을 배신하는 행위입니다. 이제 우리 시민은 총파업한 중앙기자협회를 적극 지지합니다.

민족의 등불이 되고자 하는 자유 언론인 여러분!
이번 광주의거를 "사건비화"나 "남기고 싶은 이야기"들로 만들지 않기 위해 목숨을 걸고 사실 그대로 보도하여주시기를 600여 사망자들의 피맺힌 원혼과 80만 광주 시민의 이름으로 간절히 촉구하는 바입니다.

여러분의 투쟁에 우리 80만 시민은 있는 목청을 다 모아 힘껏 성
원하겠습니다.

───   1980년 5월 26일
                              광주 시민 일동

여기서는 '민족 배신의 행위'를 규정하고 '오도된 언론을 바
로잡을 것'을 권고했다. 더불어 '언제 어떠한 상황에서든 깨어 있
어야 할' 언론의 기능을 "목탁"에 비유하여 피맺힌 원혼과 80만
광주 시민이란 이름으로 강력하게 호소했다. 특히 눈에 띄는 부
분은 "총파업한 중앙기자협회를 계속 지지"한다는 내용과 당시
의 상황을 "광주의거"로 상정한 부분이다.

두 발표문은 이전까지 '신군부, 군사독재, 계엄군' 등을 겨냥
했었던 결의문, 선언문과 달리 '설득과 청유'의 어조로 의사를 전
달하고 있다는 점에서 흥미롭다. 이 밖에도 전날에 보도된 최규
하 대통령의 특별담화에 답변하는 〈과도정부의 최규하 대통령
께 보내는 글〉이 발표되었다. 대통령은 앞서 발표한 호명의 대상
이었던 '국군'을 통솔할 수 있는 통수권자이자 그동안 시민궐기
대회에서 호명한 모든 개인, 단체를 대표하는 국가원수이다. 이
미 계엄군의 재진입이 예고된 상황에서 사태를 수습, 해결, 타개
할 수 있는 마지막 희망으로 '대통령'이 호명된 것이다. 이 글은
수습위원장 윤공희 대주교의 주도로 작성되었다.

과도정부의 최규하 대통령께 보내는 글 [129]

최규하 대통령 각하!

각하의 호소문은 잘 들었습니다. 광주 시민과 온 국민을 염려하는 각하의 뜻이 진정이라면 광주 시민과 온 국민이 열망하는 민주정부를 수립하여주시기 바랍니다.

최규하 대통령 각하!

현 난국을 극복하는 길은 무엇이겠습니까? 광주 시민과 온 국민의 바람이 무엇이겠습니까? 지금 온 국민은 각하와 계엄당국의 결단을 촉구합니다. 나라와 민족을 진정으로 사랑하는 국가 최고의 수반이신 대통령 각하! 광주 시민과 온 국민이 격분하여 이렇게 많은 피와 혼란을 겪으면서도 목이 터져라 외쳐대는 우리의 진정한 애국의 목소리가 들리지 않는다는 말입니까? 민심은 천심이라고 했습니다. 민심이 없는 곳이라 이렇게 총칼로 다스리며 나라와 국민을 혼란에 빠뜨리려 합니까? 광주 시민과 온 국민은 진심으로 대통령 각하와 계엄당국의 진정한 애국적 결단을 바랍니다.

(……)

대통령 각하!

광주에는 많은 외신기자들이 취재활동에 열을 올리고 있습니다. 우리의 진심은 검열이 없고 편견이 없는 외신을 경청하여주시면 잘 알 겁니다. 우리 광주 시민은 다음 사항을 호소합니다.

---

129   광주광역시 5·18사료편찬위원회, 같은 책, 71~72쪽.

서울을 비롯한 모든 시외전화의 통화 소통을 호소합니다.

이번 봉기사건에 대해서 모든 보도기관의 자유로운 취재활동과 검열 없는 바른 보도를 호소합니다.

사망자와 부상자 및 행방불명자의 확실한 숫자를 위하여 계엄당국과 시민군의 공동조사단을 구성할 것을 호소합니다.

국군은 광주 시민과 민주시민을 학살할 게 아니라 전선을 지킬 것을 호소합니다.

끝으로 이 혼란을 막고 앞으로의 혼란을 막고 국가와 민족을 위하는 각하와 계엄 고위당국자의 애국, 애족적인 대용단이 요구되는 때는 다시 없을 줄 압니다. 대통령 각하, 애국, 애족적 대용단을 우리는 호소합니다. 우리는 진심으로 호소하고 있습니다.

이 글은 시민들이 '권력과 명예를 위해 봉기한 것'이 아니라 '맨주먹, 맨가슴으로 항거'했음을 밝히며 최규하 대통령의 〈담화문〉에서 지적한 '난동' '치안 부재'라는 표현에 반박했다. 윤공희 대주교는 국가통치권자인 대통령이 명확하게 진상을 규명하여 사태를 해결할 수 있다고 판단한 것이다. 여기서 호소한 4개 항은 무장투쟁으로 일관하던 항쟁지도부의 태도와는 상반된 모습이었다. 그동안 작성되거나 낭독한 발표문과 달리 '거친 어조'나 '감정적 내용'이 아닌 합리적이고 차분한 결의를 담아냈다. 이는 항쟁지도부 내에 온건적인 수습위가 잔재함을 보여줌과 동시에 항쟁의 상황에 따라 변화하는 시민들의 의중을 드러낸 것이다. 요컨대 계속 이어지던 항쟁에 시민들은 지쳐서 하루빨리 해당의 사태가 수습되기를 바랐다. 그래서 이때부터는 거리시위를 피하는 시민들의 모습도 보이기 시작했다.[130]

이날의 궐기대회는 1시가 넘어서야 끝났다. 그리고 1시 15분, 궐기대회에 참가한 시민들의 절반가량이 학생들의 요구로 거리시위에 들어갔다. 항쟁 요원들은 자꾸 전원 참석을 호소했으나 시민들의 열기는 차츰 식어가는 듯 슬슬 피하는 사람이 많았다.[131]

시민궐기대회가 끝난 후부터 시민들은 무기 반납을 거부하는 자세를 취하면서도 무장투쟁만을 고집하지 않았다. 계엄군의 재진입이 광주 시민에게 공포감을 주었기 때문이다. 이에 따라 수습위는 계엄분소를 방문해 〈과도정부의 최규하 대통령께 보내는 글〉에서 채택한 4개 항을 요구사항으로 내걸었다. 그러나 오히려 계엄군의 일방적인 재진입 통보를 받을 따름이었다. 이에 따라 오후에는 광주의 진상을 외부로 알리기 위해 서울로 특파원을 파견하고 제5차 민주수호 범시민궐기대회를 오후 3시에 다시 개최하기로 했다.

오전 11시경에는 소준열 계엄분소장 주재 하에 충정작전회의가 열렸다. 이 자리에서 전두환 보안사령관, 정호용 특전사령관이 구상하던 '상무충정작전 제4호'의 실행 명령이 내려졌다. 신군부는 도청을 근거지로 저항하는 시민군을 무력진압할 계획과 지침을 결정해놓고 있었다. 이에 따라 이희성 계엄사령관은 5월 23일 오전 9시에 육군참모총장실에서 황영시 참모차장, 정보·작전·군수·전략기획 등의 참모부장, 계엄사 참모장, 진종채 제2군사령관이 모인 자리에서 소요진압작전계획을 토의하고 결론을 전두환에게 건의했다. 이와 함께 이희성 계엄사령관은 최

130   김영택, 《5월 18일, 광주》, 역사공간, 2010, 515~516쪽.
131   김영택, 같은 책, 516쪽.

소한의 병력으로 목적을 달성할 수 있는 주도면밀한 세부계획과 준비를 하라고 지시했다. 또 작전은 5월 25일 새벽 2시 이후에 명에 의해 개시하되 작전계획, 개시시간의 결정권은 전교사사령부에 부여했다.[132]

한편 일부 항쟁본부 요원, 종교계 인사들은 YWCA에서 회합을 가졌다. 종교계 인사들은 김성용 신부를 광주의 상황을 전할 밀사로 선택하고 서울에 있는 김수환 추기경에게 보내기로 결정했다. 김성용 신부의 파견은 종교계 인사들은 물론 항쟁본부 요원들의 의견이 반영된 결과였다. 김수환 추기경에게 정확한 실상을 보고해 미국의 개입을 추진하는 한편 최규하 대통령과의 접견을 통해 사태 수습을 이끌어낼 수 있다고 판단한 것이다. 이에 따라 김성용 신부는 야간을 틈타 광주를 빠져나갔다. 그 과정에서 아홉 차례의 검문을 받은 끝에 27일 밤 서울에 도착했다. 그러나 그때는 이미 공수부대가 광주에 재진입한 후였다. 당시 이들이 김성용 신부를 통해 김수환 추기경에게 전하고자 한 호소문은 다음과 같다.

김수환 추기경 각하께 드리는 호소문[133]

지극히 존경하는 추기경 각하!

저희를 위해 심려하시며 누구보다도 먼저 구호의 손길을 보내주신 자부적 사랑에 감사하면서 호소드립니다. 저희는 계엄군에 의해서 짐승처럼 치욕과 학살을 당하고도 폭도요, 난동분자요, 불

---

132   재향군인회,《12·12, 5·18실록》, 향우산업, 1991, 299쪽 재인용.
133   광주광역시 5·18사료편찬위원회,《5·18 광주민주화운동 자료총서 2》, 1997, 90쪽.

순분자로 지목되었습니다. 저희 80만 광주 시민의 피맺힌 한과
응얼진 아픔을 함께 해주십시오.
저희들이 인간대접을 받는 자랑스런 민주시민임을 인정받게 해
주십시오. 근원적인 수습을 위해 수습대책위원 전원이 결의하여
최규하 각하께 드리는 호소문을 접수해주시고 대통령 각하께 전
달하여주십시오. 저희들은 추기경 각하께 유일한 희망을 걸고 엎
드려 호소합니다.

———   1980년 5월 26일
                                       광주사태 수습위원회 일동
                                         대변인 김성용 신부 올림

  호소문은 김수환 추기경에게 전달되지 못했다. 그는 당시의
상황과 심경을 〈비극의 도시, 광주에서의 탈출〉에서 다음과 같이
기록했다.

  4시에 겨우 가톨릭센타에 도착했다. 많은 시민들이 모여 있었으
  며 또 모이고 있었다. 시민 속을 헤치고 도청으로 갔다. 총을 갖고
  경비를 담당하고 있던 십대의 젊은이가 신부인 줄 알고 통과시켜
  주었다. (……) YWCA에서 젊은이가 와서 곧 서울에 가지 않으
  면 안 된다는 말을 전했다. 잠시 생각했다. 지금 이 순간 이 장소
  를 뜨면 도망가는 것이 아닌가. 시민들이 어떻게 생각할까. 비겁
  한 신부, 아무것도 하지 못하는 무력한 교회라고 비판받을지도
  모른다. 그러나 진실을 알리는 것도 중대한 일이라고 생각하면
  누군가가 탈출해야 한다. 옆에 앉은 조신부에게 조언을 구했다.
  가지 않으면 안 된다는 말을 듣고 결단을 내리고 일어섰다. (……)

서울에 가자. 추기경에게 알려야 한다. (……) 주님의 자비와 성모님의 도움, 그리고 형제들의 따뜻하고 헌신적인 보호를 받으면서 다음날(27일) 밤 10시경 무사히 명동에 도착했다. 9번이나 엄한 검문을 통과했으나 잘못하면 그들에게 화가 미칠까봐 탈출경과를 밝히지 못한다.[134]

이러한 상황은 국내에서는 보도되지 못했지만, 외신기자들을 통해 5월 27일 자 일본의 《요미우리신문》에서 〈학생들, 미국의 중재를 희망의 중재를 희망〉한다는 제목 아래 "26일 오후에도 광주는 여전히 시민과 학생들의 수중에 있었는데, 이러한 반정부 세력의 학생지도자는 같은 날 보도진에게 '미국은 한국정부를 움직일 수 있다'고 주장, 미국이 한국의 굳건한 동맹국으로서 중재에 적극적으로 나서 사태의 수습에 기여해줄 것을 희망했다. 학생지도자들은 또한 지난주 3일간에 걸친 폭동의 새로운 사망자 수를 발표했는데, 학생 측이 합계 261명의 시체를 받아들였으며 그중 100여 명은 신원확인이 되지 않는다고 말했다. 학생 측은 '우리는 한국 정부 혹은 계엄사령부 누구와도 교섭할 마음이 없다'고 잘라 말했다"[135]고 보도되었다. 국내의 언론탄압으로 내부의 사정이 외부의 보도를 통해 다시 내부로 진입하는 아이러니한 상황을 맞이한 것이다.

시민궐기대회가 끝나자 시민들은 동요했다. 당면한 상황에 긴장하기는 수습위와 항쟁지도부도 마찬가지였다. 공수부대의 재진입이 임박했음을 모두가 예감한 것이다. 이에 따라 오후 2시

---

134   김영택, 《10일간의 취재수첩》, 사계절, 1988, 233~235쪽 재인용.
135   김영택, 같은 책, 235쪽.

에는 도청 기획관리실장실에서 정시채 부지사를 비롯한 도청 국장급 간부와 수습위가 모여 대책회의를 했다. 이 자리에서 학생 대표 2명이 참석해 광주시장에게 8개 항을 제시했으며, 구용상 시장은 이를 모두 승낙했다.

① 매일 쌀 1백가마씩 공급해줄 것.
② 부식과 연료를 공급할 것.
③ 관 40개를 마련해줄 것.
④ 앰뷸런스를 동원해줄 것.
⑤ 생필품이 원활하게 공급되도록 해줄 것.
⑥ 치안 문제는 형사범에 한해 경찰이 책임질 것.
⑦ 시내버스를 운행하여줄 것.
⑧ 사망자 장례는 도민장으로 할 것.

이상의 항에 따라 장례일이 논의되었다. 5월 29일이 유력한 날로 정해졌고 나중에 장형태 도지사와 유족 대표가 만나 최종 결정을 했다. 그리고 사태가 수습되면 망월동 묘지에 시신을 안장하기로 했다. 이들이 장례를 '도민장'으로 성대하게 계획한 것은 죽임을 당한 사람들을 열사의 반열에 올려놓는 것을 의미했다.

한편 투쟁의 방향을 선도하던 학생시민투쟁위원회는 상황실장 박남선의 지휘 아래, 도청 기획실에서 순찰대 5~6명을 1개 조로 편성해 13개 조를 기동타격대로 개편했다. 기동타격대장에 윤석루(19세), 부대장에 이재호(33세, 한양공대 졸, 회사원)를 임명했고 조별로 조장 1명, 타격대 5명, 군용 지프 1대, 무전기 1대, 개인별 카빈총과 실탄 15발을 분배했다.

오후 2시경 나는 후배들을 모아 기동타격대에 들어갔다. 우리는 기동타격대 7조에 소속되었는데 그것이 마지막 조였다. 기동타격대원은 50명 정도였고, 6~7명씩 한 조가 되고 무전기 1대, 개인장비로 카빈 1정과 실탄이 지급되었다. 내가 속한 조는 병력 수송과 순찰업무를 맡아 화정동, 서방 등 외곽지역에 실탄을 공급하거나 밥, 과일 등을 도청에 조달해주기도 했다. 그 외 시간에는 외곽지역의 순찰업무를 수행했다.[136]

기동타격대는 위원장과 부위원장의 지시를 받아 상황실장→기동타격대장→부대장→조장→조원에 이르는 지휘체계를 설정하고 시내 순찰, 군 동향 파악과 진입 저지, 거동수상자 체포 및 연행, 치안질서 유지, 외곽 시민군과의 연락 업무 등의 임무를 수행했다.[137] 위원장 김종배는 기동타격대의 발족식에서 "지금 우리가 계엄군과 대치하고 있는 상황에서 광주 시내가 너무 무질서하게 되면 도청을 지키고 있는 우리들의 이미지가 나빠진다. 따라서 여러분들에게 시내 치안질서 유지와 순찰의 임무를 부여하고 여러분들만이 총을 들고 시내 순찰을 하며 차를 타고 다닐 수 있는 특권을 부여할 테니 임무를 성실히 수행해달라"고 공표했다.[138] 기동타격대의 지휘권이 상황실장에게 부여된 것이다. 이에 따라 상황실장은 시내 곳곳에 병력을 배치하는 한편 공수부대와 투항파의 교란작전을 봉쇄하고 유사시에는 시민군 총지휘관의 대리를 맡게 되었다.

136   김태찬 증언, 한국현대사사료연구소, 《광주 5월민중항쟁 사료전집》, 풀빛, 1990, 474쪽.
137   정동년 외, 《5·18 그 삶과 죽음의 기록》, 풀빛, 204쪽.
138   부록 〈한국을 뒤흔든 광주의 11일간〉, 《월간조선》 1월호, 2005, 178쪽.

제5차 민주수호 범시민궐기대회, 5월 26일 오후 3시

5월 26일 오후 3시, 도청 광장에서 제5차 민주수호 범시민궐기대회가 개최되었다. 하루에 시민궐기대회가 두 번 열리기는 처음이었다. 이날 참여한 시민은 5,000명 안팎에 불과했다. 시민궐기대회 첫날과 둘째 날에 10만여 명이 참여했던 것에 비하면 상당히 줄어든 인원이었다. 이 대회는 시민들에게 계엄군의 재진입사실을 통보하고 광주를 지키는 최후의 수단을 발표하는 자리였다. 그것은 최후까지 광주를 사수하되, 최악의 경우에는 TNT를 폭파해 자폭하겠다는 방침 등의 각오를 담은 것이었다. 공수부대의 재진입을 예상했던 것일까. 이 대회에는 유독 많은 시민이 연단에 올라 공수부대의 만행에 대한 체험담과 목격담을 토로했다. 예컨대 한 아주머니는 연단에 올라 교도소 부근에서 공수부대에 사살당한 가족 얘기를 하면서 말을 잇지 못하고 통곡했다.

> 어떤 여교사는 현 상황에서 자신이 해야 될 일이 무엇이냐고 진지하게 물었다. 또 시민궐기대회에 처음으로 참가했다는 아주머니는 폭도와 깡패들이 난동을 부린다는 TV보도를 듣고 무서워서 나오지 않았는데 직접 와보니 전혀 다르다는 말을 하면서 시 위지역이나 변두리에 와서도 홍보를 해달라는 부탁의 말까지 하고 연단을 내려갔다.[139]

시민들의 자유발언이 끝나자 주최 측에서 마련한 발표문 낭

---

139   김태종 증언, 한국현대사사료연구소,《광주 5월민중항쟁 사료전집》, 풀빛, 1990, 877쪽.

독이 이어졌다. 여기서는 〈대한민국 국군에게 보내는 글〉〈전국 언론인에게 보내는 글〉〈과도정부 최규하 대통령께 보내는 글〉 〈광주 시민 여러분께〉〈광주 시민은 통곡하고 있다〉〈정부의 오도된 보도를 바로잡는다〉〈대한민국 언론 지성인들에게 보내는 글〉 등이 발표되었다.

광주 시민은 통곡하고 있다[140]

4·19도 5·16도 저 비참했던 6·25도 그 귀에 익던 숫자를 차라리 잊을 수 있을지언정, 오늘을 살고 있는 광주 시민으로서 차마 어제 오늘에 있는 5·18을 어느 누가 잊을 수 있으리오.

지금 500명도 넘어 추산되는 사망자와 1000명도 훨씬 넘어 추산되는 부상자가 지금 이 순간에도 그 몸과 마음을 함께 신음하고 있습니다. 글자 그대로 피비린내 나고 절규·분노가 하늘을 찌르는 나날들이었습니다. 천인공노! 하늘도 노하고 사람도 함께 분노하는 5·18이었습니다.

미친 이리떼는 미친 이리떼이니 그렇다고 합시다. 항시 우리 국민의 생명과 재산을 수호하라는 임무를 주어 우리의 피땀 어린 세금으로 무장해놓은 군인이 싸우라는 공산당은 놔두고 주민을 향해 이럴 수가 있단 말입니까?

평화적인 시위를 막기 위해 이렇듯 잔인하고 무도한 국군이 오늘날 세계의 어느 곳에 있다고 들었습니까? 차라리 분노보다는 차라리 슬퍼서 견디기 어려운 사실입니다.

---

140 광주광역시 5·18사료편찬위원회,《5·18 광주민주화운동 자료총서 2》, 1997, 87~88쪽.

5월 18일 일요일! 어제까지 전국을 메아리치던 "계엄 해제" 등의 국민적 열망에 찬물을 꽉 끼얹은 5·17이 발표되자 아니나 다를까 일부 학생들이 거리로 모여들었고 계엄사 당국의 공식발표 그대로 평화적인 시위가 시작되었습니다. 그러나 그것을 막는 저지는 전에 없이 강경하였습니다. 경찰로는 당연한 일이었습니다. 그러나 문제는 그 오후 악명 높은 얼룩무늬 공수부대가 금남로에 투입되면서부터였습니다.

그들은 닥치는 대로 젊은 얼굴을 찾아 곤봉으로 갈기기 시작하였습니다. 완전무장된 이 공수부대들은 이리 쫓기고 저리 흩어진 시위군을 찾아 온 거리를 쏘다니고 골목을 누비고 지나가는 버스며 택시를 가로막아 젊은이라고 보이기만 하면 학생이건 일반인이건 남녀 불문하고 그 곤봉으로 머리통을 치고 개머리판으로 패고 구둣발로 뭉개고 심지어는 학생 도서관에까지 뛰어올라 영문 모르고 공부에 열중하고 있던 남녀 고등학생들까지도 닥치는 대로 폭력과 폭행으로 행패를 부렸습니다.

벌겋게 상기된 그들의 얼굴에는 처음부터 "시위 저지"하려는 데 있지 아니하고 이 광주의 젊은이건 시민들까지도 반죽으로 오금을 펴지 못하게 만들겠다는 의도적인 행패인 것을 어린이의 눈에도 역력하였습니다. 이리하여 이 평화스럽던 거리는 순식간에 동물원의 원숭이를 한꺼번에 풀어놓은 상태로 그저 공포와 어리둥절만이 꽉찬 장이 되어버린 것입니다.

그날 밤 이 광경을 목격하고 돌아간 한 노시민이 그의 일기에서 "50평생 내가 살고 있다는 이 사실 자체를 오늘처럼 저주해본 적은 없다"고 술회하고 있습니다.

그런데 이튿날인 19일 이날의 상태는 실로 더 무서운 정경이 거리를 휩쓸어버렸습니다. 그 숫자는 알 길이 없으나 온통 거리와 골목을 그 얼룩무늬 공수부대로 금남로와 충장로 일대를 중심으로 메워버린 것입니다. 아니나 다를까 만행에 분노와 살기에 등등한 젊은 떼들이 곳곳에서 이들과 대치하고, 쫓고 쫓기고, 붙들리고, 최루탄은 말할 것도 없이 곤봉 세례로 매 맞고 짓밟히고, 이제 단검으로 찌르기, 총대로 후려치기, 웃통 벗기기, 쫓겨 들어간 건물은 한마디로 박살이 나고, 붙들렸다 하면 남녀 관계없이 혹은 그 자리에서 쓰러지고 끌려가고 마침내 거리는 전쟁터가 되어버린 것입니다. 아니, 맨주먹의 시민에게 완전무장된 이들의 난행과 난무는 전쟁이 아니고 순량한 양떼의 무리 속에 뛰어든 이리떼의 침략 바로 그것이었습니다. 맨주먹의 시민과 평화스런 거리에 누구를 겨냥한 기관총인지 기관단총까지 휘저으며 묵중한 장갑차까지 충장로를 비롯한 온 골목을 그 무서운 굉음으로 질주하였습니다.

여기저기에 피를 보고 쓰러지고 보다 못해 말리는 노파를 단검으로 찔러 쓰러지게 하고 반 알몸이 된 여학생들은 유방까지도 칼로 잘리고 네 살 먹은 어린이까지 그네들의 구둣발에 채여 죽고, 그 자리에서 숨이 끊어진 사람, 반죽음이 된 시민과 학생은 그 무서운 얼룩무늬 트럭에 어디론가 실려 가버리고 온통 거리는 아비규환의 수라장이 되어버린 것입니다. 이것이 바로 1980년 5월 19일 광주 거리의 오후였던 것입니다. 이 천인이 공노할 분노는 마침내 온 광주 시민을 거리로 쏟아나오게 하였고, 손과 손에는 사과, 몽둥이 혹은 식칼까지 거의 들려 있었습니다.

아! 이날을 어찌 우리 광주 시민은 잊으리오.
이 분노 속에 이성이니, 자제를 어느 구석에서 찾으며, 어느 재주로 바란다는 것입니까? 이런 속에서 그들은 어디에서 어떻게 더

남다른 고뇌에 빠져 있을지도 모르지만, 시장도 도지사도 서장도 국장도 수습은커녕 그 행방조차 알 길이 없었습니다. 그런데다 보도는 사람 하나 죽지 않고 군경만이 약간 부상했다고 하는 식으로 실로 맹랑한 소리만 지껄여대니 격앙된 분노에 분노는 거듭되어 걷잡을 수 없는 가운데 마침내 그 열도는 MBC, KBS 등의 보도시설에 방화가 된 것입니다.

이것이 바로 18일, 19일 양일의 광주에서 씻을 수 없는 군의 만행이 오게 한 광태의 사실이었습니다. 그 이튿날인 20일, 18~19일과 같이 닥치는 대로 분산되어 난동부리고 하나하나 쫓아다니면서 부리는 행패는 집단저지로 달라졌습니다. 그들의 말에 의하면 18~19양일의 소위 타격대는 물러나고 진압부대로 교체되었다는 것이었습니다.

그렇다면 그들은 당장 지체없이 그 양일간의 씻을 수 없는 실책을 간접적으로라도 솔직히 시인하고 겸허하게 시민을 선무, 설득하고 뒷수습에 나섰어야 했던 것입니다. 그러나 그들은 격앙일로에 있는 성난 군중의 심리를 정확히 파악하지 못하였거나 그런 슬기가 없었던 것입니다.

그리하여 시민 군중은 금남로를 메우고 계엄군은 집단으로 도청을 배경으로 대치하면서 말려드는 시민에게 계엄군은 마침내 발포하고 말았고 수많은 시민이 앞에서 쓰러지게 된 것입니다. 총격으로 피를 보게 된 시민은 더욱 걷잡을 수 없는 성난 군중이 되고 말았습니다. 이날 밤 이곳저곳에서 방화가 생긴 것은 어쩔 수 없는 일이었는지 모릅니다. 18~19는 놔두고 그 앞날의 실책을 시인했다면 이날만은 그들의 슬기가 있었어야 했는데 이렇듯 이날도 거리를 피로 물들이고 말았습니다.

이리하여 마침내 21일에도 이 시위군들이 이곳저곳에서 무기를 손에 넣게 되어 계엄군은 마침내 외곽으로 후퇴하게 된 것입니다. 이윽고 이 거리는 시민군이라도 입성한 것 같은 딴 거리가 되고 만 것입니다. 이렇게 해서 광주의 거리는 21일부터 완전 행정 부재가 되어버린 것입니다. 그동안 4~5일 동안 외곽지대에서는 통로를 차단한 계엄군의 총탄에 수없는 목숨을 잃게 된 오늘이 되고 있는 것입니다.

—————
1980년 5월 26일
광주 시민 일동

이 낭독문은 광주민중항쟁의 전 과정을 압축해 상황을 전달했다. 이는 광주 시민은 물론 광주에 주재해 있던 외신기자들을 의식한 것이었다. 친절한 설명으로 외신기자들은 정확한 보도를 할 수 있었다. 그리고 뒤이어 낭독할 발표문의 순서 배치도 마찬가지였다. 오도된 보도와 언론인들을 지목한 글도 내부의 언론 사정을 드러내어 외신보도를 겨냥한 것이었다.

정부의 오도된 보도를 바로잡는다[141]

지금까지 발표된 정부의 광주의거에 대한 보도는 광주 시민의 민주화를 위한 애국충정을 무시한 채 왜곡, 허위 날조하여 보도하였습니다.

정부는 광주의 민주의거가 폭도와 일부 불순분자, 고정간첩 또

---

141   광주광역시 5·18사료편찬위원회, 같은 책, 97쪽.

410

는 오열(惡熱)의 행위라고 보도했습니다. 그렇다면 민주를 위해 투쟁해온 수십만의 광주 시민이 폭도이며 불순분자란 말입니까? 진정한 폭도나 불순분자는 과연 누구란 말입니까? 정부는 진실된 광주시민의거를 폭도들의 소행으로 몰려 하고 있습니다. 현명하신 우리 시민들은 더 이상 이런 허위보도에 속지 않으시리라 믿습니다. 한편 그들은 수습대책위원회를 분열시키려는 획책을 자행하여 굳게 뭉쳐 싸워왔던 우리 시민들을 이간질하고 있습니다. 수습대책위원회에 과격파와 온건파가 있어 서로 총싸움을 하고 있느니, 독침으로 반대파를 죽이고 있느니 하면서 분열시키기에 온갖 책동을 다하고 있습니다. 독침사건은 조사 결과, 저들이 파견한 첩자들의 소행이었습니다. 범인들의 대답이 한결같이 다르게 나오고 있다는 것이 증거라 할 수 있습니다. 재경향우회나 전라도 출신 군 고위장성들, 즉 관계 선전원들을 동원하여 굳게 뭉친 우리 시민들을 분열시키기에 안간힘을 다하고 있습니다. 진정한 이 나라의 민주화를 위한 사람이라면 어찌 그런 망발을 함부로 할 수 있겠습니까? 우리 수습위원회는 굳게 뭉쳤습니다. 그리고 학생들을 동원하여 미진한 일을 잘 해결해나가고 있습니다.

시민 여러분!
시민들의 보호를 위해, 민주의 수호를 위해 싸우다가 가신 여러 영령들의 의거를 개죽음으로 만들려는 저들의 허위보도에 속지 마시고 적극 협조 바랍니다.

———

1980년 5월 26일
수습대책위원회

여기서는 광주의 상황을 폭도의 소행으로 몰려는 정부의 허위보도를 질타했다. 구체적으로는 정부가 수습위 내부에서 갈등을 빚던 강경파와 온건파 수습위를 이간하고 독침사건을 조작한 것을 예로 들어 억울함을 호소했다. 더불어 항쟁지도부는 새로운 선언문이나 결의문을 낭독하기보다는 이전에 발표했던 〈80만 광주 민주시민의 결의〉와 〈최규하 대통령에게 보내는 글〉을 다시 채택해 발표했다. 두 발표문이 시민들의 결의와 정치적 견해를 가장 잘 담아냈다고 판단해 재차 강조한 것이다. 물론 주최 측은 그러한 요구가 받아들여질 것이라는 기대하지 않았다. 다만 시민들에게 '최후의 일인까지 싸우다 죽겠다'는 의지를 표명하는 식으로 유언을 남긴 것이다. 발표문 낭독이 끝난 후에는 시민들이 자발적으로 연단에 올라 자유롭게 시국을 성토할 수 있는 시간이 마련되었다. 특히 증심사에서 온 '현덕'이란 법명을 가진 스님이 연단에 올라 눈길을 끌기도 했다. 그는 '승려가 살상이 불가피한 싸움을 해야 한다'고 역설하며, 항쟁의 참상을 고발했다.

시민궐기대회가 막바지에 이르던 오후 5시쯤, 김종배 위원장과 항쟁본부 요원을 통해 '계엄군의 재진입 사실'을 시민궐기대회에 참여한 시민들에게 공표했다. 이 때문에 시민궐기대회의 투쟁 열기는 단숨에 가라앉았다. 당시의 참담한 상황을 황석영은 다음과 같이 묘사했다.

> 궐기대회장의 고조되었던 분위기가 일시에 싸늘해지면서 광장에는 비장한 침묵이 깔렸다. 드디어 올 것이 오는 모양이구나. 사람들은 서로 얼굴을 마주보지 않고 각자의 생각에 깊이 잠기는 듯했다. 침묵한 시민들의 눈에는 눈물이 고이고 있었다.[142]

시민들은 오전에 '계엄군이 다시 물러갔다'는 방송을 들은 터라 당황했다. 항쟁본부에서 '끝까지 싸울 것'을 호소하는 때, 일부는 서둘러 시골로 피난을 가기도 했다. 도청 안에 설치한 다이너마이트 뇌관만 뽑으면 도청은 물론 서석동, 학동, 동명동이 송두리째 날아갈 거라는 소문이 퍼지면서 그 주변에 거주하는 사람들이 피난을 택한 것이다.[143] 대회가 끝나고 5,000여 명의 시민들은 유동삼거리를 거쳐 공수부대가 진을 치던 화정동 대치 장소까지 가두행진을 한 후 도청 광장으로 되돌아오는 것으로 궐기대회를 마감했다. 이로써 나흘간 개최된 시민궐기대회의 모든 막이 내렸다.

> 26일 5차까지 진행된 이 궐기대회에서는 노동자, 농민, 학생, 교사, 주부 등 각계각층의 의견과 주장이 쏟아져나왔고 현장에서 바로 의견을 수렴해 공식적 입장으로 채택하는 민주적 대중자치의 모범을 보였다. 궐기대회는 회를 거듭할수록 선전의 질이 심화되어 해방 이후 정치, 경제 문제에 관한 대중교육의 마당으로 발전했고, 특히 대중의 결집된 힘으로 당시 투항적 입장을 보였던 도청 내 수습위원회를 제어하고 새로운 투쟁적 지도부를 탄생시키는 결정적 힘으로 작용했다. 궐기대회장 주변에는 현수막과 대자보가 부착됐고 가두방송도 조직화되어 광범위한 선전활동을 전개했다.[144]

5월 23일부터 26일까지 매일 도청 광장에서 개최되었던 시민

142   황석영, 《죽음을 넘어 시대의 어둠을 넘어》, 풀빛, 1985, 204쪽.
143   김준태, 〈'광주항쟁' 현장일기〉, 《월간중앙》 5월호, 1988.
144   한국현대사사료연구소, 《광주 5월민중항쟁 사료전집》, 풀빛, 1990, 830쪽.

궐기대회는 회가 거듭될수록 시민을 하나로 결집하는 기제가 되었다. 수많은 시민이 모여 자발적으로 참여해 분노, 의지, 의사를 직접 표명하고 열광, 야유, 항거를 수반하면서 정의와 연대성이 함께하는 '서로주체'의 이념을 형성했다. 그 안에서는 투쟁을 지휘, 지원하며 시 낭송, 성명서 발표, 노래 제창, 유인물 살포, 화형식 등을 통해 비정치적 주체의 정치의식을 깨우려는 움직임도 생겨났고, 무정부 상태였던 '해방광주'에서 질서 회복, 상부상조 활동이 전개되었다. 예컨대 "생필품 나누어 쓰기, 거리 질서 회복, 교통과 치안의 복구 및 단속, 부상자와 사망자의 치료"[145] 등은 시민궐기대회에서 시민들이 자발적으로 논의한 후 채택했던 '민주적 대중자치'의 사례라고 할 수 있다. 나아가 시민궐기대회에서는 사망자에 대한 애도, 장례 절차 등의 사항까지 논의하고 결정했으며, 민중이 중심이 되는 자치 형태를 구현했다. 물론 시민대회의 진행과정에서는 주최 측과 수습대책위원들의 갈등이 발생하고, 그에 따라 투쟁의 방향에서 혼선을 빚기도 했다. 그러나 계엄군의 재진입에 대한 '불안'과 '공포'가 남아 있던 당시에 모두가 만족할 만한 민주적, 합리적, 이성적인 의사결정을 도출한다는 것 역시 불가능에 가까운 일이었고, 그 시기엔 신군부의 외곽 차단으로 항쟁지도부와 수습대책위원회가 발휘할 수 있는 능력도 상당히 제한적이었다.

145   김선출,《5월의 문화예술》, 샘물, 2001, 201쪽.

〈표 10〉 민주수호 범시민궐기대회 식순과 주요활동

개최 시기	차수	식순	주요 발표문 및 활동	발표문 주제 요약
5. 23. 오전 11:30	1차	1. 희생자에 대한 묵념 2. 국기에 대한 경례 3. 애국가 제창 4. 각종 성명문 낭독 5. 공지사항 전달 6. 피해상황 보고 7. 민주주의 만세 삼창	〈시국선언문〉 〈민주시민 여러분〉 〈광주 애국시민들에게〉 〈광주 시민 여러분께 알려드립니다〉 자유발언 2차 민주수호 범시민궐기대회 안내	질서 회복 요구 기물 복구 상부상조 일상업무 복귀 민주화를 위한 투쟁 결의
5. 24. 오후 15:00	2차	1. 희생자에 대한 묵념 2. 국기에 대한 경례 3. 애국가 제창 4. 전두환 화형식 5. 결의문 발표 6. 민주시 낭독 7. 민주주의 만세 삼창	〈껍데기 정부와 계엄 당국을 규탄한다〉 〈국민에게 드리는 글〉 〈전국 민주시민에게 드리는 글〉 〈대한민국 모든 지성인에게 고함〉 전두환 화형식 이윤정의 〈민주화여!〉	무기 회수 항쟁의 확산 소식 무장투쟁 결의 전 민족의 궐기 촉구
5. 25. 오후 15:00	3차	1. 무기 반납 백지화 선포 2. 희생자에 대한 묵념 3. 국기에 대한 경례 4. 애국가 제창 5. 피해상황 발표 6. 결의문 채택 7. 민주주의 만세 삼창	〈광주 시민 여러분께〉 〈희생자 가족에게 드리는 글〉 〈전국 종교인에게 드리는 글〉 〈국민에게 드리는 글〉 〈전국 민주학생에게 드리는 글〉 〈우리는 왜 총을 들 수밖에 없었는가〉	무기 반납 백지화 선포 피해상황 보고 전국 종교인의 궐기 촉구 전국 대학생들의 궐기 촉구 무장의 정당성 호소

개최 시기	차수	식순	주요 발표문 및 활동	발표문 주제 요약
5. 26. 오전 10:00	4차	약식 진행 1. 국기에 대한 경례 2. 희생자에 대한 묵념 3. 경과 보고 4. 수습협상 결과 보고 5. 결의문 낭독, 시 낭독 6. 노래 제창	〈광주 민주시민 여러분께〉 〈광주사태에 대한 우리의 견해〉 〈대한민국 국군에게 보내는 글〉 〈전국 언론인에게 보내는 글〉 〈과도정부 최규하 대통령께 보내는 글〉	계엄사의 허위약속 폭로 언론인의 진실보도 촉구 대통령의 사태 수습 촉구
5. 26. 오후 15:00	5차	1. 국기에 대한 경례 2. 희생자에 대한 묵념 3. 경과 보고 4. 수습협상 결과 보고 5. 결의문 낭독 6. 가두행진 7. 재집결 후 해산	〈광주 시민은 통곡하고 있다〉 〈정부의 오도된 보도를 바로잡는다〉 〈전국 언론, 지성인들에게 보내는 글〉 〈광주 시민 여러분께〉(재) 〈대한민국 국군에게 보내는 글〉(재) 〈80만 광주 시민의 결의〉(재) 〈과도정부 최규하 대통령께 보내는 글〉(재)	항쟁의 전 과정 설명 정부의 허위보도 질타 계엄군의 재진입 예고

3

해방광주의 운동 조직

1980년대 사회운동의 핵심은 '민주주의'였다. 이 시기 운동사회의 민주주의에 대한 열망은 보편적으로 형성된 집단적 신념이었다. 사실 1980년대에 국한되기보다는 4·19부터 6월항쟁으로 이어지는 한국의 사회운동 과정에서 보편화한 가치로 작동했다.[146] 여기서 핵심은 반유신운동과 연속성을 지니며 '민주주의 신념'을 계승, 표출한 광주민중항쟁이 그 이후의 운동에 상당한 영향을 미쳤다는 점이다. 즉 광주민중항쟁 이후의 운동들은 (해외의 운동조차도) 광주민중항쟁에서 '민주주의 정신'뿐만 아니라 '전략, 전술'까지 얻어왔다고 할 수 있다.

한국 사회에서 광주민중항쟁부터 6월항쟁에 이르는 시기까지 '광주'는 억압된 의제이자 금기의 언어였다. 그런데도 1980년대 민주화운동은 광주민중항쟁의 정신을 재해석하며 스스로 혁명적, 전투적 운동으로 변화했다. 즉 광주민중항쟁 정신은 운동의 혁명화, 급진화의 정신적 에토스로 작동했고, 억압된 정신

---

146   조대엽, 〈광주항쟁과 80년대의 사회운동문화〉, 《5·18민중항쟁과
       정치·역사·사회 5》, 5·18기념재단, 2007, 176쪽.

과 문제는 상승작용하면서 반독재 저항운동의 정신을 급진적으
로 지배했다. 특히 광주민중항쟁의 진상 규명 및 명예 회복과 배
상에 대한 문제는 항상 운동공동체의 핵심적인 요구사항이었고,
반면 신군부에게는 금압과 금기의 대상이었다.[147]

광주민중항쟁 이후, 사회운동은 "주체, 인식적 기초, 대상, 동
력, 방법 등에 대한 반성이 광범위하게 이루어지기 시작"[148]하면
서 다양한 변화를 이루었다. 국가폭력, 학살의 경험 속에서 급진
화한 운동가들이 배출되었고, 그 결과로 운동공동체의 이념적
스펙트럼이 확산되었다. 더구나 반독재에 투쟁하는 과정에서 급

---

147   조희연, 〈'급진 민주주의'의 관점에서 본 광주 5·18〉, 《5·18 민중항쟁에 대한
      새로운 성찰적 시선》, 한울, 2009, 242~243쪽.

148   이에 대해 조희연은 "첫째, 1970년대까지의 사회운동이 소시민적 운동관,
      포퓰리즘적 운동관을 극복하지 못했으며, 변혁운동으로서의 성격을 갖지
      못했다고 하는 반성이다. 예컨대 억압적 정치권력에 대한 양심적 비판이나
      경제적 불평등에 대한 도덕적 비판이 있었을 뿐, 정치권력의 획득이나
      경제체제 자체의 변혁에 대한 전망과 의지가 없었다고 하는 것이다. 둘째,
      대중의 자연발생적 투쟁을 체제 변혁적 투쟁으로 전화시킬 목적의식적 전위
      또한 부재했다는 반성이 있었다. 5·18이 대중의 혁명적 진출과 변혁역량을
      새삼 확인시켜주었다고 할 때, 문제는 대중을 지도할 전위의 사회운동 근본
      한계라는 것이다. 셋째, 80년 봄의 패배는 노동계급 등 주력군의 미성장에
      그 근본원인이 있으므로 기층 민중, 특히 노동계급의 성장과 그 정치적
      진출을 가속화하는 데 집중적인 역량이 투입되어야 한다는 반성이다. 즉
      1970년대까지의 사회운동이 주로 학생, 지식인, 일부 선진적인 기층 민중을
      중심으로 진행되었기 때문에 대중적인 계급운동이 되지 못했으며, 주력군이
      미성장한 상태에서의 방어전적 성격 이상을 띨 수 없었다는 것이다.
      넷째, 군부독재체제를 지원하는 외세에 대항하는 '반외세 자주화' 역량이
      결여되었다는 반성이다. 특히 광주사태에 대한 미국의 비호 때문에 1970년대
      사회의식을 지배하고 있던 '미국에 대한 소시민적 환상'이 깨어짐으로써
      광주사태는 민족모순에 대한 근본적인 인식의 계기가 되었다. 그리하여
      외세의 지배를 받고 있는 현실을 극복할 수 있는 대중의식과 주체적인 역량을
      확보해내는 것이 1980년대 사회운동의 핵심적 과제로 인식되었다"고 밝힌다.
      조희연, 같은 글, 243~244쪽.

진적인 이념을 갖는 집단이 실제 투쟁에서 전투적 전략을 택했고, 반독재운동이 전투적 투쟁에 의존하는 만큼 그들의 운명공동체 내에서의 헤게모니도 강했다.[149] 전사(前史)로 광주민중항쟁 시기에는 많은 운동 조직과 단체가 연계망을 구축해 다양한 투쟁활동을 전개했다. 이들은 광주·전남지역에서 항쟁 이전부터 학생운동, 청년운동, 문화운동, 노동운동, 민중운동 등 여러 부문에 걸쳐 운동을 전개하던 단체들이었다. 그 가운데 핵심적인 구실을 한 전남민주청년협의회, 현대문화연구소, 양서조합, 들불야학 등은 '청년, 야학, 노동, 문화 운동'을 선도하던 세력들이었다.

먼저 민청학련사건의 활동가들을 주축으로 한 전남민주청년협의회는 투쟁의 주체로서 반독재 민주화운동, 민족통일운동, 노동자·농민운동을 통한 사회변혁을 지향하며, 노동자, 농민, 빈민 등을 위한 활동을 하고 있었다. 이들은 여러 부문별로 역할을 분담해 운동의 효율을 높였는데, 농민운동에 이강, 정상용, 박형선, 노동운동에 이양현, 최연석, 기독교 청년학생운동에 나상기, 최철, 학생운동에 김상윤, 김운기, 김정길 등이 활동했고 각 부문을 매개하는 청년사회운동에는 현대문화연구소의 윤한봉, 정용화, 임영희 등이 포진해 있었다.[150]

광주·전남지역의 문화운동은 1970년대에 현대문화연구소를 중심으로 태동했다. 현대문화연구소는 황석영, 김남주가 주축이 되어 설립을 모색했고, 윤만식, 박효선, 전용호, 김선출, 김윤기 등이 가세하면서 본격적인 문화운동의 시작을 알렸다. 현대문화연구소를 거점으로 문화운동이 태동할 수 있었던 계기는

---

149   조희연, 같은 글, 245쪽.
150   이윤정,《오월 광주항쟁의 송백회운동에 관한 연구: 참여와 연대의 동학을 중심으로》, 조선대학교 박사논문, 2012, 75쪽.

황석영, 김남주의 등장과 함께 창립된 전남대 탈춤반의 역할이 막중했다. 당시 민주화운동보다 문화운동이 저조한 상황에서 김남주가 살던 해남으로 황석영이 거처를 옮겼고, 그 과정에서 이들은 청년운동가 윤한봉과 만났다. 세 사람은 모두 청년운동과 학생운동이 정치적, 사회적으로 대중적이어야 한다는 생각에서 문화운동의 필요성을 절감했다. 이에 따라 1979년 윤한봉을 1대 소장으로 현대문화연구소가 개설되어 서울과 광주의 민주화운동 관련 정보 교환 및 여러 운동의 중심지로서의 역할을 담당했다. 현대문화연구소 인근에는 김상윤이 운영하던 녹두서점과 장두석, 문병란, 황일봉 등이 참여하던 양서조합이 자리하고 있었다.[151] 지리적 이점으로 이들은 모두 현대문화연구소를 거점으로 활동했고, 윤한봉이 주축이 되어 운동의 기획과 조정 역할을 맡았다.

이들은 1970년대 중반부터 노동운동, 농민운동, 야학운동에

[151] 양서협동조합은 전국적인 네트워크를 가진 운동 형태로 1970년 말부터 1980년 초까지 전국 주요 도시에 설립된 협동조직이었다. 양서협동조합은 일반적인 협동조합과는 달리 민주화운동에서 주춧돌 역할을 맡았는데, 1,400명의 조합원을 두고 정부에서 금서로 지정한 서적을 암암리에 보급하거나 강연회를 개최하는 등 주로 독서를 통한 의식화와 함께 민중의식화를 함양했다. 여기서 세례를 받은 고등학생들은 항쟁에 대거 참여했고, 최후의 도청전투에서 항전하기도 했다. 주요 운영진은 안진오(전남대 해직교수) 이사장, 이일행(법률사무소 재직) 부이사장, 이사로는 정규완(신부), 한모길(목사), 문병란(시인), 윤영규(광주여상 교사), 박석무(대동고 교사), 박행상(대동고 교사), 임추섭(중앙여고 교사) 등이고, 장두석(신협 및 가톨릭농민회 임원)이 이사 겸 집행위원장을, 황일봉이 총무, 김현주가 간사를 맡았다. 그 외에도 이방기, 김정수, 송기숙 등 전남대 해직 교수와 권광식, 김제안 등 조선대 해직 교수, 박현채, 윤광장, 정해직, 김준태, 위인백, 최병인, 이윤정, 정유아 등 많은 재야인사가 참여했다. 이윤정, 같은 글, 78쪽.

참여하고, 노조 설립을 위해 호남전기, 전남제사, 남해어망, 들불야학, 백제야학, 가톨릭농민회, 기독교농민회 등의 행사를 지원했다. 그 과정에서 전남대와 조선대의 탈춤반이 창설되었고, 1978년 봄에는 광주·전남지역 최초의 전남대 대학탈춤반인 민속문화연구회가 출범해 광주·전남지역 문화운동의 기반을 이루었다. 탈춤반은 기존의 순수예술을 지향하던 연극이나 국악에서 벗어나 현실을 반영하는 리얼리즘 성격의 작품활동을 벌이며 미술과 노래 등 다양한 장르로 순수예술의 파장을 만들어나갔다.[152]

현대문화연구소는 문화운동, 여성운동, 학생운동, 교사운동, 종교운동까지 폭넓은 광주·전남지역 운동에 관여하고 있었다. 더군다나 광주의 문화운동 단체들은 전남대와 조선대의 탈춤반, 연극반, 국악반, 미술패 등을 결합해 광주·전남의 문화운동의 선봉에 설 극단 광대를 개설했다. 항쟁 시기, 고군분투하며 투쟁에 나섰던 광대는 광주·전남 최초의 문학운동 단체로 1980년 1월에 황석영, 채희완과 대학 탈춤반의 김정희, 윤만식, 김빌립, 김선출, 김윤기, 연극반 출신 김태종, 박효선, 국악반 임희숙 등의 활동가들이 참여해 만들어졌다. 광대는 항쟁 전 기간에 걸쳐 각종 문화선전을 맡았고 '해방광주'에서 시민들의 투쟁의지와 열기를 수렴해 다섯 차례의 시민궐기대회를 주관했다. 현대문화연구소를 중심으로 창립된 조직은 이들뿐만이 아니었다. 항쟁 기간 《투사회보》를 제작한 들불야학과 근로청소년의 검정고시를 지원하는 백제야학, 여성단체 송백회도 광대의 후발주자로 속속 개설되었다. 이와 관련해 송백회 총무이자 2기 회장이었던 홍희윤의 증언은 다음과 같다.

---

152   이윤정, 같은 글, 76쪽 참고.

현대문화연구소를 중심으로 해서 윤한봉 씨가 있는, 거기에 다 회원으로 들어갔죠. 거기 민청 중심으로 해서 광주 운동권이 결합된 건데 이제 행사 있으면 다 투입되고. 뻔히 디들 아는 사람들이니까 뭐 있으면 몰려가고, 농민운동 같은 행사 있죠? 그때 뭐가 있었는가 하면 함평고구마사건이 있었고, 내가 광주에 있을 때는 전국 기념대회였든가 남동성당인가, 암튼 79년도에 어마어마한 전국농민대회가 있었어요. 또 송백회 팀이 다 가서 밤새도록 밥을 했죠. 그러니까 그 밥을 쫓아다니는 거야. 아주 밥하면 막 쫓아가서 하구 그런 걸 즐겁게 하구. 나도 그냥 막 죽어라고 쫓아다니고, 나보고 '밥순이'라구 해두 그게 참 좋았던 거 같아. 역할분담 그런 게 다 연대로 돼 있었어요. 너무 사람들이 뻔하고 남자 민청 세대들이 다 연계가 돼 있으니까 자연스럽게 이런 연대를 하는 거죠. 그리고 그땐 이념 중심보다 고난받는 사람들 그런 사람들이 인간적으로 결속이 되어 있으니까 어떤 일이 있으면 다 몰려가서, 그런 아주 공동체적인 운동을 했죠.[153]

현대문화연구소는 각종 행사와 모임을 개최하며 여러 조직의 문화활동, 연대활동을 주관, 주도하며 광주·전남지역의 문화운동과 민주역량을 성장시켜나갔다. 그리고 특정 시위가 발생할 때는 이들 조직의 역량을 그러모아 결집할 수 있도록 조직 간 연대활동을 도모했다. 이들 조직이 화합하며 친밀한 관계를 유지할 수 있었던 것은 조직 간 교량이 된 송백회의 역할 덕분이었다. 송백회 회원은 민주화인사의 부인이기도 했거니와 송백회 단일 소속이 아닌 여러 조직에서 복수적으로 활동하는 회원이 다반사

153   홍희윤, 《5·18항쟁증언 자료집 I》, 전남대학교 출판부, 2003.

였다. 이는 여러 조직의 활동에서 취사, 모금활동 등 여성의 활동이 요구되는 일이 많았기 때문이다. 예컨대 이현주, 김정희, 임희숙, 최인선, 김영희 등의 송백회 회원은 광대 단원이기도 했다.

끝으로 현대문화연구소는 공식적, 비공식적 루트를 통해 청년운동, 문화운동, 야학운동을 하던 세력들을 매개, 연합, 통합할 수 있도록 인적, 조직적 연계망을 구축하며 광주·전남지역 민주역량을 육성하고 발전시켜나갔다. 이러한 체계는 항쟁 시기에 조직적으로 기능하여 현대문화연구소에 소속되지 않은 단체, 조직, 대학생, 일반인까지 두루 민주화투쟁의 노선으로 포섭하는 결과를 이끌어냈다. 남동성당파, JOC(가톨릭 노동청년회), YWCA, 종교단체와 같은 조직부터 자발적으로 항쟁에 참여한 "여고생들, 근로자 어머니들, 여대생들, 가정주부들, 술집 호스티스"[154]나 기동타격대, 수습위원회 등 다양한 단체, 조직, 계층과 조응하여 국가폭력에 맞선 것이다. 즉 다양하게 포진된 단체와 그들의 다방면적인 활동으로 시민과의 이웃연결망을 가동하기에 용이한 측면이 있었다. 시민들은 광주민중항쟁의 "상처와 죽음 속에서도 절망과 좌절로 주저앉아버리지 않"[155]고 온몸으로 공동체정신을 발휘했지만, 그 현실적 노력에는 민주화운동 단체들이 뒤따랐다. 항쟁 이전부터 민주화를 위해 헌신하던 조직들의 역량은 "집단 생명의 투쟁정신, 현실화를 위한 노력"[156], 그리고 문화적 측면에서는 국가폭력에 저항하는 과정에서 대항문화를 창출하며 민주의식, 민중의식, 민족의식을 일깨워주었다는 데는 반박의 여지가 없을 것이다.

154   김준태,《5월과 문학》, 남풍, 1988, 238쪽.
155   김준태, 같은 책, 21쪽.
156   김준태, 같은 책, 22쪽.

들불야학, 광주 최초의 야학

전남민주청년운동협의회가 1978년 12월부터 1979년 2월까지 실시한 광주공단 실태조사에서 광주공단이 갖는 낙후성은 "한국경제개발정책 과정에서 드러난 중소기업 쇠퇴를 단적으로 표현"[157]한다고 밝히고 있다. 이는 광주공단 설립 이후에 '지역 간 소득격차의 심화, 중소기업의 하청화, 대기업 종속화' 등으로 광주의 경제가 다른 지역 경제권에 편입되는 결과를 초래했다는 분석이다.[158] 이렇듯 취약한 산업발전의 특수성이라는 문제의식 아래에서 운동권 학생들은 야학의 필요성을 절감했고, 이는 들불야학의 창립 계기로 이어졌다.

들불야학의 출발은 광천동 시민아파트에 학당을 개설하면서 시작되었다. 그곳은 1969년에 지어진 '광주 최초의 아파트'[159]로 영세민들이 집단으로 거주하던 판자촌 지역을 광주시에서 주거문제 개선지역으로 지정하면서 지상 3층으로 건설한 곳이었다. 그러나 복도가 바위굴처럼 어둡고, 공동화장실은 수세식이 아니어서 냄새와 메탄가스로 눈이 따가울 정도로 내부 환경은 매우 열악했다. 그럼에도 시민아파트가 들불야학당이 될 수 있었던 것은 김영철[160]의 역할이 크게 작용했다.

그는 1976년에 부인과 시민아파트에 입주해 아파트 주민들에 대한 실태를 조사하며 '광천시민 아파트 종합개발계획'을 세

---

157 전남대 학생회장 박관현 등 '광주공단 실태조사반'이 작업 종료 후 작성한 실태보고서로, 1985년 박관현 사후 전남민주청년운동협의회에서 소책자로 발간되었다. 전남민주청년운동협의회,《광주공단실태보고서》, 1985, 56쪽.

158 임낙평,《광주의 넋: 박관현》, 사계절, 1987, 54쪽.

159 1969년에 광주시는 10평형 시민아파트 175호를 지었다.

우는 일에 착수했다. 아파트 개조사업에 적극적으로 참여하여 주변환경을 개선하는 한편 주민생활의 질서를 잡아나갔다. 또한 주민과 조합원으로부터 불신받던 '광천삼화신용협동조합'을 운영하면서 어린이들에게 출자금 통장을 만들어주는 등 주민들에게 신협에 대한 믿음을 확보해나갔다.

1978년 5월 초부터는 김영철이 '지역개발 주민운동'에 활기를 불어넣기 위해 전남대에서 학생운동을 하던 박기순[161]과 야학 창립을 모색했다. 김영철은 야학활동이 학생운동을 위축시킬지 모른다고 우려하는 사람들에게 "야학의 창설은 침체에 빠진 학생운동의 활성화와 과학화에 크게 이바지할 것"[162]이라고 주장하며, 야학 창설을 적극적으로 주도했다. 이러한 견해에 신영일, 이경옥, 나상진, 임낙평 등이 동의하면서 야학 창설에 가담했다. 야학 창설에 필요한 초기 자본과 물자를 채우고자 시장과 골목길에서 손수레 장사까지 감행할 정도로 야학 창설에 강한 의지를

160 김영철은 3세 때 아버지를 잃고 목포의 보육원에서 성장했다. 1955년 광주에서 학창시절을 보냈다. 그 후, 5급 행정공무원시험에 합격하여 승주군 별량면 사무소에 근무했으나 면사무소와 농협의 비리에 통탄하고 공무원을 사직하고 입대했다. 제대 후에 신문배달, 청과물장사, 목장 잡부, 우산 팔이 등을 하다가 광주 영신영아원의 서경자 원장의 권유로 신용협동조합 지도자 강습회에 등록, 이를 이수하고 YWCA전남협동개발단 간사로 활동했다. 이후 YWCA개발단의 해체로 YWCA신협에 근무하면서 광주민중항쟁을 맞는다. 그는 항쟁 기간에 《투사회보》를 제작하고 시민학생투쟁위원회 기획실장을 맡다가 1980년 5월 27일 새벽 도청에서 연행되었다. 상무대에서 들불야학의 윤상원, 박용준의 사망 소식을 듣고 자살을 기도했다. 이때 이미 구타, 고문 등으로 많은 상처를 입고 정신이상 증세를 보여 국립나주정신병원에 수용되었다가 1998년 8월에 사망했다. 이 기록은 그의 자서전과 증언, 부인 김순자의 회고를 현대사사료연구소 연구원 안은정이 정리했다. 이종범, 〈5·18의 지역적 배경〉, 《5·18광주민중항쟁사》, 광주광역시 5·18사료편찬위원회, 2001, 216~217쪽.

보였다.

그사이 전남대 교수들이 발표한 '교육지표사건'과 '학생시위', 그에 대한 탄압 등이 빈번히 발생하면서 야학 창설은 어려움을 맞기도 했으나, 이들은 신념을 굽히지 않고 두 달여 준비 끝에 야학의 운영규칙을 설정하는 등 기본적인 골격을 세우는 추진력을 발휘했다.[163] 들불야학은 주로 전남대 출신에 의해 창립이 모색됐지만, 야학 태동 당시에는 서울에 학적을 둔 학생과 운동가들[164]의 도움도 상당했다. JOC(가톨릭농민회)가 주도한 '함평고구마사건'[165]과 인천 동일방직 노동조합의 '오물투척사건'[166] 등이 발생해 민중의 생존권 수호 및 사회운동에 관심이 고조되면서

---

161   박기순은 1978년 6월 전남대 교육지표사건으로 무기정학을 당한 뒤,
      그해 7월 이 지역으로 유학 중이던 대학생 최기혁, 전복길, 김영철,
      그리고 전남대생 나상진, 임낙평, 신영일, 이경옥 등과 함께 노동운동의
      새싹을 뿌리기 위해 들불야학을 창립했다. 그리고 그해 19월 광천공단
      내 동신강건사에 입사하여 광주·전남지역 최초의 위장 취업노동자가
      되었을 뿐만 아니라 자신처럼 위장 취업하고 있던 윤상원을 만나 들불야학
      강학으로 끌어들이는 등 들불야학을 강화하기 위해 헌신했다. 대학생으로서
      모든 기득권을 버리고 낮에는 공장에서 밤에는 야학에서 노동자들과
      함께하면서 노동자들이 역사의 주인이 되는 새로운 사회를 꿈꾸며
      억척스럽게 뛰어다녔던 선구적 노동운동가였던 그녀는 정작 자신의 방에
      스며든 연탄가스는 여겨내지 못하고 말았다. 이 땅의 노동자를 위해, 노동
      세상을 위해 쓰러져간 박기순 열사는 영원한 동지 윤상원과 1982년 2월 산
      자들이 부르는 〈임을 위한 행진곡〉이 울려 퍼지는 가운데 망월 묘역에서
      영혼결혼식을 올렸다. 김선출,《5월의 문화예술》, 샘물, 2001, 199~200쪽.
162   임낙평,《광주의 넋: 박관현》, 사계절, 1987, 55쪽.
163   이들은 야학의 기본 토대가 갖춰지자 야학의 이름을 '들불'로 정했다. 이는
      갑오농민전쟁에서 타올랐던 혁명의 노도와 같은 불길로 번질 들불이 되자는
      의미였다. 임낙평, 같은 책, 55쪽.
164   서울에 학적을 두고 있음에도 불구하고 광주 출신이었던 최기혁(한국외대
      휴학), 전복길(서울대 휴학), 김영철(서울대 제적) 등은 전남대 출신들과
      합심하여 야학 창설에 힘을 보탰다.

현실적 관점을 구체화한 운동의 목표로 운동가들이 '광주 최초의 노동야학 창설'을 진행한 것이었다.

1978년 7월 23일, 광천동 천주교회 교리 강습실에서 5명의 강학과 학생이 참여한 가운데 들불야학은 제1기 입학식을 거행하며 창립되었다.[167] 들불야학은 6개월을 한 학기로 하는 1년 6개월 과정이었다. 정원은 남녀 구별 없이 50명으로 한정했고, 주로 가난으로 배움을 중단한 것을 아쉬워했던 근로청년들이 입회했다. 당시 상황을 1기 강학 신영일은《들불문집》창간호에서 다음과 같이 기록했다.

---

165 1976년 11월부터 1978년 5월까지 전남 함평군 농민들이 농협과 정부당국을
      상대로 전개한 고구마 '피해 보상' 투쟁이다. 농협 전남지부와 함평군
      농협이 1976년산 고구마를 전량수매하겠다고 공약했지만 이를 이행하지
      않음으로써 생산농가가 고구마를 썩혀버리거나 헐값으로 출하하는 손해를
      입자, 함평군 내 가톨릭 농민회원들이 '피해보상대책위원회'를 조직해
      전국적인 투쟁을 전개했다.

166 1976년 7월 민주노조를 결성한 노조지부장 이영숙이 경찰에 연행된 틈을
      타 회사 측 사주를 받은 고두영이 일방적 대의원 대회를 열어 지부장을
      선출하는 과정이 불씨가 되었다. 대의원대회에 대해 여성 조합원들이 즉각
      농성에 돌입하자 공권력이 투입됐고 경찰은 폭력을 가하며 여성노동자들을
      무차별 연행했다. 이에 '동일방직 분규 수습대책회의'의 합의사항에 따라
      새로운 지부장 선출을 준비하던 집행부는 1978년 2월 21일을 대의원
      선거일로 공고했으나 사 측에 매수된 일부 남성노동자들이 투표장을 기습해
      오물과 인분을 여성노동자에게 퍼붓는 사태가 발생했다. 조합원들에 대한
      집단폭행까지 더해졌지만, 경찰은 방조했고 이를 계기로 사 측은 조합원
      142명을 해고했다. 해고노동자들은 각종 시위를 통해 당국과 회사의 만행을
      규탄하는 투쟁을 전개했으며, 이는 알몸과 인분으로 상징되는 노동운동의
      신화적 사건이 됐다.

167 들불야학은 처음에 광천동 천주교회(광천동 589-1번지)에서 야학을
      시작하다가 강학이 증가하면서 시민아파트 C동 307호, 신협 사무실 등
      3곳으로 야학당을 늘렸다.

7월 중순에 광천동 천주교회 신부님과 교회 측의 세심한 배려, 지역사회 주민들의 긴밀한 협조 아래 광천 천주교회 교리 강습실을 학습장소로 정하고 학생 모집에 따른 준비작업에 들어갔다. 교재와 교구를 우리 손으로 만들고 수업에 따른 수차의 세미나와 공부를 통해 준비작업을 모두 끝냈다. 7월 23일! 신부님과 학생 35명, 강학 7명, 지역사회 주민, 광천 시민아파트 가동 반장님(김영철), 광천동 공단 측 인사 몇 분을 모시고 역사적인 광천 들불야학 제1기 입학식을 가졌다.[168]

들불야학이 지향한 교육 형태는 '노동야학'이었다. 교육 목적은 사회구조의 변혁을 위한 '노동가의 배출'이었고, 교육 목표는 '사회구조의 부조리에 기초함을 깨닫게 하는 것'이었다. 이때 배움의 장소는 교실에 한정되지 않고 노동의 현장으로 확대되기도 했다. 예컨대 1978년 10월에는 들불야학의 박기순, 윤상원이 광천공단 내의 동신강건사에 공장노동자로 위장취업을 했다. 이는 야학을 창설하면서 '노동운동의 경험과 바탕이 전혀 축적되어 있지 못한 광주·전남지역의 현실을 고려해 그 기틀을 마련하기 위함이었다.

들불야학의 대표적인 강학으로는 박기순, 박관현, 신영일, 윤상원 등이 있었다. 이들은 주로 중학과정의 영어, 수학을 가르쳤는데, 이것은 당시 진학을 위해 교육하던 일반적인 야학과는 대조적인 모습이었다. 또한 '노동자의 의식화와 조직화, 민주시민의 양성'을 우선한다는 목표에 따라 영어, 수학을 제외한 과목

168   신영일, 〈학당의 내적·외적 현황과 연혁소개〉, 《들불문집》 창간호, 들불야학, 1978.

은 정규학교와는 다른 교재를 자체 제작해 사용했다. 이러한 수업방식은 들불야학이 항쟁 시기에 유인물 제작이 용이했던 이유로 작용하기도 했다. 광주민중항쟁이 발발하자 들불야학 강학은 야학당에 모여 '상황의 대처를 위한 행동'을 고심하며 토론을 거듭했고 그 결과로 이들은 시민들에게 상황을 전파하는 유인물을 자체 제작했다. 이들이 제작한 유인물은 파국적인 상황을 전파하기 위한 수단이자 언론이 차단된 상황을 극복하기 위한 '대안 언론'의 창출을 의미했다.

> 녹두서점에서 가져온 상황일지를 짚어가며 윤상원은 강학들에게 왜 유인물이 필요한지를 설명했다. (……)《조선일보》하고《동아일보》, 신문이라고 다를 거 없다. 광주 참상을 전하는 보도는 한 줄도 없어. 이대로 손 놓고 있다가는 시민들의 피해가 걷잡을 수 없을 거야. 시민들이 공수 놈들한테 맞서 싸울 수 있게 우리가 힘을 북돋아줘야 돼.[169]

윤상원은 언론이 침묵한 상황에서 시민들의 눈과 귀가 되어줄 회보의 필요성을 역설했다. 그의 의견에 동의한 강학들은 19일에 모여 시민들에게 제시할 강령과 전날의 상황을 담은《전남민주회보》를 제작, 배포했다. 밤을 꼬박 새워 약 2,000매 정도를 등사한 유인물은 주택가와 시내 외곽으로 살포되어 광주의 소식을 전했다.

들불야학은 다른 조직과는 달리 항쟁 전 기간에 걸쳐 유인물을 제작했다. 항쟁이 전면화되어 제작환경이 열악해질 때는 야

---

169   민주화운동기념사업회,《윤상원》, 오름, 2003, 128쪽.

학당에서 시민아파트 주변의 빈집을 옮겨 다니며《투사회보》를 제작할 만큼 고군분투했다. 광주민중항쟁에서 이들의 활약상은 유인물 제작만이 아니었다. 왜곡된 내용을 보도하여 시민들에게 손가락질을 받던 광주MBC 방화는 물론 공수부대와 대치한 상황에서 벌어지던 거리시위 등에도 가담했다. 즉 시위가 한창 전개되었던 낮에는 시위활동을 하고, 밤에는 낮의 활동을 토대로 회보를 제작한 것이다.[170]

공수부대에 대항한 시위는 5월 21일, 시민들이 아세아자동차공장에서 차량을 인수함에 따라 시외와 도내 전역으로 확산되었다. 이에 따라 공수부대가 시 외곽으로 철수했고, 들불야학은 《전남민주회보》를《투사회보》로 개칭해, 제작에 박차를 가하기 시작했다. 상황 전파를 주된 목적으로 하던《전남민주회보》의 성격에서 벗어나, 투사가 되어 '투쟁'을 전개하자는 취지에서《투사회보》로 유인물의 제목을 바꾼 것이었다.

계엄당국에 의해 언론이 차단되고 신문마저 발행이 중단된 데다 전화마저 끊겨버린 상황에서《투사회보》는 시민들의 유일하고도 확실한 대안언론이었다. 물론 국내의 외지 단파 라디오 방송은 차단되지 않았으나, 정부의 통제로 왜곡, 통제되기 일쑤였다. 그나마 사실적인 방송은 북한 방송뿐이었다.[171] 항쟁 초기, 윤상원의 주도로 발행했던 여러 명의의 유인물은《투사회보》로

170　당시의 상황을 오경민은 다음과 같이 증언했다. "통신이 마비되고 그래서 들불 식구들이 정확히 상황 파악을 해야 한다 해서 소식지를 만들었고 당시에 신문 역할을 했죠. 윤상원 씨가 우리 식구들이니까 하라고 하고, 낮에는 식당에서 일하는 여자들이 있기도 하고 저 같은 경우에는 상황실에서 염하는 것도 하고 모금한 거 관리해서 시체 염한 사람들 불러 염하라고 돈도 주고 (……) 밤에는 (소식지) 만들고." 오경민 증언,《5·18항쟁 증언 자료집 I》, 전남대학교출판부, 2003, 191쪽.

일원화해 조직적 체계화를 이루어나갔다. 들불야학은 더욱 많은
양의 회보 제작과 신속 정확한 배포를 위해 '필경등사조' '물자조
달조' '배포조' 등의 3개 조를 편성해《투사회보》를 제작하기로
했다. 필경등사조는 하루에 한 번 인쇄하던《전남민주회보》와는
달리 오전에는《투사회보》제1호와 제2호를 1만 매 정도를 동시
인쇄했고, 저녁 9시부터는 제3호와 제4호를 제작하는 등 하루에
2번씩 회보를 제작했다. 배포조는 주로 시위대 차량 행렬에《투
사회보》를 전달하거나 운집한 군중에게 나눠주었으며, 물자조
달조는 충장로 상가지역에 있는 지업사에서 종이를 사거나 기증
받아 공급하는 일을 도맡았다. 분업화된 제작활동에 힘입어《투
사회보》는 타 조직이 제작하던 유인물과는 달리 항쟁 전 기간에
걸쳐 배포될 수 있었다.

　　《투사회보》는 긴박하게 돌아가던 투쟁의 상황을 담아내며 제
7호까지 제작되었고, 양면으로 제작된 제8호, 제9호부터는 회보
의 명칭을《민주시민회보》로 바꾸었다. 명칭의 변화는 투쟁의식
고취와 항쟁 방향 제시를 담당한《투사회보》의 성격을 뛰어넘어
항쟁의 장기화를 대비하는 작업이었다. 즉 투쟁의 선동을 초월
해 체계적인 소식 전달과 설득력 있는 논설을 게재하기 위한 전
략이었다. 더불어 이때부터는 단독으로 제작하던《투사회보》에
광대, 송백회가 연합해 참여했다. 이에 따라《투사회보》의 취지
및 내용에는 많은 변화가 생겼는데, 이러한 변화는《민주시민회
보》제9호를 통해 확인할 수 있다.

171　　외부 소식이 차단돼 상황 추이에 궁금한 시민들은 상당수 북한 방송을
　　　　청취하기도 했다. 민주화운동기념사업회,《윤상원》, 오름, 2003, 50쪽.

각 동별로 매일 오전 10시 동사무소로 집결, 거리 청소와 파손 건물 복구, 상가 수리, 시장은 문을 엽시다. 각 운수기관 차량 운행, 직장생활을 시작해 평생생활로 복귀합시다. 각 동별로 어려운 이웃을 돕고 생필품 확보에 적극 협조합시다.[172]

우리는 전두환 쿠데타 세력이 득세하는 현 정부당국을 국민의 정부로서 인정할 수 없다. (……) 온 국민의 평화와 안정을 수호하고 자립경제를 이룩하고 복된 사회를 건설코자 납입한 피와 땀(세금)으로 페퍼포그와 최루탄 및 총기를 수입하여 국민의 배를 가르고 총을 쏘아 죽일 수 있단 말인가. 우리 광주 시민은 이들 유신미치광이들을 위한 세금이요, 방위성금이라면 단 한 푼이라도 납입하기를 거부한다.[173]

《민주시민회보》는 시민들이 지켜야 할 준수사항, 거리 청소, 생필품 확보와 같은 질서 유지에 대한 사항부터 납세 거부, 정부 부정, 노래 홍보에 이르기까지 다양한 관점에서 항쟁을 조망했다. 더불어 구호성 문장에서 벗어나 투쟁의 이유, 나아갈 방향 등을 상세하게 기술하면서 성숙한 시민의식을 드러냈다. 5월 25일부터 《민주시민회보》의 제작, 발행은 YWCA에서 이루어졌다. 항쟁에 가담했던 여러 조직이 YWCA에 집결해 있기도 하거니와 너무 전문화된 회보 제작을 위한 선택이었다. 장소가 YWCA로 바뀐 이후부터는 들불야학 외에도 광대와 송백회의 팀원 약 20여 명 이상이 회보 제작에 투입되었다. 늘어난 인원으로 인해

172   광주광역시 5·18사료편찬위원회,《5·18 광주민주화운동 자료총서 2》, 1997, 79쪽.
173   광주광역시 5·18사료편찬위원회, 같은 책, 98쪽.

회보는 하루에 3만~4만 매 이상이 제작될 수 있었고, '필경등사조' '배포조' '물자조달조' 외에 '취사조'까지 편성되어 다른 조들의 취사를 전담하기도 했다. 흥미로운 점은 들불야학에서 전담하던 회보 제작에 느닷없이 타 조직이 가세한 이유이다. 그것은 당시의 긴박했던 정세와도 연관된다. YWCA에서 《민주시민회보》가 제작된 25일은 새로운 항쟁지도부 시민학생민주투쟁위원회가 구축된 날이었다. 그런데 항쟁지도부의 조직체계를 살펴보면 들불야학과 광대의 핵심이었던 윤상원, 김영철, 박효선, 이양현, 윤강옥 등이 실권자로 포진되었다.

처음부터 《투사회보》의 기획, 제작, 발행에 이르는 모든 과정은 윤상원이 주도한 작업이었다. 더불어 박효선은 시민궐기대회를 추진했던 광대의 핵심적인 회원이자 광대의 문화운동을 추동한 인물이었고, 김영철(들불야학 소속), 이양현, 윤강옥은 운동권 활동가로 윤상원을 보조했다. 즉 각 조직의 대표였던 이들은 항쟁지도부로 편승하는 과정에서 회보 제작을 팀원들에게 일임한 것이다. 실제로 윤상원은 항쟁지도부의 대변인 업무를 수행하면서 회보 제작에는 관여하지 않았고, 박효선은 윤상원의 대리로서 홍보활동에만 주력했다. 이들이 항쟁지도부에서 중역을 담당하던 5월 26일에도 시민궐기가 진행되었고 《투사회보》도 발간되었지만, 이에 참여하지는 않았다. 오히려 기동타격대를 모집하거나 시민군을 '전투배치'하는 데 몰두할 따름이었다. 계엄군이 광주 재진입을 통보한 상황에서 홍보활동보다 최후까지 광주를 사수하는 일이 더 시급했기 때문이다.

이상에서 볼 수 있듯 들불야학은 광주민중항쟁에서 《투사회보》를 제작해 광주 시민의 눈과 귀를 대신했다. 예비검속으로 재야 민주인사들이 구속되자 그들을 대신해 투쟁의 선봉에 나선 것이었다. 간혹 회보 발행의 중요성을 모르던 들불야학의 강학들도 있었지만, 윤상원은 그들에게 회보의 필요성을 누차 강조했다. 당시는 공수부대의 폭력에 대항할 조직체계나 지도부가 미비한 상태였다. 공수부대의 진압이 갑자기 시작되기도 했거니와 앞선 예비검속으로 민주화운동가들 다수가 검거되거나 피신을 했기 때문이었다. 더불어 신군부의 언론 통제로 공수부대의 진압 소식을 접하지 못한 시민들도 상당수였기 때문에 시위는 소극적, 산발적으로밖에 이루어질 수 없었다. 이와 같은 상황을 타개하려는 방편으로 윤상원은 유인물 제작의 필요성을 제기, 강조했다.

유인물은 언론이 통제된 상황에서 광주의 상황을 시민들에게 전파하기에 용이한 수단이자 전파성이나 선동성에서도 구전보다 효율적인 방법이었다. 나아가 독재권력의 만행에 굴복하기보다는 맞서 투쟁할 의식을 고취하고 항전의 통제 및 투쟁방향까지 제시할 수 있는 방편이었다. 즉 고립된 상황에서 유인물의 역할은 매우 중대했다. 들불야학은 다른 야학과는 달리 자체적으로 야학의 교재를 제작하고 있었던 터라 등사기를 보유하고 있었다. 즉 항쟁 시기에 타 조직보다 유인물 제작에 유리한 조건을 지니고 있었다. 그리고 들불야학의 핵심인물이었던 윤상원은 유인물 제작을 지도하고, 항쟁 후기부터는 항쟁지도부의 대변인을 맡아 투쟁을 이끌 만큼 헌신적으로 항쟁을 이끌었다. 느닷없이 시작된 신군부의 폭력, 왜곡보도, 고립작전 앞에서 윤상원의 지도와 들불야학의 활동은 진실을 사수하고 독재에 맞서 민주주의를 수호하는 핵심적인 구실을 했다.

광주민중항쟁 기간 동안 강학 대부분이 사망하거나 부상을 입었고, 그 후에도 구성원이 구속당하고 수배자가 되면서 들불야학은 약 2개월 동안 운영의 위기를 겪었다.[174] 강학들의 수업 재개에 대한 열망과 들불야학 보존의 당위성에 대한 주장에 힘입어 1980년 7월 18일에 다시 수업이 재개됐지만, 간헐적인 게릴라식 수업일 뿐이었다. 강학들은 광천동 제방과 학생들의 자취방, 산수동 독서실, 백천탕(계림동) 등을 전전하며 학생과 대화형식 수업을 산발적으로 계속했지만, 이마저도 보안 문제로 불가능해졌다. 그러나 결국 강학들에 대한 공안당국의 수배, 재정 문제, 학당 문제 등으로 1981년 7월에 치러진 4기 졸업식을 끝으로 야학은 해체되었다.

극단 광대, 광주의 문화선전대

1978년 전남대 민속문화연구소의 개설과 함께 출발한 광대는 소위 '교육지표사건'의 주동 세력이었다. 민속문화연구회(전남대), 연극반 출신을 중심으로 한 탈춤반(전남대, 조선대), 국악반 출신 대학생들과 졸업생들(전남대)이 '학내문화운동'에서 '사회문화운동'으로 노선을 변경하는 과정에서 광대가 창단되었다. 초대 단장 김정희, 상임연출 박효선,[175] 기획 윤만식 등이 포진되었고, 김윤기, 김태종, 김선출, 김빌립 등이 합류해 '마당극'과 '현장촌

---

174   당시 사망한 사람은 윤상원(2기 강학), 박용준(특별 강학), 구금당한 사람은
       김영철(특별 강학), 나명관(1기 학생), 윤순호(3기 학생), 김성섭(3기 학생)
       등이다. 그리고 지명수배된 사람은 박관현(3기), 박효선(특별 강학),
       정재호(3기 강학), 전용호(2기 강학), 김경국(3기 강학), 서대석(3기 강학),
       이영주(3기 강학), 동근식(3기 강학), 신병관(1기 학생), 오경민(3기 학생)
       등이었다.

<표 11> 항쟁 시기, 들불야학 및 윤상원의 활약상

시기	
1980. 5. 14. ~5. 16.	• 도청 광장에서 개최된 민족민주화성회 참석.
5. 18.	• 라디오 방송을 통해 5 · 17 계엄확대 조치 확인. • 전남대 총학생회장 박관현과 광천동에서 상황을 타개할 방법 모색. • 오전 10시부터 녹두서점에서 김상집과 시위상황 점검. • 시위가 격화됨에 따라 정오부터 녹두서점에서 화염병 제작.
5. 19.	• 서울 및 타 지역으로 광주의 시위 상황을 전달. • 시위의 홍보를 위해 광천동에서 시위 전단 등사. • 녹두서점에서 화염병 제작 및 시위대에 보급.
5. 20.	• 선언문, 격문 형태의 전단 제작 및 시내 곳곳에 살포. • 광대의 박효선과 계림동 시위 현장에 참여. • 항쟁 홍보를 위해 두 종류의 유인물을 제작해 시내에 살포. • 전단 작업.
5. 21.	• 시위 현장에 〈민주수호 전남 도민 총궐기문〉을 제작해 살포. • 녹두서점에서 김상집, 박효선, 정상용, 이향현, 정해직, 윤강옥 등 대응책 논의. • 《투사회보》 제작 및 항쟁을 조직적으로 지도할 것을 결의. • 오후에 《투사회보》 제1호 제작, 배포.
5. 22.	• 지프를 타고 농선동 방향으로 《투사회보》 배포. • 녹두서점에서 박효선, 김영철, 김상집 등과 대책회의. • 박효선, 윤강옥과 시민군이 장악한 도청에서 학생 대표 김창길과 접선. • 박효선, 윤강옥, 김상집 등과 함께 시민궐기대회 개최에 대해 논의함. • 광대의 김윤기, 김태종, 최인선 등을 조직에 합류시킴.
5. 23.	• 제1차 민주수호 범시민궐기대회 개최. • YWCA에 모여 궐기대회 진행 제반사항에 대해 평가. • 재야인사 접촉, 청년학생운동 세력 조직화, 도청 입성 등을 논의. • YWCA에 대학생 집결소 설치.

시기	
5. 24.	• 들불야학 팀이 광천동에서 YWCA로 거점을 옮김. • 도청에 출입하여 수습위와 토론. • 제2차 민주수호 범시민궐기대회 개최. • YWCA에 모여 궐기대회 평가회의 및 조직적 부서 편성, 차후 대책 논의. • 도청 장악을 위한 준비와 궐기대회 및 대학생 조직화 등을 논의.
5. 25.	• 무기 반납에 반대의사 표명. • 제3차 민주수호 범시민궐기대회 개최. • 무기 반납을 위한 학생수습위 회의장에서 무기 반납 불가 역설. • YWCA 대학생 집결소에 모인 100여 명의 대학생을 도청으로 인솔. • 도청 내에 대학생들을 무장경비 등으로 배치시킴. • 윤상원, 청년학생투쟁위원회를 결성하고 자청해서 대변인을 맡음.
5. 26.	• 계엄군 진입에 항의하는 제4차 민주수호 범시민궐기대회 개최. • 광주 시가지 시위 주도. • 윤상원, 도청 홍보실에서 10여 명의 외신기자를 두고 기자회견을 가짐. • 김창길, 노수남이 주도한 무기 반납을 위한 회의에 참여, 무기 반납을 주장. • 계엄군의 광주 진입에 대한 대책, 무장 저지 등 방안을 강구.
5. 27.	• 새벽 1시경, 계엄군이 작전을 전개. • 새벽 2시경, 도청 '계엄군 작전' 보고. • 새벽 2시 30분경, 무장 시민군 조직적 배치를 지휘. • 새벽 3시경, 무기고 앞에서 무기 배급 및 최후까지 항전할 것을 호소. • 새벽 3시 30분경, 계엄군의 도청 주변 포진 및 발포. • 도청 민원봉사실 2층 도청회의실에서 노동청 방면의 창틀에서 수비. • 새벽 4시경, 윤상원이 이양현, 김영철과 "저세상 가서도 이렇게 동지애를 나누자"는 마지막 대화를 나눔. • 새벽 4시 30분경 도청 뒷담을 넘은 계엄군의 집중사격으로 윤상원 사망.

극' 등을 연출하며 공연을 시작했다.

창단 초기에 광대에서 운동의 일환으로 기획했던 〈함평 고구마〉〈돼지풀이〉(현장극) 등이 성공리에 막을 내리면서 유명세를 얻는 한편, 노동자와 농민들의 생산지 투쟁의 조력자로 우뚝 서게 되었다. 특히 1980년 3월 15일, 광주 YWCA 1층 무진관에서 열린 마당극 〈돼지풀이〉는 전국적인 진보 문화 인사들을 광주와 연계시켜 광주민중문화운동에 공헌한 평가를 받기도 했다.[176] 이렇듯 광대는 창단부터 광주 운동권 '문화선전대'의 역할을 담당했다.

비상계엄 확대조치로 민주인사들이 예비검속된 1980년 5월 18일 새벽. 정세가 심상치 않음을 감지한 광대 단원은 오전 10시부터 연습장에 집결했다. 이때 모인 단원은 2~3명씩 조를 이루어 시내 곳곳으로 흩어져 상황을 기록한 후, 각종 전단 문구로 작성해 발 빠르게 시내에 배포하며 참상을 알렸다. 또 21일부터는 들불야학과 연합해 유인물을 제작했는데, 단순한 제작, 배포에 그치지 않고 윤상원과 광대의 팀원이 함께 지프를 타고 시내 곳곳에 공수부대의 폭력을 고발하는 벽보를 붙이는 등의 적극적인 홍보활동으로 이어졌다.

175 박효선은 전남대 연극반에서 활동 중 윤상원을 만나 들불야학 강학으로 활동했고, 연극반, 탈춤반 후배들과 함께 극단 광대를 창단했으며 당시 사회적 쟁점이 되었던 돼지 파동을 소재로 한 '돼지풀이 마당굿'을 공동 창작, 연출하여 연극사에 큰 족적을 남겼다. 들불야학과 함께 항쟁에 참여해 소식지를 제작, 살포하고 도청 항쟁지도부의 홍보부장을 맡아 선전, 선동을 전개했다. 김선출,《5월의 문화예술》, 샘물, 2001, 204쪽.

176 이 마당굿은 현대문화연구소(시인 김남주, 윤한봉 공동운영)가 후원하고, 양희은(가수), 임진택(소리꾼), 서울대 노래패 메아리, 김영동(국악인) 등 서울에서 내려온 인사들도 공연에 가세했다.

광주민중항쟁에서 광대가 중요한 임무를 수행한 것은 공수부대가 일시적으로 광주시 외곽으로 물러났던 '해방광주'에서였다. 그 기간에 개최되었던 협상보고대회(22일)에서는 수습대책위원과 계엄사의 협상 내용이 보고되었다. 이 대회에서 단상에 오른 장휴동(유신 시절 국회의원 입후보)은 사태 수습만을 거론하고 임시방편만을 늘어놓아 시민들의 분노를 샀다. 이를 목격한 들불야학과 광대는 수습대책위원회의 미진한 활동에 회의를 느끼고 자생적으로 항쟁의 방향을 세우고 지도해야 할 필요성을 절감했다. 이에 따라 윤상원은 5월 23일 오전 10시 30분, 도청에서 학생수습위원장을 만나 홍보임무를 들불야학과 광대에서 전담할 것을 자처하여 가두방송, 유인물 제작과 배포 역할을 담당하기로 했다. 오후에는 녹두서점에 모인 들불야학 강학과 광대 단원이 플래카드 작업을 시작하면서 본격적인 항쟁 홍보임무에 매진했다. 이날 단원은 대인시장과 계림동 제재소 등지에서 얻어온 각목(길이 5미터, 폭 60센티미터 정도)에 "전 시민은 총궐기하라" "계엄 해제하라" "전두환 물러가라" "김대중 석방하라" 등의 내용을 담은 플래카드와 피켓 16개를 만들어 도청 담장, 상무관 벽, 경찰서 차고 등에 부착했다. 그리고 같은 날, 두 단체의 핵심인물이었던 윤상원(들불야학)과 박효선(광대)은 YWCA에 모여 수습대책위원회의 투항적인 성격을 문제 삼고, 진정한 시민의 요구를 수렴해 항쟁을 지도하고자 민주수호 범시민궐기대회(이하 시민궐기대회)의 개최를 제안했다. 5월 23일을 시작으로 26일까지 5차례에 걸쳐 개최된 시민궐기대회의 평가, 기획 과정은 다음과 같다.

　　첫째로 시민들의 자발적인 제보와 홍보요원의 목격담을 가지고 광주 시민의 피해상황을 발표했지만 대중 호소력이 약했다는 평가를 내렸다. 이미 시민들은 여러 곳에서 그보다 훨씬 엄청난 광경들을 목격했기 때문이었다. 둘째로 기자재 확보는 홍보부의 가장 어려운 문제 중의 하나였다. 스피커나 앰프가 준비되지 않았고 준비되었어도 경험 부족과 기계 성능의 불량으로 애를 먹었으며 나중에는 기자재 전문반을 편성하기도 했다. 셋째로 연사 인선은 자칫하면 학생들 위주로만 되어버릴 가능성이 있어서 시민들 중에 이야기하고 싶은 사람들을 적극 발굴하여 자신의 의사를 발표하도록 했다.[177]

윤상원과 박효선은 시민궐기대회에 참여한 시민들의 '대중 호소력'과 '기자재 확보의 취약점'을 문제로 지적했다. 그리고 그 극복 방안으로 더 많은 시민의 발표를 독려하고 기자재 전문반을 편성할 것을 결정했다. 그만큼 시민궐기대회는 시민 누구나 자유롭게 단상에 올라 의사를 발표하고 또 의견을 수렴할 수 있는 자리였다.

시민궐기대회에서는 광대의 주도 아래, '투쟁의식 고취'를 위한 다양한 프로그램이 진행되었다. 요컨대 극단 광대는 대형 허수아비를 만들어 '전두환 화형식' 등을 거행하거나 연극(상황극), 시 낭송 등을 행하여 그 진가를 발휘했다. 시민궐기대회에서 광대가 맡았던 역할에 대해 박효선은 다음과 같이 설명했다.

5·18의 과정에서 주로 문화적으로 할 수 있는 일들을 하게 되는 거죠. 문화투쟁, 뭐, 선전선동 홍보, 이런 일이죠? 그러다가 그 당

---

177   황석영, 《죽음을 넘어 시대의 어둠을 넘어》, 풀빛, 1985, 168쪽.

시 주로 했던 일은 우리 광대의 멤버들이 거의 전부, 10여 명 정도가 선전선동 홍보에 팀이 되어가지고 그대로 홍보팀 역할을 했었죠. (……) 그러니까 예를 들어서 언론의 역할을 해왔죠. 대자보 벽보를 만든다든가 또《투사회보》를 쓰고 밀어서 제작한다든가, 그다음에는 가두방송 아나운스먼트 방송 역할을 하는 거지요.[178]

위의 진술에서 드러나듯 항쟁 시기 광대에 주어진 핵심 임무는 차단된 '언론'을 대신하는 것이었다. 이는 벽보나《투사회보》, 가두방송 등을 통해 항쟁 소식을 전파하고 확산하는 네트워크를 구축하는 일이었다. 구체적으로 광대는 항쟁 초기부터 전단 문구 생산, 플래카드 제작과 배포 활동을 수행했고 5월 22일부터 26일까지 민주수호 범시민궐기대회의 개최, 기획, 진행을 도맡았다. 김태종(광대)은 시민궐기대회의 사회를 맡았고, 연출가 겸 안무 담당이었던 김정희(광대)는 현수막과 대자보 작성을 지도하며 시민들에게 항쟁을 홍보했다. 또한 최인선(광대, 송백회)은 제2차 시민궐기대회(24일)에서 다중의 열망을 담은 시〈민주화여!〉(송백회 이윤정이 지은 시)를 낭독하여 시민들의 심금을 울리는가 하면 임희숙은 군가〈전우가〉를 개사해 시민들에게 노래를 가르쳤다. 이외에도 광대는 YWCA에 모인 들불야학, 송백회와 각종 유인물, 대자보, 성명서를 제작하고 배포하면서 선전선동의 일익을 담당했다.

광대가 이룩한 핵심적인 성과는 연극, 시 낭송, 음악, 미술, 대자보 등 다양한 분야에 걸쳐 항쟁을 홍보하고 투쟁의 방향을 제

---

178   박효선 증언,〈5·18은 영원한 나의 중심화두〉, 전남대학교 5·18연구소, 5·18기념관 DB, (cnu518.jnu.ac.kr/board518/sub3_1.php).

시한 것이다. 또 시민들의 의사를 직접 듣고 수렴할 수 있었던 시민궐기대회를 개최, 주관한 부분도 특기할 만하다. 그것은 국가 폭력 앞에서 '민심의 화합을 통한 공동체'의 형성, 즉 직접 민주주의의 재현에 가까운 시도라고 할 수 있다. 다음은 항쟁지도부의 홍보부장을 맡았던 광대의 상임연출 박효선이 밝히는 광대의 활약상이다.

> 궐기대회를 하게 되면 어떤 연설문의 작성, 나아가서 어떤 연설문을 읽는 것, 일정한 역할을 맡아서 교사가 되기도 하고, 하나의 연극일 수가 있어요. 또 예를 들어서 궐기대회 주변에 플래카드를 건다, 그러면 그 플래카드에 글씨를 쓰고 그림을 그린다 하는 것은 미술패들이 그런 작업들을 진행하고, 또 음악적인 조예가 있는 사람은 궐기대회를 하는 과정에서 음악을 계속 사이사이에, 대중연설 사이사이에, 음악을, 노래를 하지요. 그것도 새로운 노래를 개사곡으로 해서 준다든가, 이런 일이 있을 수 있는 거죠. 또 궐기대회를 한 번, 두 번, 세 번, 네 번, 다섯 번 해갈수록 지루할 수가 있지요. 그러니까 어쩌다 한 번은 화형식, 전두환 화형식을 한다, 하나의 해프닝같이 화형식을 한다거나 뭐 그런 거예요.[179]

무엇보다 광대의 활약이 도드라진 것은 시민궐기대회였다. 그들은 시민궐기대회의 기획부터 홍보, 연설문 작성, 노래 제창, 음향 장비 구축, 전두환 화형식 등의 퍼포먼스 진행에 이르는 전 과정에 참여했다. 또 시민궐기대회가 끝난 후에는 들불야학, 송백회 등과 YWCA에 모여 시민들에게 항쟁 소식을 전달하고 확

---

179 박효선, 같은 자료.

산하기 위한 방법을 논의했다. 이에 따라 각 조직은 역할을 재정비하여 《투사회보》 제작을 전담하던 들불야학에 광대가 합류하고, 대자보와 벽보 생산 등의 활동에 더욱 박차를 가했다. 이들의 홍보활동이 5월 26일까지 계속되었음을 상기할 때, 광주민중항쟁에서 '홍보'는 핵심적인 사안이었다. 그것은 단순히 선전선동의 차원을 넘어 '광주'에 제한되던 '항쟁'을 전국적으로 확산할 방법이었다. 이에 대해 광대의 박시종은 다음과 같이 증언했다.

> 단원들은 시위에 동참했고, 투쟁의 깃발을 높이 들기 시작했다. 수류탄을 품고서 밤을 새워 지하유인물을 밀었고, 날이 새면 자전거나 군용지프를 타고 정보에 갈증 난 시민들 틈바구니를 누비고 다녔다. 국세청 뜨락을 접수해 플래카드와 피켓을 제작했고, 시청과 대학에서 차량을 징발해서 가두 선전방송을 했다. 우리들의 투쟁은 시민궐기대회의 운영에서 절정에 달했다. 분수대 단 아래에서 시를 짓고 즉석 연설문구를 작성하던 우리는 혁명의 극작가였다. 단 위에 올라서서 노동자, 농민, 학생, 부인네 역할을 맡아 연설을 하던 단원들은 말 그대로 살아 있는 배우요 혁명적 예술가였다.[180]

5월 26일 밤부터는 광대 단원 대부분이 도청에서 각종 업무를 보조하면서 최후의 전투까지 참여했다. 홍보, 선전선동의 차원을 넘어 목숨을 건 사투에 나선 것이다. 광대 단원이자 전남대 학생이던 이현주는 5월 26일 밤의 상황을 다음과 같이 증언했다.

---

180 박시종 외, 〈5·18특집〉, 《금호문화》, 금호문화재단, 1990, 47~48쪽.

23일 오후부터 도청 앞 분수대 앞에서 범시민궐기대회를 개최하기로 했는데 우리 광대가 맡기로 했다. (……) 다음날도 김태종 씨와 분수대 위에서 사회를 봤다. 많은 외신기자들이 와서 촬영을 했다. 얼굴이 알려져 이제 잡히면 죽겠구나 하는 생각이 들었다. (……) 25일 민주시민투쟁위원회가 결성되고 나서 인선이(송백회)와 함께 도청으로 들어갔다. 도청 1층 재무국이라 써진 곳으로 들어가니 낯선 청년들이 많았다. 그중 윤상원 선배가 우리를 맞았다.[181]

광대는 광주민중항쟁에서 문화정치를 선도하며 최후에는 도청을 사수하기 위한 결사항전까지 참여했다. 들불야학이 유인물을 제작해 항쟁을 선전하는 데 주력했다면, 광대는 집회(사회), 연극, 벽보, 대자보 등 조직 자체의 문화적 역량을 발휘하며, 다방면으로 '문화'활동을 전개했다. 이들의 주된 성과는 '해방광주'에서 열린 시민궐기대회를 기획, 개최, 진행해 항쟁의 진실을 알리고, 시민들의 의사를 한 방향으로 모아가면서 투쟁 방향을 제시한 것이다. 이외에도 광주민중항쟁 전 기간에 걸쳐 전개되었던 노래(노래교육), 연극, 대자보, 벽보 등의 선전선동 작업도 다방면에 유능했던 광대의 문화적인 역량으로 말미암아 가능할 수 있었다.

181   오월여성회, 《5·18항쟁 증언자료집》, 한국기독교사회문제연구소, 1991, 208~209쪽.

송백회, 이웃연결망의 매개 조직

한국 사회의 조직적인 사회운동은 주로 남성들이 주도했다. 물론 가톨릭 농민운동, JOC, 기독교농민회에 합류하던 여성 농민들, 기독교청년회에 소속된 여성들도 활동했으나 대부분 종교의 외피를 쓴 운동이라는 한계를 지니고 있었다. 이러한 상황에서 '동일방직사건' 'YH사건'은 여성노동자들의 저항을 이끌어내는 계기가 되었고, 광주에서는 현대문화연구소를 중심으로 정기적 모임을 하게 된 여성들은 송백회의 결성을 도모하기 시작했다.

1978년에 결성된 송백회는 광주의 유일한 여성단체였다. 교사, 간호사, 주부, 여성노동자, 학생운동 출신에 이르기까지 다양한 계층의 여성 20여 명을 구성원으로 시작했다. 여기에 민주화운동 관련 구속자들의 옥바라지를 하는 부인들이 참여하면서 창립 6개월 만에 조직 성원은 약 80여 명으로 증가했다.[182] 회원 증가에 따라 송백회 임원진은 조직을 확대하고 타 조직과 연대하기 위해 2명의 회원 파견을 결의했다. 사회부 간사를 맡고 있던 이윤정과 농촌부 간사였던 정유아를 파견함에 따라 새로운 임원진을 구성했다. 이어서 사회적 문제로 대두하는 사안을 검토하고, 이에 대한 활동을 모색하기 시작했다.

송백회는 남편들의 구금과 석방 과정에서 70년대 사회적, 정치적 모순을 자연스레 경험했고, 소모임을 열어 한국근현대사, 환경공해 문제, 기생관광 문제 등 사회 현실을 학습하며 성장했다. 이러한 송백회의 결성과정은 다음의 증언들은 통해 확인할 수 있다.

그때 긴급조치 7호 양심수들을 정기적으로 옥바라지할 수 있는 팀을 만들자 했죠. 외로우니깐 옥바라지를 함으로써 가족들 간의 위로나 결속도 되고, 여성들도 자유롭게 할 수 있는 일들을 이제 찾아보자 한 거죠. 그런 운동권 남자 부인들이기는 해도 단순히 우리가 그것만은 아니거든요. 자율적으로 여성들도 생각을 좀 해 볼 때가 되지 않았는가 이런 것들이 합의가 된 거죠. 지향점은 구체적으로 안 나왔지만 '일단 합의를 해서 회를 만들자, 행동으로 하면서 추구를 하자' 그런 것들이 굉장히 좋았어요.[183]

송백회의 총무로 시작해 2기 회장을 맡았던 홍희윤도, 창립 초기에는 단순히 '옥바라지'하는 여성 그룹을 만들자는 취지에 공감해 참여했다. 송백회의 결성 당시부터 성장과정에 이르기까

---

182   송백회 회원으로는 여성숙(목포의원 원장), 조아라(YWCA 회장), 이애신 (YWCA 총무), 김경천(YWCA 간사), 홍희윤(소설가 황석영 부인), 이윤정 (청년운동가), 정유아(석산고 교사), 임영희(현대문화연구소 간사), 김은경 (기독교청년회 활동가), 김영심(간호사), 박경희(간호사), 김귀례(계림신협 직원), 윤영숙(교사), 정황희(교사), 박인숙(교사), 김여옥(교사), 박두리 (유치원 교사), 김현주(양서협동조합 간사), 전삼순(전일방직 노동자), 목포연동교회 청년회원(2명), 나주지역회원, 강진지역회원 등으로 30여 명이었다. 민주화운동 구속자의 부인으로는 정희옥(정상용 부인), 선점숙(이양현 부인), 윤경자(박형선 부인), 김종희(문덕희 부인), 김영자(윤강옥 부인), 고 이소라(이강 부인), 이향란(김운기 부인), 정현애(김상윤 부인), 노영숙(노준현 누나) 등이었다. 민주화운동 활동가 부인으로는 나혜영(강신석 목사 부인), 김영애(송기숙 교수 부인), 김숙자(문병란 시인 부인), 김서운(박행삼 선생 부인), 이명숙(김준태 시인 부인), 임영천 교수 부인, 이귀임(고 윤영규 선생 부인), 박석무 선생 부인, 윤광자 선생 부인, 안성례(고 명노근 교수 부인), 고 박만철(강진읍 교회) 부인 등이었다. 이윤정, 《오월 광주항쟁의 송백회운동에 관한 연구: 참여와 연대의 동학을 중심으로》, 조선대학교 박사논문, 2012, 167~168쪽.
183   홍희윤, 〈옥바라지로 변혁운동을 돕다〉, 《5·18항쟁 증언자료집 4》, 전남대학교 5·18연구소, 2007, 29쪽.

지 회원들은 옥바라지하는 유대감을 토대로 여성운동을 한다는 신념을 지니고 있었다. 홍희윤의 증언에서 송백회의 신념과 의의를 파악할 수 있다.

그때 학생운동권들이나 재야 쪽이나 많이 감옥에 들어가 있었죠. '그러면 여성을 중심으로 해서 옥바라지 팀을 우리가 하나 만들자' 그래갖고 그때 윤한봉 씨라고 그분이 많이 도와줬죠. 그거 결성한 게 78년도인가? 송백회 결성을 했어요. 대개 구속자 가족들하고 여교사들하고 중심으로 해서, 그때 나는 1회 총무였어요. 양말 모으고, 책도 모으고. 이런 얘기하는 거는 80년 5월을 겪으면서 일반적으로 평소 있던 조직이 얼마나 중요한가 그 얘기를 하는 거예요. (……) 송백회 활동하면서 어떤 끈을 잡았다고나 할까. 어떤 한 부분에서 헌신을 한다는 자기 위안이랄까 그런 것들이 있고 여러 가지 송백회 방향 설정이라든가 이런 것들이 있었어요. 그러니까 내가 이렇게 봐도 굉장히 묵직하게 여성운동 이런 거 공부하고 여선생들이 많이 투입이 됐거든요.[184]

송백회에는 신분, 나이, 직업 등에 구애받지 않은 다양한 부류가 참여했다. 이는 여러 계층의 여성을 포섭, 포진시킬 수 있는 조건이었다. 이들 회원은 옥바라지하면서도 조직 내 여교사들을 필두로 사회문제를 학습하거나《임꺽정》같은 소설을 읽으며 당대 민중의 의식과 사회 개혁의 가능성을 모색하는 등 사회를 보는 시야를 넓혀나갔다.

---

184   홍희윤 증언, 이윤정,《오월 광주항쟁의 송백회운동에 관한 연구: 참여와 연대의 동학을 중심으로》, 조선대학교 박사논문, 2012, 133~134쪽.

송백회가 개설되자 회원들은 현대문화연구소와 홍희윤의 집에서 정세를 공유하고, 양서협동조합, JOC, YWCA, 가톨릭센터, 교회 등에서 활동하는 운동가와 유기적 연대를 통해 민주화운동에 대한 의식을 확장했다. '옥바라지' 모임이라는 공동체 활동을 통해 자연스럽게 민주화의 필요성과 가치를 몸소 체득한 것이었다. 김영심은 "송백회 활동을 하면서 사회를 보는 눈이 사회과학적 시각으로 바뀌었고, 세상의 어두운 쪽, 핍박받는 쪽을 돕고자 하는 의식이 전환"됐음을 역설하기도 했다. 송백회 활동에 참여한 사람도 이러한 생각에 동의하며 송백회가 '사회가 역사적으로 어렵고 힘들 때 어려운 사람들과 함께하고 어려운 그들에게 용기를 주고 정서적, 경제적인 지지를 해주어 역사적으로 한 획을 그었다는 역사적 평가'를 내리고 있다.

광주민중항쟁 초기에 시위가 산발적 저항에 머물 수밖에 없었던 것은 조직체계의 미비에서 비롯되었다. 이 과정에서 가장 중요했던 것은 항쟁을 지도할 수 있는 조직, 즉 사회운동 세력들의 연대를 통한 지도조직의 창출이었다.

운동 세력들이 조직을 유지하기 위해서는 지속적인 유대관계 형성이 필요하며 그러기 위해선 다양한 연줄(networks)이 요구되었다. 1970년대 중반부터 광주지역의 사회운동 세력은 민청학련 세대를 중심으로 노동운동, 농민운동, 야학운동, 문화운동, 학생운동 활동가들이 인적 네트워크를 구성했는데, 이들 관계에서 송백회가 주춧돌 역할을 맡고 있었다. 즉 송백회는 항쟁에 참여한 조직 사이에서 미시동원자(micromobilization)[185]로서 운동 세력의 연합에 크게 이바지했다.

송백회 회원의 남편들은 5월 17일 밤 대부분 예비검속된 상태였다. 따라서 이들은 계엄군이 광주에 진주하자마자 녹두서점에 모여 대책을 논의했다. 항쟁 이전부터 녹두서점은 사회운동가들의 사랑방으로 활용되었고 윤상원도 녹두서점에서 일하고 있었다. 따라서 항쟁 기간 동안 정보 교환, 부상자 치료, 유인물 제작, 식사 제공, 화염병 제작 등이 녹두서점에서 이뤄졌던 것은 우연이 아니었다.

> 19일 오후 7시경 군인들의 군홧발에 (……) 학생들이 쓰러지고 짓밟히면서 서점 주위는 삽시간에 아수라장으로 변했다. 그 모습을 지켜보던 서점의 부인들이 비명을 지르자 군인들이 우리 쪽으로 달려오는 게 아닌가. (……) 송백회에서는 모아놓은 기금으로 학생들에게 식사도 제공하고 소식지도 만들었다. 점심 무렵 전남대 학생회 간부 한 사람이 찾아와 학생과 시민의 피해가 너무 크다며 화염병 제작을 제안했다.[186]

항쟁 초기부터 송백회는 녹두서점에 모여 윤상원의 지시에 따라 유인물 제작, 화염병 제작, 의약품 구매, 검은 리본 제작과 함께 항쟁의 장기화에 대비한 자금 지원과 물품 조달에 심혈을 기울였다. 이들이 모은 초기 자금 70만 원은 사망자들을 추모하기 위한 검은 리본을 제작하거나 시체 염에 필요한 물건들을 구매하는 데 쓰였다.《민주시민회보》제9호에서 가슴에 '검은 리본을 달고 영령들을 애도하자'는 내용 역시 송백회에서 사들인 리

---

185   미시동원이란 저항을 위한 기초적 자원 및 조직을 공급하는 것을 의미한다. 미시동원은 집합행동에 필요한 동원을 창출하기 위해서 집합적 비판의식 과정이 원초적 조직의 형태와 결합한 소집단 상황을 말한다. 이윤정, 같은 글, 7쪽.
186   정현애 증언, 정근식 외, 《동아시아와 근대의 폭력 2》, 삼인, 2001, 215쪽.

본을 가리키는 것이다. 광주민중항쟁에서 송백회의 활약상에 대해 홍희윤은 다음과 같이 증언했다.

> 22일 상황이 격화되어 언제 은행업무가 중단될지 모른다는 생각에 서둘러 개인예금 50만 원, 송백회 공금 20만 원을 인출하여 궐기대회 팀에 전달했다. 이 기금은 유효적절하게 사용되었다. 이후 YWCA에서 선전활동, 모금활동, 취사활동에 참여했다. 25일 궐기대회에서 여성대표가 성명서를 발표하기로 했는데 사회적 명망성이 있는 분들이 낭독을 거절하여 YWCA 활동 팀 가운데 연장자인 내가 수십만 인파가 운집한 분수대 연단에 올라 여성의 입장을 대변하는 성명서를 낭독했다.[187]

송백회는 5월 22일까지 녹두서점에서 활동했으나, 23일부터는 시민궐기대회 준비 및 유인물 제작을 위해 YWCA로 거점을 옮겼다. 이는 '넓은 공간을 활용한 취사 및 숙식'의 용이함과 '계엄군에 포위됐을 시 피신할 수 있는 통로'라는 점도 한몫했다. 이들은 YWCA에서 광대와 미술전문가 홍성담을 만나 선전벽보, 대형 허수아비(전두환 화형식을 대비), 각종 피켓 등을 제작하며 시민궐기대회를 준비했고, 《투사회보》를 제작하던 들불야학에 가세해 유인물 제작에도 참여했다. 또한 YWCA로 모인 광대, 들불야학과 유기적인 관계를 맺으며 선전, 취사활동을 체계화하면서 역할 분담에 동참했다.

---

187   홍희윤, 〈옥바라지로 변혁운동을 돕다〉, 《5·18항쟁 증언자료집 4》, 전남대학교 5·18연구소, 2007.

23일 YWCA로 옮기게 되었다. 그래서 조를 편성했는데 가두홍보조, 모금조, 리본조, 대자보조, 취사조 등으로 조직화했다. 여성들이 YWCA를 중심으로 조직력을 갖춰서 활동을 하기 시작했고, 비타협적인 강경한 태도를 보였다. 여성들은 끝까지 죽음으로써 지켜야 한다는 의견이었다.[188]

조 편성에 가담했다는 것은 정부에 투항하지 않고 '끝까지 싸우자'는 무장투쟁파로 활동하는 것을 의미했다. 실제로 송백회회원 10여 명은 5월 27일 새벽까지 도청에 남아 최후의 항전에참여했다. 송백회의 정현애는 다음의 증언을 통해 당시의 상황을 묘사한다.

여자들은 도망갈 생각을 전혀 안 했거든요. 왜냐면 여자들이니까 얼마나 위험한 일들이 있겠냐 이런 게 있었기 때문에 근거지를 만든 거죠. (……) 그때 거리에서 만난 시민군들하고 얘기를 해보면 여자들도 이렇게 시민군을 도와주고 그러는데 우리들이 어떻게 소홀히 할 수 있겠냐, 남자들이 할 수 있는 일을 더 열심히하겠다. 총을 든 시민군들도 그렇게 말했거든요. (……) 아주머니들이 머리에 달걀을 쪄가지고 나와서 이것 먹고 해 학생, 이렇게요구르트 건네면서 목마를 테니까 이것 먹고 해 이렇게 격려하고다독거려주니까 이게 얼마나 힘이 되겠어요. 나도 그런 경험을몇 번이나 했는데, 내가 가게 되면 사람들이 먹을 것을 주고, 시장

188   임영희, 전남대 5·18연구소와의 인터뷰, 1996. 9. 6. 이윤정, 《오월
       광주항쟁의 송백회운동에 관한 연구: 참여와 연대의 동학을 중심으로》,
       조선대학교 박사논문, 2012, 177쪽 재인용.

아주머니들이 다 검은 리본 잘라서 만들어주고……[189]

　　이상의 증언은 광주민중항쟁에서 여성들이 맡은 역할의 중요성을 드러낸다. 송백회는 항쟁 초기의 시위에서 도청 전투에 이르기까지 시민들이 공유했던 분노를 공동체적 연대감으로 승화시키고 항거로 결집하는 매개 역할을 하면서 노동, 농민, 문화, 종교에 이르기까지 각기 다른 사회운동 부문을 연결해냈다. 그동안 혁명과 운동의 기록은 주로 남성중심의 운동적 측면이 주목받아왔다. 그러나 그 한가운데에는 여성이 핵심동력으로 배치되었고, 그것은 광주민중항쟁에서도 마찬가지였다. 조직 간, 시민 간의 이웃연결망을 형성해내고 각종 활동을 수행하던 송백회 여성들의 자발적 참여가 없었다면, 광주민중항쟁에서 '시민자치'와 '공동체정신'은 이루어질 수 없었을 것이다.[190]

189　　1999년 8월 3일 전남대 5·18연구소에서 이루어진 인터뷰 내용 및 2000년 4월 1일 이루어진 정현애의 인터뷰 내용. 전남대5·18연구소, 5·18기념관 DB, (cnu518.jnu.ac.kr/board518/sub3_1.php).

190　　광주전남여성단체연합,《광주, 여성》, 후마니타스, 2012, 21쪽.

4

문화적·정치적 항쟁공동체의 형성

조직과 시민의 결합

항쟁에 참여한 조직들은 현대문화연구소를 거점으로 삼아 활동하며 인적네트워크를 통해 '이웃연결망'을 형성했다. 이들은 5월 22일까지 'YMCA' 'YWCA' '녹두서점' '광천동 야학당' '가톨릭센터' '성당' 등지에서 개별적으로 움직이다가 최종적으로 5월 23일부터는 YWCA를 거점 삼아 투쟁활동을 전개했다. 이들은 YWCA로 집결해 국가폭력에 대항할 정치투쟁, 문화투쟁을 꾸리는 과정에서 '항쟁공동체'라는 단일한 조직체계를 창출했다. 또한 이전까지 항쟁을 지도한 시민수습대책위원들까지 조직에 합류시켜 유기적 관계망을 형성하는 등 항쟁에 맞설 최종적인 시민학생민주투쟁위원회(항쟁지도부)를 구축해나갔다.

당시 YWCA에서 활약한 민주역량은 광대 단원을 중심으로 한 윤만식, 박효선, 박몽구, 김윤기, 김태종, 김선출 등과 들불야학의 윤상원, 박용준, 김영철, 전용호, 김성섭, 나명관, 송백회의 홍희윤, 정현애, 이명자, 임영희, 윤경자, YWCA의 정유아, 이윤정, 김상집, 박승채, 김정희 등이 있었다. 이들은 함께 대자보 작성, 시민궐기대회 준비, 가두방송 선전,《민주시민회보》제작, 헌혈, 모금, 시체 처리 계획 등 광범위한 '문화'활동을 계획하고 실행했다.[191]

조직 간 결합은 단순한 조직체 통합의 의미에 한정되지 않았다. 이는 항쟁 초기에 외곽지역의 경비를 맡았던 '기동순찰대', 5월 26일 도청을 사수했던 '기동타격대', '해방광주'에서 김밥과 주먹밥 등의 식량을 제공했던 '여성들', '헌혈에 동참했던 사람들', 예비검속에 피신했던 '운동권 성원들'까지 두루 포섭해 구조적인 통합을 이루는 과정의 예비단계였다. 즉 조직 간의 '구조적 통합'을 이루어나간 '조직체'는 문화적 실천을 통해 '문화적 통합'까지 도모했다. 이러한 통합과 네트워크는 곧 '항쟁공동체'의 형성을 의미했다. 이들의 활동은 선전선동을 통한 투쟁의식 고취에만 머물지 않았다. 나아가 수많은 시민이 부상을 당하고 죽임을 당하는 상황에서도 '질서'와 '협력'을 강조하며, 도덕적 실천을 발휘하는 모습을 보였다. 이들이 제작한《민주시민회보》제 9호에서는 열악한 상황 속에서 시민 생활을 안정시키고, 희생자를 애도하기 위해 분향소를 설치한 내용도 확인할 수 있다. 긴박한 상황 속에서도 장례 문화를 지키며 희생자에 대한 예의와 질서를 강조하는 미덕을 보인 것이다. 더불어 활동방향을 제시하면서 갖가지 필요한 물품을 제공하는 등 공동체의식을 통한 자치를 주도했다.

항쟁공동체는 '현장'에서 유인물과 성명서를 생산하고, 시민 궐기대회 등을 주관하며 시민들과 자신들을 하나로 엮는 문화적

---

191   5·18민중항쟁 사적지답사기 편찬위원회,《그때 그 자리 그 사람들》, 여유당, 2007, 138쪽.

통합을 실천했다. 그동안 '문화'투쟁을 전개한 각 조직을 통합해 《투사회보》《민주시민회보》를 공동제작하는 등 '문화선전대'로 서 역할을 충분히 해냈다. 이들의 구조적, 문화적 통합은 단순히 조직들의 단결을 말하는 것이 아니다. 그것은 더욱 큰 범주에서 '조직'과 '시민들'의 연대감을 일치시키는 활동까지를 포함했다. 다음 증언에서는 항쟁공동체가 도청에서 취사를 도맡으며 시민 과 화합하는 모습을 보여준다.

> 도청 안에서 사람들이 오는 대로 식판에다 준비해서 주고, 잠깐 틈나면 상무관에 가서 염할 때 도와주고 그랬어요. 아줌마들이 밥을 많이 해가지고 온 걸 저희가 나눠주고 반찬 같은 건 저희가 해서 줬죠. 그때는 광주 시민들이 다 했어요. 어떻게 보면 광주 시민들이 다 유공자가 되어야 해요. 그때는 뭐 이런저런 거 따지지 않고 전부 갖다주고. 다 자기 새끼들이라고, 자기 자식들이라고 했어요. 그때는 다 한마음이 된 거 같아요.[192]

> 아줌마들이 막 나와가지고 주먹밥을 나눠주는 거예요. 누가 움직 이는 뭐가 있나보다 그래서 우리도 학교 차원에서 뭔가 해야 되 지 않나 그랬는데, 그런 거는 잘 안 됐던 것 같아요. 몇몇 고등학 생들하고 모임을 하고 이랬는데, 워낙 부모님들 감시가 심하니 까. 우리가 그전부터 모임을 했던 것도 아니고, 그러다가 병원에 라도 가서 뭘 해야 되지 않겠냐 싶어서, 그때 서석병원인가 있었 어요. (……) 우리는 헌혈하는 것 정도만 했어요. 그때 당시에 너 무 위급하니까 헌혈할 사람들은 무조건 헌혈하고 그랬죠.[193]

192 정숙경 증언, 광주전남여성단체연합,《광주, 여성》, 후마니타스, 2012, 248쪽.

항쟁공동체의 활동은 도청 내에서도 서로 연결되었다. 특히 송백회 회원은 적은 인원으로도 취사, 모금, 가두방송, 행불자 접수, 시체 염, 장례 준비 등을 전담하며 시민들과 연대를 구축했다. 항쟁의 홍보활동에서 부상자 치료, 시민들과 연대를 이루기 위한 작업까지 활성화한 것이었다. 다음 증언들은 조직과 시민들이 '항쟁공동체'가 되어 유기적으로 활동한 사례를 보여준다.

모금활동은 도청 팀에 의해 이루어졌지만 주로 YWCA에 있던 임영희 씨를 비롯한 여성들이 담당하였고 나이 어린 여고생들도 자발적으로 도와주었다. (······) 송백회 회원 등 여성들과 박승채 씨에 의해 원활히 수행된 취사활동에 의해 도청에서 밥을 하기 어렵다고 하면 수시로 식사를 공급할 수 있었으며 시민들이 자발적으로 가져오는 쌀, 김치, 기타 음식물은 시민군에게 제공되었다.[194]

취사를 맡았던 여성 중에는 여고생, 여중생들이 다수 있었는데, 25일 새로운 투쟁위원회가 구성된 후에 이들은 김창길 학생수습위원장과 함께 나갔다. 이후에는 JOC에서 활동했던 여성노동자들 10여 명을 중심으로 13명이 2교대로 취사팀을 결성하여 마지막까지 취사를 맡았다.[195]

193   정미례 증언, 광주전남여성단체연합, 같은 책, 321쪽.
194   오월여성회, 《5·18항쟁 증언자료집》, 한국기독교사회문제연구소, 1991, 61쪽.
195   안진, 〈5·18광주항쟁에서 여성 주체들의 특성〉, 《젠더와 사회》, 한양대 여성연구소, 2007, 61쪽.

소수의 여대생들이 상황실 업무를 맡았고 시체 처리에도 여고생 몇 명이 참여했다. (······) 극도의 악취가 풍기는 부패한 시신을 염하는 일은 성매매에 종사하는 여성들이 끝까지 도맡았다.[196]

송백회의 헌신적인 활동에 감동한 시민들도 부상자 치료, 홍보, 취사, 모금운동, 장례 준비, 시체 염습에 동참했다. 이 과정에서 자발적으로 동참한 시민들은 조직과 연대를 이루며 '공동체'라는 공유의식을 형성할 수 있었다. 예컨대 모금운동은 시민들의 자발적 운동으로 이어져 광주 각 교회에서 부상자 돕기 1,000만 원 모금운동이 벌어지기도 했다.[197] 다음은 당시에 활동하던 여성(대학생)의 증언이다.

나는 시체과에서 여학생 몇 명과 함께 시체 지키는 일을 했다. 처음에는 섬뜩했으나 나중에는 동지라는 생각이 들었다. 시체는 전남대 부속병원과 적십자 병원에서 인수해온 경우가 많았다. 시체가 들어오면 조사과에서 조사를 하고 도청 본관 옆과 민원봉사실 사이의 길목으로 옮겼다. (······) 가족들이 나타나면 염을 하고 관을 만들고 흰 천으로 관을 두르고 그 위를 태극기로 덮어 상무관으로 인계했다. (······) 시체는 얼굴의 형태를 알아볼 수 없었기 때문에 그 사람의 소지품이나 옷, 신발 등을 보고 확인했다. 모금된 돈으로 적십자병원 옆이나 양동시장 근처의 장의사에서 관을 사고 태극기도 샀다.[198]

196   안진, 같은 글, 62쪽.
197   한국현대사사료연구소, 《광주 5월민중항쟁 사료전집》, 풀빛, 1990, 107쪽.
198   한국현대사사료연구소, 같은 책, 264쪽.

헌혈반은 중상을 입은 사람에게 수혈하도록 시민들에게 권장하는 것이 주임무였으며, 취사반은 사태 기간 중 식사를 놓친 남자들에게 음식을 제공하고자 손수 가마솥 따위를 설치해놓고 밥을 짓는 팀이었다. 그리고 홍보반은 당시 상황으로서는 라디오나 TV, 또는 신문들의 혜택을 입지 못하고 온갖 초조함과 궁금증에 시달리고 있는 시민들에게 그때그때 터져나오는 '새 소식'을 대자보 등을 통하여 전하는 것이 주임무였다.[199]

송백회가 주도한 활동에는 다양한 계층의 여성이 동참했다. 가정주부나 대학생 등의 성인뿐만 아니라 여고생의 참여도 두드러졌다. 구체적으로 '해방광주'에서 시민군들이 도청을 중심으로 자체 방어 태세를 갖추는 동안, 수많은 여고생이 '도청 출입증'을 발급하고 배포하는 작업에 착수했다. 또 21일 저녁부터 26일 밤까지 도청에서 밥을 짓던 송백회를 도와 시민군들에게 음식을 제공했다.

최후의 항쟁공동체

시민들은 항쟁공동체와 연대를 이루며 상부상조를 이루어나갔다. 희생자를 치료하거나 장례 절차를 이행하는 고된 활동은 서로의 유대감을 형성시켰다. 반면에 항쟁공동체에 속한 남성들은 정부에 투항할 것을 제안하던 투항(타협)파와의 갈등에서 우세를 선점하고, 최후까지 도청에 남아 광주를 사수하겠다는 일념으로

---

199   김준태, 《5월과 문학》, 남풍, 1988, 238쪽.

기동타격대를 모집하는 등 시민군을 조직하는 일에 치중했다.

《투사회보》는 주로 들불야학팀이 만들어 궐기대회 혹은 차량을 통해 순식간에 배포되었고 주로 송백회팀에 의해 쓰여진 대자보는 시내 곳곳에 부착되었다. 또한 가두방송을 통해 대학생들은 YWCA에 모이라고 홍보하여 혈기왕성한 청년학도들이 모여들자 25일에는 대학생 중대를 결성하고 총기를 지급하여 자체경비를 강화시키기도 했다.[200]

이들의 활약이 도드라진 것은 계엄군의 진압이 예고된 5월 26일이었다. 막강한 화력을 보유하고 있던 계엄군에 비해 시민군의 전투력은 보잘것없는 상황이었다. 군의 최후통첩을 받은 항쟁공동체는 무거운 분위기 속에서도 분주하게 움직였다. 예고된 죽음 앞에서도 민주화에 대한 염원과 민중의 정당한 요구 관철을 위해 최후까지 도청을 사수하기로 결의한 것이다. 이들은 항전을 준비하면서 어린 학생, 노약자, 여성들은 귀가할 것을 권고한 후에 잔류한 사람을 대상으로 총을 분배하고 사격술을 가르쳤다. 이때 그들 앞에 선 윤상원 대변인은 "우리가 저들의 총탄에 맞아 죽는다고 해고 그것이 우리가 영원히 사는 길입니다. 지금 우리는 비록 패배하지만, 역사는 반드시 우리를 승리자로 만들 것입니다"는 연설로 투쟁에 임하는 비장함을 보여주었다.

그러나 무엇보다 계엄군과 '전면전'에 나설 병력의 충원이 절실했다. 따라서 윤상원은 도청 스피커를 통해 최후까지 계엄군

200   오월여성회,《5·18항쟁 증언자료집》, 한국기독교사회문제연구소, 1991, 62쪽.

에 맞서 결사항전에 참여할 인원을 모집하는 방송을 했다. 이를 듣고 자발적으로 모인 시민들은 '기동타격대'로 통칭했다.

1980년 5월 26일 오후 1시, 광주 전남도청의 스피커가 울렸다. 계엄군의 도청 무력진압이 기정사실화된 직후였다. "끝까지 도청을 지킬 결의가 되신 분들로 기동타격대를 모집합니다. 뜻 있는 동지들은 1층 회의실로 모여주십시오." 회의실에 모인 60여 명에게는 전투경찰복과 방석모가 지급됐다. 대원증도 줬다. 제각각의 사연은 달랐지만 목적은 하나였다. "도망가지 말고 끝까지 싸우자"는 것이었다. "죽자"는 것이었다.[201]

기동타격대를 결성하고 박남선 상황실장은 시내 일원에 이들을 배치하여 시 외곽을 순찰시켰다. 당시 무장시위대의 병력 규모는 정확히 알려지지 않았지만, 어림잡아 500여 명 정도로 추측된다. 이들은 계림국교 30여 명(도청항쟁본부 병력 파견), 유동삼거리 10여 명(도청항쟁본부 파견), 덕림산 20여 명(도청항쟁본부 병력 파견), 전일빌딩 40여 명(LMG 기관총 설치), 전남대병원 옥상 병력 미상(LMG 기관총 설치), 서방시장 병력 미상(LMG 기관총 설치), 학동, 지원동, 학운동 30여 명(지역방위대), 광주공원 병력 미상, YWCA 20여 명 등이었다. 시 외곽에는 방위병력이 배치되었고, 도청에는 시민군 157명이 남아 있었다.[202]

여기에는 항쟁지도부가 꾸렸던 군사 조직, 즉 기동타격대가

201   《한겨레21》, 2010. 5. 24.
202   27일 새벽까지 도청에 남아 최후결전에 임한 시민군은 모두 157명이었다고 5·18 유관단체가 합동으로 2005년 5월 9일에 발표했다.《광주일보》, 2005. 5. 9.

존재했고, 그 외 나머지는 '도청수비대'로 통칭되는 시민군에 속한 사람들이었다. 그러나 공식 조직이었음에도 불구하고 광주민중항쟁에서 기동타격대에 관한 기록은 찾아보기 힘들다.[203] 이들에 대한 기록이 부족한 이유는 1980년대 정부에서 조작한 '폭도론'이 한몫했다. 이들이 '폭도론'에 휘말렸던 것은 그 구성원이 대부분 노동자 출신의 스무 살 전후 젊은이로만 이루어졌다는 이유에서였다. 다음은 기동타격대 7조 조장이었던 김태찬과 1조 운전병이었던 양동남의 증언이다.

> 모집방송을 듣고 모인 초면의 사람들이었어요. 동네 친구 4명이 모여서 만든 1조를 제외하면 나머지 조들은 서로 이름도 나이도 몰랐으니까요. 대학생이나 교수 등 이른바 지식인이 없었다는 것은 나중에 잡혀가고 나서 알았던 것이죠. 총 잡는 데 자격 보나요.[204]

> 나중에 내란죄라고, 반역자라고 하던데…… 저는 그날 시민들의 얼굴도 또렷하게 기억나요. 총을 들고 다니는 우리들헌티 어느 누구 하나 반감을 갖는 사람들이 없었으니까. 모두가 박수를 쳐줬으니까. '이 사람들을 지켜야겠다'는 생각이 들었지요. 죽어도, 아니 혹시나 죽더라도 이 사람들이 나를 기억해줄 거다 그런 생각뿐이었죠.[205]

---

203   이들에 대한 기록은 한국현대사사료연구소의《광주 5월민중항쟁
      사료전집》이 유일하다.
204   《한겨레21》, 2010. 5. 24.
205   《한겨레21》, 같은 글.

항쟁지도부는 자발적으로 도청에 남은 시민들을 '기동타격대'라는 공식 조직으로 임명하고 '대원증'까지 발급해주었다. 1조부터 9조까지 총 60명으로 꾸려진 기동타격대는 믿음 하나만으로 군사 조직이 된 경우였다. 기동타격대는 전투만을 위한 조직은 아니었다. 계엄군의 '동향 파악과 정찰임무, 긴급환자 구조활동'[206]에도 참여했다. 그리고 심지어는 5월 27일 계엄군의 재진입이 확정된 상황에서도 목숨을 담보로 최후까지 도청에 남아 전투를 수행했다.

도청에 들어간 우리들이 모여 있으니까 돌아가신 윤상원 대변인이 오셔서 우리들에게 당시 상황을 얘기하고는, "군은 각오가 아니면 지금 상황을 헤쳐나가기가 어렵다. 군은 각오와 결의가 없는 사람은 지금 나간다고 해도 말리지 않겠다"는 내용의 말로 다시 한번 다짐을 주었다.[207]

죽음이 눈앞에 왔다 갔다 하는데 저는 사람이 사람으로 존중받는 게 (……) 어떤 새로운 세상이 열릴 것 같이 가슴이 벅찼어요. 죽음에 대한 두려움이 심했지요. (……) 한마음이 되는 게 이렇게 기쁘고 즐겁고 꿈이 아니고 내 눈앞에 펼쳐지고 있는 것이 영화가 아니고 이런 게 현실이구나! 이런 세상이 있구나![208]

---

206   1조 운전병 양동남에 따르면 "전화가 와요. 계엄군이 주변에 있는 것 같아 무서워서 병원에 못 가겠다고. 그러면 누군가 실으러 가서 병원으로 데려다 주기도 해요."《한겨레21》, 같은 글.

207   천영진 증언(당시 전남대생), 한국현대사사료연구소,《광주 5월민중항쟁 사료전집》, 풀빛, 1990, 786쪽.

208   박두리 구술증언, 이윤정,《오월 광주항쟁의 송백회운동에 관한 연구: 참여와 연대의 동학을 중심으로》, 조선대학교 박사논문, 2012, 215쪽 재인용.

도청에 남아 있는 것은 목숨을 잃을 것이 분명한 행위였다. 또한 이들은 얼마든지 자리를 피할 수도, 다른 방법을 택할 수도 있었다. 그럼에도 죽음을 각오하고 도청에 남은 것이다. 이는 독재권력 앞에 굴복하기보다는 죽음 앞에서도 '민중이 주인'이 되는 세상을 꿈꾸며 생명투쟁 정신을 드러낸 것이었다.

> 도청 상황실에서는 자폭하자는 의견도 있었으나, 한 청년이 눈물을 주먹으로 씻으며 말했다. "고등학생들은 먼저 총을 버리고 투항해라. 우리야 사살되거나 다행히 살아남아도 잡혀 죽겠지만, 여기 있는 고등학생들은 반드시 살아남아야 한다. 산 사람들은 역사의 증인이 되어야 한다. 우리는 민주주의와 민족통일의 빛나는 미래를 위해, 항쟁의 마지막을 자폭으로 끝내서는 안 된다. 자, 고등학생들은 먼저 나가라", 청년의 눈빛이 번득였다. 장내는 숙연해졌고, 수류탄을 움켜쥐고 있던 고등학생들은 흐느껴 울었다.[209]

이들 중 총을 쏠 수 있었던 예비군은 80여 명 정도였고 나머지는 군 복무경험이 없던 청년과 고교생들이었다. 더군다나 여학생도 10여 명이나 있었다. 이외에도 도청에 남아 있던 여성들은 공수부대의 진입이 확실해지면서 가까운 교회로 강제피신을 당했다. 이로써 끝까지 남아 있기로 한 157명은 윤상원에게 총기를 받고 간단한 사격술을 교육받고 각자 배치받은 지역으로 이동했다.

그리고 5월 27일 새벽 2시, 시내에는 새벽 공기 사이로 애절

---

[209]   한국현대사사료연구소,《광주 5월민중항쟁 사료전집》, 풀빛, 1990, 243쪽.

한 목소리가 스피커를 통해 울려퍼졌다. 아직까지 광주 시민의 가슴속에 생생히 남아 있는 항쟁 시기의 마지막 방송이었다.

> 시민 여러분! 지금 계엄군이 쳐들어오고 있습니다. 사랑하는 우리 형제, 우리 자매들이 계엄군의 총칼에 숨져가고 있습니다. 우리 모두 일어나 끝까지 싸웁시다. 우리를 도와주십시오. 우리는 끝까지 광주를 사수할 것입니다. 최후까지 싸울 것입니다. 시민 여러분 우리를 잊지 말아주십시오.[210]

목소리의 주인공은 도청 내 방송요원 박영순(송원전문대)과 이경희(목포전문대)였다. 공수부대의 재진입을 알리고자 그녀들이 가두방송을 한 것이다. 방송을 들은 시민들은 도청으로 모였고, 도청의 시위대는 공수부대에게 포위되었음을 직감했다. 새벽 2시 20분 후에는 농성동 방향에서 총성이 간헐적으로 들려오더니 이내 총소리가 온 시내를 뒤흔들었다. 외곽을 포위한 상태에서 진입해오던 공수부대가 시내로 입성한 것이다. 그리고 새벽 4시에는 도청 앞까지 진격한 제3여단, 제11여단 특공대가 서치라이트로 도청을 비추었다. 공수부대는 시민군을 향해 "폭도들에게 경고한다. 너희들은 포위되었다. 무기를 버리고 항복하라"는 방송을 내보냈다. 곧 제11여단 특공대는 도청 인근의 건물을 장악하라는 명령을 받고 이동했고, 제3여단 특공대는 도청 뒷담을 넘어 본관으로 침투했다. 이들은 사무실마다 방문을 걸어차고 집중사격을 가했다.

---

210   한국현대사사료연구소, 같은 책, 111쪽.

30명의 시민군과 함께 도청 2층 강당에 있었는데 총성이 울렸다. 도청 정문으로 탱크와 장갑차가 들어오고, 뒷문 쪽에서도 총소리가 들렸다. 도청 앞에 공수들의 모습이 드러나자 나는 강당에서 총을 쏘기 시작했다. 2층 계단으로 공수들이 들어오자 2~3명이 화장실로 숨었다. 화장실에 있다가는 흔적도 없이 죽을 것 같아 손을 들고 나갔다. 우리를 본 공수들은 폭도들은 계단으로 내려갈 자격이 없으니 2층에서 나무를 타고 도청 마당으로 내려가라고 했다.[211]

약 1시간 동안 교전이 벌어졌지만, 시민군은 공수부대의 적수가 될 수 없었다. 당시 도청 2층에는 윤상원을 비롯한 항쟁지도부 간부, 청년, 학생 40~50여 명이 포진해 있었다. 이들은 2층 난간을 중심으로 '엎드려 쏴' 자세를 취하고 공수부대를 향해 발포했다. 어두운 도청 실내는 공수부대와 시민군의 총격으로 여기저기서 총탄이 엇갈려 튀어올랐다. 이때 시민군으로 활동하던 고교생이 저격당했고 이를 지켜본 윤상원이 다가가다가 아랫배에 총상을 입었다. 그가 총상을 입자 이양현은 급히 이불을 찾아 윤상원을 뉘였다. 잠시 후 윤상원의 동공이 초점을 잃더니 고개가 떨어졌다.

도청 2층 강당에 있는데 총성이 울렸다. 유리창 깨지는 소리가 들리고 비명소리가 요란했다. 나는 기어서 그쪽으로 갔다. 총알이 배를 관통해 쏟아지는 피로 주위는 빨갛게 물들었다. 나는 재빨리 옷을 벗어 지혈을 시키고 이불을 덮어주고 돌아섰다. '쾅!' 하

211   박내풍 증언, 한국현대사사료연구소, 같은 책, 286쪽.

는 굉음에 놀라 반사적으로 몸을 돌렸다. 방금 총에 맞아 쓰러져 있던 동지는 온데간데없고 내가 덮어줬던 이불만 천정 형광등에 걸려 있었다.[212]

시민군은 실탄이 바닥나고 사기도 떨어진 상태였다. 이들은 손을 들고 "항복, 항복"을 외쳤고, 공수부대는 옆방 입구에서 총으로 겨냥하며 "모두 총을 버리고 나오라"고 소리 질렀다. 시민군 3명이 나오자 이들에게 다시 "엎드려!"라며 명령한 후에 연발로 사격하고 수류탄까지 투척했다. 이때 터진 수류탄의 불길이 커튼에 닿아 떨어지면서 사망한 윤상원의 아랫배에 달라붙었다. 이미 사망한 윤상원은 아랫배에 자상과 3도 화상까지 입게 되었다.

이 무렵 제11여단 특공대도 전일빌딩 관광호텔을 장악하고 YWCA로 이동했다. YWCA 안에는 광대팀, 고교생, 노동자들이 방어하고 있었다. 이들은 엄청난 병력으로 밀어닥친 공수부대에 "우리는 무기가 없다. 살려달라"고 호소했고 공수부대는 "모두 옷을 벗고 나오라"는 지시와 함께 M16을 난사했다. 이때 박용준이 사살당하고 20여 명은 체포되었다.

조금 후 도청 쪽에서 LMG와 M16 소리가 끊이지 않고 계속 들렸다. 30분쯤 지나자 천지를 진동하던 총소리가 잠잠해지는가 싶더니 내가 있던 YWCA 안에서 총소리가 들렸다. 우리는 캄캄한 밖을 향해 총을 쏘았다. 그야말로 동족끼리의 한 맺힌 전쟁이었다.[213]

212   박내풍 증언, 한국현대사사료연구소, 같은 책, 286쪽.
213   김한중 증언, 한국현대사사료연구소, 같은 책, 311쪽.

제3여단과 제11여단의 임무가 완료될 무렵, 지원동, 학동, 백운동을 거쳐 시내로 침투한 제20사단이 도청 광장에 도착했다. 새벽 5시 20분에 제3여단 특공대가 도청 잠입에 성공함으로써 사실상의 진압작전은 막을 내렸다. 도청을 비롯한 시외버스 공용터미널 부근 등지에서 시민군의 산발적인 저항이 진행되었으나 이마저도 6시 20분에는 끝나고 말았다. 서서히 날이 밝자 공수부대는 도청 안의 시체를 끌어내 현관 앞에 즐비하게 늘어놓았다. 살아남은 시민군은 양팔을 뒤로 묶어 복도와 도청 마당에 엎드리게 했다. 이때는 광주 전역이 공수부대에게 완전히 점령당한 후였다.

오전 6시에는 KBS 방송을 통해 '폭도들은 진압됐다. 시민들은 위험하니 집 밖으로 나오지 말라'는 내용의 방송이 나왔다. 더불어 '계엄군이 폭도 2명을 사살하고 207명을 체포했다. 폭도들은 진압됐지만 일부 잔당들이 주택가에 침입하려 한다. 폭도들은 무기를 버리고 투항하면 생명은 보존할 수 있으나 거부하면 사살된다'는 경고도 덧붙였다. 이 무렵 광주 상공의 군용 헬기에서도 고성능 스피커를 통해 시민들에게 밖으로 나오지 말라고 방송했다.

오전 7시 30분에는 도청 스피커에서 군가가 울려퍼졌다. 도청을 비롯한 광주 전역을 장악한 군인들을 자축하는 군가였다. 곧이어 장갑차와 탱크를 앞세우고 헤드라이트를 켠 트럭 위에 총을 쥔 군인들을 가득 태우고 시가행진까지 벌였다. 시민들에게 승리의 사실을 알리는 위협시위였다. 더욱이 공수부대는 생포한 시민군의 등에 '총기 소지' '극렬' '실탄 10발' 등의 글씨를 써갈기고 이들을 군 트럭에 실어 어디론가 연행했다.

1980년 5월 광주가 무너져 내리던 날, 봄도 지고 있었다. 그러나 분명한 것은 광주민중항쟁은 광주의 모든 시민이 어우러져 측은지심, 공동체정신, 이웃애를 유감없이 보여준 사건이었다. 말하자면 광주민중항쟁은 인간성의 극치, 집단 공동체정신과 어우러지는 휴머니즘을 토대로 '우리가 왜 하나 되어 살고, 왜 일어서야 하는가'를 깨우쳐주었다.

1980년 초, 유신정권이 무너지자 민주화의 서곡을 알리는 '서울의 봄'이 찾아왔다. 유신독재에 항거해온 전국 대학가에서 민주화의 열망이 상승했고, 한편에선 신군부의 정권 찬탈 음모가 시작되었다. 특히 5월에 이르면 전국 대학의 학생들이 군부독재 종식을 위한 투쟁을 전면화하며 전국적인 민주화 대행진을 펼쳐나갔다. 민주화 열기는 남녘의 광주까지 번져, 광주에서 진행되던 '학내민주화투쟁'의 방향을 '정치투쟁'으로 전환시켰다. 전남대역시 그러했는데, 학생총회는 학내민주화투쟁을 전개하다 5월 8일부터 14일까지 민족민주화성회를 이끌었다.

항쟁 직전에 개최된 민족민주화성회에서는 광주의 여러 대학의 학생이 민주화의 열망을 담아 한국 사회가 이룩해야 할 과제를 제시했다. 그 과정에서 가두시위, 성명서 발표, 민주시 낭독, 전두환 화형식, 횃불시위 등의 활동을 전개하며 자기의식을 드러내고 이념적 지향도 표출했다. 이는 그 자체만으로도 국가폭력에 대한 저항의 몸짓이자 민주화를 지향하는 혁명의 활동이었다.

신군부는 1980년 5월 17일 24시를 기해 전국에 계엄령을 선포했다. 이들은 '광주'에 박달나무 곤봉과 총칼로 무장한 병력을 쏟아부으며 '화려한 휴가'를 시작했다. 5월 18일 오전, 전남대에 배치된 공수부대와 학생들이 충돌하면서 시위는 점차 봉기로 확산되었고, 공수부대의 진압에 속수무책으로 당하던 학생과 시민들은 목숨을 담보한 투쟁의 길에 나섰다. 광주민중항쟁이 진행된 열흘 동안, '현장'에서는 익명의 언어와 기호들이 저항을 표현했고 다양한 주체가 부여한 의미가 충돌, 경합하며 변화해나갔다. 이때 전개된 문화적 실천의 양상은 다음과 같다.

첫째, 항쟁을 겪던 '현장'의 시민과 시인이 창작하고 낭독한 시. 둘째, 시민들이 상황을 반영해 외치고 적은 구호와 표어. 셋째, 시민들의 심성을 담아낸 노래와 투쟁의지를 드러낸 노래와 노가바. 넷째, 항쟁을 고발하는 내용으로 시민들을 선동한 각종 유인물. 다섯째, 시민들에게 상황 전파, 호소, 선전활동을 해낸 음향장치 등이었다. 이러한 구분은 각 양상이 표출되고 수용되는 방식, 즉 시각적, 가청적, 청각적, 언어적인 면 등에서 차별적인 다양한 형태를 보여주었다.

첫 번째 부류는 광주민중항쟁 전 과정에 걸쳐 시민들이 집회에서 낭독한 시와 현장을 목격한 시인이 창작한 시였다. 두 주체가 창작한 시는 '현장'의 상황을 직접 목격하고 체험한 내용을 제재 삼아 작성되었다. 그러나 같은 시공간에서 창작되었음에도 그 형식과 내용에서는 명백한 차이를 드러냈다. 시민이 창작한 시는 수많은 군중이 모인 집회에서 낭독되었고, 내용도 감정의 직접 표출에 가까웠다. 이는 죽음 앞에 물러설 곳이 없던 자들의 열망이 한꺼번에 분출되어 시의 정치성을 발현한 것으로, 투쟁의 열기와 분위기 같은 봉기의 '현장성'을 핵심동력으로 삼았다. 이와 달리 김준태가 창작한 시는 은유와 각종 수사를 통해 '현장성'을 소거하고 담담하게 항쟁을 증언하고 기록했다. 이는 발표 매체가 '현장'이 아닌 공식 매체라는 점에서 '검열'을 피하고자 우회적으로 시를 기술한 까닭이었다. 즉 광주민중항쟁에서는 '현장성'을 그대로 표출한 시와 문학적 언어와 형식을 담보한 정제된 시가 창작되어 항쟁을 고발하고 증언했다.

두 번째 부류는 간결하면서도 강력한 주장을 담아 공중의 마음을 변화시키고 통제했던 구호·표어이다. 이는 사회나 개인의 행위를 유발하거나 행위를 위한 상징적 정당화의 작업으로 투쟁의 과정에서 매우 중요한 요소였다. 항쟁 시기에도 시민들은 정부에 원하는 바를 전달하거나 자신들의 의사를 드러내는 수단으로 활용하는 등 시대정신을 반영한 구호·표어가 등장했다. 보편적 언어로 감당하기 어려운 체험들이 고도로 함축되어 표현되었는데, 폭력적인 현실이 논리적 언어로 산출되기보단 시민들이 느꼈던 감각이 상징어로 쏟아져나왔다.

세 번째 부류는 '현장'에서 시민들이 불렀던 노래이다. 노래는 봉기마다 투쟁의 열기를 고조시키고 대중의 정의감과 연대의식을 표현하는 수단이었다. 즉 노래라는 양식이 지닌 '일체감 형성'이란 기능적 측면이 봉기마다 표출되었다. 광주민중항쟁에서도 시민들에 의해 노래와 노가바가 창작, 개사, 제창되어 시민들의 심성을 대변하며 그들을 하나로 묶는 '문화코드'로 작용했다.

네 번째 부류는 광주의 상황을 외면하는 언론을 대신하여 항쟁공동체가 상황을 전파하고자 제작, 배포한 유인물이다. 이는 시시각각으로 항쟁 상황을 전파하고 시민궐기대회를 홍보하는 등 현장에서 '대안언론'의 역할을 수행했다. 더불어 시간의 경과에 따라 시민들의 정체성, 이념, 가치, 지향, 이데올로기 등을 담는 심층적인 면모를 보여주었다.

다섯째 부류는 계엄당국과 시민, 양측이 자신의 의제를 전달하고자 전략적으로 선택한 음향장치이다. 이때 소리를 통한 정치행위는 청취자에게 특정한 상을 연상시키고, 마음을 흔드는 기제로 사용되었다. 무엇보다 음향장치는 시민들에게 상황을 선전하고 선동하는 정동적 동원에 높은 효용가치가 있었는데, 파급력 또한 막강했다. 전파성과 호소력은 물론 소리를 듣는 데 그 어떤 장비도 필요치 않다는 효율성까지 겸비해 다중의 감정을 선동하고 문화적 긴장을 증폭시키는 데 활용되었다.

그리고 국가폭력에 대항해 전개했던 문화적 실천이 형성될 수 있었던 맥락을 살펴보았다. 이를 네 가지 항목으로 구분했는데, 정치투쟁, 문화투쟁이 벌어졌던 '거리'와 '시민궐기대회', 항쟁에 참여한 '운동 세력'과 이웃연결망을 통한 '시민과의 연대'가 그것이다. 항쟁 이전부터 사회적 억압에 저항하며 정치투쟁이 전개되었던 도청거리는 항쟁 시기에도 그 열기가 되살아났다. 사회적 약자들의 목소리가 배제된 사회구조 속에서 도청거리는 의사소통을 위한 최후의 보루이자, 민주화 열망으로 가득 찬 투쟁의 공간으로 활용되었다. 더불어 공수부대가 철수하고 열린 '해방광주'에서 시민들은 시민궐기대회에 자발적으로 참여하며 직접민주주의를 재현했다. 물론 진행과정에서는 수습위 내부의 분열과 대립이 첨예화되기도 했지만, 이는 사태 수습을 위한 서로의 분투였다. 무엇보다 시민궐기대회는 다양한 프로그램을 진행하며 대다수 시민의 참여를 이끌고 의사를 수렴하는 등 시민들의 연대성을 확인하며 '서로주체'의 이념을 형성했다는 의의를 지녔다.

한편 항쟁에 참여한 운동 조직의 정체성, 이념, 가치, 신념 등을 토대로 조직화 과정을 규명하고, 이들의 구조적, 문화적 통합과 시민들과의 연대과정도 규명했다. 5·17조치로 광주의 재야

민주인사들이 예비검속당한 상태에서 광주민중항쟁이 시작되었다. 그러나 다행히도 광주에는 제2선에서 문화운동을 펼치던 운동 세력이 남아 있었다. 그들은 1970년대 후반 광주·전남지역에서 활동한 민청세대로 야학운동, 노동운동, 노동자운동, 청년운동, 문화운동, 옥바라지운동에 이르기까지 다양한 활동에 참여하고 있었다. 이들의 노력으로 재야 민주인사들이 부재한 상황에서도 국가폭력에 대항하는 '문화'적 실천이 전개될 수 있었다. 이들은 현대문화연구소를 거점으로 많은 단체와 연계망을 구축하며 성장해온 세력이었다. 항쟁이 전면화하자 이들은 인적 네트워크를 통해 조직 간 구조적, 문화적 통합을 이루고, 시민들과의 연대까지 구축해나갔다.

이제까지 광주민중항쟁 '현장'을 거론하여 당시에 산출된 자료를 토대로 '문화적 실천'을 밝힌 연구는 미미했다. 이 책의 의의는 선행 연구가 공백으로 남겨둔 '현장'의 '문화적 실천'을 규명하는 기초적인 성과를 제공한 데 있다. 두 가지 구체적인 면에서 광주민중항쟁 연구에 대한 기본적인 문제의식을 제공할 수 있다. 우선 제도화된 문화사의 시야를 특수한 사건 현장의 '문화'로 확대해보는 것이다. 앞서 살폈듯 문화는 특정한 사건의 '현장'에서 새로운 모습으로 창출되었다. 즉 제도화된 형식에 고정되지 않고 그를 벗어나는 지점에서도 나타날 수 있음을 확인했다. 두 번째로 '비청산, 미해결'이라는 결론으로 끝난 광주민중항쟁의 연구 외연을 확장하는 것이다. 그동안 광주민중항쟁의 '문화'적 측면을 다룬 연구들이 항쟁 '사후'의 성과만을 조망한 것은 대체로 자료의 부족에서 기인했다. 그러나 광주민중항쟁 현장에서 시민들은 시를 쓰고, 구호·표어를 외치고, 유인물을 만들고, 노래를 부르며 국가폭력에 대항했다. 이러한 사실은 광주민중항쟁에 관한 연구, 특히 열흘간의 문화정치가 더 분석되고 해석될 여지를 드러낸다. 그리고 더욱 정밀한 시각에서 광주민중항쟁을 재해석하기 위해서는 '현장'의 문화구조와 의미망을 세밀하게 살피고 규명하는 작업이 이루어져야 할 것이다.

단행본

5·18광주의거청년동지회 편, 《5·18광주민중항쟁증언록 I》, 광주, 1987.

5·18기념재단 편, 《5·18민중항쟁과 문학·예술》, 5·18기념재단, 2006.

_____, 《5·18민중항쟁과 정치·역사·사회 1》, 5·18기념재단, 2007.

_____, 《5·18민중항쟁과 정치·역사·사회 2》, 5·18기념재단, 2007.

_____, 《5·18민중항쟁과 정치·역사·사회 3》, 5·18기념재단, 2007.

_____, 《5·18민중항쟁과 정치·역사·사회 4》, 5·18기념재단, 2007

_____, 《5·18민중항쟁과 정치·역사·사회 5》, 5·18기념재단, 2007.

_____, 《5·18항쟁 증언자료집》, 한국기독교사회문제연구소, 1991.

_____, 《5·18민주화운동과 언론투쟁》, 5·18기념재단, 2014.

5·18민중항쟁 사적지답사기 편찬위원회, 《그때 그 자리 그 사람들》,
　　여유당, 2007.

5월여성연구회 편, 《광주민중항쟁과 여성》, 민중사, 1991.

강준만, 《한국현대사산책 1980년대 편 상》, 인물과사상사, 2003.

고은 외, 《하늘이여 땅이여 아아 광주여》, 황토, 1990.

광주광역시 5·18사료편찬위원회, 《5·18광주민주화운동 자료총서 1》,
　　1997.

_____, 《5·18광주민주화운동 자료총서 2》, 1997.

_____, 《5·18광주민주화운동 자료총서 4》, 1997.

_____, 《5·18광주민주화운동 자료총서 21》, 1997.

_____,《5·18광주민주화운동 자료총서 22》, 1997.

_____,《5·18광주민중항쟁사》, 5·18문화재단, 2001.

_____,《5·18민주화운동》, 5·18문화재단, 2012.

광주전남여성단체연합,《광주, 여성》, 후마니타스, 2012.

광주전남연합,《성지순례안내자교육자료집》, 1996.

구해근,《한국 노동계급의 형성》, 신광영 옮김, 창비, 2002.

국방부과거사진상규명위원회,《12·12, 5·17, 5·18사건 조사결과보고서》, 국방부, 2007.

권태환·임현진·송호근 편,《신사회운동의 사회학》, 서울대학교출판부, 2001.

김남주,《나의 칼 나의 피》, 인동, 1987.

김문,《장군의 비망록: 격동의 현대사를 주도한 장군들의 이야기》1, 별방, 1998.

김선출,《5월의 문화예술》, 샘물, 2001.

김세균 감수,《칼 맑스 프리드리히 엥겔스 저작 선집 6》, 박종철출판사, 1997.

장덕진 외,《서울대 명품 강의 2》, 글항아리, 2011.

김세훈 외,《공공성》, 미메시스, 2008.

김양오,《光州보고서》, 청음, 1988.

김양현·강현정 편,《5·18항쟁 증언자료집 4》, 전남대 5·18연구소, 2007.

김영정 편,《집합행동론》, 진흥문화사, 1984.

김영택,《10일간의 취재수첩》, 사계절, 1988.

_____,《5월 18일, 광주》, 역사공간, 2010.

김우창 외,《문학의 지평》, 고려대학교출판부, 1984.

김정한,《1980 대중 봉기의 민주주의》, 소명출판, 2013.

김준태,《5월과 문학》, 남풍, 1988.

_____,《인간의 길을 묻고 싶다》, 모아드림, 1999.

_____,《명노근 평전》, 심미안, 2009.

김창남 외,《노래운동론》, 공동체, 1986.

김현,《분석과 해석: 보이는 심연과 안 보이는 역사 전망》, 문학과지성사, 1992.

나간채 편,《광주민중항쟁과 5월운동 연구》, 전남대 5·18연구소, 1997.

나간채 외,《기억투쟁과 문화운동의 전개》, 역사비평사, 2004.

남경태,《개념어 사전》, 들녘, 2006.

대한민국 편찬위원회,《12·12, 5·18실록》, 대한민국재향군인회, 1997.

동아시아 평화인권 한국위원회,《동아시아와 근대의 폭력 2》, 삼인, 2000.

문병란·이영진 편,《누가 그대 큰 이름 지우랴》, 인동, 1987.

문익환·고은 외,《마침내 오고야 말 우리들의 세상》, 한마당, 1990.

민족미술협의회 편,《한국현대미술의 반성》, 한겨레, 1988.

민주화운동기념사업회,《윤상원》, 민주화운동기념사업회, 2003.

박남선,《오월 그날: 시민군 상황실장 광주상황보고서 박남선 기록》, 샘물,
    1988.

박몽구,《십자가의 꿈》, 풀빛, 1986.

박보균,《청와대 비서실 3》, 중앙일보사, 1994.

박양신,《정치인 이미지 메이킹》, 새빛에듀넷, 2008.

박이문,《시와 과학》, 일조각, 1975.

박호재·임낙평,《윤상원 평전》, 풀빛, 2007.

서울대학교 메아리,《제8집》, 서울, 1987.

송건호 외,《한국언론 바로보기》, 다섯수레, 2000.

안동일,《새로운 4·19》, 예지, 2010.

오승용·한선·유경남,《5·18왜곡의 기원과 진실》, 5·18기념재단, 2012.

오원희·한윤수 편,《비바람 속에 피어난 꽃: 10대 근로자들의 일기와
    생활담》, 청년사, 1980.

오월여성회,《오월 여성의 이야기들》, 광주광역시, 2003.

원동석,《민족미술의 논리와 전망》, 풀빛, 1985.

원우현·박종민,《여론홍보론》, 법문사, 2000.

윤석연,《4·19혁명》, 한겨레출판, 2010.

윤신향,《윤이상》, 한길사, 2005.

윤재걸 편,《작전명령: 화려한 휴가》, 실천문학사, 1987.

이경돈,《문학 이후》, 소명출판, 2009.

이무용,《공간의 문화정치학》, 논형, 2005.

이삼성,《미국의 대한정책과 한국민족주의》, 한길사, 1993.

이윤규,《들리지 않던 총성 종이폭탄!》, 지식더미, 2006.

이은봉,《진실의 시학》, 태학사, 1998.

이재선,《민중미술을 향하여》, 과학과사상, 1990.

이효성,《정치언론》, 이론과실천, 1989.

이흥환 편저,《미국 비밀 문서로 본 한국 현대사 35장면》, 삼인, 2002.

임낙평,《광주의 넋: 박관현》, 사계절, 1987.

임영상,《부끄러운 탈출》, 푸른미디어, 2009.

전남대학교,《전남대학교 50년사: 1982~2002》, 전남대학교출판부, 2002.

전남민주청년운동협의회,《광주공단 실태보고서》, 1985.

전남사회문제연구소 편,《들불의 초상: 윤상원 평전》, 풀빛, 1991.

정상용 외,《광주민중항쟁》, 돌베개, 1998.

정상용·유시민 외,《광주민중항쟁·다큐멘타리 1980》, 돌베개, 1990.

정운현,《호외 백년의 기억들》, 삼인, 1997.

정재호 외,《오월꽃 피고 지는 자리》, 전라도닷컴, 2004.

조경달,《민중과 유토피아》, 허영란 옮김, 역사비평사, 2009.

조선대학교 민중미술사전 추진위원회 편,《조선대학교 민중미술운동사》,
　　　조선대, 2006.

조지 카치아피카스,《한국의 민중봉기》, 원영수 옮김, 오월의봄, 2015.

조효제,《인권의 풍경》, 교양인, 2008.

천정환,《대중지성의 시대》, 푸른역사, 2008.

＿＿＿,《그날의 훌라송》, 고은문화재단, 2013.

최영태 외,《5·18 그리고 역사》, 길, 2008.

최정운,《오월의 사회과학》, 오월의봄, 2012.

최혜실 외,《문화산업과 스토리텔링》, 다할미디어, 2007.

특별취재반 저,《正史5·18》, 광주매일, 1995.

학술단체협의회 편,《5·18은 끝났는가》, 푸른숲, 1999.

한국기독교협의회 인권위원회,《1980년대 민주화운동: 광주 민중항쟁
　　　자료집 및 상반기 일지》VI, 한국기독교교회협의회, 1987.

한국기자협회 외 편,《5·18특파원 리포트》, 풀빛, 1997.

한국민중사연구회 편,《한국민중사》, 풀빛, 1986.

한국사회학회 편,《세계화 시대의 인권과 사회운동: 5·18광주민주화운동의
　　　재조명》, 나남출판, 1998.

한국텍스트언어학회,《텍스트언어학의 이해》, 박이정, 2004.

한국현대사사료연구소,《광주 5월민중항쟁 사료전집》, 풀빛, 1990.

한용원,《한국의 군부정치》, 대왕사, 1993.

홍희담,《오월에서 통일로》, 청년사, 1990.

홍희윤,《5·18항쟁증언 자료집》, 전남대학교출판부, 2003.

황석영,《죽음을 넘어 시대의 어둠을 넘어》, 풀빛, 1985.

국내 논저·논문

강남식,〈70년대 여성노동자의 정체성 형성과 노동운동〉,《1960-1970년대
　　노동자의 작업장 문화와 정체성》, 한울아카데미, 2006.
강태완,〈공공기관 표어의 언화행위(speechk-act)에 관한 연구〉,
　　《한국언론학보》제46-2호, 한국언론학회, 2002.
강현아,〈5월 연극운동의 변화양상과 그 특징〉,《기억투쟁과 문화운동의
　　전개》, 역사비평사, 2004.
고영복,〈4월 혁명의 의의구조〉,《4월 혁명론》, 한길사, 1983.
고은,〈광주5월민중항쟁 이후의 문학〉,《5·18민중항쟁과 문학·예술》,
　　5·18기념재단, 2006.
권순희,〈표어의 긍정·부정적 표현을 통한 표현 교육 방향〉,
　　《국어교육학연구》제32집, 국어교육학회, 2008.
권예송,〈반문화적 속성을 통해 본 그래피티 아트의 사회적 특성 연구〉,
　　고려대 석사논문, 2012.
권익수,〈표어에 대한 개념적 혼성 분석〉,《담화와 인지》제20권 2호,
　　담화·인지언어학회, 2013.
권태환·이재열,〈사회운동조직 간 연결망〉,《신사회운동의 사회학》,
　　서울대학교출판부, 2001.
김기현,〈'아리랑'노래의 형성과 전개〉,《퇴계학과 유교문화》제35권 1호,
　　경북대학교 퇴계연구소, 2004.
김두식,〈광주항쟁, 5월운동, 다중적 집단정체성〉,《민주주의와 인권》제3권
　　1호, 전남대학교 5·18연구소, 2003.
김병인,〈5·18과 죽음 그리고 학생운동과 정치적 복권〉,《5·18민중항쟁과
　　정치·역사·사회 3》, 5·18기념재단, 2007.
김상봉,〈응답으로서의 역사〉,《민주주의와 인권》제6권 2호, 전남대학교
　　5·18연구소, 2006.
김성국,〈국가에 대항하는 시민사회〉,《5·18민중항쟁과 정치·역사·사회
　　1》, 5·18기념재단, 2007.
김영역,〈5·18광주민중항쟁의 초기 성격〉,《한국근현대사연구》제16집,

한국근현대사학회, 2001.

김용대, 〈늘 열려있는 문〉, 《치유되지 않은 5월》, 다해, 2000.

김원, 〈박정희 시기의 대중시위: 공권력의 폭력과 민중의 대항폭력
　　사이에서〉, 《내일을 여는 역사》 제33호, 내일을 여는 역사, 2008.

김윤수, 〈한국 근대미술: 그 비판적 서설〉, 《한국현대미술의 반성》, 한겨레,
　　1988.

김재환, 〈피에르 부르디외: 예술의 장과 사회질서의 재생산〉, 《비판적
　　예술이론의 역사》, 백산서당, 2003.

김정수, 〈예술과 공공 행정: 행정학 관점에서 본 예술과 공공성〉, 《공공성》,
　　미메시스, 2008.

김종헌, 〈기억과 재현의 영상이미지: 5·18영화를 중심으로〉, 《기억투쟁과
　　문화운동의 전개》, 역사비평사, 2004.

김주언, 〈80년대 언론탄압〉, 《사회비평》 제3권, 나남출판, 1989.

김준기, 〈허락받지 않은 그림, 그래피티〉, 《문화도시문화복지》 Vol.166,
　　한국문화관광정책연구소, 2005.

김준태, 〈시인 김준태의 '광주항쟁' 현장일기〉, 《월간중앙》, 1988. 5.

김진명, 〈언어 의미체계의 분석을 통해 본 대학생 저항문화〉, 《현상과인식》
　　통권 43호, 한국인문사회과학회, 1988.

김창남, 〈노래운동의 전개와 전망〉, 《삶의 문화 희망의 노래》, 한울, 1991.

김창진, 〈광주민중항쟁의 발전구조〉, 《5·18민중항쟁과 정치·역사·사회
　　3》, 5·18기념재단, 2007.

김춘미, 〈한국의 문화변동과 노래문화〉, 《낭만문화》 여름호, 낭만음악사,
　　1989.

김치수·김명숙·장인봉, 〈신문광고 슬로건에 나타난 언어 현상 연구:
　　우리나라 일간지 광고의 기호학적 분석〉, 《불어불문학연구》 제38권
　　2호, 한국불어불문학회, 1999.

김태현, 〈광주민중항쟁과 문학〉, 《5·18 민중항쟁과 문학·예술》,
　　5·18기념재단, 2006.

김해중, 〈5·18 문학의 역사성과 현실〉, 《언어세계》 봄호, 언어세계사, 1996.

김행선, 〈선언문과 구호로 보는 4·19〉, 《내일을 여는 역사》 제23호, 내일을
　　여는 역사, 2006.

김현채, 〈최후의 일인까지 최후의 그날까지〉, 《5·18광주민중항쟁증언록 I》,
　　광주, 1987.

나의갑, 〈5·18의 전개과정〉, 《5·18민중항쟁사》, 광주광역시
   5·18사료편찬위원회, 2001.

노동은, 〈5·18과 음악운동〉, 《기억투쟁과 문화운동의 전개》, 역사비평사,
   2004.

동은진, 〈대중문화에 나타난 장 미셸 바스키아의 작품 연구〉,
   숙명여자대학교 석사논문, 2004.

문승현, 〈노래운동의 몇가지 문제들〉, 《노래운동론》, 공동체, 1986.

박광주, 〈5·18의 정치적 배경〉, 《5·18민중항쟁과 정치·역사·사회 2》,
   5·18기념재단, 2007.

박병률, 〈알튀세르의 유물론적 예술이론〉, 영남대학교 석사논문, 2004.

박시종 외, 〈5·18특집〉, 《금호문화》, 금호문화재단, 1990.

박영환, 〈표어의 형태와 의미〉, 《고려대 어문논집》제24·25호,
   안암어문학회, 1984.

박찬승, 〈선언문·성명서·소식지를 통해 본 5·18〉, 《5·18광주민중항쟁사》,
   5·18기념재단, 2001.

배종민, 〈1980년대 대학미술운동과 조선대학교 미술패〉, 《조선대학교
   민중미술운동사》, 조선대학교, 2006.

배종민·정명중, 〈5월항쟁과 문화운동〉, 《5·18 그리고 역사》, 길, 2008.

서용순, 〈5·18의 주체성과 후사건적 주체의 미래에 대한 소고〉,
   《민주주의와 인권》제7권 2호, 전남대학교 5.18연구소, 2007.

서용순, 〈알튀세르와 바디우: 정치적 주체성의 혁신을 위하여〉, 《사회와
   철학》제20호, 사회와철학연구회, 2010.

석지현, 〈대학가에 나타난 노래경향 연구〉, 숙명여자대학교 석사논문,
   1991.

손정연·박화강, 〈1980년 전남매일신문사 기자들의 언론자유 운동〉,
   《5·18민주화운동과 언론투쟁》, 5·18기념재단, 2014.

송기숙, 〈수습과 항쟁의 갈등〉, 《광주 5월민중항쟁 사료전집》, 풀빛, 1990.

송호근, 〈신사회운동 참여자 분석〉, 《신사회운동의 사회학》,
   서울대학교출판부, 2001.

신지연, 〈오월광주-시의 주체 구성 메커니즘과 젠더〉, 《여성문학연구》
   통권 17호, 한국여성문학회, 2007.

신진욱, 〈사회운동의 연대 형성과 프레이밍에서 도덕감정의 역할〉,
   《경제와사회》통권 73호, 비판사회학회, 2007.

_____, 〈구조해석학과 의미구조의 재구성〉,《한국사회학》제42집 2호,
　　한국사회학회, 2008.

_____, 〈광주항쟁과 애국적 민주공화주의의 탄생〉,《한국사회학》제45집
　　2호, 한국사회학회, 2011.

_____, 〈한국사회에서 저항의 고조기의 정체성 정치의 특성〉,
　　《경제와사회》통권 90호, 비판사회학회, 2011.

신형원, 〈1980년대 한국 민주화운동과 노래문화에 관한 연구〉, 단국대학교
　　석사논문, 2005.

심영의, 〈5·18민중항쟁 소설 연구〉, 전남대 박사논문, 2008.

안진, 〈5·18 광주항쟁에서 여성 주체들의 특성〉,《젠더와 사회》제6권 1호,
　　한양대학교 여성연구소, 2007.

엄국현, 〈시에 있어서의 사물인식: 이데올로기와의 관련성을 중심으로〉,
　　부산대 박사논문, 1990.

오수성, 〈5·18과 예술 운동: 5·18의 연극적 형성화〉,《사회학대회 논문집》,
　　한국사회학회, 1996.

오유석, 〈외곽 지역의 항쟁으로 본 5·18민중항쟁〉,《5·18민중항쟁과
　　정치·역사·사회 3》, 5·18기념재단, 2007.

월간조선사, 〈한국을 뒤흔든 광주의 11일간〉,《월간조선》, 1999.

유경남, 〈광주5월항쟁 시기 '광주'의 표상(表象)과 광주민주시민의 형성〉,
　　《역사학연구》제35집, 호남사학회, 2009.

유성호, 〈1980년대 시의 지형〉,《내일을 여는 작가》통권 52호,
　　작가회의출판, 2008.

유제호, 〈전북에서 본 5·18〉,《5·18 민중항쟁에 대한 새로운 성찰적 시선》,
　　한울, 2009.

육영수, 〈프랑스혁명을 읽는 세 가지 다른 시선: 육체, 공간, 노래의
　　정치문화사〉,《대구문학》제85호, 2006.

윤덕한, 〈전두환 정권하의 언론〉,《한국언론 바로보기》, 다섯수레, 2000.

은우근, 〈김준태 그의 인간과 문학〉,《시인은 독수리처럼》, 한마당, 1986.

이강진, 〈종언의 시대를 살아가기: '시'와 '정치'는 무엇이었는가〉,《문학선》
　　제10권 1호, 문학선, 2012.

이금희, 〈한 줌 흙과 나뭇잎, 풀벌레 울음소리도 이 땅에서는 모두 오빠와
　　한몸입니다〉,《5·18광주민중항쟁증언록 I》, 광주, 1987.

이두원, 〈한국인의 구전광고에 대한 조사연구〉,《한국언론학보》제43권

1호, 한국언론학회, 1998.

이상식,〈5·18광주민주화운동의 역사적 배경〉,《5·18민중항쟁과
　　　정치·역사·사회 2》, 5·18기념재단, 2007.

이성욱,〈오래 지속될 미래, 단절되지 않는 '광주'의 꿈〉,《5·18민중항쟁과
　　　문학·예술》, 5·18기념재단, 2006.

이세영,〈이 땅에 목발을 짚고 서서〉,《5·18광주민중항쟁증언록 I》, 광주,
　　　1987.

이승철,〈광주의 문학정신과 그 뿌리를 찾아서 4〉,《문학들》통권 36호,
　　　문학들·심미안, 2014.

이용기,〈'5·18'에 대한 역사서술의 변천〉,《5·18민중항쟁과
　　　정치·역사·사회 5》, 5·18기념재단, 2007.

이윤정,〈오월 광주항쟁의 송백회운동에 관한 연구〉, 조선대 박사논문,
　　　2011.

이은봉,〈오월시, 원죄의 몸부림들〉,《진실의 시학》, 태학사, 1998.

이정희,〈왜 때리는지 이유나 알고 맞자〉,《광주, 여성》, 후마니타스, 2012.

이종범,〈5·18의 지역적 배경〉,《5·18광주민중항쟁사》, 광주광역시
　　　5·18사료편찬위원회, 2001.

이태호,〈광주민중항쟁과 미술운동〉,《광주민중항쟁과 5월운동 연구》,
　　　전남대학교 5·18연구소, 1997.

이황직,〈'5·18시'의 문학사적 위상〉,《5·18민중항쟁과 문학·예술》,
　　　5·18기념재단, 2006.

임종명,〈여순 '반란' 재현을 통한 대한민국의 형상화〉,《역사비평》통권
　　　64호, 역사문제연구소, 2003.

＿＿＿,〈표상과 권력: 5월 광주항쟁의 전용〉,《역사학연구》제29집,
　　　호남사학회, 2007.

＿＿＿,〈5월항쟁의 대중적 참여와 그 계기 및 의식성〉,《역사학연구》
　　　제32집, 호남사학회, 2008.

임태훈,〈'음경'의 발견과 소설적 대응: 이효석과 박태원을 중심으로〉,
　　　성균관대학교 석사논문, 2008.

＿＿＿,〈1960년대 '소리'의 문화 정치와 문학의 대응: 국가의
　　　사운드스케이프와 음향전〉, 성균관대학교 대학원 국어국문학과
　　　논문발표회 원고, 2012.

＿＿＿,〈박정희체제의 사운드스케이프와 문학의 대응〉, 성균관대학교

박사논문, 2014.

장을병, 〈광주5월민중항쟁에서의 무장투쟁〉,《5·18민중항쟁과
　　정치·역사·사회 3》, 5·18기념재단, 2007.

장희, 〈그래피티 아트의 유희적 표현 연구〉, 영남대 석사논문, 2012.

정근식, 〈광주민중항쟁에서의 저항의 상징 다시 읽기: 시민적 공화주의를
　　중심으로〉,《기억과 전망》 제16호, 민주화운동기념사업회, 2007.

정근식·민형배, 〈영상기록으로 본 왜곡과 진실〉,《역사비평》 통권 51호,
　　2000.

정명중, 〈5월 항쟁의 문학적 재현 양상〉,《민주주의와 인권》 제3권 2호,
　　전남대학교 5·18연구소, 2003.

정우택, 〈아리랑과 현대시〉,《국제비교한국학》, 제20권 2호,
　　국제비교한국학회, 2012.

정운현, 〈언론 통폐합〉,《호외 백년의 기억들》, 삼인, 1997.

_____, 〈'광주의 굴레' 못 벗은 한국 언론〉,《호외 백년의 기억들》, 삼인,
　　1997.

정웅태, 〈5·18관련자 재판의 전개과정〉,《5·18민중항쟁과 법학》,
　　5·18기념재단, 2006.

정유하, 〈5·18 항쟁의 형상화에 사용된 음악표현 양식〉,《음악과 민족》
　　제26호, 민족음악학회, 2003.

_____, 〈5·18 의례음악의 특성과 변화의 양상〉,《지역사회연구》 제12권
　　1호, 한국지역사회학회, 2004.

정재호, 〈5·18항쟁의 전개과정〉,《5·18 그리고 역사》, 길, 2008.

정해구, 〈광주항쟁에 대한 정치경제학적 연구시론〉,《5·18민중항쟁과
　　정치·역사·사회 2》, 5·18기념재단, 2007.

조대엽, 〈광주항쟁과 80년대의 사회운동문화〉,《5·18민중항쟁과
　　정치·역사·사회 5》, 5·18기념재단, 2007.

조동길, 〈격동기 사회(1980)의 문학적 대응〉,《어문연구》 제64권,
　　어문연구학회, 2010.

조희연, 〈'급진 민주주의'의 관점에서 본 광주 5·18〉,《5·18 민중항쟁에
　　대한 새로운 성찰적 시선》, 한울, 2009.

_____, 〈80년대 사회운동과 사회구성체논쟁〉,《한국사회구성체논쟁》 I,
　　죽산, 1989.

채광석, 〈시를 생각한다〉,《시인2》, 시인사, 1984.

채광석·김진경·강형철·고규태, 〈좌담 : 5월의 문학적 수용과 전망〉, 《누가
　　그대 큰 이름 지우랴》, 인동, 1987.

천유철, 〈5·18광주민중항쟁 '현장'의 문화 연구〉, 성균관대학교 석사논문,
　　2014.

_____, 〈5·18광주민중항쟁 '현장'의 문화적 실천 양상〉, 《민족문학사연구》
　　제55권, 민족문학사학회, 2014.

천정환, 〈해방기 거리의 정치와 표상의 생산〉, 《상허학보》 제26집,
　　상허학회, 2009.

_____, 〈소문(所聞)·방문(訪問)·신문(新聞)·격문(檄文) : 3·1운동
　　시기의 미디어와 주체성〉, 《한국문학연구》 제36집, 동국대학교
　　한국문학연구소, 2009.

최영진, 〈정체성의 정치학 : 5·18과 호남지역주의〉, 《5·18민중항쟁과
　　정치·역사·사회》 5, 5·18기념재단, 2007.

최영태, 〈극우 반공주의와 5·18광주항쟁〉, 《5·18민중항쟁과
　　정치·역사·사회 2》, 5·18기념재단, 2007.

최정기, 〈5·18과 양민학살〉, 《5·18민중항쟁과 정치·역사·사회 3》,
　　5·18기념재단, 2007.

최정운, 〈폭력과 사랑의 변증법 : 5·18민중항쟁과 절대공동체의 등장〉,
　　《5·18민중항쟁과 정치·역사·사회 3》, 5·18기념재단, 2007.

표광소, 〈김준태 대담〉, 《언어세계》 봄호, 언어세계사, 1996.

한상진, 〈광주민주화운동에서 본 국민주권과 승인투쟁〉, 《5·18민중항쟁과
　　정치·역사·사회 1》, 5·18기념재단, 2007.

허은, 〈절망에서 희망의 노래로 : 광주 민중항쟁〉, 《내일을 여는 역사》 제8호,
　　내일을 여는 역사, 2002.

홍선웅, 〈굄박의 굴레 속에 성장한 민족·민주·통일의식 : 80년대 미술 탄압
　　사례를 중심으로〉, 《가나아트》 제11·12호, 가나아트 갤러리, 1989.

황석영, 〈항쟁 이후의 문학〉, 《창작과비평》 통권 62호, 창작과비평사, 1988.

　　국외 논저·논문

노다 히로나리, 《한반도 주변 심리 첩보전》, 홍영의 옮김, 행복포럼, 2009.

라나지트 구하, 《서발턴과 봉기》, 김택현 옮김, 박종철출판사, 2008.

루이 알튀세르, 《재생산에 대하여》, 김웅권 옮김, 동문선, 2007.

마나베 유코, 《광주항쟁으로 읽는 현대한국》, 김영택 옮김, 사회문화원, 2001.

마크 피터슨, 〈광주는 전두환 집권의 단계적 쿠데타였다〉, 《신동아》, 1989. 5.

머리 에델만, 《정책결정의 상징성》, 유역옥 옮김, 홍익제, 1994.

슬라보예 지젝, 《이데올로기의 숭고한 대상》, 이수련 옮김, 새물결, 2013.

아놀드 하우저, 《예술과 사회》, 한석종 옮김, 홍성사, 1981.

에티엔 발리바르, 《대중들의 공포》, 최원·서관모 옮김, 도서출판 b, 2007.

엘리아스 카네티, 《군중과 권력》, 강두식·박병덕 옮김, 바다출판사, 2002.

월터 J. 옹, 《구술문화와 문자문화》, 이기우·임명진 옮김, 문예출판사, 1995.

자크 데리다, 《시선의 권리》, 신방흔 옮김, 아트북스, 2004.

질 들뢰즈, 〈정동이란 무엇인가?〉, 서창현 옮김, 《비물질노동과 다중》, 갈무리, 2005.

파냐 이사악꼬브나 샤브쉬나, 《1945년 남한에서: 어느 러시아 지성이 쓴 역사 현장기록》, 김명호 옮김, 한울, 1996.

피에르 마슈레, 《문학생산이론을 위하여》, 배영달 옮김, 백의, 1994.

Allport, Gordon W. and Postman, Leo, *The Psychology of Rumor*, New York: Russell & Russell, 1965.

Bourdieu, Pierre. *The Field of Cultural Production Essays on Art and Literature*, Polity Press, 1993.

Denton, R. E. Jr. *The Rhetorical Functions of Slogans: Classifications and Characteristics*, Communication Quarterly, 28(3), 1980.

Dewey, J. *Art as Experience*, New York: Perigee Books, 1980.

Garfinkel, Harold. *Studies in Ethnomethodology*, Cambridge, UK: Polity, 1991.

Lu, X, *An Ideological/Cultural Analysis of Political Slogans in Communist China*, Discourse& Society, 10(4), 1999.

Meyer, David S, and Tarrow, Sidney. *The Social Movement Socirty: Contentious Politics for a New Century*, Lanham, Maryland: Rowman & Littlefield Publishers, 1997.

Sandler, Stanley, *Cease resistance : it's good for you : a history of U.S. Army combat psychological operations*, United States Army Special Operations

Command, 1999.

Umberto Eco, *A Theory of Semiontics*, Bloomington: Indiana University Press, 1976.

Wernet, Andreas, *Einfuhrung in Die Interpretationstechnik Der Objektiven Hermeneutik*, Wiesbaden: VS Verlag für Sozialwissenschaften, 2009.

신문자료

김준태,〈'5·18'과 미국 다시 들여다본다〉, 프레시안, 2006. 5. 18.
원용진,〈대선 후보 슬로건, '위로'가 대세인 이유는?〉,《한겨레》, 2012. 7. 21.
정운현,〈'광주의 굴레' 못 벗은 한국 언론〉,《대한매일》, 2001. 5. 19.
천정환,〈일베와 종편의 '쓰레기장'에서 '광주'를 구하는 법!〉, 프레시안, 2013. 8. 9.
《마이니치신문》《워싱턴포스트》《광주in》《건대학보》《경북대학보》
《동아일보》《대한매일》《문화일보》《대학신문》《서울신문》《이대학보》
《전대신문》《한겨레21》.

인터넷 자료

Steve Goodman,〈음향전이란 무엇인가〉, (http://som.saii.or.kr/archives/feature/sound-politics/974).
이경분,〈음악과 권력-음악의 힘〉, (http://rocknroll.tistory.com/170).
전남대학교 5·18연구소, 5·18기념관 DB, (http://cnu518.jnu.ac.kr/board518/sub3_1.php).
최수환,〈그래픽 악보: 사운드와 이미지의 언어〉, (http://som.saii.or.kr/archives/feature/sound-contemporary-art/2812).
홍철기,〈노이즈/즉흥, 혹은 정치적 예술로서의 음향〉, (http://som.saii.or.kr/archives/feature/sound-politics/377).

찾아보기

오월의 문화정치
ⓒ 천유철

초판 1쇄 펴낸날 2016년 5월 6일

지은이   천유철
펴낸이   박재영
교정교열   김호연
디자인   나윤영
제작   제이오

펴낸곳   도서출판 오월의봄
주소   413-841 경기도 파주시 탄현면 참매미길 194-9
등록   제406-2010-000111호
전화   070-7704-2131
팩스   0505-300-0518

이메일   maybook05@naver.com
트위터   @oohbom
블로그   blog.naver.com/maybook05
페이스북   facebook.com/maybook05

ISBN   978-89-97889-97-6 93300

이 도서의 국립중앙도서관 출판시도서목록(CIP)은 e-CIP홈페이지(http://nl.go.kr/ecip)와
국가자료공동목록시스템(http://www.nl.go.kr/kolisnet)에서 이용하실 수 있습니다.
(CIP 제어번호 : CIP2016010349)

• 책값은 뒤표지에 있습니다. 잘못된 책은 바꾸어 드립니다.